사회계층 간 학력자본의 격차와 양육관행

왜 잘사는 집 아이들이 공부를 더 잘하나?

사회계층 간 학력자본의 격차와 양육관행

왜 잘사는 집 아이들이 공부를 더 잘하나?

| 신명호 지음

WHY DO THE CHILDREN
FROM AFFLUENT FAMILIES
SHOW BETTER
ACADEMIC PERFORMANCE?

한울
아카데미

"옛날에는 가난한 집 아이들이 공부를 더 잘했다"는 말이 있다. 이 말이 의미하는 바는, 과거에는 빈한한 부모의 자녀들일수록 공부에 두각을 나타내는 경우가 흔했고 가난이 불행이 아니라 입신양명의 자극제 역할을 하는 미덕이 될 수 있었다는 것이다.

그런데 많은 사람들이 믿고 있는 이 말은 사실일까? 실제로 1960년대부터 20여 년에 걸친 경제성장의 결과로 형성된 중산층의 대다수가 곤궁한 어린 시절을 증언하는 것으로 봐서, 이 말은 사실일지도 모른다. 그러나 좀 더 엄격히 따져보자면 1960~1970년대의 우등생 가운데 빈곤 가정의 아이들이 유독 많았던 이유가 그들의 향학열 때문이었는지, 아니면 국민의 70%가 가난했던 절대빈곤 시대의 확률적 결과였는지는 분명하지 않다. 오늘날 분석에 이용할 수 있는 당시의 자료가 없는 탓에 과연 가난이 공부를 잘하게 하는 보편적 요인으로 작용했었는지 확인할 길이 없는 것이다.

하지만 어느 쪽이 진실이든, 불우한 환경의 소년·소녀가 학업을 통해 계층신분의 사다리를 수월하게 오를 수 있었다는 것은 그 자체로서 분명 희망적인 현상이었다. 많은 이들이 '옛날의 성공신화'를 기정사실로 믿고 싶어 하는 심정도 이와 같을 거라고 생각한다. 그런 점에서 부유한 집 아이들이 공부를 더 잘하는 오늘날의 전도된 현실을 목격하는 것은 참으로 고통스럽다. 소득의 양극화, 빈곤의 세습에 대한 우려가 점차 깊어져 가

는 작금의 한국사회에서 계층이동의 가장 유력한 통로였던 학업의 기회
가 더욱 불평등해지고 있음을 우리는 본다.

　이 책은 왜 부모의 사회경제적 지위가 자녀 세대의 학력자본 불평등으
로 재생산되고 있는지에 대한 궁금증에서 출발했다. 이러한 궁금증은 사
회계층 간 학업성적의 격차에 관한 박사학위논문으로 먼저 소개되었고,
이 책은 그 학위논문을 단행본 형태로 다시 엮은 것이다.

　학위논문을 마무리하고 있을 즈음, 어떤 회의에서 마주친 대학교수 한
분이 '잘사는 집 아이들이 공부를 더 잘하는 이유'가 논문의 주제라는 말
을 듣고는 "원래 학술논문은 '왜 테니스 선수는 시합에서 지면 화가 날까?'
처럼 세상 사람들이 다 알고 있는 당연하고 뻔한 얘기를 쓰는 것"이라며
토를 달았다. 졸지에 나의 연구 주제는 결론이 뻔한 보통 사람들의 상식
으로 분류되어버렸다. 비단 그 교수뿐 아니라 그보다 학식이 훨씬 떨어지
는 장삼이사들도 현재 한국에서 부모의 지위가 자녀의 학업성취도를 결
정하는 이유는 너무도 당연하며, 자신들도 그 이유를 잘 알고 있다고 생
각한다. 부모의 지위가 높을수록 사교육비를 비롯해서 자녀에게 더 많은
돈과 시간을 투자할 수 있기 때문이라고 믿는 것이다. 일견 맞는 이야기
이지만, 문제는 그렇게 간단하지 않다.

　'자녀의 학업성취도는 부모가 투여하는 돈과 시간에 비례하는가?'라는
물음에 관해서 우리의 현실 상황은 전적으로 '그렇다'고도, 또는 전혀 '그

렇지 않다'고도 단언할 수 없을 만큼 복잡하다. 학력자본의 획득이라는 주
제에 관해서 이 책이 보여주고자 하는 것은 문제의 핵심이 '얼마나 많은
돈과 시간을 자녀 교육에 투여하는가?'가 아니라, '자녀교육에 왜 그리고
어떻게 돈과 시간을 투여하는가(또는 왜 투여하지 않는가)?'에 있다는 것이
다. 그리고 그것은 결국 사회계층 간의 교육관과 양육관행의 차이를 가져
온다.

　몽당연필을 볼펜 껍데기에 끼워 쓰고, 요즘으로 치면 이면지에 해당하
는 종이를 묶어 수제(手製)공책을 만들어 쓰던 과거와 비교해보면 적어도
요즘은 물질적인 면에서 공부를 방해하는 요소는 사라진 것처럼 보인다.
국정교과서를 빠짐없이 갖추는 것조차 어려웠던 옛날과 비교하면 과목마
다 종류를 헤아릴 수 없는 컬러판 참고서들, 학습교재 테이프와 비디오,
수많은 인터넷 강좌와 보습·입시 학원들의 존재는 교육환경이 크게 변했
음을 느끼게 한다. 이렇게 손만 뻗으면 닿는 곳에 학습자원들이 널려 있
으니 요즘 시대에 공부를 안 하거나 못 한다는 것은 순전히 개인의 의지
와 노력이 부족한 탓이라는, 극히 개인주의적 관점의 해석이 나올 법도
하다. 만약 이런 식의 논리로 사회계층에 따라 학업성취의 수준이 다른
오늘날의 현상에 접근한다면, 어째서 중산층 가정의 자녀들은 학습에 대
한 의지가 높고 노력을 더 많이 하는지, 반대로 저소득층 가정의 자녀들
은 학습의지가 왜 상대적으로 낮은지를 설명할 수 있어야 할 것이다.

어떤 사회현상을 낳는 수많은 잠재요인 가운데는 개인의 고유한 특성 – 예컨대, 지능, 학업적성, 성취동기 등 – 도 들어 있으므로, 학업성취도의 차이에는 일정 부분 개인의 의지나 능력의 차이가 반영되어 있는 것이 사실이다(실제로 이 책의 후반부에서도 개인의 타고난 성향이 학업성적에 영향을 미침을 사례를 통해 보여준다). 그러나 앞에서 말한 물질적 교육환경의 평준화를 근거로 학업성적의 차이는 오로지 개인의 의지 및 능력의 차이가 반영된 현상이라고 주장하는 사람이 있다면, 이 책은 그 주장에 대한 반론으로서 그것이 '개인 차원'이 아닌 매우 '계급적'인 현상임을 역설하고 있다.

또한 부모의 계층적 지위에 따라 자녀의 학업성적이 차이가 나는 가장 주된 이유를 사교육비의 부담 능력 때문이라고 보는 속설 – 주로 저널리즘이 유포한 견해 – 에 대해서도 이 책은 동의하지 않는다. 학력자본의 선취 경쟁에서 사교육의 과열 현상은 부모의 계급적 욕구가 빚어낸 말단의 표면적 현상일 뿐 아니라, 실제 학업성취도에 미치는 영향에도 결코 결정적인 요인이라 할 수 없다. 문제는 고학력 중산층 부모들이 무엇 때문에 그토록 사교육에 몰입하는지, 그리고 왜 사교육이 학업성적을 좌우한다고 착각하는지에 관한 것이다.

갖가지 모양과 색깔의 나무들로 이루어진 숲을 보면서 그 숲을 특징짓는 가장 선명한 윤곽과 얼개를 그려야겠다는 욕심이 앞선 나머지, 정말 중요하게 그려 넣어야 할 나무들의 군락을 놓친 면이 없지 않다. 학력자본을 선취하기 위한 경쟁의 장에서 사회계층적 지위가 높은 집단과 낮은 집단 사이에는 어떤 이념적·전략적 차이의 경향성이 존재하는가를 입증하려다보니, 계층을 좀 더 정교하게 나누고 각 계층의 세밀한 특징을 잡아내는 데는 이르지 못했다는 뜻이다. 무엇보다 이 책을 읽는 독자들께 송구스러운 것은 정작 교육의 불평등 현상을 타개할 효과적이고 구체적인 대안을 내놓지 못했다는 것이다. 물론 필자의 능력에 비추어보면 턱없는 과욕임에 틀림없지만, 사회정책을 공부하는 사람으로서 밥값을 다 못했다는 찜찜함을 지울 수 없다. 다만 이번 연구를 마무리하면서 거듭 확인하게 되는 중요한 사실 하나는, 교육의 평등화를 통해서 사회경제적 평등에 이르는 것은 무망(無望)하며, 대신 사회경제적 불평등이 먼저 완화되어야 마침내 교육도 평등해진다는 것이다. 그렇다면 현재의 사회계층 간 교육 불평등의 골을 메우는 일은 양극화되고 있는 사회경제적 처지의 간극을 좁히는 정책에서부터 시작되어야 할 것이다.

신명호

CONTENTS

들어가며 1장

1장에서는 부모의 교육
수준 및 직업지위의 차
이가 자녀의 학업성적
의 격차로 전환되어 나
타나는 일련의 복합적
인 과정과 메커니즘을
찾아내기 위해 어떤 식
으로 연구할 것인지와,
부모의 교육수준과 직업
지위가 높은 중상층과 상
대적으로 낮은 그 이하
계층 사이에, 자녀의 학
업성적에 영향을 미치는
일상적인 행동과 사고체
계가 어떻게 달리 나타
나는지를 살펴본다. 그리
고 학업성적에 영향을
주는 요인들에 대한 선
행연구와 교육열망에 관
한 이론들을 살펴본다.

어느 사회건 교육 기회의 고른 배분을 제약하는 일차적 요인은 물질적·경제적 결핍이다. 1960년대까지 한국의 가난한 농민과 노동자의 자녀들이 학업에 전념할 수 없었던 것은 절대빈곤 때문이었다. 가난한 가정의 청소년들은 학교에 낼 '월사금'도 없었거니와, 혹여 공장생활이나 '식모살이' 대신 학업을 택한 경우에는 돈벌이를 못함으로써 생기는 수입 손실분의 타격이 워낙 컸던 탓에 그것까지 포함한 기회비용은 엄청났다.

1970년대부터 산업화가 몰고 온 경제성장의 바람은 교육이 확대될 수 있는 기반을 마련했다. 국민소득의 증가와 더불어 교육비용이 낮아진 한편, 무상교육이 단계적으로 도입되면서 교육 수요는 폭발적으로 늘어났다. 약 30년 만에 한국은 전체 인구 가운데 고졸 이상의 학력을 가진 인구의 비율이 OECD 국가 중 가장 낮은 나라 가운데 하나였다가 가장 높은 나라로 뛰어올랐다. 2008년 현재 고등학교 취학률은 90.0%, 고등학교 졸업자의 대학 진학률은 83.8%에 이르고 있어[1] 적어도 빈곤으로 인한 교육 기회의 박탈 현상은 크게 줄어든 것처럼 보인다.

개개인의 학력 성취가 가족의 사회경제적 배경에 좌우되지 않고 오직 능력과 노력에 따라 배분되는 정도를 '교육 기회의 평등'이라 정의한다면 (Boudon, 1974; Dardanoni et al., 2006), 이제 한국 사회에서 교육은 평등해졌는가? 그러나 여전히 한국에서는 서로 다른 사회계층 간에 교육성과의 차이가 확연하고, 그러한 격차는 초등학교에서 고등학교로 학년이 올라갈수록 심화되는 현상이 나타나고 있다.

오늘날 부유한 가정의 아이들이 공부를 더 잘한다는 명제는 부인할 수

---

1 한국교육개발원의 교육통계서비스(http://cesi.kedi.re.kr/upload_files/publ/1000000 003/2008/GUIDE_2008_01_04.pdf).

없는 사실이 되었다. '부모의 사회경제적 지위가 높을수록 자녀의 학업성
적이 좋고 지위가 낮을수록 성적이 부진하다'는 사실은 이미 각종 조사와
연구에 의해 거듭 확인되었고, 이는 외국의 수많은 선행연구결과와도 일
치한다.

　최근에 보이는 교육성취의 차이는 고등교육을 받았는가의 여부뿐만 아
니라 학벌로서의 대학의 질적 가치에 의해서도 차별화된다. 고등교육체
계의 확대로 대졸자가 양산되는 가운데, 대학의 서열은 노동시장에서의
임금 수준과 구직 경쟁에 적잖은 영향을 미치고 있다. 학업성적이 상대적
으로 저조한 노동자 및 저소득층의 자녀들은 상위권 대학에 진학할 가능
성이 낮고, 이것은 그들의 소득과 직업지위의 성취 수준이 낮을 수밖에
없음을 뜻한다. 한국 역시 다른 선진국의 경우와 마찬가지로 교육체계가
비약적으로 확대되었음에도 가정배경이 자녀의 교육성취에 미치는 영향
은 전혀 줄어들지 않은 것으로 나타나고 있다(Park, 2004: 52).[2]

　지난날 교육을 통한 계층상승의 장애요인이 경제적 빈곤이었다면, 이
제는 학업성적의 부진이 직접적 원인이 되고 있다. 빈곤 탈출과 신분 상
승의 유력한 통로였던 교육의 효능은 과거에 비해 현저히 감소했다. 오히
려 교육은 부모 세대의 지위를 자녀 세대로 이전하고 계층적 질서를 온존
시키는 역할을 하고 있다. 이를 두고 사회이동(social mobility)의 둔화, 빈
곤의 세습을 우려하는 목소리가 높아져가고 있다.

　이 책의 집필 의도는 '어째서 부모의 사회경제적 지위의 차이가 자녀의
학업성적의 차이로 전환되어 나타나는가?' 하는 의문에서 싹텄다. 이에

---

2 Park(2004: 53)에 의하면, 오히려 아버지의 교육수준이 자녀의 대학입학에 미치는 영
　향은 과거보다 더 커진 것으로 나타난다.

관해 세간의 여론은 사교육비 지출 능력의 차이 때문이라고 진단한다. 부모의 소득과 사교육비 지출 규모 사이에 정적 상관관계가 있는 것은 사실이다. 하지만 사교육과 성적향상효과의 관계를 분석한 연구들을 보면 사교육이 성적향상에 효과가 있다는 분석과, 반대로 효과가 없거나 미미하다는 결과가 서로 상반되고 있다. 교육의 효과는 학습자의 태도와 열의에 크게 좌우된다는 경험적 사실에 비추어볼 때, 설사 사교육의 영향이 있다 하더라도 학업성적에 직접 미치는 효과보다는 자녀의 학습태도를 결정하는 다른 변수를 매개로 영향력이 발휘될 것으로 짐작된다.[3] 더구나 사교육 과열 현상은 한국을 비롯한 동아시아의 몇몇 국가에서만 나타나는 특이한 현상으로, 후기산업사회에서 보편적으로 나타나고 있는 가정배경과 학업성취의 확고한 관련성을 설명하기에는 부족해 보인다.

실제로 청소년의 학업성적을 결정하는 요인은 매우 다양하고 복잡하다. 성적은 가정환경뿐 아니라 지능, 학습 태도, 학교환경, 지역사회환경 등 다양한 요인의 영향을 받는다. 그 가운데서도 계층 간의 격차에 초점을 맞춘 연구들은 사회경제적 지위(socioeconomic status: SES)가 높은 가정이 지닌 사회심리적 이점의 영향력을 입증해왔다. 가정배경과 학업성취도의 관계를 다룬 국내외 선행연구의 결과들을 종합하면, 학업성취도와의 관계에 가장 크게 작용하는 변수는 아버지의 학력이고, 그다음이 부모의 사회적 지위나 소득으로 나타난다. 그러나 연구에 따라서는 소득의 영향력이 일관되지 않거나 뚜렷하지 않게 나오는 경우도 있어서, 일반적으

---

3 이에 관해서 김경근(2005)은 다중회귀분석을 통해 자녀 교육에 대한 관심을 반영하는 변수를 투입하는 순간 사교육비의 통계적 유의성이 사라지는 것을 발견하고, 사교육비의 영향력이 자녀 교육에 대한 관심을 매개로 발휘된다고 주장한 바 있다.

로 소득수준은 학업성취도에 미치는 효과 면에서 부모의 교육수준만큼 강력하지 않은 것으로 추정된다.[4] 이것이 의미하는 바는 학업성취도에 영향을 미치는 배경적 요인으로서 경제적 자원은 유일한 변인이 아니며, 출신 배경과 교육성과 사이의 관계를 설명하는 데는 경제적 자원이 아닌 문화자본 등 다른 변인들[5]이 더 큰 영향을 준다는 것이다.

이 책은 부모의 교육수준이나 직업지위와 같은 비경제적 자원이 자녀의 학업성적에 가장 큰 영향을 미친다는 선행연구들의 결과 위에서 출발한다. 이제까지 부모의 '사회경제적 지위'는 소득과 학력, 직업적 지위 등을 뭉뚱그린 포괄적 개념으로 상정되어왔으나, 그중에서 유독 학력과 직업지위라는 문화적 자원의 영향력이 크게 나타나는 이유에 관해서는 명확히 밝혀진 바가 없었다. 그동안 부모의 사회경제적 지위를 독립변수로, 자녀의 교육연수(教育年數)나 최종적으로 졸업한 학교급, 학업성취도, 상급학교 진학 확률 등을 종속변수로 한 양적 연구들은 각 변인들의 관련성과 영향력의 크기를 밝히는 데 치중해왔다. 그러나 이들 선행연구는 양적 연구 방법의 특성상 원인과 결과의 상관관계, 관련성의 크기 및 변화를 규명하는 데는 성과를 거두었지만, 원인과 결과 사이에 존재하는 블랙박

---

4 이를 보여주는 예의 하나로, 베블로와 라우어(Beblo and Lauer, 2004)는 1990년대 폴란드의 경제 변화와 교육성취의 관계를 분석한 결과, 부모의 부(富)나 소득 같은 재정 자원(financial resources), 실업 등은 자녀의 교육성취와 매우 미미한 관련성을 나타낸 반면, 부모의 교육수준이 자녀의 교육성취를 좌우하는 훨씬 중요한 요인이라는 결론을 얻었다.

5 다른 변인들로는 지능, 성격 등 유전적 요인들까지를 포함해서 생각할 수 있지만, 비경제적 자원의 중요성을 언급한 선행연구들은 부모의 교육수준이나 문화자본 같은 사회문화적 요인을 강조하고 있다.

스, 즉 관련 요인들이 상호작용하고 영향을 미치는 구체적 과정과 기제에 관해서는 알아낸 바가 없었다. 따라서 이 책의 집필 목적은 질적 연구 방법을 사용해서 부모의 교육수준 및 직업지위의 차이가 자녀의 학업성적 격차로 전환되어 나타나는 일련의 복합적인 과정과 메커니즘을 찾아내는 것으로 설정했다. 기존의 양적 연구가 학업성취 요인들(factors)의 이원적 인과관계를 밝혀냈다면, 질적 방법을 채택한 이 연구는 왜, 그리고 어떻게 그런 현상이 나타나는가를 파악하는 데 역점을 두고자 한다.

이러한 작업이 정책적 차원에서 갖는 의미는 서로 다른 이론적 갈래에서 수행된 선행연구들이 상이한 결론을 내리고 있어서 이들 결론에 대한 판단과 확인이 필요하다는 데 있다. 가령, 부르디외(P. Bourdieu)의 문화자본론과 콜만(J. S. Coleman)의 사회자본론은 부모의 영향을 매개하는 자원의 존재를 공히 인정하면서도, 그 매개요인이 부모의 사회계급적 위치와 갖는 관련성에 관해서는 다른 입장을 취하고 있다. 문화자본론은 교육이 사회계급을 철저히 재생산한다는 입장인 데 반해서, 사회자본론은 자녀의 학업성취에 결정적인 영향을 미치는 부모·자녀 사이의 관계가 부모의 학력이나 소득 같은 가용자원의 차이 ─ 불평등한 분포 ─ 와 맺는 관련성에 주목하지 않는다. 그러므로 자녀의 학업성취도에 영향을 미치는 부모의 관여 행위가 사회경제적 지위에서 비롯되는 것인지, 아니면 그것과 전혀 무관한 자원인지를 한국 사회의 맥락에서 확인할 필요가 있는 것이다.

이 책에서는 부모의 교육수준과 직업지위가 높은 중상층과 상대적으로 낮은 그 이하 계층에서 자녀의 학업성적에 영향을 미치는 일상적인 행동과 사고체계가 어떻게 달리 나타나는지를 살펴볼 것이다. "누가 학업성취에서 앞서 가고 누가 그렇지 못한지를 자세히 파악하려면 가정에서 무슨 일이 벌어지고 있는지를 아는 것이 중요하기 때문이다"(Teachman and Paa-sch, 1998: 713).

연구 문제

한국 청소년의 학업성적에 영향을 주는 요인은 어느 한두 가지를 주된 변수로 지목할 수 없을 만큼 다양하고, 그 작용 기제 역시 매우 복잡하며 때로는 복합적이기도 하다. 부모의 소득과 교육수준이 낮은 가정의 청소년들은 공부에 필요한 자원과 환경을 제대로 제공받지 못하거나 때로는 가정해체의 충격과 심리적 갈등으로 인해 공부에 전념하지 못하는 경향이 있을 수 있다. 그리고 이러한 문제들이 누적되거나 급격한 상황의 변화를 겪은 일부 청소년들은 마침내 학업을 중도에 포기하기도 한다.

그러나 오늘날 취약계층 청소년의 학업 부진이 야기하는 문제는 이들의 학업성취도가 평균 수준을 밑돈다는 사실에 있는 것이 아니라, 중산층 자녀들과의 큰 격차 때문에 학력자본의 획득 경쟁에서 번번이 패배한다는 데 있다. 그러므로 불평등을 낳는 사회계층 간 학업성적 격차의 문제는 취약계층 청소년의 학업성적을 끌어내리는 제약요인뿐 아니라, 동시에 중산층 자녀들의 학업성적을 끌어올리고 그 격차를 유지하게 하는 구조적 기제를 규명해야 비로소 문제의 본질에 도달할 수 있다. 따라서 이 책은 학업성적 격차의 문제가 궁극적으로 직업을 둘러싼 사회계층 간 경쟁의 문제라는 관점을 취하고 있다.

교육성취는 곧 직업성취의 지름길이다. 학업성취도를 높이기 위한 노력과 경쟁은 노동시장에서 '괜찮은 일자리(decent jobs)'를 선점하기 위한 경

쟁과 다름없다. 한 사회의 좋은 일자리는 무한정 증가하는 것이 아니라 어
느 정도 한정되어 있는 자원이다. 따라서 이 한정된 자원을 먼저 차지하기
위한 사회계층 간의 경쟁은 가장 확실한 수단인 학력자본을 선취하는 경
쟁으로 표현된다. 그런 점에서 교육은 이해관계를 달리하는 여러 집단 간
의 각축장으로, 집단 간의 관계 및 사회·역사적 맥락을 파악해야만 교육을
이해할 수 있다고 한 콜린스(김신일, 2009: 102)의 지적은 매우 적확하다.

교육수준이나 지능(IQ)의 분포에 비해서 임금(소득)의 분포가 훨씬 불
평등하고 실업이 일반화된 오늘날의 현실에서, 서로(L. C. Thurow)의 직무
경쟁 이론은 설득력을 갖는다. 그에 따르면, 교육받은 노동의 공급이 증
가하면 개인들은 현재의 자기 임금수준을 방어하기 위해서 교육수준을
향상시켜야 한다는 사실을 알게 된다. "교육은 확실히 좋은 투자임에 틀림
없지만, 교육을 받는 이유는 아무도 교육을 더 받지 않았을 경우의 자기 임
금보다 더 높은 임금을 받게 되기 때문이 아니라, 다른 사람들은 교육을 더
받는데 자기만 안 받을 경우의 임금수준보다 높아지기 때문이다"(Thurow,
1972: 79). 따라서 교육은 방어적 필수재(defensive necessity)가 되며, 그 결
과 과잉교육이 일어날 수 있다. 한국의 고등교육기관(대학)이 급속히 늘어
나면서 야기된 학력 인플레이션 현상이 바로 그 예에 해당한다.

양적 팽창으로 학력의 가치와 투자수익률이 하락하면 이에 대한 대응
으로 추가 학력을 획득하려 하거나 질적 차별화를 시도한다. 입학생의 수
능 성적 수준에 따라 그 대학 졸업장의 가치 순위를 매기는 대학 서열화
는 일종의 질적 차별화[6] 현상이다. 교육 불평등의 문제는 노동시장에서

---

6 사회계층 간의 학력자본 경쟁에서 사회경제적 배경에 따라 학교의 계열이 달라지는
  질적 차별화 현상에 관해서는 루카스(S. R. Lucas)의 '불평등의 효과적 유지(Effectively

그 수가 제한되어 있는 '괜찮은 일자리'를 선점하기 위한 사회계층 간 경쟁의 관점에서 접근해야 한다.

높은 학력과 학벌을 차지하기 위한 경쟁은 '학교'라는 장(場)에서 '평가와 선발'이라는 과정을 통해 최종적으로 완결된다. 그러나 그와 같은 결과의 이면에는 경쟁의 상황과 조건을 좌우하는 가정배경의 차이가 작용한다. 가정이 제공하는 물질적인 교육자원의 차이뿐 아니라 부모의 언행 및 가치관의 차이도 일상적으로 자녀의 생각과 태도에 영향을 미친다. 그런 점에서 "가정은 세대를 넘어서 이익과 불이익을 전수하는, 즉 불평등을 온 존시키는 원천으로 기능하며, 가족은 구성원 개인들의 성취를 격려하기도 하고 제한하기도 함으로써 통제와 영향력을 행사한다"(Sørensen, 2005: 108). 부모의 교육수준과 직업지위가 자녀의 학업성취도에 강한 영향을 준다는 사실은 그들의 학업 경력 및 직업과 관련된 특성이 자녀의 학업에 유리한 지원(혹은 불리한 영향)을 가져온다는 것을 뜻한다. 자녀 학업에서의 유·불리를 결정하는 이러한 부모의 사회심리적 특성과 행위를 선행연구들은 교육열망, 사회자본 및 교육적 관여 등의 개념으로 설명하고 있다.

그렇다면 교육수준과 직업적 지위가 상이한 각각의 사회계층은 자녀의 학업성취를 바라보는 관점과 태도, 교육에 관여하고 지원하는 정도와 방식 또한 서로 다를 것으로 짐작된다. 다시 말하면 학업과 관련해서 자녀를 기르는 양육관행이 계층에 따라 다를 수 있다. 그리고 이러한 교육적 관여 내지 양육관행의 차이가 자녀 학업성적의 차이로 이어진다고 추론된다. 그럼에도 이제까지의 연구에서는 양자가 어떻게 다르고 어떤 양상을 띠는지에 관해서 밝혀진 바가 없다. 따라서 이 책에서 다루고자 하는

Maintained Inequality) 모형'이 잘 보여주고 있다(Lucas, 2001).

첫 번째 연구 문제는 '자녀의 학업성취에 영향을 미치는 부모의 교육열망과 양육관행이 사회계층에 따라서 차이가 있는가?' 하는 것이다.

■ 연구 문제 1 : 부모의 사회적 지위가 높은 계층과 상대적으로 낮은 계층 사이에, 부모의 교육열망 및 자녀의 교육에 관여하고 양육하는 방식은 어떻게 다른가? 그리고 그러한 차이는 어떤 원인과 기제에 의해서 생겨나고 유지되는가?

뒤에서 다시 설명하겠지만, 여기서 교육열망이란 '자녀가 더욱 우월한 가치의 학력 및 학벌을 획득하기를 기대하는 가치관과 이를 위한 구체적 지원 행위 등'을 말한다. 그러므로 고졸 학력에 머물지 않고 전문대나 4년제 대학의 진학을 지향할수록, 그리고 비명문대에 만족하지 않고 명문대나 상위권 대학을 지향할수록 교육열망이 높다고 정의하며, 열망이란 막연한 기대나 희망이 아니라 목표의 달성을 위해서 감정과 자원을 동원하는 것까지를 포함한다.[7]

■ 연구 문제 2 : 사회계층 간의 상이한 양육관행과 전략은 언제나 예상된 결과를 낳는가? 선행연구들에서 나타난 결정요인들 이외에 학업성적에 영향을 주는 다른 요인들은 없는가?

중상층 부모의 높은 교육열망이 언제나 자녀의 높은 교육열망으로 연결된다면 가정배경이 양호한 가정의 자녀들은 항상 높은 학업성취도를

---

7 김희복(1992: 24)도 중산층의 교육열을 다룬 학위논문 「학부모 문화 연구」에서, "교육열은 단순히 교육에 대한 기대, 욕구에 국한된 개념이기보다 그것들을 형성하는 현실에 대한 지각 및 가치관, 또한 그것들이 표출하는 구체적인 행동까지 포함하는 것으로 이해해야 한다"고 말한 바 있다.

나타낼 것이다. 반대로, 사회적 지위가 낮은 부모의 교육열망이 낮고 그로 인해 자녀들의 학업열의가 예외 없이 저조하다면 그들의 학업성취도 역시 언제나 낮을 것이다. 그러나 만약 일반적인 계층적 경향성에서 벗어나는 반대의 경우들이 존재한다면, 그러한 사례들은 우리가 고려해야 할 또 다른 결정요인들을 밝혀주는 단서가 될 것이다.

이론적 배경

흔히 학업성적의 차이를 낳는 요인으로 지능(IQ), 가정환경, 문화자본 및 부모의 관여, 교육제도(학교체계)의 특징, 공간적 환경 등을 든다. 이 밖에도 물질적 결핍 내지 빈곤, 건강 및 영양, 자녀의 수 등의 효과를 거론하는 경우도 있으나, 이는 대부분 소득과 연관된 문제이므로 가정환경에 포함시켜 논하기로 한다. 여기서 유전적 요인인 지능의 경우는 학업성취에 미치는 영향력에 관한 연구 결과들에 일관성이 없고, 영향이 미미하다는 주장이 만만치 않을 뿐 아니라,[8] 지적 능력을 정확히 측정한 자료를 구하기 어렵다는 등의 문제가 있어서 이 연구에서는 다루지 않기로 한다.

교육성취의 수준을 가장 직접적으로 좌우하는 '학업성적'이라는 척도는 교육연수나 최종졸업 학교급, 상급학교 진학 확률 등의 다른 척도와 구별되는 특징을 가지고 있다. 학습활동은 학업성취를 높이는 가장 중요

---

8 볼스(S. Bowles) 등은 수리통계적 분석을 통해, 교육이나 재산은 부모의 경제적 지위를 다음 세대로 이전하는 데 중요한 매개수단이지만, 지능은 그렇지 않다는 결론을 내리고 있다.

한 변인으로, 학습활동의 특성 가운데서도 학업성취에 영향을 미치는 것은 학습에 대한 태도나 동기이다(곽수란, 2005: 351에서 재인용). 학업성적은 학습 당사자가 지속적인 훈련의 결과로 성취한 인지적 능력의 지표로서, 학습의 주체인 학생이 복합적이고 정신적인 과정을 거쳐서 이룩한 결과물이다. 따라서 학습 당사자가 어떤 상태에서 얼마만큼의 노력을 기울이는가 하는 학업열의, 성취동기 내지 목표, 학습 태도 등의 심리·행태적 요소가 학업성적의 수준을 최종적으로 결정하는 요인이 된다. 실증연구의 결과도, 공부에 대한 장기 목표를 가지고 있고 성취동기가 높은 학생일수록 학업에 투여하는 시간이 많고 집중력이 높아서 좋은 점수를 받는 것으로 나타난다(Wong and Csikszentmihalyi, 1991: 563~564).

얼마나 강한 동기를 가지고 열심히 그리고 지속적으로 공부하는가 하는 정도를 '학업열의 및 태도'라고 부른다면, 어떤 변인이 학업성취도에 영향을 주던 간에 이 '학업열의와 태도'는 학업성적 직전 단계의 최종 매개변인이 된다. 예컨대, 경제적 상실 내지 빈곤이라는 요인은 — 수업료 등의 비용을 감당할 수 없어서 진학을 포기하는 양상으로 — 교육연수에 직접효과를 미칠 수 있는 데 반해서, 집에 자기 공부방이 없다거나 사교육을 제대로 받을 수 없는 형태의 빈곤은 그것이 바로 학업성적의 부진으로 이어진다기보다 학업의 열의를 떨어뜨리고 태도를 소극적으로 변화시키는 경로를 거쳐서 낮은 성적으로 연결된다고 할 수 있다. 또 건강이 나쁘면 공부에 대한 의욕을 잃게 되고 그로 인해 학습을 게을리 하게 되면서 성적의 하락을 겪게 된다.

이러한 전제 위에서 학업성취도에 영향을 주는 인구학적, 사회·문화·제도적 요인들에 관한 그동안의 연구 결과들을 살펴보기로 한다. 이들 연구는 주로 사회계층 내지 계급적 관점에서 진행되어왔다. 즉, 사회경제적 지위가 낮은 노동자층 자녀들의 학업성취도가 부진한 원인에 관한 연구들이 있는가 하면, 중산층·부유층 자녀의 학업성취도가 앞서가는 원인들을 규명한 연구들도 있다. 때문에 이를 저해요인(constraints)과 촉진요인(stimulants)에 관한 연구로 나누어 살펴보기로 한다. 아울러 계층별 교육열망과 관련된 이론들 역시 정리해보았다.

학업성적 결정요인에 관한 선행연구

학업성적 저해요인에 관한 연구

소득과 빈곤

가정환경은 보통 가구의 소득(빈곤), 부모의 교육수준, 부모의 직업적 지위와 같은 가정배경과 가족구조 등을 말한다. 선행연구들에 의하면, 부모의 소득과 자녀의 시험 성적 사이에 정도의 차이는 있으나 대체로 정적 상관관계가 있는 것으로 나타난다. 문제는 어떤 경로를 매개로 소득의 영향이 전달되는가이다. 이에 관해 젱크스와 타흐(Jencks and Tach, 2006)는 부유한 부모들이 자녀의 성공기회를 늘리기 위해 그에 도움이 되는 재화와 서비스를 돈으로 사기 때문에 소득이 영향력을 미친다고 해석하면서도, 선천적 재능이나 양육관행의 영향도 있을 수 있음을 배제하지 않고 있다.

메이어(Mayer, 1998)는 가정배경이 학업성취도에 미치는 영향 가운데 소득만의 순수한 효과를 분리해내기 위하여 다양한 분석을 시도했다. 그녀에 따르면 아동기의 시험 성적이 부모의 평균소득과 강한 상관관계를 가지는 것으로 나타났지만, 상관관계의 상당 부분이 부모의 학창시절 시험점수, 학력, 자녀의 수, 인종 등으로 설명되기 때문에 부모의 소득과 자녀의 시험 성적의 연관성 가운데 1/4 정도만이 소득의 순수효과라고 결론을 내렸다.

극단적인 소득 부족 상태인 빈곤이 아동기의 지적 발달에 부정적인 영향을 미치고 있음을 보여주는 연구들이 있다. 빈곤을 지속적으로 경험한 아이들은 빈곤을 경험하지 않았거나 일시적으로 경험한 아동에 비해서 지능검사 점수가 낮은 것으로 밝혀졌다. 이들 연구에 의하면 소득 및 빈곤 지위와 지능의 상관관계는 오히려 어머니 교육수준과 자녀 지능의 연관성보다도 강력한 것으로 분석되었다. 임신 중에 스트레스를 많이 받는다거나 가정에서 지능 발달을 위한 자극을 적게 받는 것도 빈곤 가구 아동들의 인지능력이 떨어지는 원인이라고 추론된다(McLoyd, 1998: 198). 따라서 빈곤은 아동기의 인지 발달을 저해할 뿐 아니라, 청소년기의 학업성취에도 부정적인 영향을 미친다(Conger et al., 1997: 308).

구오와 해리스(Guo and Harris, 2000)는 빈곤이 어떤 경로를 통해서 아동의 지능 발달에 영향을 주는가를 분석한 결과, 인지 발달에 자극이 될 만한 교육자원(책, 잡지, 여행 및 견학 기회 등)의 영향이 가장 크고, 그보다는 다소 약하지만 가정의 물리적 환경, 부모의 양육방식(parenting style), 아동의 건강 등이 원인으로 작용함을 밝혔다. 경제적 자원의 부족이 교육과 관련된 문화자원의 부족을 가져오는 동시에 비물질적 자원인 '자녀를 대하는 부모의 태도'를 왜곡시키거나 아동의 건강을 악화시켜서 자녀의 지적 발달을 저해한다는 것인데, 이후에 이런 아동들의 학업열의와 학업성취도가 낮아질 것은 자명하다.

중학생의 학업성취도를 분석한 이먼(Eamon, 2002)의 연구도 비슷한 결

과를 보여준다. 빈곤이 가정의 지적·정서적 환경을 매개로 해서 학업성적
에 간접적 효과를 미친다는 것인데, 성적이 낮은 학생의 가정일수록 인지
발달에 도움이 되는 주택 상태, 도서 및 악기 보유 상태, 문화활동의 빈도
등이 열악했고, 부모의 정서적 지지가 부족하며 훈육 태도가 엄격했다.
역시 소득의 부족이 학습에 보탬이 되는 자원들의 결핍을 불러오고, 부모
와 자녀 사이의 관계도 자상한 보살핌이나 긍정적 지지와는 거리가 먼 결
과를 가져온다는 것이다. 단, 부모의 양육 태도는 빈곤의 영향뿐 아니라
부모의 교육수준과도 관련이 있는 것으로 나타났다.

가족구조

이혼이나 사별 등으로 부모 중 한쪽이 없는 가족구조도 자녀의 학업성
취도에 부정적 영향을 끼치는 것으로 알려져 있다. 부모가 이혼했거나 미
혼모가 낳은 아이는 양(兩)부모 가정의 아이들에 비해서 문제행동을 일으
킬 가능성이 높은 것으로 나타났다(Emery et al., 1999: 575~576).

이혼이 아이들의 학업성취나 심리적 적응, 행실 등에 문제를 가져오는
이유에 관한 한 가지 설명으로, 이혼에 이르기까지 겪는 부부 사이의 갈등
때문이라는 가설이 있다. 부모가 이혼한 아이들은 그렇지 않은 가정의 아
이들에 비해서 더 많은 갈등을 겪고 혹독한 경험을 하기 때문에 적응에 문
제가 생긴다는 것이다(Grych and Fincham, 1990). 그리하여 아마토 등(Amato
et al., 1995)은 겉으로 드러나는 이혼과 자녀 문제의 인과관계는 사실이 아
니며, 진짜 원인은 이혼까지의 갈등이므로 오히려 이혼을 하는 것이 갈등
을 줄이고 아동을 보호하는 길이 될 수 있다고 주장한다. 이에 관해 핸슨
(Hanson, 1999)은 부부간의 갈등이 자녀에게 좋지 않은 영향을 주는 부분
적인 이유이기는 해도 전적인 원인으로 볼 수는 없으며, 자녀가 겪는 갈

등의 정도에 따라 이혼이 가져오는 결과가 다를 수 있음을 보여준다.

가족구조의 영향에 관한 또 다른 이론으로, 한쪽 부모의 부재가 역할 모델의 상실, 가르침과 통제 및 감독의 소홀로 이어지기 때문이라는 해석이 있다. 가정에서의 사회화는 전적으로 부모에 의해 이루어지는바, 톰슨 등(Thomson et al., 1992)의 연구에 의하면 한부모는 양부모에 비해서 자녀에게 요구하는 바가 적고 통제하는 정도가 약하며 숙제, 놀이, 책 읽기 등을 위해 자녀와 함께 보내는 시간이 적은 것으로 나타났다. 또한 계부모(step-parents)는 자녀에게 따뜻하고 긍정적인 감정을 표현하는 경우가 적고, 친부모에 비해 의사소통도 원활하지 않은 것으로 분석되었다.

가족구조가 공부에 관한 격려와 보살핌의 차이를 가져온다고 분석한 연구도 있다(Astone and McLanahan, 1991). 한부모나 계부모와 사는 아이들은 친양(親兩)부모 가정의 아이들에 비해서 부모로부터 교육활동과 관련한 격려와 보살핌을 덜 받고 교육적 기대도 낮다는 것이다. 이 연구에 의하면 가족구조의 변화는 부모의 교육적 관여의 질을 떨어뜨릴 수도 있다고 한다.

한부모의 양육 태도는 소득의 부족 내지 빈곤과 관련이 있다. 양부모 가족에 비해 경제적 자원이 부족할 수밖에 없는 한부모는 이로 인해 심리적 스트레스를 받고, 이것이 일관성 없고 자유방임적인 양육방식을 부추겨서 마침내 자녀의 학업성취도가 낮아지는 결과를 가져온다는 것이다.[9]

---

9 커밍스 외(Cummings et al., 1994)에 따르면, 부모가 재정적인 문제로 고민하고 갈등을 겪을 때 자녀, 그중에서도 특히 아들들은 그런 갈등에 취약해서 지나치게 분노하거나 자신을 적대시하는 감정에 휩싸이기 쉽다고 한다. 그런데 한부모 가정의 경우는 양부모 가정에 비해 재정적 어려움에 빠질 확률이 높기 때문에 학업성취에서도 실패를 경험하기 쉽다고 할 수 있다.

이상의 연구 결과들에서 주목해볼 것은 경제적 상실 내지 빈곤이 교육
에 유리한 자원의 결핍을 초래할 뿐만 아니라 비경제적 자원인 부모의 심
리적 태도와 양육 행위에도 영향을 미쳐서 청소년들의 학업성취도 하락
을 가져온다는 사실이다. 더구나 한부모 가정 중에서도 편모 가정은 편부
가정이나 조손 가정에 비해서 자녀의 학업성취도가 높은데, 이는 어머니
가 아버지에 비해 자녀에게 정서적 자원을 많이 투자하기 때문이라는 주
장도 있어(Biblarz and Raftery, 1999: 354~356), 부모의 양육 태도가 자녀의
학업성취도 결정에 중요한 변인임을 짐작케 한다.

또한 빈곤과 가족구조는 아동의 신체적 학대와 방임에도 영향을 미치
는 것으로 나타나는데, 학대받고 방임되는 환경이 학업성취도에 부정적
영향을 미치리라는 것은 명약관화하다.

학력과 직업적 지위

학력과 직업적 지위가 낮은 계층의 부모들은 자녀의 교육활동에 적극
적으로 개입하거나 자녀의 학업을 효과적으로 지원하지 못하며, 중산층
에 비해서 계층하강에 대한 위기의식이 낮아서 자녀의 교육에 대한 열망
이 상대적으로 약하다(Boudon, 1974; Erikson and Jonsson, 1996)는 일련의
주장이 있다. 사회적 지위가 다른 두 집단 사이에 자녀의 교육에 관한 가
치관과 행위체계의 차이가 존재한다는 것이다. 다시 말해서, 고등교육기
관에 진학하는 학생들의 출신계급별 분포가 상이한 것은 결국 고등교육에
부여하는 가치의 비중과 고학력이라는 자원에의 접근가능성을 인식하는
정도가 계급별로 다르기 때문이라는 것이다(Archer, 2003: 9에서 재인용).

고등교육을 받아본 경험이 없는 부모들은 자녀가 높은 학력을 취득하
기 위해서 어떻게 공부하고 어떤 진로를 택해야 할지에 관해서 구체적인

조언을 못할 뿐 아니라 도움이 될 만한 사회적 관계망도 가지고 있지 않다. 에릭손과 욘손(Erikson and Jonsson, 1996: 26)에 따르면 부모의 학력이 자녀의 교육성취에 영향을 주는 이유는 첫째, 높은 학력의 소유자는 교육체계에 관해 더 현명한 전략적 판단을 할 수 있는 지식을 가지고 있기 때문이고, 둘째, 학업성적을 향상시킬 수 있는 인지적·비인지적 기술을 습득하는 데 질 높은 지원을 할 수 있기 때문이다. 이에 반해, 학력이 낮은 노동자나 빈곤층 부모들은 자녀의 교육에 개입해야 할 경우에도 자기 자신이 충분히 유능하지 못하고 무력하다고 느끼는 경향이 있고, 따라서 "교육 문제는 무조건 학교 교사에게 일임하려고 생각한다"(Lareau, 2003: 239~243). 예컨대, 자녀의 숙제를 도와주라거나 책을 읽어주라는 교사의 주문에 대해서도 망설이거나 주저하는 경우가 많은 것이다. 물론, 이들이 교육 관련 활동에 깊이 관여하지 못하는 것은 생계 활동에 많은 시간을 할애하기 때문에 여유가 없는 시간상의 제약, 차량이 없어서 생기는 기동성의 부족 등 다른 경제적 이유도 있지만, 이들의 교육수준과 계급적 위치가 낮은 데서 오는 영향이 적지 않은 비중을 차지한다(Lareau, 2003: 81). 또한 이들 계층 간에는 자녀에 대해 기대하는 학력 수준에서도 차이가 난다.

학업성적 촉진요인에 관한 연구

논리로만 따지자면 앞 절에서 언급한 학업성적의 저해요인들이 정반대의 상황으로 작용하는 경우를 학업성적의 촉진요인으로 생각할 수 있을 것이다. 그러나 실제로 저해요인이 없는 상황이 곧 학업성적을 향상시킬 수 있는 조건으로만 작용하는 것은 아니다. 소득의 결핍 내지 빈곤이 학업성취를 제약하지만 빈곤하지 않은[非貧困] 상태, 또는 넉넉한 소득이라는 조건이 자동적으로 높은 학업성적이라는 결과로 이어지지는 않는다.

학업성적의 저해요인(저소득, 부모의 저학력, 훼손된 가족구조 등)이 제거된 상태는 높은 학업성취도를 위한 최소한의 필요조건이지 충분조건은 아닌 것이다. 이는 달리 말하면, 사회계층 간 학업성적의 격차는 사회경제적 지위가 낮은 계층의 평균 성적이 저해요인들에 의해 낮아짐으로써만 발생하는 것이 아니라, 그와 동시에 중산층 자녀들이 갖가지 유리한 조건과 전략들을 활용해서 성적의 향상을 이룩하기 때문에 배가된다고 할 수 있다.

사회경제적 지위가 높은 부모의 자녀가 학업성취에서 앞서 갈 수 있는 이유로 추론할 수 있는 것은 크게 두 가지, 즉 학업능력이 우수한 유전자를 물려받았거나 후천적 성과를 내는 데 유리한 지원 활동을 받았기 때문이라고 볼 수 있다. 지금까지 사회학 분야의 관련 연구 결과들을 종합하면, 후자에 관해서는 세 가지의 경우를 생각할 수 있다. "첫째, 경제적 자원(economic resources)을 상속 받는 경우, 둘째, 문화적 자원(cultural resources)을 물려받는 경우, 셋째, 역할 모델링을 통해서 자녀에게 성취열망(aspirations)과 기대(expectations)를 불어넣는 경우 등이다"(Kalmijn, 1994: 260). 문화적 자원을 물려받는다는 의미는 고학력의 부모가 자녀에게 책을 읽어준다든지, 숙제를 도와주며 학교생활에 관한 대화를 함으로써 결과적으로 자녀의 언어와 논리적 표현력을 길러주는 등의 예를 말하며, 성취열망을 주입한다는 것은 일정한 사회적 지위를 가진 부모의 표준화된 생활양식 속에서 자녀가 부모의 기대와 성공의 가치관, 성취에 대한 압력을 접하면서 자연스레 동화됨을 뜻한다.

문화자본

계급적 배경이 다른 아이들의 학업성취도가 다르게 나타나는 현상에 관해, 부르디외는 지배계급의 가정에서 자녀에게 전수하는 엘리트 계급

문화(지적·예술적 취향, 언어 등)를 학교 제도가 교육 내용 및 평가의 표준으로 채택함으로써 그것에 익숙한 지배계급의 아이들이 자연히 두각을 나타내는 것이라고 설명한다. 이러한 문화재생산론의 전제는 가정이야말로 부모 세대의 계급적 지위가 다음 세대를 향해 가장 효과적으로 전수되는 공간이라는 것이다. 처음에 부르디외는 문화자본(cultural capital)을 어휘, 억양 등의 언어적 특성과 고급 예술문화에 대한 지식과 취향, 문화적 태도와 기호(嗜好) 등으로 개념화했다. 이것은 대인관계에서 사회적 등급을 확인시켜주는 일종의 신호(signals)인데, 문화자본10은 다음 세대로의 전달 과정이 상당 부분 무의식적으로 일어나는 것이 특징이다. 이들 문화자본은 "가정에서의 사회화 과정(family socialization)을 통해서 습득되고, 성향 혹은 아비투스(habitus)11로서 스며들며, 전혀 의도하지 않은 상태에서 자

---

10 부르디외는 인간의 행위 전반을 축적된 역사, 축적된 노동의 순환적 자기증식의 논리로서 일관되게 설명하고자 했기 때문에 마르크스의 자본 개념을 경제재뿐 아니라 문화재, 사회재, 교육재, 정치재 등으로 확장했다(김상준, 2004: 60~70). 그는 이같이 다양한 상징적 자본들은 상호전환이 가능하지만, 이 다양한 자본들의 뿌리는 결국 경제적 자본이고, 비경제적 자본들은 변형되고 위장된(transformed and disguised) 형태의 경제적 자본에 불과하다고 보았다. 또한 문화적 자본과 사회적 자본은 결국 경제적 자본으로 귀속된다는 사실을 잘 숨기면 그만큼 더욱 성공적인 효과를 거둘 수 있다고 했다(Bourdieu, 1986: 252).

11 부르디외의 이론을 구성하는 주요 개념 가운데 하나인 '아비투스'는 "개인의 계급적 위치에 따라 상이하게 결정되는 개인의 주관적 성향체계"(홍성민, 2000: 309)이며, "특정한 환경에 의해 형성된 성향, 사고, 인지, 판단 및 행동 체계"(이건만, 2006: 117)이다. "경험은 구조와 행위가 응결된 접합지점으로서 구조나 규범 등은 현실의 경험사회와 분리되어 존재하지 않는다. 그리고 사회구조는 이론적 모델에 의해 형성되는 것이 아니라, 일반 사람들의 경험과 실천 속에서 구성되며 경험과 실천 행위 속에 존재한다. 구조는 주관 속에 내면화되어 있어 경험적으로 확인되는 가능성을 갖고 있다. 개인은 경험을 통해 자신이 객관적으로 처해 있는 상황과 그 구조를 습득한다. 아비투스

연스럽게 사람을 계층화하는 결과를 낳기 때문이다"(Lamont and Lareau, 1988: 158).

지배계급의 문화는 일상 속에서 가정환경을 구성하고 있는 생활양식을 익히고 습득하는 방식으로 자녀 세대에 이전된다. 부르디외에 따르면, 능력과 평등을 중시하는 사회가 될수록 직접적이고 즉각적 이전이 가능한 형태(경제자본)로 세습하는 일은 점차 세간의 눈총을 사게 되고, 대신 경제자본은 문화자본이나 사회자본의 형태로 전환되어 겉으로 노출되지 않고 숨어들어 가는 경향을 보인다(De Graaf, 1986: 238에서 재인용). 따라서 문화자본의 세습이야말로 부모 세대의 계급을 재생산하는 가장 은밀한 상속 방법인 것이다(Bourdieu, 1986: 246~254).

이 같은 문화자본이론은 "한 가정의 사회적·문화적 자원이 어떻게 해서 전일적으로, 그리고 은연중에 학업성취도를 높이게 되는가에 관해 새로운 관점을 제시했기 때문에" 각광을 받기 시작했다(Lamont and Lareau, 1988: 154). 그리하여 1980년대부터는 문화자본론에 입각한 실증연구들이 등장한다. 디마지오(P. DiMaggio)와 모어(J. Mohr)는 예술 행사에 참석했던 경험 등 문화에 관련된 태도와 지식을 측정해서 이러한 문화자본이 고등학교 학습 점수에도 영향을 주었음을 보여주었다. 그들에 따르면 문화자본이 학업성취도에 영향을 미치는 경로는 교사로부터 특별한 도움을 받을 수 있는 기회를 늘리거나, 교육 기회에 관한 유용한 정보를 접할 수 있는

는 경험 속에서 습득된 인식이며 경험과 실천 속에서 구성되고 내면화된 객관성이다. ······ (이처럼 경험적으로 습득된) '사회화된 감'은 모든 생활영역에서 개인의 행동, 사고, 느낌, 지각을 규정하고 조직하는 일종의 성향체계를 구성한다. 이 성향이 바로 아비투스인 것이다. 사회구조는 미리 주어진 것이 아니라, 행위자의 실천을 통해서 재생산되고 변화되는 것이다"(김왕배, 2001: 106).

사회환경에의 접근성을 높이거나, '교양 있는 사람'이라는 평판을 얻게 하는 것이다(DiMaggio and Mohr, 1985: 1240).

또 "가족의 교육자원(신문, 사전 등)은 가정배경을 통제하더라도 자녀의 교육성취에 정적 영향을 미치며, 중산층 부모들은 교육자원을 이용해서 학업능력, 학습동기 및 태도를 고양시키는 집안 분위기를 만든다"는 연구 (Teachman, 1987: 549~553)가 있는가 하면, "부모들이 사용하는 언어의 질과 가정의 교육적 분위기와 같은 문화자본이 자녀의 학업성취에 중대한 영향을 미친다"는 주장도 있다(김신일, 2009: 349에서 재인용).

칼민과 크라이캄프(Kalmijn and Kraaykamp, 1996)는 부모의 고급예술 취향과 자녀에 대한 독서 권장 습관으로 측정한 문화자본이 얼마만큼 계층 간 차이에 대한 설명력을 가지는지 확인한 결과, 부모의 문화자본 항을 투입했을 때 부모의 학력 효과가 26~33% 감소함을 발견했다. 이를 근거로 그들은 부모의 교육수준이 미치는 영향력의 약 1/3이 문화자본을 통한 간접효과로 나타남으로써 부모의 학력이 계급 배경과 동일한 것은 아니지만 사회경제적 이점을 다음 세대로 전승하는 데 문화자본이 중요한 역할을 한다고 주장했다. 그러나 디마지오의 또 다른 연구는 문화자본과 학점의 정적 상관관계를 확인하기는 했지만, 부모의 교육수준과 문화자본 간의 상관관계가 낮게 나옴으로써 문화자본이 가정배경과 성적의 관계를 매개할 것이라는 가설이 매우 제한적으로 지지됨을 인정했다(DiMaggio, 1982). 또한 드그라프(N. D. De Graaf) 등은 부모의 높은 교육수준이 자녀의 학업성취도를 높이는 것은 고급문화의 코드가 아니라 부모의 독서 습관 때문이라고 주장함으로써(De Graaf et al., 2000) 부르디외 대신 디마지오의 손을 들어준다. 즉, 고학력 부모의 자녀가 공부를 잘하는 것은 학교의 문화적 분위기와 유사한 문화적 환경이 가정에 조성되어 있기 때문이 아니라, 독서를 많이 한 부모는 언어적·인지적 기술을 갖게 되고 이것을 자녀에게 전수하기 때문이라는 것이다.

한편, 교육 계층화 연구에서 거의 유일하게 질적 방법을 채택하고 있는 라로(Lareau, 1987, 2003)는 중산층 부모들이 노동자 및 빈곤층 부모들과 구별되는 양육습관(child-rearing practices)을 가지고 있다고 주장한다. 그녀의 조사에 의하면, 중산층 부모들은 체계적인 계획하에 각종 사교육(체조, 축구, 음악, 미술 등)을 시키면서 자녀의 재능을 계발하고 그들의 행동을 통제하면서 짜임새 있게 생활하도록 깊이 관여한다. 자녀에게 자기 자신을 표현하고 원하는 바를 정확히 주장하도록 가르치며, 학교 교사와 대등한 위치에서 자녀의 학교생활을 모니터링하면서 적극 협조하고 때로는 비판도 한다. 반면, 노동자와 빈곤층의 부모들은 아이들에게 의식주 등의 기본적인 지원과 휴식을 제공하면 아동의 발달은 자연스럽게 이루어진다고 생각한다. 그래서 자기 자녀가 학교에서 어떻게 생활하고 있는지, 예컨대 숙제를 제대로 해 가고 있는지도 모르는 경우가 많다. 또 자녀들이 친구들이나 친척들과 놀도록 내버려두고 잘 간섭하지 않으며, 어른들과 아이들의 영역을 엄격히 구분한다. 학교 교사와의 관계에서는 자신의 사회적 지위가 낮다는 자격지심 때문에 위축되고, 개입을 해야 할 때도 자신이 충분히 유능하지 못하다고 생각해서 관여하기를 주저한다. 그들은 자녀교육에 관한 한, 모든 것을 교사에게 일임하는 경향이 있다. 라로는 이러한 자녀 양육의 문화적 논리를 '용의주도한 양육(concerted cultivation)'과 '자연방임형 성장(accomplishment of natural growth)'으로 구분해서 명명한다. 중산층이 자녀 생활에 신속히 개입하고 논리적으로 설득하는 양육방식을 갖게 된 것은 "아이를 감성적으로 따뜻하게 대하고 논리적 설득과 타협하는 자세를 가르치라"는 교육전문가들의 진화된 아동교육이론을 수용하면서 수십 년간 양육문화를 현대화·합리화해온 결과이다(Lareau, 2003: 246). 그러나 무엇보다도 이러한 양육방식의 차이가 생겨나는 근본 원인은 부모가 가진 경제적·사회적 자원의 차이 때문이다. 사회계층과 관련된 생활양식의 차이가 일종의 문화자본을 형성하고, 가정과 학교 간의 관계를 구조화하는 것이다. 라로가 '문화자본'이라고 본 것은 예를 들어, 다른 부모들과의 네트워크, 학교 교육과정 및 전문용어에 대한 이해력, 학교 인사들과의 관계 등으로서, 이런 것들이 자녀의 학업성취도를 결정하는 요인이 된다.

그리고 중산층 부모의 경우는 저소득층 부모에 비해 자녀 교육에 더 많이 관여함으로써 이상의 문화자본이 효과를 발휘하도록 한다(McNeal, 1999: 121). 이 밖에도 라로의 보고서에 근거해보면 중산층이 가진 문화자본으로 부모의 풍부한 어휘력, 교사와 동등하게 대화할 수 있는 자신감, 학교 모임에 참석할 수 있는 시간과 교통수단의 보유, 회의 참석을 위해 어린 자녀를 맡길 수 있는 능력 등을 꼽을 수 있는데(Lareau and Horvart, 1999: 42), 라로 자신의 정의12에 비추어보더라도 문화자본의 개념은 여전히 매우 다양하고 포괄적임을 알 수 있다.

최근 들어 한국에서도 문화자본의 개념을 적용한 분석과 연구가 이루어졌다. 장미혜(2002)는 부모의 문화자본을 예술적 취향 형태와 인지능력

---

12 원래 부르디외 자신은 '문화자본'의 정의를 명확히 내린 바 없고, 여러 편의 글에서 다양한 표현들을 씀으로써 때로는 형태와 기능이 불일치하는 다양한 개념들을 포괄하고 있다. 이를 좀 더 단순화하기 위해서 라몽과 라로는 문화자본을 "사회적·문화적 배제를 위해서 사용되는, 높은 지위를 상징하는 문화적 신호(high status cultural signals)로서 제도화되고 널리 공유되어 있는 겠태도, 기호(嗜好), 공적인 지식정보, 행동, 사물, 증명서]"이라고 다시 정의한 바 있다(Lamont and Lareau, 1988: 156).

형태(독서 습관, 컴퓨터 기능, 영어 의사소통 능력)로 구분하고 이것이 자녀의 수능 성적에 미친 영향을 분석한 결과, 부모의 교육수준을 통제하더라도 문화자본의 보유량이 자녀의 성적과 정적 상관관계에 있으며, 인지능력 형태의 문화자본이 예술적 취향 형태에 비해서 성적에 미치는 효과가 다소 크다는 사실을 발견했다.

김경근(2005)과 김경근·변수용(2007)은 문화자본을 영화 등 문화공연, 미술관 및 음악회의 관람 빈도, 독서 기호 등으로 측정한 후 학업성적 결정요인으로서의 효과를 분석했으나, 학업성취도에 미치는 문화자본의 영향이 거의 안 나타나거나 척도의 종류에 따라 결과가 상반되는 등 명확한 결론을 얻지 못했다.

김현주와 이병훈(2007)은 지난 1년간 지출한 문화생활비 수준과 가족이 함께 문화예술 감상을 한 빈도를 문화자본으로, 가족과의 대화 시간 및 학생에 대한 가족의 관심도를 사회자본으로 측정한 후 사회경제적 배경 변수들과의 영향력 크기를 비교했다. 그 결과, 독립모형에서는 학업성취도에 유의미한 효과를 발휘하던 문화자본 변수들이 부모의 사회경제적 지위 변수들이 추가된 후에는 그 영향력이 소멸하거나 감소하는 것을 볼 수 있었다. 백병부와 김경근(2007)은 문화자본을 '가정 문화자본'과 '학생 문화자본'으로 구분하고 전자를 영화, 연극, 음악회 등을 관람한 빈도로, 후자를 재학 중에 읽은 교양서적의 양으로 측정하여 경로분석을 시도했다. 그 결과, 가정 문화자본이 수능 성적에 미치는 직접효과는 없었으며 학생 문화자본만이 유의미한 효과를 나타내고 있었다.

그런데 문화자본의 개념을 적용한 이상의 양적 연구들을 일괄해보면 더러 예상과 다른 결과를 얻거나 결론들이 불일치하는 것을 볼 수 있다. 〈표 1〉에서 보는 바와 같이, 이는 국내 연구의 경우도 마찬가지이다. 이처럼 가정배경의 매개요인으로 문화자본을 설정한 연구들이 충분한 성과를 거두지 못한 데는 다음과 같은 이유가 있다.

첫째, 문화자본이라는 개념의 모호함과 그것의 잘못된 적용에 있다. 부르디외 자신은 그 개념을 명확히 정의하지 않으면서, 고급 예술문화와 관련된 취향이나 태도를 문화자본의 예로 즐겨 제시했다. 문화자본이 경제적 자본으로부터 전환된 상징적 자본이라는 의미로 추상성을 획득하게 되면서 이 개념은 후속 연구자들에 의해 그 외연을 마구 넓혀나갔다. 이를 보다 단순화하기 위한 재정의의 시도도 있었지만(Lareau, 2003: 7), 문화자본은 "때로는 고급 문화의 지식이나 고급 문화행사에의 참여 행위로, 혹은 엘리트 학교의 교과과정으로, 심지어는 부모의 교육수준으로, 어떤 경우에는 이전의 경험 속에서 얻은 생각과 개념의 총체로 해석되었다"(Lamont and Lareau, 1988: 153에서 재인용). 그러나 고전음악이나 미술품, 문학 등을 즐기는 성향과 기호가 과연 학교에서의 학업성취 평가 기준에 반영되는지는 그 사회의 역사적·제도적 맥락에 따라서 크게 다를 수 있다. 프랑스에 국한된 얘기라면 몰라도, 다른 사회에서 상층 계급의 예술적 취향을 교육제도의 가치 기준으로 채택하고 있다는 증거는 없다. 라신(Jaan Racine)을 인용할 줄 아는 것은 상층계급의 취향이라고 할 수 있지만 (어느 나라에서나 가르치는) 2차 방정식은 계급편향적 취향이 아니라 유용한 지식일 뿐이다(Kingston, 2001: 90). 드그라프도 네덜란드 사회의 자료를 분석해서, 고급문화의 향유 경험으로 정의한 문화자본과 교육성취 사이의 관련성이 크지 않음을 실증적으로 보여주고 있다. 오히려 문화자본을 부모의 독서 습관으로 정의할 경우에는 그것이 자녀의 학업성취도에 영향을 미치는 것으로 나타나지만, 고급문화 코드는 학업 성공에 기여하지 않는 것으로 밝혀지고 있다(De Graaf et al., 2000: 108).

학력 경쟁이 유독 치열한 한국은 경쟁을 관리하는 선발제도에서 형식
적 객관성과 공정성을 매우 강조하는 편이다. 즉, 교사의 자의적인 판단
으로 성적을 부여하는 평가 방식보다는 누구나 결과를 눈으로 확인할 수
있는 시험점수로 평가하는 방식이 절대적인 비중을 갖고 선호된다. 가시
적인 지필고사식 평가 제도에서는 학과 공부와 관련된 지식을 물을 수밖
에 없으며, 박물관이나 음악회에 갔던 경험이 높은 점수로 반영되어 나타
날 여지는 극히 적다고 할 것이다(이는 한국 사교육 시장의 수업 내용이 교과
목 위주의 선행학습으로 채워지는 반면, 서구의 중산층 자녀들이 받는 사교육은
예·체능이나 캠핑 프로그램 등인 것에서도 비교된다).

둘째, 문화자본을 몇 개의 단순명제들로 측정하는 데도 한계가 있다.
문화자본을 부르디외의 의도대로 "우월한 계급적 위치가 만들어낸, 차별
적인 생활양식이 갖는 힘과 능력"이라고 해석한다면, 그 내용을 '영화나
연극을 얼마나 자주 보는가?' 또는 '일간신문을 구독하는가?' 등의 대리변
수를 사용해 측정하는 경우, 그 본질을 얼마나 정확히 포착했는가에 의문
이 제기될 수 있다. 지금까지 문화자본이라는 관점에서 수행된 선행연구
들의 결과가 일관되지 않고 종종 예상을 빗나갔던 것도 이러한 이유에서
이다. 만약 문화자본이 부모의 사회경제적 지위와 자녀의 학업성취를 매
개하는 변인이고 그 영향력이 제대로 포착되었다면 문화자본의 변수를
투입했을 때 가정배경의 영향력이 현저히 감소해야 하는데도 그렇지 않
은 경우들이 나타나는 것이다(Kingston, 2001: 91~92).

〈표 1〉 사회·문화자본과 학업성취도의 관계를 다룬 국내의 선행연구들

연구자	조사 대상	독립변수(비경제적 자본)	분석 결과	비고
주동범 (1998)	초등 5학년 (537명)과 중학 2학년(507명) 및 그 어머니들	* 어머니의 교육 관여 = ① 학부모회의 참가, ② 담임과의 면담, ③ 학교성적 및 진로에 대한 대화, ④ 숙제 점검, ⑤ 공부 분위기나 여건 제공, ⑥ 공부 시간량 설정, ⑦ TV 시청 제한, ⑧ 친구와 노는 시간 제한, ⑨ 자녀에 대한 기대교육수준 * 학생배경 = 성, 형제 수, 어머니 학력, 아버지 직업 등	* 어머니의 관여 정도는 학생배경의 차이에서 오는 학업성취도 차이를 완전 매개함. 즉, 학업성취도와 정적 상관관계 * '숙제 점검'이나 '공부 시간량 설정'은 중학생의 경우, 학업성취도에 부적(負的) 영향	
김경근 (2000)	초등 6학년 (1,011명)	* 사회자본 = ① 자녀에 대한 기대교육 수준, ② 자녀와의 대화 빈도, ③ 자녀 학습 지원 빈도, ④ 부모가 알고 지내는 자녀 친구의 부모 수, ⑤ 양친 가족 여부, ⑥ 성인가족 여부, ⑦ 형제자매 수 * 통제변인 = 성별, 부모의 교육연한, 학원 수강 여부, 무료급식 여부 등	* 부모의 사회경제적 지위를 통제했음에도 '자녀에 대한 기대교육수준'과 '자녀 학습 지원 빈도'는 학업성취도에 정적 영향을 미침 * 사회자본 중 '자녀와의 대화 빈도', '부모가 알고 지내는 자녀 친구의 부모 수'는 학업성취도에 영향 없음	주동범 (1998)과 상이한 결과
이정선 (2001)	초등 5학년의 성적 우수자 6명과 성적 부진아 6명 및 그들의 부모	* 문화기술적 연구 방법을 사용하여 양부모 여부, 자녀에 대한 교육적 기대, 학교 구성원 간의 관계, 학부모 간의 유대망, 부모/자녀 간의 상호작용, 부모의 개입 등을 사회자본으로 보고, 성적 상위집단과 하위집단 사이의 차이를 기술	* 상위집단 부모들은 교육적 기대가 높고 실현을 위한 구체적인 방법이 있는데, 하위집단은 구체적인 방안이 없음 * 상위집단은 자녀 교육을 최우선시하고 투자를 마다하지 않으며 열성적임. 하위집단은 부모/자녀 간의 대화 적고 교육 정보원도 적음	집단 간 사회자본의 차이가 집단 간 학습 결과의 차이를 가져온다는 결론
장미혜 (2002)	서울 소재 명문대와 비명문대, 지방대, 전문대로부터 할당표본 추출한 대학생 775명	* 문화자본 = ① 예술적 취향(음악회나 화랑 관람 빈도, 클래식 음악에 대한 기호, TV연속극에 대한 비호감, 예술가와의 친분 등), ② 인지적 능력(독서 취미, 컴퓨터/인터넷 사용 능력, 영어회화 능력, 영자신문 구독능력 등)	* '부모의 교육수준'이 자녀의 학업성취도에 미치는 영향의 15~20%가 문화자본의 효과 * 인지능력 형태의 문화자본이 예술적 취향 형태의 문화자본보다 성적에 미치는	

		* 부모의 사회계급 * 주성장 지역	영향이 다소 큼	
김두환 (2005)	한국청소년 패널조사의 중학 2학년 (3,449명)	* 관계적 동조 = 부모와 자녀의 희망교 육수준 일치 여부 * 사회자본 = ① 진로에 대한 부모와의 대화 빈도, ② 부모와 자녀의 감정적 거리, ③ 부모와의 친밀도, ④ 교사와 의 친밀도 * 통제변인 = 성, 아버지 교육수준, 소 득, 사교육비	* '관계적 동조'는 다른 변인 들을 통제하더라도 자녀의 성적에 긍정적인 효과를 미 치며, 이는 아버지의 교육 수준과 상호작용함 * 아버지의 교육수준이 높아 도 부모/자녀 간의 교육열 망이 일치하지 않으면 소용 이 없고, 아버지의 학력이 낮더라도 '대졸'로 기대수준 이 호응하면 성적을 높이는 효과가 나타남	부모와 자 녀의 관계 적 동조가 양(+)의 효 과를 발휘 하려면, 아 버지의 교육 수준이 최소 한 중학교 이상이어야 함
김경근 (2005)	한국 교육고 용패널의 일 반계 고등학 생(1,303명)	* 문화자본 = 가족과 함께 ① 영화/연 극/뮤지컬, ② 박물관/미술관/음악회 관람 빈도, ③ 여행/등산/낚시 활동 빈도 * 사회자본 = 자녀의 ① 친구, ② 학교 생활, ③ 생활습관, ④ 자녀 친구의 부모에 관해 아는 정도 * 기타 변인 = 성, 부모의 교육수준, 소 득, 공부시간 등	* 문화자본은 수능 성적에 별 반 영향을 미치지 않음 * 사회자본, 기대교육수준은 수능 성적에 정적 영향을 미침	사교육비의 성적에 대한 영향은 자녀 교육에 대한 관심을 매 개로 함
백병부 김경근 (2007)	한국교육고 용패널의 일 반계 고등학 생(987명)	* 가정 문화자본 = 자녀와 함께 영화/ 연극/미술관/음악회 관람 빈도 * 가정 사회자본 = 부모의 학생에 대한 관심, 물질적 지원 정도, 자녀의 부모 에 대한 신뢰도 * 학생 문화자본 = 재학 중 독서한 교 양서적의 양 * 기타 변인 = 부모의 직업, 소득, 학 력, 사교육비, 공부한 시간 등	* 한국의 문화자본 보유 양상 은 직업보다 학력 및 소득 에 영향 받고, 서구처럼 세 분되지 않고 이중 구조화 되어 있음 * 경제자본과 사교육의 효과 는 내신 모형보다 수능 모 형에 직접효과. 사회자본은 성적에 직접효과 없으나 간 접효과 있음	
이진희 (2007)	한국청소년 패널조사의 중학 2학년 (3,400명)	* 사회자본 = ① 부모와의 친밀성(기대 교육수준 및 부모와의 대화 정도 등), ② 부모의 자녀에 대한 통제, ③ 학생 의 동아리 참여, ④ 지역사회, ⑤ 친 한 친구와의 관계	* 자녀의 학업성취도에 부모 의 학력, 경제력, 가족구조 보다 사회자본(교육기대 및 대화 정도)과 문화자본이 미치는 영향력이 더 큼.	부모의 사 회·경제적 지위의 영 향이 크다 는 기존 연

		* 문화자본 = 문화예술 감상 및 취미특기 개발 활동 참여 여부 * 인적 자본 = 부모의 근로형태 * 물적 자본 = 월평균 소득, 사교육비		구와 상이한 결과
김현주·이병훈 (2006)	한국노동패널의 고등학교 자료 있는 416 사례	* 부모와의 진학에 관한 대화 정도 * 기타 변인 = 가구 소득, 부모의 학력, 양부모와 동거 여부, 형제 수, 모의 취업 여부, 사교육비 등	* 부모의 가정배경적 변수가 자녀의 학업성적에 영향을 안 미치는 대신, 진학에 관한 대화 정도, 사교육비 지출이 유의미한 영향을 주고 있음	
김현주·이병훈 (2007)	한국교육고용패널의 중학생(1,517명)과 고등학생(1,254명)	* 문화자본 = ① 문화생활비 지출, ② 가족과의 문화예술 감상 빈도 * 사회자본 = ① 가족과의 대화 시간, ② 학생에 대한 가족의 관심 정도 * 경제적 자원 = 월 소득, 자산, 사교육비, 자녀의 방 유무 * 기타 변인 = 부의 학력, 직업, 교사와의 관계, 친구와의 관계 등	* 부모의 사회경제적 변수가 자녀의 학업성취에 정적 영향을 미침 * 사회자본과 문화자본은 '자녀와의 대화 정도'를 제외하고, 성적에 긍정적 영향 미침 * 부모의 사회경제적 배경과 사회/문화자본을 함께 투입했을 때, 사회/문화자본의 영향력은 소멸하거나 감소함	
변수용·김경근 (2008)	한국교육종단 연구자료의 중학생 (5,163명)	* 부모의 교육적 관여 = ① 학교활동 참가, ② 학습/생활 지도, ③ 집안 규칙, ④ 자녀 친구 부모와의 상호작용 * 가정배경 = 소득, 부모의 교육수준, 자녀에 대한 기대교육수준, 어머니 취업 여부, 형제 수 등	* 부모의 교육적 관여는 관여의 유형과 교과목에 따라서 효과가 다르고, 어떤 경우에는 부정적 효과도 나타남 * 부모의 학력, 소득, 기대교육수준, 자녀의 이전 학업성취도가 높을수록 부모의 학교활동 참가가 적극적임	
김두환 (2008)	한국교육고용패널의 실업계/일반계 고등학생 (4,000명)	* 관계적 동조 = 가족과 학생의 교육포부 일치 여부 * 학생에 대한 가족의 관심 수준 * 직업, 학교, 학과 선택에 관한 대화 유무 * 담임의 학생에 대한 의견 * 통제변인 = 부모의 교육수준, 월 소득, 성별 등	* 학생의 교육포부와 가족이 희망하는 교육수준이 높을수록 수능 등급이 높음 * 사회자본인 가족의 관심 수준은 유의미한 영향 없음	사회자본의 효과는 기능적 구체성을 가져야 하며, 일반적 관심은 효과가 적음

김종백, 김준엽 (2009)	한국교육종 단연구 자료 의 학생 (6,908명)	* 다변인 잠재성장모형에 따라 부모의 학업 관여, 부모의 교육기대, 수업 이해 정도, 학업 자아 개념, 시험 스트레스 및 각 과목별 성취도의 변화를 변인으로 삼음	* 자녀에 대한 부모의 교육기대가 높을수록 더 적극적으로 학업 관리를 하며, 이는 학업성취도를 높이는 요인으로 작용함 * 부모의 학업 관여가 자녀의 수업 이해도와 학업 자아 개념을 높이는 방향으로 매개되면 시험 스트레스에 긍정적으로 영향 미침

사회자본, 혹은 부모의 관여

콜만은 어떤 가정이나 커뮤니티가 지니고 있는 독특한 규범 및 행위 체계가 물질적 자원과는 별개로 자녀의 학업성취를 결정하는 한 요인이라고 보고, 이를 (자녀 양육의) 사회자본(social capital)이라 불렀다. 그는 사회자본의 개념을 설명하면서 다음과 같은 예를 들고 있다. 미국의 학교 가운데 교과서를 학생이 직접 사야 하는 학군의 경우 어떤 아시아계 학생들의 가정에서는 교과서를 두 벌씩 사는 걸로 밝혀졌다. 그중 한 권은 자녀의 공부를 도울 목적으로 어머니가 보기 위한 어머니용 책이다. 이 경우, 어머니의 학력, 즉 인적 자본이 낮다 해도 자녀의 학업성적에 대한 지대한 관심과 공부를 지원하려는 헌신적 자세가 바로 (아시아계) 가정이 갖고 있는 사회자본이다. 콜만은 자녀 양육에서 사회자본을 "자녀의 성장에 중대한 영향을 미치는 어른과 아동의 관계(relationship), 규범(norms) 및 사회적 네트워크"라고 정의한다(Coleman, 1987: 36).

실제로 그의 조사에 의하면, 부모가 학교의 학부모회에 자주 참석하고 동네의 다른 부모들과 자녀 교육 문제에 관해 깊이 대화하며, 이웃의 아이들을 함께 돌보는 등의 협력활동을 활발히 할수록 자녀의 학업성취도가 높은 것으로 나타났다. 사회자본은 달리 말하면, "부모가 축적하고 있다가 자녀의 성공가능성을 높이기 위해 사용하는 일체의 다양하고 복합적인 사회적 기제(social mechanisms)"인 셈이다(Furstenberg and Hughes, 1995: 581). 이렇듯 다양한 특성과 기제를 포괄하다보니 양부모가 모두 있는 상태, 형제자매의 수가 적은 것, 부모의 높은 교육적 기대, 부모와 자녀의 친밀한 관계, 세대 간 결속 등도 사회자본의 하나로 간주된다(Coleman, 1988: 109~112).

이후 콜만의 영향을 받아서 1990년대부터 사회자본이라는 개념 아래 다양한 변인들이 학업성취도에 미치는 효과에 관한 실증연구가 이루어졌다. 이스라엘 등(Israel et al., 2001)은 가정의 사회자본을 구조적 요인과 과정적 요인으로 나눠서 전자를 양부모의 존재 여부, 형제자매의 수[13] 등으로 측정하고, 후자를 부모와의 대화 정도, 부모가 대학 진학을 기대하는지 여부, 생활에 대한 감독 수준(숙제 검사, TV 시청, 혼자 있는 시간) 등으로 측정했다. 분석 결과, 학교 일에 관해 부모와 대화를 많이 하고 부모가 대학 진학을 희망하며 TV 시청을 제한하면 자녀의 학교 성적이 높은 것으로 나타났다. 이처럼 부모·자녀 간의 대화, 부모가 자녀 교육에 거는 기대, 부모의 학교 참여 정도가 자녀의 성적과 정적 상관관계를 갖는다는 연구들이 2000년대까지 지속적으로 등장했다. 이들 연구의 결과는 대체로 "부모·자녀 관계에 시간과 노력을 많이 투자하면 관계에 신뢰가 생겨 돈독해

---

13 형제자매의 수나 양부모가 있는지 여부를 사회자본으로 파악하는 이유는, 그런 변인들이 부모와 자녀 사이에 상호작용이 일어날 수 있는 기회와 과정을 규정한다고 보기 때문이다. 예컨대, 형제자매의 수가 많을수록 자녀 한 명이 부모와 상호작용할 수 있는 기회와 시간이 줄어든다고 보는 것이다.

지고, 이기적이거나 충동적인 행동을 억제하는 규범이 작동해서 청소년 비행에 빠질 가능성이 줄어들며, 자녀의 생애기회를 높여주기 위한 다양한 방법이 동원되므로 자녀의 학업지향성과 학업성취도가 높아진다"는 콜만의 학설을 뒷받침하는 것이었다(Wright et al., 2001: 7~8).

그렇다고 이들 연구가 모두 일사불란하고 일관된 결론을 향하는 것은 아니다. 예를 들어, 스탠턴-살라자르(R. Stanton-Salazar)와 돈부시(S. M. Dornbusch)의 연구는 멕시코계 고등학생 가운데 부모로부터의 교육기대가 크고 학점이 높은 학생들이 교사 및 교육 종사자들과의 관계맺기(institutional ties)에서 유리한 입장에 선다는 사실을 확인했지만, 분석 결과가 미진하고 복잡할 뿐 아니라 부모의 사회경제적 지위의 효과가 언어 변수의 투입으로 감소하는 것을 볼 때 가설은 극히 제한적으로만 지지됨을 스스로 인정하고 있다(Stanton-Salazar and Dornbusch, 1995: 130).

결국, 교육성취와 관련된 사회자본은 가족구조나 형제자매의 수, 인종 같은 구조적 요소들을 제외하고 나면 '부모의 (교육적) 관여(parental involvement)'라는 개념으로 포괄된다. "부모가 자녀의 학업에 관여한다는 것은 자녀의 학업생활 영역에 부모가 자원을 투여하는 것"(Grolnick and Slowiaczek, 1994: 238)으로서, 이는 "가정에서의 사회자본은 부모와 자녀의 관계"(Coleman, 1988: 110)라는 콜만의 개념과 일맥상통한다. 교육적 관여의 구체적인 형태는 자녀의 학업 경력을 부모가 관리해주는 것, 숙제 도와주기 등의 적극적인 조력, 목표를 제시하며 격려하기, 학교 행사에 참석하기 등을 말하는데(Muller, 1995), 이런 부모의 개입이 학업의 성공을 촉진한다는 것이다. 실제로 많은 연구들이 '사회자본'을 '부모의 관여'라는 개념으로 치환하고,[14] 이를 조작적으로 변수화해서 자녀의 학업에 관여하는 유형과 수준, 교사와 자녀와의 관계 등을 원인변수로 삼아 얼마만큼 학업성취도

에 영향을 주는지를 살피고 있다. 또, "학업성적과 직결되는 학업지향성
(academic orientation)은 부모의 관여와 상호작용하며, 부모의 교육수준이
높고 양부모 가정일수록 교육제도에 대한 지식이 많고 자신의 개입에 대
한 확신도 강해서 관여 정도가 높게 나타난다"는 주장도 있다(Crosnoe,
2001: 213에서 재인용).

그러나 이 기존 연구들은 결론이 서로 달라서 부모의 관여가 학업성취
를 향상시킨다는 주장이 있는가 하면, 반대로 학업성취를 오히려 낮춘다
는 결론도 있고, 학업성취에 별반 영향을 미치지 않는다는 주장까지 다양
하다.

국내 연구로는 주동범(1998)이 '어머니의 교육 관여 행위가 가정배경과
학업성취도의 관계를 매개하는가?'에 대한 연구에서 관여 행위를 학부모
회 참가, 학교 성적 및 진로에 대한 대화, 담임교사와의 면담 여부 등 9개
변인으로 측정해 분석한 결과, 학업성적에 긍정적 영향을 끼친 변수들이
있는가 하면 통제와 감독을 위한 변인들은 효과를 미치지 않는 것으로 나
타났다. 김경근(2000)은 사회자본 변수로 자녀에 대한 기대교육수준, 학습
활동에 대한 부모의 지원 빈도, 부모와 자녀의 대화 빈도, 부모가 인지하
고 있는 자녀 친구의 부모 수 등을 설정하고 학업성적에 대한 영향력을
분석한 결과, 부모의 사회경제적 지위를 통제하더라도 기대교육수준과
학습활동 지원 빈도는 유의미하게 효과를 미치고 있었으나 나머지 변수
들은 영향이 나타나지 않았다고 한다. 김현주와 이병훈(2007)은 문화자본

---

14 그러나 모든 관련 연구들이 사회자본이란 개념을 채택한 것은 아니다. 사회자본이
란 용어를 전혀 사용하지 않고 '부모의 관여(parental involvement)' 개념만을 적용한
연구들도 이미 1990년대 초부터 등장했다.

과 사회자본 변수를 모두 투입한 분석을 시도한 결과, 사회자본 가운데 '학생에 대한 가족의 관심' 변인은 학업성취도에 긍정적인 영향을 미치는 것으로 나타났으나, '부모와의 대화 시간' 변인은 효과가 없었다. 변수용과 김경근(2008)은 가정배경의 영향을 중심으로 부모의 교육적 관여가 학업성취에 미치는 영향을 분석했다. 이들은 부모의 관여 변수로 학교의 학부모 단체 가입 및 참여, 숙제 확인 및 성적 이야기, 자녀 친구 부모와의 상호작용, 집안 규칙 등 16개 항목에 대한 측정 결과를 요인분석해서 효과를 따져보았으나 부모 관여 변인의 영향력 자체가 미미한 것으로 나타났다. 이처럼 예상과 어긋나는 결과들에 대해서, 장상수와 손병선(2005: 222)은 부모의 관여나 가족의 정서적 유대 등의 변수들을 도입해도 부모의 사회경제적 지위가 학업성적에 미치는 효과는 크게 변하지 않는다는 사실을 보여주면서, '부모의 관여' 변수보다는 '직업열망'을 매개변인으로 삼는 편이 훨씬 설득력 있다고 주장한다.

앞서 살펴본 문화자본론의 경우와 마찬가지로 '사회자본' 내지 '부모의 관여' 변수를 설정한 선행연구들 역시, 국내외를 막론하고 분석 결과가 일치하지 않는데 그 이유는 다음과 같다.

첫째, 사회자본의 형태를 관계의 영역(부모와 자녀, 부모와 부모, 부모와 학교)별로 구체화시키지 못함으로써 완전한 개념화에 이르지 못했다(McNeal, 1999: 123). 문화자본처럼 사회자본의 개념도 매우 다양한 유형의 관계적 자원들을 포괄하는 상징적 성격이 강하므로 변수화하는 과정에서 조작적 정의를 어떻게 내리느냐에 따라 분석에 투입되는 경험적 내용의 편차가 클 수 있다. '부모의 관여'라는 개념도 애매모호하기는 마찬가지이다.[15]

---

15 그동안의 연구에서 발견되는 부모의 관여에 관한 조작적 정의는 자녀의 학업성취를

부모의 관여에 관한 정의가 연구마다 다르기 때문이다. 그뿐만 아니라 콜
만은 사회자본이 어떤 행위자 개인에게 깃들어 있는 실체가 아니라 행위
자와 행위자 사이의 관계 구조 속에 내재해 있는 자원이란 점을 강조했는
데, 그렇게 되면 사회자본의 원천인 관계(relationships)와 그로부터 나오는
편익(=자원과 기회)의 선후 관계에 혼동이 일어나서 순환논리에 빠지게 된
다(Dika and Singh, 2002: 44). 사회자본과 학력의 관계를 예로 들면, 고학력
부모는 자신의 높은 교육열망을 자녀에게 깊이 심어줄 수 있는 부자(父子)
관계를 형성하고, 그래서 그 자녀는 높은 학업성취를 달성함으로써 고학
력자가 된다. 반면에, 저학력 부모는 자녀와의 관계를 돈독하게 유지하지
못하고, 따라서 그 자녀는 학업에 성공을 거두지 못하여 저학력의 덫에
갇힌다. 그렇다면 가정에서의 부모·자녀 관계와 교육성취의 인과관계는
어떤 것이 원인에 해당하는지를 가리기 어렵게 된다. 결국 사회자본은 행
위자 사이의 관계인 것처럼 인식되기도 하고, 때로는 자원이나 기회인 것처
럼 해석되기도 해서 마치 사회적 관계의 긍정적인 효과를 모두 지칭하는 것
처럼 정의됨으로써 계급, 성, 인종 등이 교차하는 지점들을 흐려버린다.

둘째, 사회자본 내지 부모의 관여 정도가 사회경제적 지위나 인종 집단
에 따라서 학업성취에 미치는 영향의 정도가 다를 수 있는데, 선행연구들
이 그러한 차이를 제대로 평가하지 못함으로써 결론의 불일치가 일어나
는 것일 수도 있다(McNeal, 1999: 123). 기존 연구들은 분석 대상을 각기 달

바라는 부모의 열망(parental aspirations), 학교와 학업에 관해서 부모가 자녀와 나누
는 의사소통, 부모의 학교 활동 참여, 부모가 자녀에 관해서 학교교사와 나누는 대화,
부모가 가정에서 자녀를 감독하는 것 등 각양각색이다. 엡스타인(A. L. Epstein)은 이
를 ① 기본적 의무, ② 학교와 가정 간 의사소통, ③ 학교에서의 부모 관여, ④ 가정학
습활동에서의 부모 관여 등 네 가지 유형으로 분류했다(Fan, 2001: 29).

리하기 때문이다.

셋째, "자녀의 학업에 관여하는 부모의 개입 전략들은 매우 다차원적 (multidimensional)"이기 때문에(Fan, 2001: 29), 독립적인 낱개의 질문 몇 가 지를 가지고 포착하려는 양적 분석 방법에 한계가 있을 수 있다.

이상에서 보듯이 부모의 교육적 관여가 자녀의 학업성취도에 미치는 영향에 관해서 부(負)의 상관관계나 '관련 없음'을 주장하는 소수의 논문 들이 있기는 하지만, 역시 대다수의 연구는 부모의 관여가 긍정적 효과를 가져온다는 가설을 지지한다. 소수의 연구가 반대 결론에 도달한 이유는 앞서 언급한 바와 같이 계량화 과정의 불일치, 상이한 조사 대상의 특성 을 무시한 데서 오는 오차 등으로 가늠해볼 수 있지만, 최근에는 부모가 어떤 관점을 가지고 어떤 방식으로 관여하는가에 따라 그 효과가 달라진 다는 또 다른 각도의 주장이 제기되고 있다. 이는 단순한 상관관계가 아 니라 부모의 배경이 어떠한 메커니즘에 의해서 성적에 영향을 주는지를 밝히고자 하는 이 책의 주제와 관련해서 매우 흥미로운 주장이 아닐 수 없다.

포메란츠 등(Pomerantz et al., 2007)은 부모의 관여 효과를 다룬 선행연 구들을 관여의 공간과 방식, 관점에 따라 양분해서 효과를 비교한다. 첫 째, 학교에서의 관여란 전체 학부모 회의 참석, 교사와의 대화, 학교 행사 (예컨대, 오픈하우스, 과학전시회 등)에의 참석, 학교를 위한 자원봉사 활동 등을 말한다. 반면, 가정에서의 관여는 숙제 도와주기, 조용한 공부환경 조성하기, 프로젝트 수업 주제나 과목의 선택 도와주기, 시험 결과에 대해 의논하기, 학교에서의 사건이나 공부의 가치에 관해 대화하기 등이다.

둘째, 방식과 관련해서 부모가 자녀의 자기주도성을 고취하는(autonomy-supportive) 방식의 관여가 있는가 하면, 통제하는(controlling) 방식의 관여가 있다. 자녀의 자기주도성, 즉 자율성을 촉진하는 방식은 자녀가 자신의 환경을 탐색하고 스스로 문제를 해결하기 위해 적극적으로 역할하며 자기주도하에 책임 있게 행동하도록 하는 것인데, 예를 들면 숙제를 하기 위한 계획을 자녀 스스로 짜도록 도와주는 것이다. 이에 비해 통제 방식은 명령, 지시, 제재 등의 방법으로 자녀를 통제해서 정해진 성과(가령, 좋은 시험 성적)를 내도록 압박을 가하는 것이다.

셋째, 주안점에 따라서 학습의 과정을 중시하는 관여가 있을 수 있고, 사람의 능력이나 성적을 중시하는 관여가 있을 수 있다. 과정을 중시하는 (process-focused) 관여란 오픈하우스에 참석하거나 전시회에서 자녀의 작품을 보았을 때 아이의 능력보다는 그가 기울인 노력에 관해서 대화하고 평가하는 것으로, 노력의 중요성과 배움의 기쁨을 강조하는 태도이다. 반면에, 사람을 중시하는(person-focused) 관여는 선천적 능력(지능)을 거론하거나 성적 등의 결과를 중시하는 관점이다.

포메란츠 등은 관여 효과의 메커니즘이라는 측면에서 선행연구들을 크게 능력 촉진 모형(skill development model)과 동기 촉진 모형(motivation development model)으로 나눈다. 능력 촉진 모형은 부모가 관여함으로써 능력에 관계된 자원이 자녀에게 전달된다는 것인데, 예컨대 언어수용능력 (receptive language capability), 음운론적 인식능력(phonological awareness) 같은 인지적 능력(cognitive skills)과 학습 과정을 계획, 점검, 조절하는 등의 메타인지적 능력(meta-cognitive skills)이 생긴다고 보는 것이다. 이런 능력이 향상되는 이유는 부모가 자녀 교육에 관여함으로써 자녀가 학교에서 무엇을 어떻게 배우고 있는지 파악하고, 따라서 그런 정보가 아이의 인지적 능력을 키우는 데 유리하게 작용하기 때문이라고 설명한다. 예를 들어 대졸 이상 학력의 어머니들은 자녀의 학교 성적을 소상히 파악하는 경향이 있고, 자녀의 학업 경력(school career)을 관리하기 위한 전략 면에서 훨씬 적극적이고 고등교육 지향적인 전략을 편다는 것이다(Baker and Stevenson, 1986). 또 부모가 어린 자녀에게 읽기와 쓰기를 가르치면 아이의 문자해독능력이 일찍 발달하고, 이것이 초등학교 시절의 독해능력 향상에 영향을 준다는 실증연구(Sénéchal and LeFevre, 2002)도 이 능력 촉진 모형을 뒷받침하는 하나의 예이다.

한편, 동기 촉진 모형은 부모가 자녀에게 여러 가지 동기화 자원들, 즉 공부를 해야 하는 이유, 학업성적을 높이려는 의지, 학업능력에 관한 긍정적 인식 등을 심어주기 때문에 자녀의 학업성취도가 높아진다고 보는 입장이다. 자녀의 학업생활에 관여하는 부모는 학교가 중요하다고 강조하기 때문에 아이는 학교를 가치 있는 곳으로 인식하게 되고(Hill and Taylor, 2004), 점차 (수치심을 모면하거나 보상을 받기 위한) 외적 요인보다 (즐거움이나 중요성에 대한 자각 같은) 내적 요인에 의해서 학습을 하고 학교의 가치를 내면화하게 된다(Grolnick and Slowiaczek, 1994). 또 부모는 관여 과정에서 학교 과제와 학교생활을 적절히 풀어나갈 수 있는 능동적인 전략을 제시하고, 자녀는 그런 전략을 이어받아서 학교 공부에 능숙하게 대처하고 익숙해지는 것이다. 그렇게 되면 자연히 자신이 공부를 잘한다고 인식하고 높은 자기효능감을 갖게 된다.

그런데 이상의 분석 결과를 유형별로 비교·종합해보면 첫째, 부모가 학교 영역에 대해서 관여를 할 경우 자녀의 학업성취도에 긍정적인 영향을 미친다는 결론이 일관되게 도출되는 데 반해서, 가정에서의 관여에 관한 연구는 공통된 결과가 나타나지 않고 있다. 즉, 부모가 학교 모임이나 활동에 적극적이면 자녀의 성적이 향상되는 경향이 뚜렷하지만, 가정에서 아이의 숙제를 도와주거나 공부를 가르친다고 해서 자녀의 학업성적이 올라가는지에 관해서는 명확한 증거가 없다는 것이다. 달리 말하면, "학교에서의 부모 관여가 가정에서의 관여보다 학업성취에 더 강한 영향을 주는 것으로 나타나고 있다"(Reynolds, 1992: 457).

둘째, 부모가 자녀의 자기주도성을 길러주는 민주적 방식과 과정을 중시하는 태도로 관여를 하면 자녀의 성적이 향상되지만, 통제하고 압박하는 방식과 아이의 잠재능력을 불신하는 태도로 관여를 하면 학업성취에 부정적인 영향을 줄 수 있다는 것이다(Pomerantz et al., 2007: 378~388).

이 같은 경향성은 본론에서 다루고자 하는 한국의 메커니즘과 비교해 볼 때 분명한 차이를 보인다. 뒤에서 상술하겠지만, 한국에서 부모의 교육적 관여는 학교에서의 관여보다 가정에서의 관여가 비중이 더 높고 중요하며 보편적이고, 자녀의 학업성취도에 미치는 영향력의 크기 또한 훨씬 크다. 다시 말해서, 한국 부모의 관여 전략은 학교 활동에 적극 참여하고 교사와 돈독한 관계를 맺는 방식 – 물론 이러한 전략도 일부 중산층 부모에게는 중요하고 효과도 있지만 – 보다는 가정에서 자녀의 학습 태도를 관리하고 공부와 관련된 자원을 지원하는 활동들이 더 넓게 사용되며, 학업성적을 높이는 효과도 크다고 할 수 있다. 또한 한국 중산층 부모들의 학업 관리 전략은 대체로 학습당사자의 생각과 자발성을 존중하기보다 부모의 판단과 계획을 우선시하고 자녀에게는 공부에만 전념하도록 압박하는 성격이 더 강하다. 포메란츠 등의 분류법에 따르면 학습의 자기주도성을 길러주는 방식보다 통제하는 방식에 더 의존한다고 할 수 있는데, 그럼에도 한국의 학부모는 타율적인 후자의 방식이 학업성취도를 향상시키는 데 더 효과적이라고 판단하는 경향이 있다. 그렇다면 왜 이런 차이가 나타나는 것일까?

첫째, 한국 교육제도의 특성과 근현대사 속에서 형성된 한국 학력자본의 성격이 미국을 비롯한 서구사회와 다르기 때문이다. 학업성취란 학교교육을 통해 터득한 지식, 기능, 태도 등의 학습 결과를 포괄하는 개념으로서, 학업성취 정도를 평가한다고 하면 인지적 영역의 학습 결과 뿐 아니라 비인지적 영역, 즉 태도, 습관, 가치관 등을 포함하는 정의적(情意的, affective) 영역의 학습 결과까지를 파악하는 것이 합당하다(곽수란, 2005: 340). 그러나 한국의 교육 시스템에서 학업성취도의 평가는 철저히 인지적 영역에 국한되어 있으며, 그중에서도 입학시험과 관련된 분야의 문제풀이 능력만을 측정한다. 학업에 관한 평가는 지필고사 형태의 시험 결과가 절대적인 비중을 차지하고, 대학 진학의 당락도 인지적 영역의 평가 결과에 좌우된다. 그러므로 모든 공부가 대학입학시험의 기준을 향해 수렴되고 있는 한국의 교육체계 속에서 점수에 반영되지 않는 비인지적 영역의 평가는 무의미하며, 또한 객관성이 결여된 교사의 주관적 평가 방식도 가능한 한 배제된다. 물론, 내신성적이라는 이름으로 일부 이러한 영역이 평가 결과에 포함되기도 해서 일부의 중산층 부모들이 학교활동에 열을 올리고, 또 그것이 자녀의 좋은 성적으로 반영되는 것도 사실이다. 그러나 부모의 적극적인 학교활동이 대학 진학의 성공으로 직접 이어지는 경우는 학교장의 추천서를 필요로 하는 특별한 경우에 국한되고, 일반적으로 부모들의 회합이 중요성을 갖는 것은 오히려 입시에 관련된 정보를 교환하는 장이 되기 때문이다. 게다가 보통, 학과 공부를 잘하는 학생의 비입시과목(체육, 미술 등) 평가점수는 내신성적을 높게 유지시키기 위해 거의 입시과목 점수에 비례해서 주어지는 것이 불문율처럼 되어 있어, 인지 영역의 지필고사가 얼마나 절대적인 비중을 갖는지 짐작할 수 있다.

이런 연유로 한국에서는 서구사회처럼 부모가 교사와 자주 접촉해서 자녀의 학교생활 전반에 관해 상담한다거나 학교 행사에 참여해서 자녀를 격려하는 등의 행위가 특별히 학업성적의 향상으로 직결되는 것은 기대하기 어렵다. 학습 결과의 평가 기준과 방식에 정의적 영역이 아예 포함되지 않기 때문이다. 한국의 중산층 부모는 자녀가 어떤 과목에 취약하며 어떤 과목을 잘하는가를 판단하는 것이 중요하고, 이것은 대화가 아니더라도 학교의 성적표와 학원에서의 평가 결과를 가지고 파악이 가능하다. 그리하여 한국에서는 학교에서의 관여보다 가정에서의 관여가 더 큰 비중을 차지하는 것이다.

둘째, 한국의 교육 시스템은 상호경쟁의 강도가 매우 높은 '고강도 경쟁체제'이다. 서구사회의 학교에서는 자율적 학습 태도를 가진 학생들의 성적이 우수하고 강압적으로 공부하는 학생들의 학업성취가 좋지 않은 경향이 있다지만, 한국의 교육체계는 순전히 학생들의 자발성에 기초한 학습 결과를 높이 평가하고 인정하는 데 모든 이들이 수긍하고 동의할 만큼 여유롭지가 않다. 중산층 부모라면 누구나 자녀가 학교에 들어가는 순간부터 "'어떻게 자기 아이가 남보다 뛰어난 성적을 얻을 수 있는가'를 학습하고 획득된 지식을 바탕으로 자녀 공부를 위해 구체적인 행동을 하기" 마련이다(김희복, 1992: 81). 그만큼 "한국의 교육제도를 통한 지위 경쟁은 다른 어떤 나라보다 격렬하고 급속하며 순도가 높다"(김종엽, 2003: 63~64). 학업능력의 평가 방식이 철저히 인지적 영역 중심이고 교사의 주관적 평가 제도를 가급적 배제하는 것도 실은 초등 단계부터 대학 입학 전까지 치열하게 전개되는 상호경쟁체제에서 객관성을 확보하려는 의도의 결과라고 할 수 있다. 학생들이 직접 작성한 시험 답안지를 근거로 개인의 능력을 점수화하는 방식이야말로 철저히 순위 다툼을 벌여야 하는 경쟁자들 사이에서 시비의 여지를 없애는 길이다.

경쟁을 하되 그 경쟁의 강도가 상대적으로 약한 서구사회에 비해서 한국의 교육제도는 고강도의 경쟁체제이며, 이 속에서 중산층 부모들은 "자녀의 학업능력이 부모의 노력 여하에 따라 만들어지며, 얼마나 투자하고 주입하는가가 중요하다"고 생각하는 경향이 있다(신명호, 2004: 14). 따라서 자녀의 자기주도성이나 자발성에 근거한 학습 지원보다는 다소 자율성을 희생하더라도 부모의 정보와 신념에 입각해서 전략을 세우고 자녀를 이끌어가는 방식을 선호한다. 한국인에게 대학입시는 이후의 직업 및 인생행로를 결정하는 절체절명의 사건이므로 과정보다는 결과가 중요하며, 결과의 승률을 높이기 위해서는 부모의 개입과 판단이 절대적으로 필요하다고 믿기 때문이다.

교육제도의 특성

교육제도에 따라서 학업상 진로를 결정해야 하는 시기가 빠를수록 부모의 사회적 배경이 미치는 영향이 더 크고, 그러므로 진로의 결정 시기를 최대한 늦추는 제도가 교육의 평등화에 기여한다는 주장이 있다(Erikson and Jonsson, 1996: 35). 그렇다 하더라도 교육제도는 어느 단계에서든 위계적 선발 단계를 가질 수밖에 없다. 어느 사회나 선발과 경쟁은 교육체계상 불가피한 과정이어서 언젠가는 계열(tracking)의 분화가 있기 마련인데, 이때 학교가 어떤 학생들로 구성되어 있는가는 개개인의 가정배경과 별도로 학생의 교육열망과 학업성적에 영향을 미친다. 학교환경이 개인이 접촉할 수 있는 동료의 범위를 형성하고 대인적·사회적 비교의 맥락을 제공하기 때문이다(Roscigno, 1998).

획일적이고 평준화되어 있는 공립학교체제 속에서, 중산층은 교육만족도나 학업성취도의 향상이라는 면에서 일반적으로 불만을 갖기 마련이고 자신들의 높은 교육열망과 능력에 맞는 학교를 선택하는 일종의 계급적 전략을 구사한다. 중산층 부모는 통학과 관련된 물리적·시간적 제약에 큰 영향을 받지 않기 때문에 자신의 기대와 요구를 충족시킬 수 있는 학교를 우선적으로 고려하며, 따라서 높은 학업성취도와 명문 대학으로의 진학이 상대적으로 보장되는 사립학교나 엘리트 학교를 선택하는 경향이 있다. 반면 하류 계층의 학부모는 학교 선택의 결과가 가져오는 미래의 성과를 고려하기보다는 편안한 학교생활을 우선적으로 고려하고, 실질적이고 경쟁의 압력이 낮은 공립학교를 선택하는 경향이 있다.

인문계와 실업계 학교의 선택과 관련하여, 인문계 학교가 대학 진학을 목표로 하기 때문에 더 높은 교육성취와 직업성취가 가능한 반면 실업계 학교는 그렇지 않다고 인식된다. 대학 진학을 목표로 하는 인문계 학생들은 교육열망과 직업열망이 실업계 학생들에 비해서 높은 편인데, 그 이유는 학업능력이 높은 동료를 상대적으로 더 많이 접하기 때문이다. 또한 부모의 교육적 관여도 높은 계열의 학생일수록 높고, 낮은 계열 학생의 경우에는 낮은 것으로 나타나고 있다.

한국의 외국어고등학교나 과학고등학교 같은 특수목적고등학교와 인문계 고등학교, 실업계 고등학교의 학생들 사이에서 부모의 관여 정도나 학업열 등이 차이가 나고, 이러한 차이의 일정 부분은 이들 집단 내의 동질성과 집단 간의 차별성에서 기인하는 것임을 추론할 수 있다. 즉, 부모의 사회경제적 지위의 영향력이 고등학교에서는 학교 간 차이로 전환되어 나타난다.

교육열망에 관련된 이론들

앞에서 살펴본 학업성적 촉진요인에 관한 선행연구들이 부모의 사회경
제적 지위를 매개하는 요인으로 문화자본과 사회자본을 주장했다면, 1960
년대부터 활성화된 지위 획득 모형 연구는 자녀의 학업열의에 영향을 주
는 또 다른 매개요인으로서 '교육열망(educational aspirations)'이라는 개념
을 상정한다.

교육의 계층화 현상에 관한 연구는 일찍이 1957년 미국 위스콘신 고등
학교의 졸업생들을 코호트(cohort)로 한 종단조사자료가 구축되면서 활발
히 일어나기 시작했다. 스웰(W. H. Sewell) 등에 의해 완성된 위스콘신 지
위 획득 모형의 요지는 부모의 높은 학력과 직업지위가 자녀로 하여금 높
은 교육열망을 갖게 하고, 그리하여 자녀의 교육성취[16]와 직업성취의 정
도가 높아진다는 것이다(Sewell et al., 2004). 이때 교육열망이란 변수는
'이수하기를 희망하고 기대하는 교육수준'의 의미로 정의되었고, 대학에
진학할 의사가 있는지 여부, 혹은 대학 중에서도 전문대를 갈 계획인지 4
년제 대학을 갈 계획인지 등으로 구분하여 측정했다. 그리고 자녀가 높은
교육열망을 갖게 되는 데는 자녀에게 중대한 영향을 미치는 타자(signi-
ficant others)가 대학 진학을 독려하는가의 여부가 중요한 결정력을 갖는
데, 중요한 타자란 부모, 교사, 친구 등을 말한다. 요컨대, 대학 진학을 권
하는 부모의 격려 여부, 본인의 대학 진학 의사 등과 같은 사회심리적 요

---

16 교육성취(educational attainment)는 흔히 졸업한 학교의 급, 또는 교육받은 연한 등
으로 측정되며, 직업성취(occupational attainment)는 덩컨(O. D. Duncan)이 만든 직
업지위의 사회경제적 지수(index)에 따라 정하는 것이 보통이다.

인이 부모의 사회경제적 지위와 교육성취의 관계를 강력히 매개한다는 것이다.

주로 경로분석방법을 사용한 이들 연구는 '부모의 사회경제적 지위가 자녀의 교육성취에 미치는 직접효과는 작고, 대부분 중요한 타자의 영향 (부모 등의 격려)과 그로 인한 본인의 학구열에 의해 매개된다'는 점에서 일 치한다(Sewell et al., 2004: 28). 또한 더욱 정교해진 1970년 모형에서는 학 생의 이전 학업성적이 본인의 교육열망에 정적인 직접효과를 미치는 것 으로 나타나, 성적이 좋으면 자기효능감이 높아져 더욱 높은 기대목표를 설정할 것이라는 추론을 가능케 한다.

"위스콘신 지위 획득 모형은 부모의 격려와 학업성적, 그리고 부모의 격려와 자녀의 교육열망 사이에 일방적인 인과관계만을 설정하고 피드백 (feedback) 기제를 고려하지 않았다든지, 지나치게 사회심리적 요인이나 개인주의적인 요소에 치우쳐서 커뮤니티나 학교 제도 같은 사회구조적 특성을 무시했다는 점에서 비판을 받지만"(Sewell et al., 2004: 43), 부모가 지닌 비경제적 자원이 자녀의 교육성취로 이어지는 과정의 매개변인과 인과관계를 설득력 있게 제시했다는 점에서 큰 의의를 갖는다. 더군다나 이 모형은 '중요한 타자'와 그들이 지닌 기대로서의 '교육열망'이라는 변 인을 설정하고, "부모의 사회경제적 배경에 따라 그 기대의 망이 담는 내 용에 차이가 있으며, 그 차이가 학생 자신의 성취동기에 영향을 준다는 것을 보여줌"으로써(김두환, 2008: 32) 이후에 콜만이 자녀와 부모, 교사 및 친구 부모 사이의 관계에 주목하여 사회자본을 개념화하는 데도 영향 을 주었다.

교육열망을 '부모 또는 자녀 본인이 기대하는 교육수준'으로 정의할 때, 그러한 기대수준에서 차이가 나타난다는 것은 교육에 대한 가치관, 즉 상급학교로의 진학에 부여하는 가치가 개인마다 다르다는 것을 의미한다.
앞의 위스콘신 지위 획득 모형은 교육에 부여하는 가치가 개인이 아니라
사회경제적 계층별로 다르다는 것을 보여주었지만, '부모의 격려' 등 매개
변수들을 고려했음에도 어째서 사회경제적 지위의 차이가 기대교육수준
의 차이로 나타나는지를 완전히 설명하지 못한다.

　왜 사람들은 자신이 속한 계층에 따라서 상급학교로의 진학을 중시하기
도 하고 백안시하기도 하는 걸까? 이에 관해 부동(Boudon, 1974: 22~24)은
두 가지의 기존 이론 흐름을 소개하면서 이들을 비판적으로 검토한다. 우
선, 사회계층마다 아예 서로 다른 가치체계가 존재한다는 견해가 있다.
예컨대, 직업을 고를 때 중산층 젊은이는 그 직업이 자신의 흥미와 적성
에 맞는지를 중요하게 고려하는 반면, 저소득층 젊은이는 임금수준과 안
정성 등을 우선시한다는 것이다. 그리고 전자는 직업성취를 이루기 위해
서는 높은 수준의 교육이 전제조건이라고 인식하는 데 비해서, 후자는 직
업성취가 운(運)에 좌우되는 것이라고 인식하는 경향이 있다고 한다. 소
위 '가치이론(value theory)'[17]에서는 '사회적 성취가 무엇을 의미하고, 그것
을 가장 효율적으로 달성하기 위해서 무엇을 해야 하는가'가 그 사람이 속
한 사회적 배경에 따라서 달리 인식된다고 본다. 따라서 교육에 관해서도
사회계층별로 다른 가치를 부여한다는 것이다. 이 '가치이론'은 이후에
'사회적 배경에 따라 가정마다 문화적 자원을 누릴 수 있는 기회가 달라진
다'는, 이른바 '문화이론(cultural theory)'[18]으로 발전한다.

---

17 사회계층에 따라 상이한 가치체계가 존재한다고 주장한 대표적 학자로는 허버트
　하이먼(Herbert Hyman)이 있다.
18 저소득층 가정의 아이들은 학교에 입학해서 매우 낯설고 익숙하지 않은 기술(skills)

이것과 대비되는 또 한 갈래의 이론은, 어떤 사람의 출신 배경에 따라서 그가 도달하고자 하는 사회적 지위까지의 거리가 달라진다는 '사회적 위치 이론(social position theory)'이다. 이 이론에서는 저소득층 가정의 젊은이와 중산층 가정의 젊은이가 모두 변호사가 되기를 희망한다고 가정했을 때, 두 사람이 똑같은 수준의 직업열망을 갖고 있다고 봐서는 안 된다고 주장한다. 같은 목표를 달성하기 위해서 각자가 처한 태생적 위치에서부터 이동해야 할 사회적 거리(social distance)를 감안하면 저소득층 젊은이가 더 높은 열망(aspirations)수준을 갖고 있다는 것이다. 같은 이유로, 사회경제적 배경이 낮은 가정의 젊은이가 낮은 지위의 직업이나 낮은 수준의 학력을 희망한다고 해서, 그의 열망 수준이 낮은 것이 아니라는 결론에 이른다. 결국 사회적 위치 이론에서는 사회계층마다 가치체계가 질적으로 다르다고 볼 것이 아니라, 목표(편익)를 이루기 위해서 치러야 할 비용이 사회적 출신 배경에 따라서 다르다고 해석해야 옳다고 주장한다.

그리하여 부동은 전자를 기각하고 후자의 논지를 발전시켜 '합리적 선택 이론(rational choice theory)'의 초석을 마련한다. 직업학교를 갈 것인가 아니면 4년제 대학을 갈 것인가를 결정해야 하는 상황에서 중상층의 자녀가 직업학교를 선택한다는 것은 사회적 지위가 하강할 가능성이 높아진다는 것을 의미한다. 반면, 저소득층 자녀는 직업학교를 선택해도 장차

과 가치(values)를 배우게 되는데, 그런 기술과 가치는 중산층 가정에서는 이미 전수하고 가르친 것들이다(Boudon, 1973: 23). 이는 결국, 학교 제도가 엘리트계급의 문화자본을 공식 교육의 커리큘럼 및 평가 기준으로 채택해서 그들의 사회경제적 지위가 재생산되도록 일조한다는 부르디외의 이론과 연결된다.

지위의 상승을 기대해볼 수 있다. 부동은 어떤 교육적 선택을 할 때, 그것에 대해 예상하는 기대편익(expected benefit)이 가정배경에 따라 다르게 인식된다고 본다. 직업학교 대신 4년제 대학을 선택할 경우의 기대편익은 사회적 지위가 낮은 가정에서는 상대적으로 작게, 지위가 높은 가정에서는 상대적으로 크게 인식된다는 것이다. 한편, 예상되는 비용의 면에서는 사회적 지위가 낮은 가정일수록 체감비용이 높다고 인식될 것이다. 따라서 "4년제 대학을 선택하는 경우, 편익과 비용의 차이로 인식되는 효용(utility)이 사회적 지위가 높은 가정이 하층 가정에 비해서 크므로 진학을 선택할 가능성도 높아지는 것이다"(Boudon, 1974: 30).

합리적 계산의 결과로 중상층이 하층에 비해 교육의 가치를 높게 인식한다는 부동의 주장은 브린(R. Breen)과 골드소프(J. H. Goldthorpe)의 가설에서도 비슷하게 재연된다. 브린과 골드소프는 부모가 전문관리직인 학생과 노동자계급인 학생이 교육을 계속 받을 경우 성공할 가능성에 관한 '주관적 확률(subjective probability)'이 다르기 때문에 학업을 지속할 것인가 말 것인가를 선택할 확률이 다르다고 주장한다. 이러한 주관적 확률의 차이가 존재하는 이유는 전문관리직인 서비스계급의 평균 능력이 노동자계급의 평균 능력보다 높기 때문이다. 이러한 능력 차이는 학업성취도의 차이에 이미 반영되어 있어서 학생들은 과거 자신의 성적에 근거해서 미래의 성공과 실패를 나름대로 예측하는데, 성적이 우수했던 학생은 자연히 다음 단계의 성공 가능성도 높게 잡기 마련이다.

이러한 주관적 확률의 차이와 더불어 교육비용을 감당할 수 있는 자원의 차이가 함께 작용해서 각 계급마다 위험(risk)을 상대적으로 회피하려는 전략19이 계급 간의 선택의 차이로 나타나는 것이다. 요컨대, 브린과 골드소프 가설은 능력과 경제자원이라는 변수를 통제하더라도 교육에 관

한 결정은 계급마다 차이가 있다는 것이고, 하강 이동의 위험을 회피하고
자 하는 성향은 모든 계급이 동일하지만 하강 이동의 위험이 상대적으로
큰 중간계급의 자녀가 노동자계급의 자녀보다 더 높고 좋은 학력을 얻으
려는 경향이 강하다는 것이다. 그렇다면 사회계급에 따라 하강 이동의 위
험을 크게 느끼거나 작게 느끼게끔 만드는 기제의 근원은 무엇일까? 그것
은 "다음 세대에서도 현재의 계급수준을 유지하려는 욕망"이다(Breen and
Yaish, 2006: 242).

에릭손과 욘손(Erikson and Jonsson, 1996: 29)도 교육체계의 확대와 교
육 불평등 현상의 관계를 설명하면서 합리적 행위 이론을 발전시키고 있
다. 그들은 예의 '사회적 위치 이론'을 지지하면서, 교육수준이 일정 단계를
지나면 체감효용(perceived benefits)의 증가율이 감소하는 중립점(neutral
point)이 나타나는데, '상층 계급의 중립점이 하층 계급의 그것보다 높기
때문에 효용이 더 높게 인식된다'고 설명했다. 또한 에서(Esser)는 기존의
모형에 현재 지위의 하강 가능성(likelihood of status decline)이라는 항을
추가해서 개인들이 편익과 비용의 예상치를 일일이 따져보고 그것이 발
생할 주관적 확률과 견주어 꼼꼼히 계산한다고 전제했는데, 그 결과 모형
의 경험적 자료와의 정합성을 높였다고 평가된다(Becker, 2003: 4).

그러나 합리적 행위론이 보이는 설명력의 한계를 지적하면서 계층 집
단의 문화적 성향에 더 주목해야 한다는 주장도 있다. 감베타(Gambetta)는

---

19 트베르스키와 카네만(Tversky and Kahneman)은 심리학 실험을 통해 '일반적으로
돈을 잃는 낭패감이 돈을 따는 기쁨보다 더 크며, 따라서 사람들은 승리보다는 패배하
지 않는 쪽을 더 선호한다'는 가설을 제시했다. 이것은 사회계층 상승의 긍정적 효과보
다 계층하강의 부정적 효과가 더 크다는 상대적 위험회피론의 논리를 뒷받침한다(Erik-
son and Jonsson, 1996: 29 참조).

각 계층이 상황에 과잉 적응하는(over-adapt) 경향을 가지는데, 이것은 합리적 행위론으로는 설명되지 않으며 이면의 문화적 혹은 심리적 과정이 지닌 관성(慣性)의 개념으로 보완하여 설명되어야 한다고 주장했다.[20] 해처(Hatcher, 1998: 16~20) 역시 합리적 행위론으로 설명되지 않는 노동자층의 상이한 성향들에 대한 연구들을 소개하면서, 노동자층의 가치 선택은 반드시 개인 차원의 실용주의적(utilitarian) 이익 추구라는 기준에 의해서만 행해지지 않으며, 부르디외 식의 문화적 재생산에 의존하는 바도 있다고 설명한다. 그러고는 합리적 행위론과 문화이론을 양립불가능한 것으로 보지 말고 상호보완적 관계에서 해석할 것을 제안한다.

이제까지 검토한 선행연구와 이론들의 요지를 인과관계를 중심으로 정리해보면 〈그림 1〉과 같다.

선행연구를 종합해보면, 문화자본론은 부모의 사회경제적 지위와 자녀의 학업성적을 매개하는 요인으로 고급예술적 취향과 같은 문화자본을 지목한 반면, 사회자본론은 (비록 부모의 계급적 지위와의 관련성을 명시하지는 않았지만) 부모와 자녀의 관계 내지 부모의 교육적 관여가 가정배경[21]

---

20 감베타는 각 계층의 부모들이 교육적 선택을 하는 네 가지 유형의 기제가 있을 수 있다고 제시했는데, 세밀하게 계산하는 식으로 조정될 수 없는 적응 과정상의 선호성향(adaptive preferences), 하층 노동자 계급이 충분한 지식을 갖지 못하는 경우, 노동자 계급이 과거에 소득이 불안정했던 경험을 지나치게 일반화해서 조심하고 몸을 사리는 경우, 중산층이 기대치를 상향하는 것과 같은 사회적 준거집단(social reference groups)의 영향 등이다. 여기서 선호성향은 문화에 의해 결정된다고 할 수는 없지만 적어도 문화의 영향을 받는 요소로서, 개별 차원이 아닌 집합적 차원에서 주어지는 개념을 말한다. 감베타는 이 요인을 추가함으로써 기존의 합리적 행위 이론을 극복하려 했다 (Hatcher, 1998: 12 참조).
21 이 책에서는 가정배경과 부모의 사회경제적 지위라는 개념을 동일한 의미로 간주하

〈그림 1〉 학업성적 결정요인에 관한 선행연구 종합

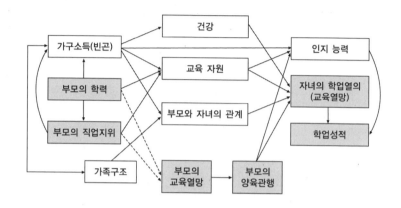

의 매개요인임을 주장하고 있다. 사회자본론은 부모의 계급적 지위와 무관하게 오로지 부모의 교육열망과 양육태도가 자녀의 학업성취에 미치는 영향만을 거론했다면, 문화자본론은 부모의 계급적 지위와 불가분의 관계에 있는 계급문화가 곧 제도교육에서 성공할 수 있는 문화자원과 기술(skills)을 세습시킨다고 본다. 따라서 기존의 사회자본론에서는 부모의 사회경제적 지위와 교육열망의 관계가 밝혀지지 않은 채, 부모가 어떤 방식으로 얼마만큼 교육에 관여하는가가 자녀의 학업성취도를 좌우한다고 주

___

여 사용하지만, 콜만의 사회자본론을 언급할 때는 양자에 차이가 있을 수 있다. 콜만은 부모의 사회경제적 지위, 즉 계급적 층위에 관해서는 그다지 관심을 기울이지 않았지만, 사회자본이 개별 가정이 속한 커뮤니티의 문화적 전통이나 종교 등과는 밀접한 관련이 있다고 보았다. 예컨대, 아시아계 이민 가정이 지닌 독특한 교육열이나 가톨릭계 학교의 학부모들이 지닌 종교적 전통이 자녀의 학업성취에 긍정적 영향을 준다고 보았다. 따라서 콜만에게 사회자본은 사회경제적 지위와의 관계는 불분명하지만, 가정의 문화적 배경과는 뚜렷한 관계가 있다.

장하는 반면, 문화자본론에서는 부모의 계급문화 자체가 자녀의 학업경쟁에 유(불)리한 요인들을 이미 내포하고 있다고 주장할 뿐 구체적인 메커니즘에는 관심을 두지 않는다. 이 책에서는 이상의 이론들이 소홀히 다루고 있는 부분을 확인하고 각 요인들이 영향을 주고받는 과정을 밝히고자 한다.

이들 이론을 우리 사회에 적용한 국내 연구들은 일관된 결론에 이르지는 못했지만 타당성이 높아 보이는 결론들을 대략 간추려보면, 문화자본론의 경우는 '예술적 취향의 형태보다는 인지능력 형태(독서 취미, 영어회화 능력 등)의 문화자본이 학업성취도에 다소 영향을 준다', 그리고 사회자본론의 경우는 '기대교육수준(교육열망)이나 학업에 관한 대화, 학습 지원 정도 등이 역시 긍정적인 영향을 준다'는 쪽으로 모아진다. 기존 연구의 이 같은 발견은 부모의 사회적 지위가 교육열망과 양육관행을 매개로 해서 자녀의 학업성적에 영향을 미칠 수 있음을 시사한다. 다만, 이 책에서 필자가 '문화자본'이나 '사회자본'이라는 용어를 채택하지 않은 것은 지금까지 성격이 다른 다양한 형태의 개념들을 이 용어들이 폭넓게 포괄함으로써 지나치게 높은 추상성을 띠어왔기 때문이다. 개념의 외연이 넓으면 그만큼 학문적 의사소통에 혼란과 오해가 따르기 마련이므로 여기서는 추상적인 개념 대신 구체적 사실에 입각한 기술에 치중하기로 한다.

한편, 교육열망에 관련된 이론에서는 합리적 선택 이론과 가치 이론이 서로 팽팽하다. 어차피 이들 이론은 경험적 자료를 이용한 검증이 어렵기 때문에 양쪽 모두 가설의 형태로 남아 있다. 그러나 그것이 가치체계의 질적 차이(혹은 문화적 성향)에서 비롯되었든, 아니면 합리적 계산의 결과이든 '사회경제적 지위가 다른 계층 간에는 자녀 교육을 바라보는 태도와 투자 방식에 차이가 있다'는 점에는 이견이 없는 듯하다.

〈그림 1〉에서 보는 바와 같이 청소년의 학업성적에 영향을 미치는 요인들은 그 종류가 매우 많다. 그리고 선천적인 지적 능력처럼 이 책이 다루지 않고 있는 요인들은 이 그림에서도 제외되어 있다. 단지 이 책에서는 위스콘신 지위 획득 모형 이래로 오늘날까지 "교육성취의 과정에서 핵심요인이라고 일컬어져온 교육열망"(Sewell et al., 1980; Teachman and Paasch, 1998)과 부모의 교육적 관여가 한국 사회에서는 어떤 양상으로 나타나고 작동하는지, 그리고 부모의 교육수준 및 직업지위라는 계급적 위치와 어떤 관련이 있는지를 살펴보고자 한다.

여기서 중심 개념의 하나인 '교육열망'이라는 단어의 의미를 다시 짚어볼 필요가 있다. 흔히 교육열망이란 말은 자녀의 교육수준에 관해 '실현가능하다고 믿는 계획 내지 전망'이라는 의미를 넘어서, '막연하지만 성공하기를 열렬히 바라는 마음'이란 뜻도 연상시킨다. 그리하여 교육열망이란 단어를 사용하는 경우, 일상의 상식적 어법과 조작적으로 정의된 학술 개념 사이에 의미상의 간극이 생긴다. 자녀의 교육성취에 영향을 주는 사회심리적 요인으로서 위스콘신 지위 획득 모형이 제기한 "educational aspirations"를 우리말의 "교육열망"으로 번역하는 순간, '교육열망'은 일상세계에서 사용되는 '교육열'이라는 용어와 동일시되면서 의미에 혼란을 일으킨다. 한국 사회에서 '교육열'이라는 일상용어는 지난 1960~1970년대의 절대빈곤 시대를 극복한 원동력이었다는 믿음과 함께 '재산이나 학력, 지위의 고하를 막론하고 한결같이 높고 뜨겁다'는 통념으로 고착되어 있다. 다시 말해서, 한국의 부모들은 아무리 경제적으로 궁핍해도 자식의 교육을 최우선시하는 전통을 가지고 있고, 높은 학력을 위해 투자하는 열정에는 계층의 높고 낮음에 차이가 없을 것이라는 생각이 상식처럼 통용되고

있다. 따라서 '사회경제적 지위가 낮을수록 부모의 교육열망은 상대적으로
낮은 경향이 있다'는 명제는 이러한 상식적 믿음과 충돌하는 듯이 보인다.

　이와 관련해서, 미국 흑인 학생들의 이중적인 태도를 분석한 미켈슨
(Mickelson, 1990)의 연구는 일정한 시사점을 준다. 그녀는 흑인 학생들이
직업 전망에 관해서는 낙관적으로, 또 구체적인 학업 태도에 관해서는 긍
정적으로 대답하면서도 정작 학업능력, 습관, 스타일 등으로 파악한 실제
수업 태도는 나쁘게 평가되는, 소위 태도와 성취의 역설 현상을 다음과
같이 설명하고 있다. 조사자가 학업에 관한 사고방식을 측정할 때, "교육
이 미래의 성공을 위해서 매우 중요한가?"라는 식으로 물음으로써 추상적
인(abstract) 지표를 사용하기 때문에 결국 생활 경험 속에 뿌리내리고 있
는 구체적인(concrete) 지표를 놓치고 지배적인 이데올로기만을 반영하게
된다는 것이다. 흑인들은 추상적 차원에서는 교육의 가치를 지지하지만
구체적 차원에서는 학교 교육에 좌절감을 느끼고 있으며, 추상적 태도가
아니라 구체적인 사고방식이 학생의 성적과 인과관계를 갖는다고 미켈슨
은 설명한다. 한 사회에서 혜택의 기회를 빼앗긴 집단(disenfranchised)도
지배적 이념은 공유하기 마련이어서 흑인들도 아메리칸 드림을 믿기는
하지만 그것을 실현하기 위한 행동을 하지는 않는다는 것이다(Ainsworth-
Darnell and Downey, 1998: 549~550).[22]

---

22 혹실드(A. R. Hochschild)에 의하면 "미국 흑인들은 백인에 비해서 인종차별이 흑
　인들의 앞길을 가로막고 있다고 굳게 믿고 있고, 흑인이 성공할 가능성에 대해 비관적
　이며, 인생의 성공 기회를 자신들의 의지대로 만들 수 있다는 확신이 적으며, 흑인들
　의 뜻대로 안 된다고 생각하는 경향이 있다. 그럼에도 흑인들은 자기 자신의 인생 전
　망에 관해서는 백인보다 자신감에 차 있다"(Ainsworth-Darnell and Downey, 1998:
　549).

이것은 일단의 사람들이 공유하고 있는 가치체계 내지 신념체계가 이중적이고 서로 상충될 수도 있다는 뜻이다. 또한 기회구조(opportunity structure)가 구체적인 태도를 형성하고, 구체적인 태도는 기회에 대한 인식(perceived opportunity)과 학업성취의 관계를 반영한다는 의미이다(Mickelson, 1990: 58~59). 이러한 관점에서 보면, 한국의 가난한 동네에 사는 주민들이 "자녀가 자신과 같이 힘들게 살지 않기를 바라며 대학에 진학하기를 희망하지만 (그것은 막연한 희망일 뿐) …… 그 희망은 자녀들의 학년이 올라갈수록 좌절되고 …… 마침내 대학에 못 간 사람도 나름대로 살아가는 방식이 있다고 합리화하는"(신선미, 1990: 58~60) 태도를 보이는 것에 대해서 이해할 수 있게 된다.

그러므로 이 책에서 사용하는 '교육열망'이라는 용어는 구체적 차원의 사고방식과 태도를 말하는 것으로, 추상적 차원의 반응이나 태도와는 구별된다.

한국은 1996년에 대학을 자유롭게 설립할 수 있는 대학설립준칙주의를 도입하면서 자율성과 다양성을 제고한다는 명분 아래 각종 학교들로 분류되던 대학들을 정규 4년제로 전환했다. 그리고 그렇게 전환된 대학들은 대부분 전국 서열체계의 저변을 형성했다. 대학들은 교육의 질과 성과가 아니라 고착화된 대학의 명성과 학생들의 입학성적에 따라 전국적으로 서열화되었다. 이러한 서열화로 고등교육의 효과는 어느 대학을 다녔는가에 따라 달라졌고, 명문대의 학위 취득이 더욱 긴요해졌다(김안나, 2003: 92~101).[23]

---

23 대학이 명성에 따라 서열화되고 졸업장의 가치가 차별화되는 현상은 비단 한국에 국한된 현상이 아니다. 2000년을 전후한 영국의 상황을 묘사한 다음의 글은 마치 한국

'어떤 학교까지 졸업했는가?'의 수학연수(受學年數)를 가지고 사람의 능력을 평가하는 경향을 학력의 수직적 분화, 즉 학력주의라 한다면, '어떤 대학을 졸업했는가?'로 등급을 매기는 경향은 학력의 수평적 분화, 즉 학벌주의라고 할 수 있다. 그리하여 한국은 고등교육의 인플레이션과 함께 학력뿐 아니라 학벌을 과도하게 중시하는 경향으로서 학벌주의가 극도로 심화되었다. 애초에 교육열망의 개념은 '이수하기를 희망하고 기대하는 교육수준'이라는 뜻으로, 수직적 개념의 수학연수를 기준으로 한 개념이었다. 그래서 고등학교 졸업에 그치지 않고 전문대 진학을 희망한다면, 또 전문대보다 4년제 대학에 입학하고자 한다면 교육열망이 높은 것으로 판정했다. 그러나 오늘날의 한국처럼 대학 가치의 질적 분화가 심화된 상황에서는 수학연수만을 기준으로 한 개념으로 학력자본의 경쟁 현상을 제대로 설명할 수 없다. 따라서 이 책에서는 주제어의 하나인 교육열망의 개념을 한국 사회의 맥락에 맞게 다시 정의하고자 한다. 이 책에서 사용

사회를 서술한 듯한 착각이 들 정도로 양상이 흡사하다. "학력에 따라서 구할 수 있는 직업과 경제적 보상의 차이가 확연하므로, 고등교육에 대한 수요가 지속적으로 증가했다. 더구나 산업구조의 변화와 세계화로 블루칼라들의 일자리가 불안정해지면서, 대학 졸업장은 젊은이들에게 점차 필요불가결한 요건이 되었다. 대학들은 늘어났고 대졸자가 양산되었다. 대졸자의 공급이 늘어나는 만큼 그 가치는 떨어져서 입학이 수월해지는 대신 대졸 학력이 가져다주는 평균 수익은 줄어들었다. 대학들 간에는 학위 증서의 가치에 따라 위계(hierarchy)와 서열이 생겨났다. 입학이 쉬운 대학은 그만큼 수준이 낮은 곳으로 인식됐고, 그 대학 졸업자의 성공 가능성은 낮게 평가되었다. 대졸자들의 일자리 시장은 혼잡하고 붐볐다. 위계와 서열이 낮은 대학의 졸업생들은 '좋은 직장'을 구하기가 어려웠고 장기실업에 빠질 위험마저 있었다. 그리고 이처럼 서열이 낮은 대학은 대체로 노동자층 자녀들의 비율이 높았다. 이들은 대학 졸업장을 얻었지만 좋은 일자리를 구할 수는 없었다. 정부가 대학교육 참여율을 높이는 정책을 썼음에도 불평등은 해소되지 않았다"(Archer, 2003: 128~134).

하는 교육열망이란 용어의 의미는 다음 두 가지의 조건을 충족하는 것으로 정의된다.

첫째, 교육성취의 양적 측면뿐 아니라 질적 측면의 차별적 가치도 반영된 목표를 말한다. 어떤 사람이 고졸 학력에 머물지 않고 전문대나 4년제 대학의 진학을 지향할수록, 그리고 비명문대에 만족하지 않고 명문대나 상위권 대학을 지향할수록 교육열망이 높다고 규정한다. 다시 말해서, '학력자본으로서의 가치의 서열체계상에서 가치가 상대적으로 높은 교육기관을 목표로 노력과 자원을 투입하는 정도'라고 정의한다. 부모의 교육열망이란 자녀를 어떤 학교급까지 교육시키고자 희망하는가, 그리고 대학 진학을 희망한다면 어느 정도 위계 및 서열의 대학을 기대하는가를 나타내는 개념으로, 이는 자녀가 사회적 경쟁에서 우위를 차지할 수 있도록 더 나은 학력을 갖게 하려는 구체적인 행위로 나타난다(이종각·김기수, 2003: 191). 따라서 자녀가 고등학교만 졸업하기를 바라는 부모는 명성에 상관없이 어떤 대학이든 가면 된다고 생각하는 부모에 비해서, 그리고 명문대에 가기를 고대하는 부모에 비해서 교육열망이 상대적으로 낮다고 할 수 있다. 또한 명문대나 상위권 대학에 대한 집착이 큰 부모는 단순히 대졸 학력을 희망하는 부모에 비해서 교육열망이 높다고 판정한다.

자녀의 교육열망이란 학생 본인이 어떤 학교급, 또는 어떤 서열의 대학을 목표하고 노력하는가를 나타내는 개념이다. 어느 학생이 소위 '좋은 학벌'에 대한 목표의식이 강하고, 따라서 상위권 대학에 강한 집념을 보인다면 그렇지 않은 학생에 비해서 교육열망이 높다고 할 수 있다. 그러므로 자녀의 교육열망은 학업열의 및 경쟁적 태도와 연결된다. 교육열망이 높은 자녀는 자연히 좋은 성적을 내기 위해 공부에 많은 시간을 투여하고 학업에 집중할 것이다. 반대로, 교육열망이 낮은 학생은 좋은 성적에 대한 욕심이 약한 만큼 공부에 열중하는 정도가 낮을 것이다. 따라서 자녀의 교육열망과 학업에 집중하는 정도는 동전의 양면을 구성한다고 본다.

둘째, 교육열망은 다른 외부요인의 간섭 없이 내면에서 형성된, 자식에 대한 순수한 꿈이나 희망이라는 의미가 아니라, 부모가 처한 경제적·사회적 조건, 그리고 그들의 과거 경험에 의해서 규정되고 때로는 수시로 수정되기도 하는 현실적 목표로서의 성취수준이다. 다시 말해서, 현재의 제반 조건(부모의 직업지위와 학력, 소득, 자녀의 학업성적과 학업열의 등) 위에서 본인들이 어느 정도 달성 가능하다고 판단하는 교육성취의 목표를 말하며, 막연히 기대만 하는 것이 아니라 그것을 달성하기 위해 시간과 노력, 자본을 투여하는 구체적 목표를 뜻한다. 그리하여 유아 시기의 자녀에게 희망했던 교육수준이 높고 원대했다 하더라도 자녀가 성장하면서 학업성적이 계속 부진하다거나 가구의 소득이 크게 떨어지는 불운을 겪는다면 부모의 자녀에 대한 교육열망은 현실에 맞춰서 낮아질 수밖에 없을 것이다.[24]

24 이처럼 학업성적은 부모의 교육적 열망 수준에 의해서 영향을 받는 종속변인이기도 하지만, 동시에 교육적 열망에 영향을 주는 독립변인인 경우도 있다. 김희복의 글에도 부모의 교육열망수준의 변화가 잘 묘사되어 있다. "…… 글쎄, 우리가 처음 생각할 때는 누가 부산에 있는 대학은 쳐다보기라도 했니? 안 할 말로, 국민학교 부모는 모두 자기 자식이 서울대학 갈 수 있다고 생각하지. 그런데 막상 고등학교에 들어가보면 생각이 달라지는 거야. 우습게 보이던 대학들이 점차 높아 보이는 거지. 나도 처음에 담임선생님이 부산대학에 가라고 할 때는 하늘이 무너지는 것 같더라. 지금까지 내가 공들인 것이 얼만데 부산대학이라니 억울해서 견딜 수가 없더라"(김희복, 1992: 181).

부모의 교육 관여 및
양육관행의 특징과 경향

2장에서는 면접조사 자료를 분석한 결과, 사회계층 간에 자녀의 학업성적을 결정하는 교육 관여 방식 및 양육관행이 어떻게 다른가를 보여준다. 크게 나누어, 고학력 중산층과 저학력 노동자층 부모에게서 나타나는 양육관행의 특징이 각각 어떻게 다른지를 살펴본다. 그리고 그 같은 양육관행과 전략의 차이로 인해서 사회계층 간 성적 격차의 경향성이 나타남에도, 간혹 예외적인 현상—중산층 자녀의 실패와 노동자층 자녀의 성공—이 생기는 이유는 무엇인지 설명한다.

이 장에서는 인터뷰 자료를 주제별로 코딩하고 유형화한 결과를 근거로 사회계층 간에 학업성취도에 영향을 주는 관여 및 양육관행이 어떻게 다른가를 살펴보기로 한다. 이를 통해서 교육수준과 직업지위가 계층적으로 다른 부모들 간에 교육열망이나 교육관의 차이가 과연 나타나는지, 그리고 그러한 차이는 어떻게 자녀들의 학업열의와 태도로 연결되는지를 확인하게 된다.

고학력 중산층의 교육 관여 및 양육관행

강한 학벌주의 가치관

일반적으로 고학력 중산층 부모는 자녀가 공부를 잘해서 학력자본으로서의 가치가 높은 소위 명문대학에 들어가는 것이 이후의 풍요로운 삶을 보장받는 가장 확실하고 안전한 길이라고 믿는 경향이 있다. 중산층 부모들은 대학에 당연히 가야 한다고 여기기 때문에 자녀가 대졸자가 되는 것으로는 결코 만족하지 않는다. 이름 있는 상위권 대학의 졸업장이라야 학력자본으로서 효용이 있다는 사실을 잘 알고 있으며, 그런 관점에서 대학의 가치를 철저히 서열화한다. 그러한 가치관은 본인들의 경험을 반영한 것이기도 하고, 혹은 자신들이 속한 커뮤니티로부터 학습되고 강화된 이데올로기이기도 하다.

큰아들이 연세대에 다니는 문규현의 어머니는 아들이 서울대에 못 간 것을 한동안 애석해했다. 그녀의 남편은 경기고등학교를 거쳐 서울대를 나왔다. 그의 친정아버지, 시아버지, 시아주버니도 서울대 출신이다.

> ■ 우리 남편이 항상 하는 얘기가, 자기는 중고등학교와 대학 때 별로 공부를 안 했는데, 케이
> 에스(KS)[25] 마크라는 거 하나 갖고 평생을 벌어먹었다는 거예요. (문규현 어머니)

고은태의 집안도 학벌이 좋다. 큰할아버지, 작은할아버지네 일족들이 대부분 명문대학을 나와서 판사, 대학교수, 대기업 임원 등을 하고 있다.

> ■ 전에 삼촌 한 분이 ○○대학을 들어갔는데, 친척들 사이에서 욕을 먹었죠. 별 볼 일 없는
> 데 갔다고. (고은태)

오늘날 ○○대학은 중상위권 성적의 학생들이 가는 서울의 제법 알려진 대학이다. 학벌주의 가치관이 강한 까닭에, 자연히 자녀들에게도 상위권 대학을 목표 삼도록 요구하고 자녀의 능력이 닿는 한 그런 곳에 진학시키고 싶어 한다. 정지용은 부모한테서 목표로 해야 하는 대학의 등급을 일찍부터 지정받았다.

> ■ (어느 대학을 갈 것인가에 관해서) 아버지는 "서울에서 다녔으면 좋겠다"고 지나가는 말처
> 럼 하셨고, 어머니 같은 경우는 "성대 밑으로는 안 된다"였어요. 어머니의 기준에서는 "서
> 울대, 연대, 고대, 서강대, 한양대, 성균관대, 이렇게 여섯 개 이내에서 가야지, 그 이하로
> 갈 바에는 한 해 더 공부를 시키겠다"라는 주의셨죠. 그것 때문에 제가 재수를 한 것이기도
> 하고. (정지용)

고려대에 다니는 조동준의 아버지는 초등학교를 중퇴했다. 그러나 나

---

25 고등학교 입시 제도가 있었던 시절, 경기고와 서울대의 영문 첫 글자를 따서 우수한
   인재임을 일컬었던 통속적 표현으로, 한국산업표준 규격에 맞는 우수공산품에 붙이는
   케이에스(KS) 마크와 발음이 같아 그 의미를 연상케 하는 표현이다.

머지 과정을 모두 검정고시로 마치고 독학으로 사법고시 공부를 해서 7번의 실패 끝에 변호사가 되었다. 경남 T시의 지원 관할구역에서 개업한 그의 아버지는 사실 학교 교육에 관해서는 아는 바가 전혀 없다. 아버지가 자식들에게 입버릇처럼 들려주는 교훈은 "용쓰지 마라"이다. 노력은 하되, 안 될 일을 죽기 살기로 하지는 말라는 뜻이다. 그런데도 지방대 출신인 그의 어머니는 반드시 '스카이(SKY: 서울대, 고려대, 연세대의 머리글자를 딴 통속적 표현)'를 가야 한다고 못 박았다.

> ■ 어머니가 서울대, 고대, 연대 안 되면 재수하라고 하셨어요. 우리 부모님이 (학벌로 보면) 비주류라고 할 수 있고, …… 체면이 어떻고, 평판이 어떻고, 그런 걸 중시하는 분들도 아닌데, …… T시가 워낙 좁은 동네다 보니깐, "뭐 의사집 누구 아들내미 지금 고 3이지?", "뭐 변호사집 누구 아들내미는 지금 고 2지?", 그러면서 다 알거든요. (중략) 큰아버지가 판사 하셨고 사촌형은 고대 법대 나와서 검사 하고 있는데, 큰집에만 가면 저보고 똑똑하대요. 그러다보니 부모님도 그런 기대가 있으셨겠죠. '넌 똑똑하니까 저 정도는 돼야 하지 않겠니?'라는 기대 …… (조동준)

딸 둘을 모두 서울대에 입학시킨 최지혜의 어머니도 일찍부터 아이들을 명문대에 보낼 꿈을 가지고 있었다. 비록 본인은 지방대 출신이지만 아이들이 좋은 대학에 대한 목표를 잃지 않도록 기회가 있을 때마다 일류 대학 캠퍼스들을 구경시켰다.

> ■ 저도 아이들이 하나쯤은 좋은 학교를 갔으면 좋겠다는 생각을 항상 했었어요. 잘 가면 하버드도 하나쯤은 갔으면 좋겠다고 생각했죠. …… 아이들이 어렸을 때부터 데리고 다닌 학교는, 보통 학교는 안 데려가봤고요, 연세대학교는 시댁에 가면서 근처니까 한 번 구경시켜주고, 그리고 황우석 교수님 한창 뜰 때, 방학 때 아이 데려가서 (강연) 들어봤는데, 한 번이라도 학교를 갔다 오면 그 학교를 생각을 하잖아요. 아이들이 접하다보면 무의식 속에서 적응이 될 테니까 …… (최지혜 어머니)

자녀의 학업열의를 높이기 위한 일상적 의식화

자녀의 상위권 대학 진학을 바라는 부모의 교육열망이 아무리 높다 해도 이것이 자녀 본인의 학업열의로 전환되지 않으면 아무 소용이 없다. 그리하여 중산층 부모들의 교육 관여 전략은 어떻게든 자녀의 학습열의를 높이고 경쟁적인 태도를 강화하기 위한 목적으로 수렴된다. 우선, 자녀의 학업에 대한 성취동기를 높이고 내면화시키기 위해서 '공부를 잘해야 하는 이유'를 설득력 있게 제시하고 그것이 수용되도록 의식화해야 한다.

중산층 부모들이 강조하는 '공부를 잘해야 하는 이유'에 관한 논리는 매우 단순하고 틀에 박혀 있다. 공부를 통해서 출세하는 길이 가장 안전하고 확실하며, 그 외의 길은 고생스러운 삶이 될 가능성이 높다는 것이다.

외동아들 하나만을 둔 윤정란 씨는 아들이 중학교에 가면서 축구에 관심을 두는 것 때문에 고민했다. 남자아이들 사회에서는 축구를 잘하는 것이 인기와 직결되었고, 아이들과 어울리고 싶은 그녀의 아들은 축구하는 아이들의 언저리를 맴돌았다. 윤정란 씨는 자신의 아들이 축구 대신 공부에 열중하는 아이들 그룹에 끼지 않고, 스스로 공부 잘하는 아이로서의 정체감을 갖지 못하는 것이 속상했다.

■ (중학교 올라가서) 중간고시를 보는데 당장 걱정인 거예요. 그래서 애를 그야말로 끼고 앉아서, 모든 문제집 풀게 시키고 채점해주고 틀린 거 또 풀어보라고 그랬는데, 어느 날, "다른 엄마들 아무도 그렇게 안 하는데 엄마만 왜 이렇게 해" 그리고 왜, 자기만 공부를 해야 되녜요. 자기가 같이 어울리던 축구 하던 애들은 아무도 공부 안 하는데 …… 왜, 자기만 남들보다 훨씬 더 많은 공부를 해야 되나고 묻더라고요. 그때 너무 기가 막힌 거예요. 저는 나 같은 엄마[26] 밑에서 크면, 자연적으로 공부를 해야 되는 걸로 알고 터득이 될 거라고 생

---

26 윤정란 씨는 서울대를 나와, 아들 공부 지원에 전념하기 전까지는 주부의 신분으로 대학원에서 학위과정을 밟으면서 공부하고 있었다. 대학교수인 남편과 함께 윤 씨도 늘 책을 보고 공부하는 것에 익숙해 있었다.

> 각했는데 그게 아닌 거예요. 그래서 그때부터 계속 "네가 공부 말고 뭘 잘하냐?" 타령을 한 거예요. "너는 운동도 프로선수가 될 만큼 못하고, 노래도 가수가 될 만큼 못하고, 장사라도 잘할 것 같아 보이면 시키겠지만 그것도 아니고, 네가 나중에 업으로 삼을 만한 그런 게 없지 않냐? 그런데 네가 그중에서 유일하게 잘하는 게 공부하는 건데, 네가 공부하는 거 말고 뭘 하겠니? …… 엄마 아빠가 너한테 백억쯤 물려줄 수만 있어도 이렇게 공부하라고 안 할 거다." 어리지만 엄마가 그렇게 밀고 들어오면 애들이 반박을 못하잖아. 그러면서 애가 이렇게 내면화가 됐나봐요. (윤정란)

문규현의 어머니가 아들을 의식화시킨 논리도 똑같다.

> ■ "네가 지금 10 중에서 한 5 정도 수준에서 살고 있는데, 네가 4 수준으로 살 수 있겠니? 그건 못 사는 거 아니냐? 사람이 레벨업을 하려고 노력해야지, 그 밑으로 떨어지면 그거는 굉장히 괴로워서 못 산다." …… 그런 얘기를 해줬어요. "아빠만큼 살려면 공부를 해라. 우리는 재벌이 아니기 때문에, 부모가 물려줄 수 있는 거는 결혼할 때 집 한 채 정도가 다다. 그 이상은 네가 공부를 해야지 얻을 수 있다. 재벌 같으면 …… 굳이 좋은 대학을 안 가도 되고, 네가 하고 싶은 그림을 그려도 되고 사진을 하든지 상관없는데, 미안하게도 아빠가 재벌이 아니라서 그냥 공부밖에는 살아나갈 수 있는 방법이 없어요." (문규현 어머니)

공부를 열심히 해야 하는 이유에 관한 이 같은 대동소이한 논리는 중산층 가정에서 흔히 발견되며, 일상생활 속에서 기회가 될 때마다 반복적으로 주입된다. "부모가 물려줄 재산이 없으니까 나중에 편안하게 살려면 후회하지 않을 만큼 공부에 전념하라"(장인범)라는 말을 했기 때문에 따라서 '공부에 매진하는 것은 당연한 일'이라는 요지의 훈계가 언제나 공부를 잘해야 하는 이유로서 제시된다.

> ■ …… 성공하려면 '좋은 대학'에 가야 되기 때문에, 저희 집이 엄청 잘사는 집도 아니니까, 먹고살려면 제가 벌어야 한다면서. 그러려면 '좋은 대학'에 가야 하니까 공부 열심히 해야 한다, 그런 식이었죠. (정지용)

- 공부를 못하면 취급[인정]을 못 받는다고 그런 말씀 하셨고, 부모님이 돈이 많은 것도 아니니까, 공부 잘해야지 나중에 먹고산다. 다른 길이 없다고 생각하신 거죠. 항상 그런 쪽으로만 얘기하신 것 같아요. 먹고살려면 공부해야 된다고. (이건우)

- 어머니가 이따금씩 하셨던 게, 드라마 같은 거를 보시다가, 노숙자나 못사는 사람이 나오면 저를 불러요. 불러가지고 "공부 못하면 이렇게 된다"(웃음). 저한테는 드라마를 못 보게 했는데, 그런 장면만 나오면 저를 불러서 공부 못하면 이렇게 된다고. (고은태)

이러한 부모의 교육열망이 자녀 자신의 높은 교육열망으로 전환되어 공부를 열심히 해야 한다는 신념을 본인이 확고히 가지도록 부모는 여러 가지 방법을 사용한다. 공부에 전념하라는 훈계와 잔소리뿐 아니라, 또래의 다른 학생들과 비교해서 자존심을 자극하기도 한다. 보통 훈계를 하고 독려를 하는 계기는 시험 성적의 결과를 놓고 부모와 자녀가 마주하는 경우이다. 그래서 자녀의 성적을 늘 체크하고 다른 아이들과 비교하는 일은 대부분의 중산층 부모들이 하는 아주 기본적인 역할이다.

- 성적에 대해서 굉장히 민감하셨기 때문에 초등학교 때부터 …… 성적에 신경을 많이 쓰셨어요. 그래서 당연히 공부는 잘해야 된다는 그런 강박관념 아닌 강박관념을 주셨기 때문에, 초등학교 때부터 '공부는 잘해야 되는구나'라는 생각을 가지고 중학교에 들어갔기 때문에 중학교에서도 열심히 했고, 항상 시험을 보고 나면 성적 체크하시고 성적이 떨어졌다 싶으면 뭐가 문제인지 같이 고민도 하시고. (정지용).

- ■ 연구자 : 부모님한테서 공부에 대한 압력을 받는다고 느낄 때는 어떤 경우였어요?
  ▷ 장인범 : 압력이요? …… 성적표! 그러니까, 다른 가정들도 그렇겠지만, 성적표가 집으로 오면 어머니는 화가 많이 나시고, 아버지는 그냥 "더 열심히 해라" 그러시고 …….

- 부모님께서 어렸을 때부터 가난한 환경에서 독학으로 공부하셔서 선생님까지 되셨는데, 그런 배경을 가지고 계셔서 공부에 대한 열의가 아주 강하셨어요. 어렸을 때부터 제가 공부를 좋아하는 스타일은 아니었지만, 공부를 잘하면[성적이 좋으면] 부모님께서 용돈도 자주 주시고 …… 공부를 못하면 이렇게밖에 못하냐고, 혼을 많이 내셨어요. 자기 어렸을 적에는 배가 고파서 하고 싶어도 못했다고 이런 식으로. (중략) 제가 따로 공부를 하겠다는 열

의는 없었는데, 공부를 안 하면 부모님께서 용돈을 주시지 않으니까 그래서 그렇게 하다 보니까, 초등학교를 지내다 보니까 공부하는 것이 당연하게 되더라고요. 습관처럼. (이건우)

- 성적이 나쁘면, (시험문제에서) 틀린 수대로 맞았어요. 틀린 수대로 맞는가, "누구 봐라, 쟤는 저렇게 공부 잘하지 않니?", 그런 말을 들었죠. 보통 부모님들이 흔히 그러잖아요. "누구는 뭐 밖에 나와서 놀지도 않더라, 너도 걔처럼 해봐라"라든지. 그리고 이런 얘기도 자주는 아니지만 하셨어요. "네가 공부 못하면 뭐가 될래?" (나혜선)

■ 연구자 : 엄마가 공부를 하도록 압박했던 방식은 어떤 거였어요?
▷ 백 석 : 예를 들어, 시험 끝나고 성적표가 나오면 "왜 이렇게밖에 안 나왔냐?" (추궁하는) 그런 식이었죠. 중학교 들어가서 처음 본 시험에서 평균 80점 정도가 나왔는데, 굉장히 못마땅해하셨어요. 등수로는 서른 몇 명 중에서 20등 정도였어요.
■ 연구자 : 그에 대한 엄마의 이후 반응은 어땠나요?
▷ 백 석 : 한동안 불편하게 지내는 거죠. 놀기도 눈치 보이고 집에 오면 제 방에 들어와 있고.

■ 연구자 : 성적이 잘 안 나왔을 때, 부모님의 반응은 어땠나요?
▷ 고은태 : 엄청 혼내셨죠. 혼내실 때는, 말 그대로, (머뭇거리며) 한 시간을 잡아서 악담을 듣는다고 생각하시면 됩니다.
▷ 연구자 : 심하게 질책하셨나요?
▷ 고은태 : 욕을 하거나 그런 건 아닌데, 인간 이하의, 음, '…… 그런 거다'라는 식의 악담 있지 않습니까? 사람이 되게 자존심 상하면서 아픈 데만 콕콕 찌르는. 한 시간 정도 잡아서 그런 식으로 혼을 내셨어요.
▷ 연구자 : 어머니가 하셨던 말씀을 그대로 옮기면 어떤 내용인가요?
▷ 고은태 : 예를 들어, (망설이다가) 상사가 부하 직원을 혼낼 때, 상사가 비꼬는 방식 있지 않습니까? "이 사람, 이렇게 하고도 밥 먹고 살고 있네?", 뭐 그런 식의.
▷ 연구자 : 부모님이 열심히 뒷바라지 하는데 그 정도밖에 못하느냐, 그런 뜻의?
▷ 고은태 : 예, 그렇죠.
▷ 연구자 : 어머니는 은태 씨가 대학을 가면 어느 정도까지 가야 된다고 생각하셨어요?
▷ 고은태 : 초등학교, 중학교 때는 그냥 서울대, 연·고대, 이런 데로 잡으셨고, 고등학교 때 돼가지고는 제가 원하는 과로 가고.

성적에 대한 중산층 부모들의 반응이 위의 예처럼 늘 체벌이나 격렬한 언사를 동반하는 것은 아니다. 체벌은 보편적 방식이 아닐 뿐더러, 더러

사용했던 부모라 하더라도 보통은 자녀가 초등학교 과정을 넘어서면 중
지하는 듯하다.[27] 자녀가 학습에 적극적이고 열의가 있는 경우에는 당연
한 이야기이지만 학업성과에 대한 부모의 반응이 질책보다는 오히려 격
려와 기대의 형태로 나타난다. 그러나 그것 역시 당사자들에게 심적 부담
을 주기는 마찬가지이다.

> ■ 다른 애들이랑 비교해서 논술이랑 언어, 이런 걸 제가 좀 못했는데, 어머니는 제가 그거를
> 너무나도 당연히 잘해야 된다는 식으로 생각하시는 거예요. 대학 잘 가는 것도 너무 당연
> 하다는 식으로. 근데, 고 3쯤 되니까 너무 부담인 거예요. 불안하기도 하고. 공부가 잘 안
> 될 때도 있고 하기 싫을 때도 있는데, 어머니는 "당연히 잘 갈 거니까", 그런 식으로 말씀하
> 시면서 …… (그래서) 저도 다 때려치우고 어디 놀러 가고 싶고 그랬어요. 기대가 워낙 크
> 니까 (어머니가 하는) 말 하나하나가 다 괴로웠어요. (최지혜)

부모에 따라서 학업성과에 대한 구체적인 반응은 조금씩 달라도, 늘상
자녀의 성적에 관심을 기울이고 그 결과에 따라 희로애락의 감정을 나타
내는 것은 중산층 부모들의 공통된 모습이다. 그들이 보이는 칭찬이나 질
책, 훈계나 보상 등의 반응은 실질적인 효과야 어떠하든 간에 부모들로서
는 자녀의 학습 태도를 교정하거나 강화하고 열의를 자극하기 위한 목적
에서 나타내는 반응들이다. 이러한 사건은 가정이라는 공간 안에서 일상
적으로 반복되며, 자녀들은 그러한 과정을 통해서 부모와의 관계를 원만
하게 유지하려면 공부를 등한시할 수 없음을 점차 체득하게 된다. 청소년

---

27 나혜선의 경우도 초등학교 5학년 때 맞고는 너무나 마음의 상처를 크게 받아서 며칠
   동안 밥을 안 먹었는데, 어머니가 "이제 다시는 때리지 않겠다"고 말한 후 두 번 다시
   매를 들지 않았다고 한다.

의 입장에서 가장 중요한 존재인 부모가 그토록 희망하는 상위권 대학의
진학을 위해서 본인이 노력하지 않으면 안 된다는 사실을 자녀들은 체험
을 통해 의식하게 되는 것이다. 이것이 부모의 교육열망이 자녀의 학업열
의로 전화되는 하나의 의식화 과정이다.

　문규현의 어머니는 '공부를 못하는 것은 자존심 상하는 일'이라는 사실
을 아예 의도적으로 주입했다.

> ■ 저는 "공부를 열심히 해라", 이런 식으로 얘기 안 해요. "너가 할 수 있는 게 뭐니?" 그랬더
> 니, "학생이니까 공부죠." 그래서, "공부를 못하면 자존심 상하니?" 그랬더니, 이제 그런 생
> 각을 못하고 있다가 엄마가 그렇게 물으니까, "왜요?" 그러더라고요. 그래서 "너 할 일이
> 공부밖에 없는데, 공부를 못한다는 거는, 네가 네 임무를 안 했다는 건데, 남들이 공부 못
> 하는 애야 그러면, 자존심 상해야 된다고 생각하는데?" 그랬더니, "그런 거예요?" 하고 묻
> 더라고요. "내 생각은 그래. 나는 부모한테도 되게 자존심 상할 거 같은데" 그랬더니, "알겠
> 습니다" 그러고는 들어가서 (공부를) 해요. 텔레비전을 굉장히 좋아했어요. (문규현 어머니)

　문규현은 "공부가 재미있어서라기보다 부모님이 좋아하시니까 열심히
했고, 집안에서 그리고 학교에서 인정받기 위해서" 공부를 했다고 한다.
그는 "집에서 컴퓨터를 하더라도 부모님 눈치가 보이고 '공부를 안 한다고
생각하시겠구나' 하고 지레 겁을 먹었다"고 술회한다.

> ▷ 정지용 : 스스로 공부를 해야겠다고 느낀 건 재수를 할 때 가장 크게 느꼈고, 그 전에는 워
> 낙 어렸을 때부터 '공부는 잘해야 된다'라는 인식을 심어주셨기 때문에 초등학교
> 때도, 중학교 때도 뭐랄까, 일종의 자존심 같은 것이 생겨서, 이 정도는 해야 한
> 다는 일종의 성취감 같은 게 있었죠. 고 1 때까지 그런 성취감 때문에 하다가, 고
> 등학교 2학년부터 먹고살 길을 (위해 대학을) 생각하다보니까 그런 게 동기 부여
> 가 된 것 같아요.
> ▷ 연구자 : 공부를 잘해야 집안에서 인정을 받을 수 있다고 생각했나요?
> ▷ 정지용 : 그렇죠. 그렇게 설명이 되겠네요. 부모님한테 인정받기 위해서 했다.

안재홍(연세대 3년)보다 일곱 살이 많은 안재홍의 형은 중학교 때까지 공부를 열심히 안 해서 부모의 속을 무던히 썩였다. 안재홍은 학원에 안 가고 오락실에 갔다가 어머니한테 들켜서 엄청나게 혼나던 형의 모습을 지금도 기억하고 있다. 부모가 잔소리도 많이 했는데, 고등학교 올라가서는 정신을 차렸는지 열심히 만회해서 연세대에 입학했다. 둘째인 안재홍은 부모를 힘들게 했던 형의 기억도 있고 해서, 빗나가는 일 없이 착실하게 공부만 했다. 부모를 실망시키고 싶지 않아서였다.

> ■ (공부를 열심히 했던 것은) 막연한 두려움 때문이었어요. 그냥 (공부를) 못하면 집에서도 좀 안 좋을 거 같고, 뭔가 남한테 뒤처진다는 것도 싫으니까. 나중에 뭘 하기 위해서 공부해야겠다, 이런 로드맵은 없었고요. (중략) 성적 같은 게 결과가 나오면 부모님이 꼼꼼하게 보시니까 "이거, 대충해서 안 되겠구나" 그러시면, 옛날에 형 혼나던 생각도 나고 형처럼 되지 않을까 하는 걱정이 있었어요. …… 그리고 제 성격 자체도 좀 겁이 많아가지고, 이렇게 되면[성적이 나쁘면] 어떻게 될까 하는 겁이 많아서 (공부를) 더 하게 됐죠. (안재홍)

자녀로 하여금 소위 '좋은 대학'을 목표로 경쟁심을 가지고 열심히 공부하는 태도를 갖도록 하기 위해서 중산층 부모들이 사용하는 또 하나의 전략은 자녀에게 높은 직업열망을 불어넣는 것이다. 좋은 학벌은 보수가 많고 사회적 대우가 좋은 직업을 갖는 전제조건이 되므로, 사회경제적 지위가 높은 직업에 대한 꿈을 키우는 것은 학업열의를 높이는 자극제가 될 수 있다. 중산층 부모들은 자녀들이 소득과 지위가 높은 전문·관리직의 직업을 갖기를 소망하면서, 자녀가 어렸을 때부터 자신들의 그러한 희망을 피력하고 주입하는 경향이 있다.

■ 초등학교 때 장래 희망에 대해서 쓰라고 하잖아요. 그래서 제가 기관사라고 썼어요. 엄마가 선생님이랑 면담을 하고 집에 오셔가지고, 요즘 하고 많은 사(士)자 들어가는 직업 중에 왜 기관사냐고? 왜 하필 기관사냐고? 검사, 판사, 교사, 의사, 이런 거 많은데 하필 기관사냐고 (그러시는 거예요). 초등학교 때는 잘 모르니까 개념이 없었죠. 그때는 자유롭게 기차 타고 돌아다니는 게 좋아 보여서 그렇게 썼던 건데, 성장하면서 생각이 바뀌었죠. 현실적으로. (장인범)

최지혜(서울대 1년)의 어머니는 항상 "이과를 갈 거면 의대를 가고, 문과를 가면 법대를 가라"고 말했다. 나혜선(고려대 졸)의 아버지는 법대를 나와 사법고시 공부를 했으나 합격하지 못하고, 평범한 회사원부터 시작해서 외국계 기업의 임원으로 정년을 맞았다. 초등학교 시절부터 그의 아버지는 "여자도 변호사를 해야 된다. 돈도 많이 벌고 명예도 얻는 변호사가 되면 당당하게 살 수 있다"고 말했다. 정지용(연세대 2년)의 어머니는 유독 그를 의사로 만들고 싶어 했는데 결국 공대를 나온 아버지의 조언을 듣고 건축과를 택했다. 그의 아버지가 누누이 강조했던 것은 "학과 선택을 한 번 하면 좋든 싫든 그걸로 대부분 먹고살게 되니 한 번 발을 들이면 바꾸기 힘드니까 신중하게 선택해라. 네가 가고 싶은 과를 못 가면 얼마든지 지원해줄 테니 몇 년이 걸리더라도 가고 싶은 학과를 가라"는 것이었다.

부모가 모두 초등학교 교사인 이건우(고려대 4년)의 집안에서는 직장이 안정적인 군인이나 경찰이 되기를 바랐다. 공무원 생활을 해온 부모는 직업이 안정되고 적성에도 맞을 거라며 군경 계통을 희망했는데, 이건우는 육사와 경찰대 시험에 떨어지고 나서 수시모집을 통해 현재의 학교에 입학했다.

문규현(연세대 2년)의 경우는 그의 어머니(차경신)가 일찌감치 그의 직업 진로를 정해주었다고 할 수 있다. 문규현의 어머니는 아들의 유아 시절

부터 아이의 특성을 빨리 파악해서 장점을 더욱 계발시켜 주어야겠다고 생
각하고, 어렸을 적부터 아이의 교육에 전적으로 자신이 참여한 예이다. 그
녀는 세심한 관찰과 각종 적성검사 등을 통해서 자신의 아들이 언어에 소질
이 있다고 판단하고, 말과 글로 살아갈 문과 체질임을 일찍 간파했다. 초등
학교 시절, 아들이 장차 그림을 그리겠다고 말했을 때 그녀는 이렇게 말했다.

> ■ 제가 애한테 첫 번째 한 얘기가 뭐냐 하면, "너는 명예욕이 너무 강한 애라서 화가나 디자
> 이너 같은 걸 해가지고는 너의 사회적인 욕구를 채우지 못할 거다." "네가 너를 잘 뒤돌아
> 봐라, 네가 얼마나 명예욕이 강한 애냐? 너는 그냥 연예인이나 이런 거는 못해! 아마 네 자
> 신이 못 견딜걸?" 그랬더니, 자기가 학교생활을 하면서 (내가 한 말을) 자꾸 느끼는 거예요.
> 어느 날, "그러면 자기가 뭘 했으면 좋겠느냐?"고 그러더라고요. "내가 볼 때는 너는 공무
> 원을 하거나 정계에 나가거나, 그런 계통의 일을 해야지만 네가 너의 욕구를 채울 수 있을
> 거다." 굉장히 어린 애한테 굉장히 어렵게 얘기했어요. "근데, 사실은 나 정치가 싫거든,
> 행시도 좀 답답하고. 네가 영어 잘하니까 외시 같은 거 해서 외교관 한번 해봐라, 난 그게
> 좋을 것 같다." 그렇게 흘리는 말로 했는데 얘는 엄마가 흘리는 말을 굉장히 염두에 둬요.
> 자기한테 기대를 많이 한다고 생각하니까, 그다음부터 얘는 외교관이 머리에 박힌 거 같아
> 요. …… 그러니까 유도를 많이 했어요. 지금 우리 아이 얘기를 들으면, 엄마의 그, 거기에
> 놀아났다는 거예요. 자기가 엄마의 유도신문에 넘어가서 계속 '난 그거를 해야 된다'고만
> 생각을 했다고 그러더라고요. (문규현 어머니)

아닌 게 아니라, 문규현을 따로 인터뷰 했을 때 그는 자신의 직업열망
에 관해 어머니의 영향력이 지대했음을 인정하고 있었다.

> ■ 항상 지금도 헷갈려요. 내가 진짜 내 천성상 정치나 외교를 정말 좋아해서 그런 건지. 어렸
> 을 때부터 어머니는 항상 외교관 하라고 하셨거든요. "넌, 외교관 해야 된다, 외교관이 좋
> 다, 네 사주에 외교관이 좋다고 그러더라" 이런 것들이 주입돼서 제가 외교관이 좋다라고
> 생각하게 된 건지, 아니면 내가 원래 그런 사람인지 헷갈릴 때가 있어요. 만약에 어머니가
> 그런 얘기를 안 했더라면, 제가 지금 외교관이 아니라 그냥 정치하고 싶어 할 수도 있겠다
> 싶어요. 잘 모르긴 하지만. (문규현)

이렇게 자녀들의 의식 속에 지위가 높은 직업에 대한 희망을 주입함으로써 중산층 부모들은 그러한 목표 달성을 위해 계속 정진하고 노력해야한다는 메시지를 지속적으로 전달하는 것이다. 한편, 안재홍(연세대 3년)의 경우는 직업지위가 낮은 친척들의 삶을 마치 반면교사처럼 대비시켜서 아들의 학업에 대한 성취동기를 자극했던 사례이다. 대학교수인 안재홍의 아버지는 다섯 남매 가운데 유일하게 대학을 나온 사람이다. 충남 H읍에서 대장간을 했던 안재홍의 할아버지는 "먹고사는 것만 해결되면 다행인 줄 알았던 시절, 자식 교육에 관심이 없었다"고 한다. 안재홍의 큰아버지는 부친한테서 물려받은 대장간 자리를 세줘서 살아가고 있고, 둘째큰아버지는 시골에서 철물점을 하고 있다. 그 밑의 형제 둘은 미국에 간후 연락이 끊겼고, 고모와 고모부도 뚜렷한 직업 없이 지내는 것 같다. 고모부는 가끔씩 친척들한테 전화를 해서 귀찮게 할 뿐이니, 안재홍네 친가쪽에는 그야말로 역할 모델이 될 만한 엘리트가 없는 셈이다. 명절 때도친가 쪽과는 왕래가 없으며, 안재홍의 아버지만 일 년에 한두 번씩 제사나집안 결혼식 때 잠깐 시골을 다녀온다. 그래서 안재홍의 어머니는 늘 "아빠의 형제들은 교육도 제대로 못 받고 수준이 낮다"며 싫어했다. 안재홍은어머니가 항상 아버지 쪽 친척들의 교육수준이 낮고 직업이 변변치 않다고 흉보는 말을 들으면서 공부가 중요하다는 것을 다시 한 번 깨달았다.

■ 몇 년 전부터, '내가 과연 다른 부모님 밑에서 자랐어도 지금의 모습일까?' 하는 상상을 해봤어요. 만약 내가 정말 어렸을 때부터 어디, 직업도 변변치 못하고 교육도 못 받은 그런 부모님 밑에서 자랐다면 ……. 제가 왜 특히 그런 생각을 하게 됐느냐 하면, 항상 친가 친척들하고 비교를 당해왔기 때문이에요. 항상 엄마가 하시는 말씀이, "그래서 사람이 배움, 배우는 게 중요하다. 배우지를 못했으니까, 만나면 얘기도 잘 안 통하고 같이 있기가 거북하다"그러셨지요. 이런 말씀하시면서 …… "그러니까 애들도 저렇게 (잘못) 되지 않았냐?"고. 저는 그런 얘기를 많이 듣고 자라가지고, 부모님의 학력 수준이랄까, 그런 게 (자녀의 미래를)좌우하지 않나, 그런 생각이 들었어요. (안재홍)

조기에 공부 습관 들이기

고학력 중산층이 자녀의 공부와 관련해서 구사하는 양육전략의 일차적 특징은 ① 조기에 깊숙이 관여하고, ② 장기 계획을 세운다는 것이다. 그리고 이러한 학업 경력의 관리 주체는 대체로 어머니들이다.

자녀 교육에 관심이 높은 중산층 부모들 사이에서는 초등학교 고학년 내지 중학교 시절의 학업성취도가 큰 이변이 없는 한 고등학교 3학년까지 비슷한 수준으로 이어진다는 것이 상식처럼 되어 있다. 게다가 특수목적고등학교(과학고, 외국어고 등)는 일단 입학하고 나면 상위권 대학 진학이 수월하다는 인식 때문에 특목고 입시를 위한 학업 경쟁이 일찌감치 시작된다.

대개 중학교 초기 시절에 형성된 학업성적의 수준이 대학 입시 때까지 이어지는 일종의 '경로의존성' 때문에 중산층의 열성 어머니들은 "초등학교 때부터 10년 앞을 내다보는 입시 전략을 세우라"(김은실, 2004: 106)고 말한다. 또한 여러 가지 유혹이 닥치는 청소년 시기를 거쳐 고 3까지 높은 학습열의를 유지하려면 무엇보다 공부하는 습관이 중요하며, 공부 습관은 유혹이 몰려오는 사춘기 이전에 다잡고 몸에 배게 해야 한다는 통념이 있다. 그러기 위해서 때로는 강압적인 통제방법을 사용하기도 한다.

자기가 알아서 공부하는 아이가 있는 반면, 윤정란 씨의 아들은 스스로 알아서 하는 애가 아니었다. 그녀는 공부를 왜 해야 하는지 모르는 아들을 공부 잘하는 아이로 만들기 위해서 굉장히 고생했다고 말한다.

> ■ 애가 나가서 뛰고 노는 거, 그리고 컴퓨터 게임 하는 거, 그거를 좋아하는데 그때만 해도 중학교 1학년짜리가 미래를 위해서 자기 즐거움을 포기해야 한다는 걸 어떻게 알겠어요. 여자애들은 모르겠는데, 남자애들은 그게 잘 안 되는 거 같아요. 그러니까 방법이 결국, 애가 집에 오면 책상 앞에 딱 앉히는 거예요. 그리고 애 옆에 같이 앉아가지고, 그거 다 할 때까지 옆에 그냥 지키고 있어요. 그러면 옆에 엄마가 있어도 눈알이 뙤록뙤록 돌아가요. 애가

> 잡념이, 엄마가 있어도 잡념이 사라지지 않는 거예요. 그러다가 애가 사춘기가 왔어요. 근데, 다행인 거는 사춘기 오기 전에 많이 교정을 했다는 거예요. 그러니까 사춘기 전에 잡아야 돼요. (중략) 어른만 유혹을 이기는 게 아니라 애들도 유혹을 이기고 극복하고, 앞날에 대한 어떤 긍정적인 결과를 예상하고 현재 자기의 즐거움을 포기할 줄 알아야 되는데 …… 남자애들은 그게 잘 안되니까, 엄마가 강압적으로 할 때는 강압적으로 해야 돼요. (윤정란)

- 중학교 가서부터는 굉장히 무섭게 가르쳤어요. …… 요즘 엄마들은 그러더라고요, 놀게 내버려둔다고. 그러면은 계속 노는 게 몸에 배요. (중략) 엄마가 잘 관심을 갖고 학교일을 하고, 아이도 늘 공부가 상위권이면 그 밑으로는 기본적으로 안 떨어지겠더라고요. 그래서 저는 아이한테 빨리 그런 걸 심어주고 싶었어요. "네가 속한 그룹은 요긴데, 요 밑으로는 절대 떨어져선 안 돼." 그러니까 아이가 이제 그거를 느끼는 거죠, 창피한 것. 보통 애들은 사춘기 때 막 놀 수도 있지만, 우리 아이는 그게 창피한 거죠. 내가 이렇게 하는 건[노는 것]이 창피한 거. 엄마가 나중에 편하려면 아이가 좀 어렸을 때부터 그런 거를 심어줘야 해요. (문규현 어머니)

- 초등학교 때는 어머니하고 책상을 가운데 놓고 마주 앉아서, 어머니가 지켜보고 있는 데서 공부를 했어요. 어머니는 완전히 스파르타식이어 가지고 …… 한 시간을 공부한다고 치면, 한 시간을 5분이라고 여기고 하라는 거예요. 그러니까 한 시간은 긴 시간이 아니고 5분이라고, 시간관념을 그렇게 집어넣으라고 하면서. (고은태)

- 학교 끝나고 오면 항상 일정한 양의, 많은 양은 아니지만, 하루에 한두 시간 정도 공부할 수 있는 양의 과제를 어머니가 직접 내주셨어요. 그리고 그거를 했는지, 안 했는지 체크하시고. 문제를 풀어주거나 설명을 해주신 것은 아닌데, 부모님도 옛날에 배운 거라서 까먹어서 그렇게는 못하셨지만, 다 풀었다고 하면 검사하고 채점해주시고 그 정도는 해주셨어요. 시험 때 되면 전과 같은 거 펼쳐서 물어봐주고, 잘 외웠는지 못 외웠는지 물어봐주고, 그러셨어요. (나혜선)

공부하는 습관을 일찍 들이기 위한 목적 이외에도 학업능력을 높이기 위해서 혹은 뒤처질 기미가 보이는 교과목의 실력을 끌어올리기 위해서 초등생의 어머니들이 직접 자기 자녀를 가르치는 경우가 종종 있다. 이건우(고려대 4년)도 초등학교 들어가기 전부터 교사인 부모한테서 선행학습을 받았다. 그는 "문제집을 여기부터 여기까지 풀어놓으라"고 하면 용돈

받을 욕심에 억지로 숙제를 했고, 부모는 저녁때 숙제 검사를 하고 틀린 문제를 봐주었다. 백석(서울 C대 2년)은 초등학교 때 어머니로부터 영어와 수학을 배웠다. 어렸을 때부터 자주 접했던 영어는 수월하게 다가왔고, 그때 배운 영어가 나중에 수능 듣기 시험에도 도움이 되었다. 윤정란 씨는 하나뿐인 아들이 초등학교 3학년 때 충격적인 시험점수를 받아 온 데 자극을 받아서 직접 가르치기 시작했다.

> ■ 어느 날, 자연시험을 62점 맞아가지고, "엄마, 나 62점 맞았어!" 하면서 아무렇지 않게 들어오는 거예요. 나는 속이 뒤집어지는데, 얘는 62점 맞은 게 하늘이 뒤집어질 일이라는 그런 것도 없는 거지. …… 근데 봤더니, 우리 때하고 자연이 너무 다른 거예요. 실험 관찰, 뭐 그런 교과서를 보면, '~해 봅시다', '실험해봅시다', 그러고는 답이 없어요. 근데, 100점 맞는 애들은 답을 다 배웠어요. 근데, 우리 애는 그냥 '~가 뭘까요?' 하면 모르는 거예요. 그래 갖고, 그때 과학상잔가, 에이플러슨가 하는, 무슨 교재 만드는 회사에서 파는 게 있었는데, 제가 그거를 구입했어요. 왜냐하면 선생을 한 번 불러봤더니 영 마음에 안 들더라고요. 그래서 그거를 1년 치를 구입해가지고 우리 애한테 매주 한 번씩 수업을 했어요. 이제 뭐, 거기에 보면 온갖 실험 관찰이 다 나오거든요. 혼자서는 심심하니까 비슷한 또래 애한테, 이 재료만 사오면 엄마가 수업해준다고 그 엄마한테 말해갖고, 그 둘을 데리고 무료로 1년을 수업했더니 그 다음에는 과학을 잘하더라고요. 그러면서 이제, 답을 딱 제시하는 학원식 공부도 같이 시켰어요. (윤정란)

　결국 그녀는 상당한 정도의 시간과 노력, 그리고 약간의 비용을 투자한 끝에 중하위권이었던 아들의 과학 점수를 끌어올리는 데 성공했다. 이후에 그의 아들은 과학고등학교에 도전할 정도로 그쪽 방면에 흥미와 실력을 쌓게 되었다. 중산층 부모들이 자녀의 초등학교나 중학교 초기 시절의 학업성적에 그토록 민감한 이유는 자녀의 성적이 계속 하위권을 유지할 경우, 고등학교에 가서도 자녀가 열등감과 의욕상실의 늪에 빠지거나 영영 격차를 좁히지 못한 채 탈락할 수 있다는 우려 때문이다. 그리하여 문규현 어머니의 말처럼, 자녀의 학업성취수준이 일찍부터 상위권 그룹에

서 자리를 잡으면 그것이 아이의 성취동기와 경쟁심을 높은 상태로 유지
시켜서 이후에도 일정 수준 이하로 떨어지지 않는 안정성을 확보할 수 있
다고 생각한다. 따라서 중산층 부모들은 대학 입시 경쟁이라는 긴 경주에
서 승리하려면 초등 단계부터 선두 그룹을 유지하는 것이 최후의 성공에 도
달할 가능성을 높이는 길이라고 믿는 경향이 있으며, 그런 믿음 때문에 자
녀의 학업에 일찍이 관여하고 개입해서 유리한 경로를 밟아나가려 한다.

학업에 몰입시키기 위한 각종 생활 통제

아이들은 성장하면서 관심의 영역이 넓어지고 외부로부터 새로운 자극
들을 접하게 된다. 공부가 중요하다고 의식하게 된 아이들조차도 일반적
으로 같은 또래들이 열광하는 놀이나 문화의 영향을 받지 않을 수 없다.
보통 청소년들의 여가문화에서 가장 큰 비중을 차지하는 것은 텔레비전
프로그램, 컴퓨터 게임과 인터넷, 인기 연예인의 공연, 스포츠 등이다. 그
러나 중산층 부모들에게 이들 여가문화의 매체들은 자녀의 학습 시간과
집중력을 반감시키는 매우 걱정스러운 존재들이다. 실제로 중산층 가정
에서 텔레비전 시청과 컴퓨터 이용 시간을 제한하는 문제는 부모들이 보
편적으로 앓고 있는 골칫거리이다. 그래서 이를 둘러싸고 부모와 자녀 사
이에는 늘 신경전과 갈등이 끊이지 않는다.

▷ **연구자** : 부모님한테서 '공부를 좀 하라'는 압력은 평소에 어떤 형태로 표현됐어요? 구체
   적으로 예를 들면.
▷ **문규현** : 예컨대, 눈치가 보이는 거죠. 집에서 컴퓨터를 하고 있으면 괜히 눈치가 보이고
   요. 부모님 눈치도 보이고.
▷ **연구자** : '안 좋아하시겠구나' 그런 생각이 들었어요?
▷ **문규현** : 네, 그리고 '공부를 안 한다고 생각하시겠구나', 지레 겁을 먹는 것도 있고요. 그
   다음에 "언제까지 컴퓨터 할 거냐?"고 물어보시죠.

> ▷ **연구자** : 물어보기만 하세요?
> ▷ **문규현** : 물어보시면 짜증이 나는 거죠. 저는. "공부할 거라고요!", 이렇게 대답할 때도 있고요. 몰래 게임 같은 거 하다가 걸리지나 않을까 노심초사하는 것도 있고요. 그리고 쉽게 어디 간다는 얘기를 못하는 거죠. '공부를 해야 되는데……' 하는 생각이 있으니까, 그런 것들이 눈치가 보이기 시작하죠. 이게 스트레스죠. 옭아매는 듯한, 놀아도 마음이 편하지 않은.

　자녀가 설득이 안 되고 더 강압적인 방식이 필요할 때는 컴퓨터를 사용하지 못하도록 물리적인 조치를 취하는 경우도 있다. 강남의 중산층 어머니들 사이에서 외출할 때 컴퓨터의 전원 케이블을 뽑아가지고 나가는 것은 상식화된 방법이라고 한다.

■ 고 2에 딱 오더니, 얘가 좀 약간 반항인지 뭔지, 아니면, 뭐 공부에 지쳤는지 (공부를) 안 하더라고요. 그러고 이제 막 게임에 맛을 들여가지고 게임 하고, 뭐 심지어는 (내가) 암호를 걸어 놓으면 얘가 인터넷에서 암호 푸는 법을 다운받아 가지고 암호를 딱 풀어버려요. 그러고는 이제 엄마 있을 때는 "엄마, 암호 넣어줘", 이런다고요. 애도 이제 간지가 발달해갖고 엄마 있을 때는 모르는 척, "암호 넣어줘", 이러는 거예요. 근데 어느 날 보니까, 로그 파일(log file)[28] 같은 게 남잖아요. 그래서 뒤져보니까 이상한 거예요. 왜냐하면, 내가 이렇게 접속을 안 시켜준 때도 그거[인터넷] 한 흔적이 있어가지고 나중에 봤더니, 그 프로그램을 다운받아서 지가 치고 들어가서 하고, 엄마 있을 때는 모르는 척하면서 "암호 넣어줘" 그러고. 그래서 그다음에는, 제가 외출할 때는 컴퓨터의 파워 케이블을 뽑아가지고 들고 나갔어요. 그랬더니 어느 날 (아이가) 파워 케이블을 구해다가 끼워놨어요. 그래서 그다음부터는 아예 (컴퓨터의) 비디오 카드를 빼서 챙겨 넣고 나가는 거예요. (드라이버로) 뒤에 있는 슬롯 분해해서 빼가지고 나가는 거지요. 집에 오면 넣어주고 …… 그러니까 그 짓을 하는 거예요. …… 강남에 아들 키우는 엄마치고 웬만한 노하우는 다 알아요. (나처럼) 비디오 카드 뽑는 것까지는 아니지만, 파워 케이블은 많이들 뽑아가지고 나가고 그러잖아요. (중략) (그런 위기를 어떻게 넘기느냐 하는) 차이 때문에 과(科)가 달라질 수 있고, 대학이 달라질 수 있어요. 그러니까 애들은 그게 고비거든요. 고것만 넘기면 되는데, 우리 애 같은 경우는 그 학기 성적을 망쳐가지고 결국은 지역균형선발에서 194점인가 받아서……. (윤정란)

　정지용(연세대 2년)의 부모도 컴퓨터를 가지고 노는 것을 무척 싫어했다. 정지용에게는 초등학교 때 공부한다고 나와서 몰래 피씨(PC)방에 갔다가 어머니한테 걸려서 사람 많은 데서 하이힐로 머리를 맞았던 기억이 생생하다.

컴퓨터 오락뿐 아니라 학과 공부에 직접 도움이 되지 않는다고 여겨지는 문화활동들은 대부분 극도로 억제되는 경향이 있다. 고은태(충북K대 졸)는 중·고등학교 시절 영화를 무척 좋아했고 한때 영화평론가의 꿈도 꾸어봤지만 워낙 어머니가 영화와 텔레비전을 못 보게 해서 볼 수가 없었다. 부모님의 태도는 독서 습관에도 영향을 주었다. "재미있는 소설책은 못 보게 하고 교과서에 나오는 명작 시리즈만 읽히려 해서 …… 흥미를 잃었고, 독서량도 줄었다"는 고은태의 말은 책을 읽는 것도 학습과 관련되는 부분에 한해서만 허용했던 부모의 태도를 보여준다. 교사인 이건우(고려대 4년)의 부모도 그가 텔레비전을 보고 있으면 "너무 노는 거 아니냐? 들어가서 책이나 보라"고 말했고, "공부 가지고 항상 잔소리를 많이 하셨다"고 한다.

> ■ …… 누워서 텔레비전을 보고 있으면 뒹굴거리지 말라고 항상 주의를 주시고, 놀러 나갈 때도 보통 부모님이 저녁에 퇴근하시기 전까지는 놀지만, 퇴근하신 후에 놀러 나갈 일이 있으면 부모님께서 일찍 들어오라고 항상 뭐라고 그러셨어요. "공부하고 나가는 거냐?", 물어보시고. (중략) 들어가서 책 보라고 방에 들여보내면 저는 딴짓할 때도 있었죠. 저는 공부는 하기 싫어했지만 책 읽는 것은 좋아했거든요. 남자가 보는 삼국지나 이런 것은 수십 번, 수백 번 보고 또 보고, 위인전 같은 것도 많이 읽고. 공부를 워낙 안 하고 싶어서, 공부한다고 하고 책만 봤어요. (이건우)

학업에 열중하고 성적을 올리는 데 도움이 되느냐 하는 관점에서 자녀

---

28 시스템 접속 기록.

의 친구 관계 역시 부모들의 신경을 쓰게 하는 문제가 아닐 수 없다. 공부를 잘하고 열심히 하는 친구를 사귀는 것이 자녀를 위해 유익하다고 판단하기 때문이다. 게다가 이성친구의 문제라면 더더욱 말할 것도 없다. 이건우의 부모도 "친구 아무개가 있다고 하면 항상, 걔 똑똑하냐, 공부는 잘하냐, 몇 등정도 하냐고 물으셨다"고 한다. 한창석(서울대 1년) 본인의 경우는 아니지만, "주위의 친구들 중에는 부모님이 일일이 스케줄까지 관리하고 심지어 (자녀의) 핸드폰까지 들고 있다가 연락 오는 거 가려가면서 '얘는 내 아이에게 도움이 될 아이다, 얘는 아니다'를 선별해서 문자를 보여주는 경우도 있었다"며 술회했다.

> ■ 중학교 때로 가면 이성 관계에 대해서도 굉장히 민감하셨어요. 공부에 방해가 되니까. 한 번은 여자친구를 몰래 사귀었다가 때마침 사귀고 난 다음에 본 시험 성적이 나빴는데, 그 상황에서 들켜서 헤어진 경우도 있고. 고등학교 때는 친구 사귈 때 공부를 잘 못하거나, 공부 안 하고 노는 친구도 있잖아요. 저는 그냥 마음 맞으면 친구가 되는 건데, 그거 가지고 뭐라고 하는 것 때문에 약간 말싸움을 했던 적이 있어요. 그냥 내가 좋으면 친구가 되는 거지, 공부 잘하고 못하고가 무슨 상관이냐, 그러면서 (부모님과) 싸웠던 기억이 ……. (정지용)

강남의 중산층 부모들이 자녀의 학원 스케줄에 맞춰서 자가용으로 일일이 태워다주고 데려오는 이유는 안전과 효율을 위한 것이기도 하지만, 한편으로 자녀들이 친구들과 만나 시간을 허비할 것을 우려해서 그것을 예방하고 통제하기 위한 목적도 있다.

> ■ 어떤 때 한 번씩 버스를 타고 오면, 왔다 갔다 하는 시간에 주변에 친구들이 있잖아요. 우연히 길에서 만나면 놀러 갔다 오기도 해요. 동네 다니다보면 다 아는 친구죠. 어쩌다 "엄마, 나 친구 ○○ 만났는데 한 시간만 있다 갈게" 그러는데, 말이 그렇지, 가면 한 시간만 있나요? 한 시간이 두 시간 되고 …… 버스 타고 오는 시간도 아까운 마당인데, 그러다보면 자꾸 시간이 길어지고, 그러다보면 시간 싸움에서 지게 되고. (최지혜 어머니)

최지혜 어머니는 공부를 곧잘 하던 큰딸이 중학교 때 가수가 되겠다고 하고 인기가수의 공연을 보러 다니는 바람에 한동안 마음고생을 했다. "만약 딸의 성적이 반에서 10등을 넘어간다든지 하면 어차피 공부로 안 되니까 음악을 시켜볼 수도 있지만, (공부를 웬만큼 하니까) 음악보다는 공부하는 게 더 낫겠다고 생각했다." 그러나 공연 구경을 못 가게 막는다든지 하면 더욱 그쪽으로 쏠리는 역효과가 날 것 같아서 적당히 기분을 맞추면서 회유했다. "정 그렇게 노래가 하고 싶으면, 연세대학교 가면 거기 그룹사운드가 괜찮은 거 같으니까 거기 가면 어떻겠니?"라고 유도도 해봤고, 어느 가수 어머니가 한다는 음식점에 온 가족이 가서 식사를 하면서 딸의 비위도 맞춰주었다. 다행히 큰딸의 가수를 향한 꿈은 한 2년 지속되다가 흐지부지되었고, 재수를 해서 재작년에 서울대에 들어갔다. 하지만 최지혜의 어머니는 그 2~3년간 무척 속을 태웠다.

이처럼 중산층 부모들은 자녀의 학업 성공을 위해서 그것에 방해가 될 수 있는 모든 요소들을 면밀히 살펴 제어하고, 자녀의 관심이 분산되거나 학업열의가 떨어지지 않도록 생활 전반을 통제한다. 효과적인 통제를 위해서는 자녀에 관해서 속속들이 아는 것이 중요하고, 자녀에 관한 소소한 정보는 세심한 관찰과 원활한 의사소통에 의해서 확보된다.

■ 저 같은 경우는 유별나게 애를 잡았던 편이었어요. 애들도 눈치가 빨라갖고 엄마가 (자기에 관해) 완전하게 알면 쉽사리 반항을 못해요. 그러니까 애를 완전히 통제하려면 엄마가 구석구석 알아야 되거든요. 우리 애 같은 경우는 만약 그러지[통제하지] 않고 놔뒀으면 좀 약간, 지금보다는 틀림없이 결과가 …… (나빴을 거예요). …… 본인도 그거를 알아요. 그래서 어느 정도는 뭐, 반항을 하다가 포기한 것도 있죠. 애가 유명한 매니저 없이는 자기가 (스스로) 뭘 못한다는 그런 생각을 (갖고 있어요). (윤정란)

　문규현의 어머니도 큰아들의 속내를 훤히 알 수 있다고 한다. 그녀는
"너는 이래서 이런 것을 했고, 내가 섭섭하다고 한 마디만 하면 그냥 그 자
리에서 무너지겠구나"라는 것을 알 수 있다고 말한다. 그녀는 항상 아들
들에게 한 치의 비밀도 없이 모든 것을 자신에게 말하도록 가르쳤다. 그
결과, 아들들은 어머니에게 솔직히 자기 이야기를 털어놓는 관계를 유지
해왔다. 그래서 언제나 자신의 계획이나 뜻을 자녀들에게 관철하고 그들
의 행동을 통제하는 일이 그녀에게는 그다지 어렵지 않았다.

> ■ 저는 항상 예를 든 게, 너무 극단적인 예였지만, 야단을 치면서 그런 얘기를 많이 했어요,
> 우리 큰애한테는. 부모는 자식이 살인을 해도 부모가 뭐든지 다 알게 되면, 얼마든지 자식
> 을 커버[보호]를 하고 용서를 하고 끝까지 돌봐주지만 남은 그렇게 못한다. 그러니까 부모
> 는 모든 걸 알아야 돼. 왜냐하면, 내가 너네들 방어벽이 되려면 너네들을 알아야지 커버를
> 하지, 엄마가 너희에 대해서 잘 모르면 누가 너에게 돌을 던졌을 때 내가 받아줄 수가 없
> 어. (중략) 그래서 지금도 우리 아이들은 나한테 거의 백 프로 얘기해요. 왜냐하면 어렸을
> 때부터 계속 그랬어요. 아무리 큰 죄를 져도 부모는 자식을 대신해서 죽을 수도 있고, 돌을
> 맞을 수도 있는데, 그 대신 단 하나 조건이 부모가 자식을 완벽하게 알아야지 그거를 할 수
> 있다. 그래서 저희는 남자애들인데도 뭐, 남의 애들 얘기는 안 해요. 남자애들은 잘 얘기를
> 안 한다는데, 우리 애들은 자기 심정적인 얘기를 거의 다 해요. (문규현 어머니)

　이처럼 자녀의 부모에 대한 의존도가 높고 부모의 통제를 잘 따르는 부
모·자녀 관계를 구축한 사례의 주인공들은, 흔히 자신들의 성공 비결을 완
벽한 통제와 개입으로 해석하는 경향이 있다. 즉, 성공한 사례의 부모들은
고학력 중산층 가운데 자녀가 상위권 대학 진학에 실패한 다른 사람의 예
를 두고 조기에 자녀들을 장악해서 부모의 계획에 순종하도록 만들지 못
한 어설픈 통제에 원인이 있다고 보는 것이다. 윤정란 씨는 자신의 경험에
근거해서, 어머니가 치밀하고 강경한 자세로 간혹 반발하는 자녀를 제압
하고 철저한 통제에 성공할 수 있어야 좋은 결과가 온다고 강조한다.

학업 전술 및 진로 선택 전략의 수립

중산층 부모의 역할 중 또 하나 중요한 것은 자녀의 현재 학업능력을 높이기 위한 방안과 대학 입시에서 성공적인 결과를 얻기 위한 전략을 연구하고 수립하는 것이다. 앞에서 설명한 관여 행위가 자녀로 하여금 공부에 몰입하도록 자녀 자신의 생각과 태도를 주조(鑄造)하는 행위였다면, 전술과 전략의 수립은 자녀의 나아갈 방향을 부모가 대신 판단하고 결정해주는 개입 방식이다.

현재의 학업성적을 향상시키는 데 가장 효과적인 방법은 유능한 사교육 강사를 찾아서 자녀를 가르치게 하는 것이라고 알려져 있다. 이 연구를 위해 면접조사를 한 13건의 중산층 가정 사례들 가운데 학원 수강이든 개인 과외든 사교육을 전혀 받지 않은 경우는 단 한 건도 없었다.[29] 그 정도로 중산층 부모들 사이에서 사교육 서비스는 학업성적을 향상시키는 데 필수불가결한 요소로 인식되고 있다. 과목별로 우수한 학원 강사를 찾고 성적 향상 전략을 세우기 위해서는 무엇보다 사교육 시장에 관한 정보가 중요하다. 따라서 전략 수립을 위한 중산층 어머니들의 일차 임무는 제대로 된 정보를 수집하는 일이다.

일반적으로 사교육 정보를 가장 자연스럽게 접할 수 있는 기회는 자녀가 다니는 학교의 학부모 모임을 통해서이다. 학부모 회의의 공식 목적은 담임교사를 만나 자녀의 생활과 학업 전반에 관해 의논하고 학급 단위에서 부모들이 학교를 돕거나 지원할 사항을 토의하는 것이지만, 부모들이 더 중요하게 생각하는 목적은 입시 정보의 네트워크에 참여하는 것이다. 이런 공식 모임에 대한 참여를 계기로 정보를 공유하고 행동을 같이하는

---

29 물론 사교육을 받은 정도, 즉 사교육에 투자한 시간과 비용의 크기는 사례마다 달랐다.

어머니들의 소그룹이 형성된다. 이런 비공식 그룹들은 대개 공부를 잘하
는 아이의 어머니나 반장의 어머니를 중심으로 결성되며, 자녀의 성적이
비슷한 수준끼리 묶이는 경향이 있다. 학교 모임의 성격이 이러하기 때문
에 성적이 중간 이하인 학생의 부모는 모임에 적극적으로 참여하는 경우
가 드물다. 반 성적이 중간을 밑돌았던 고은태의 어머니는 학교 모임보다
주로 성당의 교우들과 만나서 이런 정보를 주고받았다.

■ 중학교 올라가면서는 주로 학원을 보내셨어요. 학원도 집 가까운 데 보내는 게 아니라, 수
소문을 많이 해보고, 필요하면 직접 찾아가서 커리큘럼을 직접 체크해보시고 괜찮다 싶으
면, 조금 멀더라도 좋은 학원을 보내려고 하셨죠. 학원으로 부족한 부분이 있으면 개인과
외도 붙여주셨고. (중략) (학교 모임에) 아버지는 회사 때문에 못 가셨지만, 어머니는 항상
가셨죠. 가서 다른 학부모님들이랑 친해지면서, 공부 잘하는 아이들의 학부모님들이랑 친
해져서 정보를 주고받고 그러는 거죠. …… 제가 알기로, 학교에 가서 하는 거는, 선생님
과 학부모들이 다 같이 만나는 자리 때문에 하시는 거 같은데, 그런 거는 한 학기에 한두 번
정도로 그리 많지 않았고, 거기서 학부모님들이 연락처를 주고받으면 … 따로 만나서 식사
를 하시면서 친목도 다질 겸, 아이들의 미래에 대해서 토론도 하시고, "이런 선생님이 좋더
라", "이렇게 공부시키면 좋더라" 뭐, 그런 정보를 주로 듣고 오시더라고요. …… 제가 중학
교 때 형성됐던 그런 네트워크는 지금도, 아직도 친목모임처럼 만나고들 계셔요. (정지용)

▷ **최지혜** : 제가 2학년 때 반 회장을 하면서 회장 학부모들 모임이 있고, (엄마가) 중학교 때
친구 엄마들하고 친해지면서, 다 동네니까 만나서 …… 중학교 때 공부 좀 한다
하는, 내신 좋다 하는 학부모들끼리 서로 알게 되고 서로 연결이 돼서 친분이 생
기면, 정보를 교환하고 고등학교 가서도 가끔 만나시는 것 같았어요. 고등학교
때는 외고 중심으로 워낙 활발해요, 되게 활발해요. 학부모 모임이 자주 있고.

▷ **연구자** : 학교 차원에서?

▷ **최지혜** : 아니요, 학부모끼리. 학교 모임에서 만나서 반에 있는 회장 엄마가 모임을 조직
해서 만드는 거죠.

▷ **연구자** : 회장 엄마라면 반장 엄마?

▷ **최지혜** : 네, 반장 엄마요. 자주 만나서 얘기하고, 학원도 저희는 외고생들끼리 같이 많이
다녀요, 아예. 사람을 모으고 무슨 과목이 필요하다 이러면, 학원에 선생님 알아
봐달라고 해서 선생님이 와서 반 애들끼리 수업 같이 듣고, 일반고 몇 명 끼워서
듣고, 이런 식이었죠.

중산층 어머니들은 이런 정보 네트워크를 활용해서 입수한 정보를 자녀들에게 제시하면서 사교육 프로그램에 관해서 모종의 새로운 결정을 내린다. "누구누구는 이렇게 모여서 과외를 한다던데, 너도 이런 식으로 한 번 해보겠냐?"(장인범) 혹은 "이런 선생이 있다더라, 누구네 집 누구 아들이 이런 거 하고 있다는데 너도 같이할래?"(조동준) 하는 식의 제안이나, 뒤처지는 과목을 끌어올리기 위한 방안으로 "세 가지 보기를 제시하면 당사자인 자녀가 최종 결정을 하게 된다"(정지용). 물론, 그런 과정에서 부모가 본인의 의사를 더 강하게 밀어붙여 자녀와 충돌을 일으키는 경우도 있다. 어떤 사교육 프로그램을 수강할 것인가 말 것인가를 놓고 견해가 갈리는 경우이다. 이런 사교육 열풍은 정도의 차이는 있을지라도 지방이라고 해서 예외는 아니다. 경남 T시처럼 작은 지방도시에도 주기적으로 서울에서 강사가 내려와서 수업해주는 그룹 과외가 있어서 "공부 좀 하고, 웬만큼 사는 집 애들은 그룹으로 모여서 그런 과외를 하기도 한다"(조동준).

때로 중산층 어머니들의 역할은 단순히 정보를 수집해서 자녀에게 의견을 제시하는 수준에 그치지 않고 훨씬 적극적이고 전술적인 차원에서 이루어지기도 한다. 특목고의 사적 그룹처럼 학원 수강까지 집단적으로 함께하는 경우는 어머니의 결정에 의해 일사분란하게 움직이는 편이지만, 실력의 차이가 나는 학생들이 끼어 있다거나 하는 경우에는 은밀한 '헤쳐 모여' 전술이 구사되기도 한다.

■ (정보를 숨겨야 할 필요[30]가 있을 때는) 몇몇 어머니들만 연락을 해서 그 집의 자식들, 그 친구들하고만 따로 그룹을 짜서, 학원에 가서 수업을 개설시키는 경우도 있어요. …… '좋은 학원에 어떤 선생님이 오셨다' 그러면, 주로 공부 잘하는 애들을 한 대여섯 명 묶어가지고 학원에 반 하나를 만들어서 수업을 듣게 한다거나 그런 경우죠. (정지용)

큰아들을 연세대에 보낸 문규현의 어머니는 자녀 교육에서 발휘한 뛰어난 기량을 인정받아서 한때 모 입시 학원의 상담실장으로 스카우트되어 일한 적이 있다. 그녀에 따르면, 유능한 어머니의 조건은 자기 아이의 정확한 실력과 약점을 세밀히 파악해서 그에 맞는 학업 전술을 탄력적으로 구사하는 것이다. 자녀가 어떤 과목의 어떤 단원에 특히 약하고, 그 단원의 전문가가 누구인지를 찾아서 특별 교육을 시킬 수 있을 정도로 치밀해야 한다는 것이다.

■ …… 판단력이 조금 떨어지는 엄마들은 '아, 요때 치고서 내 아이를 빼야 되겠다, 넣어야 되겠다', 이런 상황 판단을 못해요. 무슨 얘기냐 하면, 여기서 그룹으로 수학 과외를 같이한다고 쳐요. 그런데 우리 애가 선생님이 안 맞아서, "이 선생님은 아닌 거 같아요" 그러면, 뭘 모르는 엄마는 "야, 딴 애들은 다 괜찮다는데, 왜 너만 그러냐?", 이렇게 나오죠. 그런데 우리 같은 경우는 그런 얘기를 들으면, "뭐가 안 맞는데? 지금 어디를 배우는데? 〈지수 로그〉가 안 돼? 아니면 뭐 〈수열〉이 안 돼?", 이런 식으로 하나하나 물어보잖아요. 그래서 "〈지수 로그〉까지는 선생님이 좋은데, 그다음에 〈행렬〉부터 모르겠어요" 그러면, 우리는 빨리 〈행렬〉을 잘하는 선생님을 구하잖아요. 그러면 선생님한테 과외를 시킬 때도, "얘가 〈지수 로그〉가 안 됩니다. 이걸 집중적으로 좀 개념부터 해주세요" 그러는데, 그거를 엄마들이 모르면, 〈지수 로그〉가 뭔지, 〈행렬〉이 뭔지, …… 언어 같은 것도, "우리 아이는 〈비문학〉이 되는데 〈문학〉에서 많이 틀리니까 〈문학〉만 정리를 해주세요", 이렇게 요구를 하잖아요. (중략) 다른 엄마들이 저한테 도와달라며 묻는 경우가 있는데, 저는 이제 엄마들이

---

30 김남주(연세대 3년)에 의하면, 학교에서 열리는 공식모임의 자리에서는 쓸모 있는 고급 정보가 나오지 않는다고 한다. 서로가 경쟁자임을 의식해서 상대방에게 도움이 될 만한 정보를 안 준다는 것이다. 그녀의 어머니는 학교 모임을 빠지지 않고 다녔지만 진짜 정보는 못 얻었다고 한다. "엄마들 모임에도 꼬박꼬박 나가긴 하셨어요. 다들 그런 자리에서 정보를 수집하려고 하잖아요. 근데 진짜 중요한 정보는 절대로 그런 자리에서 나오지 않아요. 수능이 끝나고 나니까, 그때서야 수학 학원이 어디가 좋다더라 …… 어쩌구. 엄마가 3년 내내 그렇게 알아보려고 했지만 알 수 없었죠. 다들 경쟁자니까".

랑 얘기할 때 "어디서 많이 틀렸는데?" 그러고 물어보죠. "〈문학〉이야 〈비문학〉이야?" 그러면, 엄마가 시험지도 안 보고 그냥 "점수가 몇 점이래요, 1등급이 아니래요" 이렇게만 얘기를 해요. 그러면 저는 말하다가 답답해요. "그럼 빨리 시험지를 봐라! 〈문학〉이냐, 〈비문학〉이냐, 뭐 그중에서도 〈쓰기〉냐 〈듣기〉냐" 그러는데, 시험지를 봐도 모르는 거예요. …… 그런데서 엄마의 교육수준이 조금 차이가 나는 거고. (문규현 어머니)

그러나 중산층 어머니들의 학업 전술이 문규현 어머니의 수준처럼 한결같이 고도화되어 있는 것은 아니다. 한창석의 가족은 지방의 대도시에서 살다가 창석의 누나가 고등학교 1학년이고 창석이가 중학교 1학년 때 사교육 1번지라는 강남의 D동 근처로 이사했다. 순전히 자녀 교육을 위해서였다. 그 후로 한창석의 어머니, 권기옥 씨는 주변의 어머니들과 교류하면서 대부분의 어머니들처럼 학원 정보 수집과 공부에 대한 코칭(coaching) 같은 지원을 꾸준히 해왔다. 그런데도 강남 열성 어머니들의 주류 문화에는 완전히 동화되지 못했다. 그래서 다른 어머니들이 우러러 보일 정도이다.

■ 서울 엄마들은 굉장히 똑똑해요, 전부 다. 저는 사실 깜짝깜짝 놀라요. 모임 나가면요, 말 안 하고 앉아 있는 건 나밖에 없어요. 학원의 선생님들부터 시간표까지 다 꿰뚫고 있어요. 대단한 것 같아요. (한창석 어머니)

이처럼 중산층 어머니들이 자녀의 학업 관리를 위해 구사하고 있는 구체적인 전술의 내용과 수준은 스펙트럼처럼 정도의 차이가 있지만, 중요한 것은 문규현 어머니나 윤정란 씨의 경우와 같이 치밀하고 고도화된 방식이 지향점 내지 궁극의 가치로서 인식된다는 것이다. 다시 말해서, 그들의 사례는 명문대 진학의 성공사례로서 거듭 회자되는 가운데 '역시 그런 정도의 철저함과 완벽함을 기하려는 전술과 전략이라야 성공할 수 있다'는 교훈을 전파하게 되고, 실제로 그것을 실천하는 사람들이 얼마나 되느냐와는 무관하게 중산층 어머니들이 따르고 배워야 할 자녀 교육의 전범(典範)처럼 비쳐지는 것이다.

교육 과정의 단계마다 교과목의 학업성적을 향상시키기 위한 방법과 기술이 전술이라면, 상위권 대학 입학이라는 최종의 목표를 성취하기 위해 채택하는 중장기적인 경로의 문제는 전략이라고 할 수 있다. 다른 아이에 비해 뒤처지는 수학 성적을 끌어올리기 위해 유능한 강사와 비법을 찾아서 동분서주하는 것이 전술이라면, 어린 나이에 자발적인 학습 태도를 굳혀주기 위한 각종 의식화 전략, 또는 '특목고가 유리한가, 아니면 일반고에서 내신성적을 올리는 것이 유리한가'를 따지는 일은 대학 입시라는 전쟁의 승리와 관계된 전략의 문제이다.

중산층 어머니들에게 진로 선택의 전략 문제는 전술 이상으로 중요하며, 어떤 시기의 순간적 선택이 최종 목표의 성패를 좌우한다고 여겨진다. 중산층 부모들은 대개 자녀의 학업 경력을 장기적으로 설계하는 경향이 있어서 그러한 장기 계획에 필요한 준비를 일찍부터 서두른다. 예컨대, 영어 과목은 장차 대학 입시와 그 이후의 직업 이력에서까지 중차대한 비중을 차지한다는 인식 때문에 가능한 한 일찍부터 관여하고 조기교육에 열을 올린다. 문규현의 사례는 자녀에게 미국 시민권이 있음을 이용해서, 초등과정 6년을 국내의 외국인학교에서 보내게 한 경우이다. 문규현은 초등학교 6년 동안 영어를 거의 완벽하게 구사할 수 있게 되었고, 연세대에 들어갈 때까지 영어 공부에 따로 많은 시간과 노력을 쏟지 않아도 되었다. 일찍이 완성된 그의 영어 실력은 이후 외국어고 진학과 현재 외교관의 꿈을 키우는 데 결정적인 발판이 되었다.

　최지혜는 늘 어머니로부터 수학 공부에 진력하도록 코치를 받았다. 어머니는 "수학 과목만큼은 학원 수강 하나만 해서는 안 된다"는 방침에 따라서 선행학습을 위한 강좌와 현재 학교 진도에 맞춘 강좌, 두 가지를 동시에 하도록 시켰다. 그래서 "항상 두 개를 함께하기 위해서 하나는 학원을 다니고 하나는 과외를 한다든지, 아니면 둘 다 학원을 다니든지" 했다. 의사를 시키고 싶어 했던 그녀의 어머니가 그토록 수학을 강조했던 것은 나중에 의과대학을 갈 경우 수학 점수의 비중이 크다는 이유 때문이었고, 설사 의대를 안 가더라도 수학은 모든 대학 입시에서 중요하므로 실력을 탄탄히 다져놓아야 한다는 생각 때문이기도 했다.

　대체로 교육열망이 높은 고학력의 중산층 부모들은 대학 입시까지의 중간 여정에서 되도록이면 성공 가능성이 높은 경로, 즉 상위권 학생들끼리 경쟁하는 높은 트랙(track)으로의 진입을 희망한다. 그래서 자녀들에게 더욱 높은 목표에 도전할 수 있는 기회와 유인을 제공하려고 애쓴다. 윤정란 씨는 아들에게 중학교 때부터 강도 높은 훈련을 시킨 덕에 웬만큼 공부하는 습관을 들이는 데 성공했다. 그러던 중 그의 아들은 서울시내 중학생을 대상으로 한 영재센터 교육생 선발 시험에 합격했고, 선택 받은 그룹에 끼게 되면서 "축구를 못해도 공부를 잘하면 잘난 척할 수 있다!"는 것을 깨달았다고 한다. 윤정란 씨는 아들에게 과학고 진학을 부추겼다.

　■ …… 교수들이 가르치고 …… 자기가 몰랐던 지식을 배우니까 흥미를 많이 느꼈나봐요. 그래서 그 때 제가 꼬셨죠. "너, 과고 가볼래?" 그랬더니, 과고를 가겠대요. 그래서 2학년 가을부터 경시 공부를 시켰어요. 그런데 그 경시 공부가 진짜 살인적이에요. 새벽 3시까지 수업을 듣고 집에 와서는 잠깐 자고, 학교 가서 학교 수업은 수업대로 듣고, 그러다 틈틈이 졸면서 잠은 보충하고, 학교 수업을 3~4시에 마치면 그때부터 (학원) 가서 하는데, 이 경시라는 게 지금 생각하면 조금 한심한 게, 어떤 뛰어난 문제 해결력을 요구하는 게 아니라 그냥 선행학습이에요. (중략) 그러니까 얘가, 거의 수학, 물리, 화학, 생물, 지학까지를 한 7~8

개월 동안 하는 거예요. 그런데 할 때는 재밌어했어요. 새벽 3시까지 수업해도 한 번도 힘들다고 그러지 않고 하더라고요. 근데 결과는 안 좋았죠. …… (경시대회 입상에 실패하고 나서) 얘가, 뭐냐면 자기가 이과 과목에는 탤런트가 없다고 생각을 해버린 거예요. (중략) 거기서 좌절을 했나봐요. 근데, 지금 생각해도 얘가 문과 쪽은 아닌데, 이과 같은데, 그때 상을 못 타니까 ……. 근데, 좋은 것은 공부하는 습관이 확실히 붙은 거예요. 왜냐하면, 중학교 2학년짜리 애한테 고등학교 이과 과목을 가르치려면 선생의 노하우도 중요하지만, 그 받아들이는 애도 엄청나게 노력을 해야 되는 거거든요? 그러니깐 얘가 나중에 수능 볼 때, 문제집 한 권 푸는 거는 아무것도 아닌 거예요. 경시 공부를 해봤기 때문에. (윤정란)

경시대회 입상 실패로 아들의 과학고 진학을 포기한 윤정란 씨는 외국어고를 보낼 것인가 일반고를 보낼 것인가를 고민했다. 아들이 영어도 남들만큼 하기 때문에 외고 진학도 얼마든지 가능했다. 문제는 목표인 서울대를 들어가는 데, 외고의 공부하는 분위기가 도움이 될지 아니면 일반고에서 높은 내신성적을 얻는 것이 유리할지의 판단이었다. "외고가 좋은 것은 일단 들어가 놓으면 그 물에서 놀기 때문이다."

■ 외고를 가면 좋은 게, 비슷한 분위기의 애들이 있어서 엄마가 그렇게 개입을 안 해도 스스로 하고, 학습 의욕이, 그러니까, 공부 잘하는 애들끼리 모아 놓으면 스스로 자기들끼리 (경쟁하면서) 잘하는 분위기가 있어요. 그런데 일반고[31]를 가면 전혀 그런 게 없어요. 모든 게, 그때부터 더 엄마 손에 맡겨지는 거예요. (윤정란)

---

31 서울 강남지역이라 해도, 일반고에는 특목고에 비해서 학업열이가 낮은 학생들이 많기 때문에 학습 분위기가 안 잡혀 있고 소란하다고 윤정란 씨는 말한다. "우리 애 다니는 일반고는 어떠냐 하면, 시험 볼 때 우리 애가 문제를 끝까지 풀고 있으면, 먼저 손 놓은 다른 애들이, 우리 애 때문에 선생님이 답안지를 못 걷어가고 있으니까, 늦게 푸는 게 밉다고 뒤에서 휴지 던지고 지우개 던지고 난리인 거예요. (중략) 강남이라고 그래도, 괜찮은 대학 가는 애는 문과 같은 경우, 반에서 10명 정도 될까? 4년제 대학은."

  윤정란 씨는 자신의 판단과 전략이 확실히 통할 수 있는 일반고를 선택
했다. 그리고 일찍부터 지역균형선발제도를 이용해서 서울대에 보내기로
방침을 세우고 준비했다. 요즘은 과거에 비해서 지원 대학을 결정하고 응
시 준비를 하는 과정이 훨씬 어려워졌다고 말한다. 각 대학마다 입시제도
가 다르고 같은 대학 내에서도 다양한 선발 방식을 적용하기 때문에, 지
원자가 자신의 자격조건을 가늠해서 복잡하게 예측하고 전략을 짜야 한
다. 어떤 대학의 어떤 선발 제도에 응시하기 위해서는 미리부터 그 제도
에 유리한 방식으로 성적을 관리하고 필요한 자격조건을 갖추기 위해 준
비하는 과정이 중요해졌다. 자연히 많은 정보와 사전준비, 전략 수립 능
력이 긴요해지고 있다. 그리하여 중산층 부모들 사이에는 지원할 대학과
학과를 선택하고 준비하는 일은 당사자인 자녀에게만 맡겨놓을 수 없으
며, 오히려 부모의 노력과 수고가 더 많이 요구되는, 부모들의 책무라는
인식이 있다. 윤정란 씨도 지역균형선발제도를 연구하면서 여기에 맞춰
고등학교 1학년 때부터 아들의 성적을 관리했다.

■ 서울대 홈페이지에 들어가면 그 공식이 딱 있어요. 그래서 어떤 과목은 빼고 어떤 과목은
넣고, 뭐 동점, 동석차일 때 처리하는 법, 그런 규정이 있어서 …… (아들이) 성적을 받아오
면 그거를 다 환산을 해야 되는 거예요. 환산을 해서 얘가 지금 성적으로 몇 점인지. 근데
강남에서는 195점 정도면 가능하다고 그랬어요. 이제 학교에서 1~2등, 세 명을 보내는
데, 그러니까 엄마가 해야 되는 거예요. (윤정란)

  이처럼 열성적인 중산층 어머니들은 조기에 입시 전략과 방침을 세우
고 특정한 제도에 유리한 자격조건을 만들어나가는데, 흔히 이를 '스펙(자
세한 명세라는 뜻의 specification의 축약어)'을 모은다고 표현한다. 문규현 어
머니도 큰아들을 민족사관고에 보내기 위해서 논술대회, 영어경시대회의

수상 경력 등 '스펙'을 열심히 준비했는데, 그해 갑자기 수학 점수 기준이 추가되는 바람에 실패했다. 대신, 대학을 보낼 때는 아들의 특성과 성적을 잘 분석하고 아들에게 유리한 글로벌(global) 전형의 수시입학제도를 활용해서 명문대 진학에 성공했다.

> ■ …… 저는 아들을 보면서, '요즘은 엉덩이가 질겨야지 서울대학을 가는데, 이렇게 재주가 많고 하는 게 많은 애는 가기 힘들겠다'고 딱 생각했어요. …… 우리 아들이요? 말도 못해요. 전국토론대회 나가서 국회의장상 받아 오고 그래요. 그리고 오만 운동하는 데는 다 끼어야 되죠. 너무 관심이 많아 …… 그래서 저는 고등학교 2학년 때 빨리 접었어요, 마음. 가슴이 아프지만 얜 서울대학은 안 되겠구나. 접으니까 마음 편하더라고요. …… 수능을 잘 보면 가능했어요. 그런데 그거는 정말 모험하는 거예요. 잘못하면 재수해야 되잖아요. 근데, 얘는 재수 못해요, 제가 볼 때는. 그래서 빨리 연대를 그냥 글로벌로 보내버렸죠. 10월에. 너, 글로벌 수시로 가라. (문규현 어머니)

고 3 말, 지원 대학과 학과를 선택할 즈음에 부모가 얼마만큼 능력을 발휘하느냐에 따라서 아이의 선택의 결과가 크게 달라질 수 있다고 사람들은 말한다. 특히, 성적이 중위권인 학생들은 다른 학생들과 비교해서 지원 전략이 대학 학과 결정에 미치는 영향이 더욱 크다고 한다. 그래서 대학 진학 과정에서 차지하는 부모의 역할 내지 부모에 대한 의존도가 점점 커지고 있다.

> ■ 상위권은 상위권대로 몇 점을 더 맞게 하든가, 아니면 어떤 스펙을 갖추게 하든가, 이런 게 인제 엄마가 많이 관여해야 되는 부분이고. …… 중위권도 마찬가지예요. 마지막에 가군, 나군, 다군 넣을 때, 엄마가 어느 정도로 잘 파악을 해가지고 잘 넣으면 애가 ○○대 정도 가요. 근데, 안 그런 애들은 뭐, 저기 ××대나, 아니면, 뭐 저기 경기권으로 가고. 왜냐하면 중위권은 더 그게 힘들거든요. 그러니까 지원을 잘못하면 (성적이) 비슷한 애라도 …… 어떤 애는 이대를 가고, 걔보다 성적이 더 좋은데 좀 높은 과를 집어넣어서 애는 결국 ㅁㅁ대를 가고

> 그래요. 그러니까 중위권 같은 경우는 나중에 지원할 때, 애들이 그거 못하거든요. 물론, 애들이 알아서 하기도 하는데, 그거를 엄마가 잘 보고 노하우를 터득해서 잘하면 같은 점수대인데도…… (결과가 더 좋다는 거죠). (윤정란)

이처럼 부모가 판단하고 결정해주어야 할 일은 진로를 고민해야 하는 매 시기, 그리고 대학입학원서를 쓰는 순간까지, 자녀 학업경로의 도처에 존재한다. 그리고 중산층 부모들은 자녀의 진로에 관해 미리 계획하면서 그러한 고민을 기꺼이 떠안고, 중요한 순간마다 자신의 생각을 자녀의 진로 결정에 반영하고 관철한다.

한창석 어머니는 딸(창석의 누나)이 고 1 무렵 의사의 꿈을 포기하고 방황할 때 대안을 찾아주느라 한동안 고생했다. 지방에 살 때 자신의 실력에 자부심을 가졌던 딸은 서울의 강남으로 전학을 온 후에 치른 학원 수학 시험에서 실망스러운 점수가 나오자 정신과 의사의 꿈을 포기하고 좌절하기도 했었다.

■ 원래 정신과 의사가 되고 싶다고, 의대 말고 딴 데는 가고 싶은 데가 없다고 그랬어요. 그래서 (서울로) 올라왔는데, 학원에 가서 수학 테스트를 봤어요. 너무너무 형편없이 나온 거예요, 성적이. 거의 꼴찌반에 들어갈 수준이 나온 거예요. 본인이 충격을 받았죠. 저는 사실 애들한테 영어 외에는 (선행학습) 시킨 게 없었거든요. 서울에 와보니까, 선행학습한 애들이 굉장히 많잖아요. …… (학원에) 갔다 오더니 본인이 쇼크를 먹은 거예요. 학원 따라갈 자신은 없고, 꼴찌 반에서 하기는 싫고. 그래서 "미나야, 그러면 엄마가 선생님을 한번 알아볼 테니까 학원 다니면서, 집에서 공부 한번 해보자" 그래가지고, 연세대학교 의과대학생 한 명을 소개 받아서 집에 와서 가르치게 했는데, 애가 한 달을 다 못 채웠어요. "참고서 보면서 가르치는 거는 자기도 하겠다"면서, 배우기 싫다는 거예요. 그냥 자기가 해보겠대요. 우리 딸은 경제관념이 굉장해가지고, '내가 이만큼 투자했는데 (성과가) 이만큼 안 된다' 싶으면 본인이 못 참아 해요. "조금 늦겠지만 제가 한번 해볼게요" 그래서, 맡겼어요. (중략) (수학을 못해서) 의대를 못 간다고 생각하니까 가고 싶은 과(科)가 없다는 거예요. 저희 애가 수학적으로 뛰어난 것 같으면 어떻게 붙여서 해보겠는데 그것도 아닌 걸 제가 알기 때문에 …… 어릴 때부터 미술을 좋아했었어요. 어느 날, 제가 "그렇게 할 게 없으면 미술은 어

> 때?" 그랬더니, 미술도 별로래요. "그림 그리는 거 말고, 디자인은 어떠냐?"고 그랬더니, 그
> 건 조금 관심이 가나봐요. "디자인 한번 해볼까?" 했더니, 그러겠다고 하더라고요. 그래서 1
> 학년 말에 학원을 찾아갔지요. (한창석 어머니)

한창석의 어머니는 딸에게 디자인학과 진학을 제안하기 전에 교사라는
직업에 대한 관심을 떠보기도 했지만 '죽어도 싫다'는 반응을 얻었다. 그
러니까 최종적으로 디자인이라는 진로를 선택할 때까지 우여곡절이 많았
던 셈이다. 청소년은 대개 대학의 전공과목이나 직업 진로에 관해서 쉽사
리 정하지 못하고, 자신의 적성에 대한 확신도 없이 고민들을 많이 한다.
그런데 이 같은 직업 진로의 문제는 결국 대학 입시와 직결되기 마련이어
서 자녀의 소질이나 적성, 그리고 직업으로서의 장래성과 전망 등을 고려
하여 신중하고도 신속하게 결정해야 할 문제이다. 그러나 어떤 결정이 이
루어지기 전까지는 앞의 예에서도 보듯이, 부모와 자녀 사이에 복잡하고
지난하며 소모적인 상호작용의 과정을 거치는 경우가 다반사이다. 중산
층 부모들은 자녀의 진로 결정 과정에 관여해서 자신의 경험과 지식, 정
보 등을 동원하여 함께 고민하고 힘든 감정노동도 마다하지 않는 것이다.

자녀 개인 특성의 영향

대체로 학력과 직업지위가 높은 중산층 부모들은 앞에서 살펴본 바와
같이 자녀를 명문대학에 보내려는 열망이 강하고, 그러한 자신의 열망을
자녀의 높은 학업열로 전환하기 위해서 다양한 방법을 사용하여 의식
화를 시도한다. 일상생활에서 부모와 자녀 사이의 대화 주제는 늘 '공부'
에 관한 것이 주를 이룬다. 성적이 좋아 일류 대학을 나와서 선망의 직업

을 갖게 된 친인척과 주변인물들에 대한 성공담이 식탁에 화제로 오르고, 그들처럼 열심히 공부해달라는 메시지가 때로는 노골적으로, 때로는 은유적으로 자녀들에게 전달된다. 시험 성적에 따라서 일희일비(一喜一悲)하는 부모들의 반응을 보고, 자신이 보이는 학업열의에 따라 부모의 언사와 태도가 달라지는 것을 경험하면서, 대체로 자녀들은 '부모로부터 인정받기 위해서는 열심히 공부해야 한다'는 깨달음을 갖게 된다.

중산층 부모들은 전문·관리직의 고급 화이트칼라 직업을 희망하고 자녀에게 높은 직업열망을 주입함으로써 다시 한 번 학업에 전념해야 할 필요성을 주지시킨다. 또한 부모들은 '공부는 하기 싫지만 억지로라도 하지 않으면 안 된다'는 사실을 아이들이 인정하고, 공부를 당연한 것으로 받아들이도록 일찍부터 공부하는 습관을 길들인다. 이러한 부모들의 다차원적인 노력에 의해서 자녀들은 점차 학업의 성취동기를 내면화한다. 그런 중에 공부를 잘하는 아이들이 모여 있는 집단(특목고 등)에 들어가게 되면 명문대학을 향한 또래 그룹의 열망은 서로서로에게 영향을 주어서 더 높은 학습열의와 경쟁적 태도를 부추긴다.

이처럼 자녀의 학업에 대한 열의와 태도를 높은 수준으로 형성하고 유지하는 한편, 사교육 서비스 지원, 중간 기지로서의 고등학교 선택, 그리고 지원 대학 및 학과 선택의 전략 등에서 우위의 능력을 발휘함으로써 중산층 부모들은 상위권 대학 진학이라는 목표 달성에 성공하는 경향이 높다.

그렇다면 이러한 양육관행과 교육 관여 전략을 사용하는 중산층 부모들은 항상 자녀를 소위 '좋은 대학'에 보내는 데 성공하는가? 물론 그렇지 않다. 그토록 치밀하고 강도 높은 전략으로 아들을 서울대에 보낸 윤정란 씨가 지속적으로 만나왔던 같은 반 어머니들의 성과도 서울대 외에 동국

대, 상명대, 고려대 서창캠퍼스 등으로 다양하게 나타났다. "강남이라고
그래도 괜찮은 4년제 대학 가는 애는 문과의 경우에 한 반에서 10명에 불
과"한 것이다.

어차피 내신성적은 어디서나 상대적으로 평가되기 마련이고 상위권 대
학의 정원이 정해져 있는 한, 서울 강남 지역의 평균 학력이 높아서 전체
적으로 유리하다고는 해도 내부를 들여다보면 개인별로 편차가 생기는
것은 불가피한 현상이 아닐 수 없다.

> ■ …… 성적이 일단 낮으면 (엄마가) 스트레스를 받아요. 엄마가 자기가 옛날에 공부를 해봤
> 거나, 뭐 좋은 학교를 나왔거나, 대졸이거나 고졸이거나 상관없이. 고졸이라고 스트레스
> 를 안 받는 건 아니고, 애가 성적이 나쁘면 엄청 스트레스를 받는데, 공부 잘하는 애들은
> 한 반에 한두 명이잖아요. 전교에서 따지면 한 30~40명. 그러니까 나머지는 전부 다 스트
> 레스 받는 거예요. 그래서 하여튼 엄마가 스트레스를 받으니까, 방법을 강구하느라고 학
> 원에도 보내고 그 모든 수단을 다 강구하는 거죠. 그냥 방치하는 경우는 못 봤어요. ……
> 엄마들의 어떤 배경이나 이런 거하고는 상관이 없어요. 근데, 그중에서도 뭐 효과가 있는
> 방향, 효과가 별로 없는 방향, 그런 디테일(detail)한 거는 차이가 있죠. (중략) 엄마들은 학
> 력이 고등학교 나온 엄마들도 있고 대학교 나온 엄마들도 있고, 대학교도 이대 나온 사람
> …… 뭐 많은데, 대개 내 주변에 있는 사람들은 전부 다 열심히 해요. 그리고 애한테 쏟아
> 붓는 게 하여튼, '돈이 많다 그래도, 아! 저 정도면 굉장히 힘들겠다' 싶을 만큼 애들한테 쏟
> 아부어요. 그런데 그거는 글쎄, 자기 가치관이 그래서라기보다도 일반적 분위기 때문에
> (그런 거죠). (윤정란)

학업성적이 상대적으로 낮은 학생의 어머니들일수록 스트레스를 많이
받고 성적을 끌어올리기 위해서 갖가지 방법과 전략을 동원하는 것이다.
그래서 중산층 어머니들이 구사하는 교육 관여 전략과 양육관행은 디테
일한 면에서는 차이가 있지만, 전반적으로 교육열망이 높은 분위기에서
비슷한 양상을 띤다. 이렇게 부모들이 비슷한 수준의 열의와 유사한 방법
을 구사하는데도 자녀 개개인이 나타내는 성과에는 차이가 있다. 무엇보

다 부모의 높은 기대와 적극적인 지원 노력에도 그것이 자녀 자신의 높은 교육열망, 즉 '명문대학을 목표로 열심히 공부에 전념하는 태도'로 이어지지 않는 경우들이 종종 발생한다. 부모의 희망은 한결같아도 그에 대한 자녀의 반응은 각양각색이어서 "공부 안 하면 엄마 아빠가 하도 뭐라고 하니까 '내가 진짜 공부 잘해가지고 이런 대학 가고 만다', 이런 애들도 있고, 아예 (공부) 하라고 하면 스트레스 받아서 공부 안 하는 애들도 있고, 하라고 말 안 해도 그냥 자기가 남한테 지기 싫어서 하는 애들도 있는"(오정희) 것이다.

이 연구의 중산층 가정 사례들 가운데 2개의 사례는 고 3 성적이 중위권에 머물러 수도권 및 충청권의 비명문대에 진학한 경우이다. 이들 두 사례에서 공통적으로 발견되는 점은 어머니들이 공부의 중요성을 그토록 강조하고 학업성적을 올리게끔 채근하고 종용하면서 사교육 지원을 했음에도 자녀들의 학업열의가 높지 않았다는 것이다.

고은태는 충북 K대학을 다녔다. 이 대학은 수능 9등급 가운데 5등급에 위치한 학생들이 주로 가는 곳으로, 고등학교 한 반 40명 중에서 25등 위치의 성적을 가진 학생들이 가는 학교이다. 아버지는 제약 업계에서 꽤 이름이 알려진 기업의 임원으로, 집안의 경제사정은 상당히 넉넉한 편이다. 아버지는 명문대는 아니지만 서울의 4년제 대학을 나왔고, 어머니는 고등학교를 졸업했다. 그러나 어머니의 '좋은 대학'에 대한 집착은 굉장히 컸다. 친가 쪽 일족의 학벌이 거의 일류대 일색이었고 직업지위도 높아서 아버지 쪽 형제와 그 자손들은 학력으로 보나 직업으로 보나 엘리트 그룹이었다. 그래서 장남이자 종손인 고은태에 대해서 어머니는 노상, "장남이 제일 좋은 대학을 가야 하지 않겠느냐"고 잔소리를 했다. 당연히 어머니가 아들에게 희망하는 대학은 초등학교와 중학교 초기에 서울대와 연·

고대였지만, 고등학교에 가서 뒤처진 성적을 만회할 가능성이 점차 희박해지면서 조금씩 눈높이를 낮추었다. 어머니는 친척들을 만나면 남의 자식 자랑 얘기를 들으며 속상해했고, 집에 와서는 "친척들 만나도 나는 할 말이 없더라"며 성적이 안 좋은 아들을 부끄러워하고 책망했다.

공부하는 습관을 들이기 위해서 어머니는 고은태의 생활을 엄격하게 통제했다. 텔레비전과 비디오 시청, 그리고 컴퓨터 게임은 어머니의 감시 때문에 마음 놓고 할 수가 없었다. 초등학교 시절에는 어머니와 책상을 마주하고 그녀가 지켜보는 가운데 주어진 과제를 다 끝마쳐야 했다. 1시간은 5분과 같다는 시간 개념을 머릿속에 심으라는 훈계도 자주 들었다. 공부를 잘해야 하는 이유에 대한 어머니의 논리는 '가난하게 살지 않기 위한 것'이었다. 어머니는 평소에 텔레비전 드라마를 보다가 노숙자나 가난한 사람이 등장하는 장면이 나오면 어김없이 아들을 불러 보게 하면서 "공부를 안 하면 저렇게 된다"고 경고했다.

공부를 열심히 안 하는 아들에 대해서 어머니는 항상 혹독하게 질책하고 나무랐다. 인격적으로 모욕감이 느껴지는 꾸지람을 한 시간 가까이 들어야 하는 경우도 간혹 있었다. 최소한의 사람 구실도 못한다는 식의 굴욕적인 질책이었다. 어머니는 학교 모임에 잘 안 나가는 대신, 성당 신자 어머니들과 정보를 주고받았다. 학교의 학부모 모임은 중하위권 성적의 학생 부모의 존재감이 은근히 무시되는 분위기였기 때문인 것으로 짐작된다. 성당 교우들로부터 입수한 정보에 입각해서 어머니는 아들을 이런저런 학원에 보내고 과외를 시켰다.

이러한 어머니의 강압적인 관여 방식에도 고은태의 성적은 향상되지 않았고, 원서를 써야 할 시점에는 더 이상 '알려진 대학'을 고를 수 없는 상황이었다. 어머니는 대학 이름을 포기하고 "너에게 맞는 전공학과를 찾아보라"며 물러났다. "칭찬은 별로 안 하고 압박만 가하는" 어머니의 이런 교육 방식은 고은태의 동생에게서도 성공을 거두지 못했다. 그의 남동생도 결국 경기도의 중하위권 대학에 진학했다. 어머니의 압박과 경제적 지원이 강력했는데도 학업성적이 저조했던 이유에 관해서 고은태는 이렇게 설명한다.

▷ **고은태** : …… 세 가지쯤 이유가 있는데요, 제일 중요한 건 제가 성격상 성적에 신경을 안 썼다는 거지요. 경쟁하려는 욕심 같은 게 저는 잘 없어요. 경쟁한다든지, 소유하고 싶은 소유욕, 그런 걸 제가 크게 가져본 적이 없습니다, 이유는 모르겠지만. 두 번째는 어머니가 계속 압박을 하시는데, 압박을 주는 게 어떻게 보였냐 하면, '어머니가 못한 걸 내가 대리로 해야 되는가?' 그런 생각이 초등학교 때부터 들었어요. 그런 생각이 들었던 걸로 봐서, 어머니의 압박이 오히려 역효과를 내지 않았나…….

▷ **연구자** : 어머니의 말이 공부를 하고 싶게끔 만들지 않았다는 거죠?

▷ **고은태** : 네, 역류했다고 할까요? 그리고 세 번째는 환경적 요인. '어머니가 그렇게 압박을 가하게 됐던 원인이 친척들 때문이 아니었을까?' 하는 생각을 중학교 때 가졌죠.

▷ **연구자** : 친척들의 존재도 사실은 역효과를 준 거네요?

▷ **고은태** : 그렇죠. 친척들이 압박을 줌으로써 어머니가 저한테 압력을 가한다는 생각이 들었어요.

▷ **연구자** : 친척들의 기대에 부응해서 내가 더 열심히 해야겠다고 생각한 게 아니라…….

▷ **고은태** : 내가 열심히 해야겠다는 생각이 드는 게 아니라, 어머니의 이야깃거리가 되는 느낌이었어요. 어머니가 '주변에서 이런 얘기 했는데, 저런 얘기 했는데' 하는 말만 하시니까, (나도) 어머니 이야깃거리의 소재가 되는 그런 느낌이 들었어요.

▷ **연구자** : 어머니한테서 계속 야단을 맞으면서 오기 같은 건 안 생겼어요? 이놈의 공부를 보란 듯이 해서 본때를 보이고 말겠다는, 뭐 그런 오기…….

▷ **고은태** : 성격이 워낙 그래서 그런 건지 모르겠는데, 저는 성적 가지고 스트레스를 안 받아서요. 제가 워낙 많이 혼이 나서 그랬는지, 뭔가 정말 심하게 스트레스를 받은 게 있으면, 그거를 하루나 이틀 정도 지나면 완전히 잊어버려요. 스트레스를 푸는 게 아니라 그냥 잊어버리는 스타일이라서…….

확실히 고은태의 어머니는 자신의 높은 교육열망을 자녀 본인의 학업 열의로 전환시키는 데 실패했다. 고은태에게는 공부해야 하는 동기가 전혀 내면화되지 않았다. 학업에 전념해야 하는 이유가 본인을 위한 것이기 보다 어머니를 위한 것일지 모른다는 생각이 들었다면 동기 유발이 전혀 안 되었다는 말이다.

여기서 세속적 의미에서 성공사례라고 할 수 있는 ― 아들을 서울대에 보 낸 ― 윤정란 씨의 충고를 상기해보자. 그녀는 때때로 아주 강압적인 태도 로 자녀를 끌고 가야 한다고 조언한다. 고등학교 때 컴퓨터 게임에 중독 돼 학업을 망친 어떤 지인 자녀의 예를 들면서, 사춘기의 자녀가 전혀 저 항하지 못하도록 강력하게 조치했어야 하는데 그 집 어머니는 좀 모질지 가 못했던 것 같다고 나름대로 이유를 분석했다. "남자애들은 집중을 좀 못하는 게 있어요. 그럴 때는 엄마가 강압적으로 해서 끌고 가야 돼요. 잘 때 못 자게 한다든지, 살그머니 와 갖고 컴퓨터 할 때 못하게 막는다든지 ……." 그녀는 외출할 때 컴퓨터 뒤판의 슬롯을 분해해서 비디오 카드를 빼가지고 나가는 철저함을 실천한 바 있다. 하지만 강력한 통제의 정도로 본다면, 고은태의 어머니도 누구 못지않게 압박의 수위가 높았던 경우이 다. 다만, 의식화의 과정에서 고은태와 어머니 사이에는 일방적인 입력 (input)의 과정만 있었을 뿐 어머니의 주장과 훈계가 아들의 머릿속에서 어떻게 받아들여지고 있고 그가 무슨 생각을 하고 있는지에 대한 확인, 즉 쌍방 간의 의사소통과 상호작용이 일어나지 않았다. 그렇다면 자녀의 흥미와 관심이 다른 곳으로 분산되고 학업을 소홀히 하는 경향이 있을 때, 설사 부모의 강력한 통제와 유도가 유효한 수단이 될 수 있다 하더라도, 문제는 그 통제와 유도를 어떤 방식으로 하는가에 따라서 효과가 달라질 것이라는 추론이 가능하다. 또한 자녀 개인의 타고난 성격이 경쟁적이지 않고 학업적성이 뚜렷하지 않을 때는 학습의 동기가 내면적으로 촉발되 지 않는 한 외부의 요구와 지시에 의해서 교육열망이 높아지는 데는 한계가 있을 것으로 짐작된다.

중산층 자녀 가운데 학업성취도가 높지 않았던 두 번째 사례인 백석의 경우도 공부에 대한 압박을 지속적으로 받았던 예이다. 백석의 부모는 모두 서울대 출신으로, 아버지는 미국 유학을 다녀와 국책연구소의 연구원으로 일한다. 백석의 어머니는 앞서 고은태의 어머니처럼 아들을 심하게 질책하지는 않았다. 본인이 학창시절 어머니로부터 받았던 압박의 기억이 즐겁지 않은 탓에 자녀에게는 공부 스트레스를 주고 싶지 않았기 때문이다. 하지만 그네들에게도 자녀의 상위권 대학 진학은 도저히 포기할 수 없는 목표였다. 아이들의 장래를 위해서도 그렇고, 친인척들의 기대와 체면을 봐서도 그랬다. 은근히 아들의 공부와 성적에 마음이 쓰이는 것은 어쩔 수 없었다. 늘 반에서 중간을 맴돌던 백석의 성적은 중학교에 올라가서도 반에서 매양 20등 수준을 유지했다. 중학교에 들어간 후, 공부하라는 어머니의 잔소리가 부쩍 늘었고, 시험 성적 결과를 가지고 야단맞는 일이 잦았다. "식구들이 밥을 먹는다든지 함께 모이는 자리가 있으면 공부에 관한 얘기가 한두 마디씩은 꼭 나왔다. 성적이 어떻고 대학은 어떻게 가야하고 …… 가족이 모인 자리에서는 으레 그런 얘기가 나오니까 짜증이 났다. 그러면서 계속 얘기를 안 하게 되었다. 그게 가족들과 대화를 안 하는 습관으로 이어졌다"(백석).

백석의 부모는 대학의 기대수준을 구체적으로 언급하지 않았지만, 아들은 그 기대치가 굉장히 높다는 것을 느낄 수 있었다. 시험 때가 되면 공부하는지를 눈여겨보는 어머니의 눈초리가 느껴져서 백석은 자기 방에 들어와 있었지만, 그렇다고 꼭 공부를 한 것은 아니었다. 마음을 먹고 공부를 시작해도 금세 흥미가 떨어졌고, 머리를 식히기 위해 주변에 널린 이런저런 책들을 들쳐 보거나 컴퓨터 게임을 하다보면 한두 시간이 후딱

지나갔다. 백석은 고 3 때까지도 컴퓨터 게임에 탐닉해서 어머니는 그것 때문에 무던히 속을 태웠다. 컴퓨터 게임을 그만하고 대학 입시 공부에 매진하라는 어머니의 질책과 간곡한 당부가 끊임없이 이어졌지만, 아들의 태도에는 변화가 일어나지 않았다. 백석은 중학교 때부터 공부의 중요성을 강조하는 어머니와 교사들의 주장에 별로 공감이 가지 않았었다. 교과서에 쓰인 내용을 보면서 '이걸 나중에 어디에 써먹을지?'에 대한 회의가 들었다. 중학교 때 성적을 좀 잘 받는다고 인생이 크게 달라질 것 같지도 않았다. 요컨대, 공부를 열심히 해야 할 이유를 느끼지 못한 것이다.

▷ **연구자** : 공부하라는 잔소리는 엄마들이 흔히 하는 말인데, 석이는 그런 잔소리를 듣고 행동에 변화가 조금이라도 일어났나요?

▷ **백　석** : 아니, 저는 뭐, 그런 거에는 일찍 적응을 해갖고, 별로 달라지는 것 같지 않았어요.

▷ **연구자** : 보통은 엄마들이 닦아세우고 통제를 하면 거기에 밀려서 조금씩은 공부를 더 하는데, 석이한테는 왜 그런 변화가 안 일어났어요?

▷ **백　석** : 제 성격이 원래 그렇거든요. 제가 하기 싫으면 아무리 열심히 하려 해도 효율이 떨어져요. 아니면, 아예 안 하거나.

▷ **연구자** : 자기 마음으로부터 우러나와서 하지 않으면, 억지로는 안 되는 성격이라는 건가?

▷ **백　석** : 네, 그래요.

▷ **연구자** : 대개는 '부모님의 기대를 충족시켜주면 내가 집에서 인정을 받겠구나, 더 편하겠구나' 하는 생각 때문에 억지로라도 끌려가면서 공부를 하기 마련인데, 석이는 그런 생각 안 했어요?

▷ **백　석** : 저도 뭐, 성적표 나올 때마다 좀 편하게 지내고 싶기는 했는데요, …… 성적 올리는 게 그렇게 쉽지 않았어요. 아무리 마음을 먹고 해봐도, 막상 하다 보면 바로 흥미가 떨어지고 그런 거죠. 잠깐 쉬었다 해볼까 하고, 다른 책을 펼쳐서 보거나 컴퓨터 게임을 하다가 한두 시간 지나가버리고, 다시 공부 좀 하다가, 어영부영 그렇게 보냈어요.

▷ **연구자** : 컴퓨터 게임에 빠져서 공부를 안 한 건가요, 공부를 하기 싫어서 컴퓨터 게임에 몰입한 건가요?

▷ **백　석** : 공부를 안 한 게 컴퓨터 게임 때문은 아니에요. 그냥, 공부에 흥미가 없었던 거죠. 저는 옛날부터 기본적으로 이런 생각을 했었어요. 교과서를 펼쳐놓고 있으면, '이걸 나중에 어디다 써먹나?' 이런 생각이요. 의식은 안 해도 (교과서를) 처음 보면

걸 나중에 어디다 써먹나?' 이런 생각이요. 의식은 안 해도 (교과서를) 처음 보면 그런 생각이 좀 들었어요.

▷ 연구자 : 공부해야 하는 이유에 관해서 회의가 들었다는 말인가요?

▷ 백 석 : 네, '써먹을 데가 없는데······ (뭐 하러 하나?)' 그렇게 생각을 먼저 하니까요, 아무리 열심히 공부하려고 해도 한계가 있더라고요.

▷ 연구자 : 그런데 어머니는 왜 공부를 해야 한다고 말씀하셨나요?

▷ 백 석 : 좋은 대학 가야 나중에 잘산다, 그런 식이었죠. 구체적으로 무슨 말을 했는지는 기억이 안 나지만, 대체로 그런 거죠.

▷ 연구자 : 그 말이 석이에게는 전혀 와닿지 않았던 거지요?

▷ 백 석 : 네, 엄마가 무슨 얘기를 해도 다 비슷한 주제니까 별로 기억에 남지는 않았어요.

▷ 연구자 : 그건 석이의 개인적 특성이라고 봐야 되나요? 보통, 강남 엄마들 사이에선 '아이는 엄마 하기 나름'이라고 해서, 엄마들이 스케줄 짜서 마구 밀어붙이면 아이들이 웬만큼 된다는 게 정설처럼 되어 있는데, 석이의 경우는 그게 안 먹힌 거잖아?

▷ 백 석 : 엄마가 마구 밀어붙이는 스타일도 아니었지만, 설사 그렇게 밀어붙였다 해도 아마 저는 이리저리 빠져나갔을 거예요. 저의 성격이 그런 것 같아요. 문제가 없는 척하면서 결과를 보면 또 아니고. 막상 지내는 거 보면 큰 문제는 없는 것 같고, 그런 식으로 지내는 거죠. ······ 그냥 하던 대로만. 예전 성적이 전보다 더 떨어지지는 않고 계속 비슷하게 유지를 했거든요. 그냥 하던 만큼만.

▷ 연구자 : 부모님의 기대가 자신에게 과도한 것처럼 느껴지기도 했겠네요?

▷ 백 석 : 네, 뭐, 갈수록 그렇게 느꼈죠. 중학교 때 이런 생각을 했어요. '중학교 때 성적을 잘 받아서 나중에 달라지는 것도 없는데, 잘 받아서 뭐 하나? 평균 몇 점 오른다고 뭐가 달라지나?' 그런 생각을 했죠. 고등학교 갈 정도만 되면 되는데. ······ '점수를 얼마나 더 올려야 엄마가 만족하실까?' 그런 고민만 됐고. 성적이 저번과 똑같이 나오면, '또 혼나겠네' 하고 걱정이 됐죠.

▷ 연구자 : 부모님들이 흔히 하는 '좋은 대학 가야 한다'는 말에 전혀 공감이 가지 않았던 거네요?

▷ 백 석 : 그때는 대학까지 생각이 미치지 않았어요. 고등학교 때 와서 생각이 좀 생겼지. 고등학교 때도 막연했어요. 이쯤이면 가겠지, 어떻게든 가겠지, 했는데요, 안 되더라고요.

▷ 연구자 : 그러니까 공부를 열심히 해야겠다고 스스로 느꼈던 경우는 없었던 셈이군요?

▷ 백 석 : 글쎄, 전혀 없었던 건 아닌데요, 오래 가지를 않았죠(웃음).

▷ 연구자 : 경쟁심이 강하지 않은 성격 같은데.

▷ 백 석 : 네, 제 생각에도 그런 것 같아요. 남보다 잘하고 과시하고 그런 건 (저한테) 의미가 없는 것 같아요.

▷ 연구자 : 그럼, 석이가 중요하다고 생각하는 건 무엇인가요?

▷ 백 석 : 그냥 제가 좋으면 되는 거죠.
▷ 연구자 : 과목별로 호불호가 뚜렷했던 것 같은데, 제일 싫어했던 수학은 어떻게 공부했어요?
▷ 백 석 : 그냥 하는 만큼만 하고, 많이 떨어지지만 않게 하자, 그런 식이었죠. (수학) 성적이 아주 낮은 것도 아니었고요, 이 정도만 유지하면 괜찮겠다 싶었어요. 성적에 대한 생각보다는 그 이전에 과목 자체가 재미가 없었어요. 어려운 문제를 보면 그냥 풀기가 싫고 그랬어요.

백석의 경우도, 미래의 안락한 삶을 위해서 그 시기에 열심히 공부해야 한다는 중산층 부모들의 상식화된 믿음을 자기의 생각으로 완전히 수용하지 못했다. 고은태의 사례처럼, 여기서도 공부와 관련해서 부모와 자녀 간의 원활한 의사소통은 없었던 것으로 보인다. 앞서의 예보다는 덜 강압적이긴 했지만 공부해야 하는 이유를 의식화시키는 과정에서 당사자인 백석의 머리에서는 부모의 논리가 전혀 수용되지 않았으며, 동기화가 이루어지고 있지 않은 것이 문제라는 사실을 백석의 부모는 전혀 모르고 있었던 듯하다. 백석은 자신이 부모의 말에 공감하지 못했지만 자신이 부모와 다른 생각을 하고 있다는 사실을 일체 표현하지 않고 침묵으로 일관함으로써 역시 부모의 주장만이 일방적으로 입력되는 관계가 굳어져 버렸다. 경쟁하기를 거부하는 백석의 성격적 특성도 의식화 과정의 실패와 관련이 있어 보인다. 한국의 학업성취도 평가는 정의적(情意的) 영역을 무시한 채 철저히 인지적 영역의 학습결과만을 측정하는 까닭에 그런 평가 방식하에서는 경쟁의식이 강하고 성적에 대한 성취욕이 높은 성격의 소유자가 유리할 수밖에 없다. 다양한 소질과 재능을 인정하는 교육 시스템에서라면 백석의 성격은 자신의 고유한 재능을 살리는 데 밑거름이 될 만한 긍정적인 요소를 지녔다고 볼 수 있을 것이다. 그러나 단일한 잣대로 우열을 가리고 평가하는 방식에서는 아무런 의미를 찾지 못하는 백석의 성격과 성향은 공부에 대한 내면적 동기화가 자발적으로 이루어지지 않는 한 부모나 교사의 강요로 의식화시키기 어려운 측면이 있었다.

이 연구 사례들 가운데, 학업성취도가 높아서 명문대학 진학에 성공한 16개의 사례들에서는 대략 다음과 같은 두 가지의 공통점이 발견된다. 첫째, 학업성취의 수준이 적어도 중학교 시절부터 높았다는 것이다. 학업성적이 고등학교 무렵부터 비약적으로 향상된 경우보다는 초등학교 고학년이나 중학교 때부터 상위권을 차지하고, 이러한 기조가 대학 입시 때까지 유지되거나 그 이상으로 상승한 사례가 일반적이었다. 다소 예외적인 사례가 있다면 두 건인데, 박상규(고려대 4년)는 중학교 때 중위권을 유지하다가 외고 입학시험에 낙방하면서 받은 충격과 화이트칼라였던 아버지의 사업 실패로 가난에 대한 위기의식을 느끼면서 대오각성하고 공부에 매진해서 성공한 경우이다. 또 이건우(고려대 4년)는 외고에 입학한 후 성적이 최하위권을 맴돌다가 스스로 너무 자존심이 상해서 자존심 회복을 위해 죽기 살기로 공부한 경우이다. 그러나 그의 경우는 외고에서 일시적으로 성적이 나쁘기는 했지만 최상위권의 학생들이 모인 특목고에서 상대평가로 인해 빚어진 결과이므로, 그의 객관적 실력 수준은 계속 상위권을 유지했다고 할 수 있다.

이처럼 조기의 학업성취수준이 이후에도 크게 변하지 않는 것은 일찍부터 학습의 기초를 잘 닦은 학생이 그 기초 실력을 바탕으로 다음 단계의 학습도 잘 수행하기 때문이라고 해석할 수도 있으나, 다른 한편으로는 사전 성취수준이 이후의 성취욕구를 자극하기 때문이라고 볼 수도 있다. 생애 초기에 높은 학업성취를 경험한 학생은 주변으로부터의 인정과 칭찬, 그리고 본인이 느끼는 성취감에 만족하면서 자신의 위치를 계속 유지하고자 자발적인 노력을 아끼지 않게 된다.

- 중학교 1학년 때 학원에 갔더니 어떤 친구가 자기 반에서 1등이래요. 학교에서도 저희 옆 반이었는데, 다른 차원의 사람처럼 보이고, 되게 달라 보이는 거예요. 동경의 대상처럼 느껴지고 그랬죠. 또 전교 1등으로 입학한 애가, 좀 웃기게, 반마다 돌아다니면서 1등이 누군지를 물어보고 다니는 거예요. '얼마나 잘났기에 저러나?', '한 번 눌러주자', 그런 생각이 들었죠. (중략) 시골로 이사 가서 아는 친구도 없고 하니까 학원을 다니면서 놀았는데, 학원 친구들이 공부하는 걸 보면서 저도 경쟁심 같은 게 붙어서, 그때부터 (공부를) 조금씩 했던 것 같아요. 중학교 1학년부터. 그래서 중학교 1학년 때 …… 어떻게 하다보니까 1등을 한 거예요. 그때부터 내려오기 싫어지고, 경쟁심 같은 것 때문에 했던 것 같아요. 일단 한 번 올라가니까 지기 싫어서 악으로 했던 것 같아요. (장한나)
- 초등학교 때부터 "얘는 공부를 좀 한다"라는 얘기는 들었었거든요. 중학교 올라가서도 1, 2, 3학년 동안, 학교가 한 학년에 세 개 학급 정도 됐는데, 계속 3등 안에는 들었어요. …… 고등학교는 도시로 가니까 아무래도 처음 갔을 때는 성적이 좀 많이 떨어지게 되더라고요. 그러다가 고 2 때 올라가면서 …… 되게 열심히 했는데, 그때부터 계속 올라가서 전교 1등도 하고 10등도 하고, 그런 식으로 고 3때까지 공부를 했어요. (정경모)

장한나는 고등학교 졸업 때까지 전교에서 1~2등을 유지했다. 나혜선 (고려대 졸)도 중학교에 올라가 상위권에 들고부터 줄곧 공부에 대한 욕심을 놓지 않았다.

- 제가 사립초등학교를 나왔어요. 그때 저는 공부를 잘하는 학생이 아니었어요. 사립학교니까 외국에서 살다 와서 영어 잘하는 애들도 있었고, 어렸을 때부터 바이올린을 배워서 예능에 뛰어난 애들도 많았고 …… 아무 것도 잘하는 게 없는 저는, 눈에 안 띄고 존재감 없는 그런 아이였죠. 그러다가 중학교는 동네에 있는 학교를 배정받아서 가니까, 그렇게 부유한 집 애들이 없었어요. …… 그런데 중학교 들어가서 갑자기 반에서 1, 2등 하고 전교에서 10등 안에 드니까 엄마가 되게 흡족해하시는 거예요. 저도 제가 잘하는 사람이라는 생각이 드니까 욕심이 생겨서 시험 때 알아서 공부하고, 공부하라는 잔소리를 중학교 이후에는 들어본 적이 없었던 것 같아요. (중략) 갑자기 선생님들이 주목을 해주시고, "요즘 공부 잘하고 있니?" 하면서 관심 가져주시니까 그게 즐거워서 '이걸 놓치면 안 되겠다, 내가 공부를 잘하니까 이렇게 많은 사람들이 나한테 관심을 가져주는구나', '아 이렇게 공부를 잘하면 세상 살기가 편하구나', 스스로 체득하게 되는 거 있잖아요. …… 그런 생각 때문에도 중학교 때는 열심히 했던 것 같고, 고등학생이 되면서 조금 더 세상을 알게 되면서, '공부를 못하면 이 세상에서 내가 선택할 수 있는 힘이 좁아지겠구나, 빈곤한 인생을 살게 되겠구나'

이거를 느끼면서 그때부터는 정말 독하게 공부했어요. '공부를 잘하는 게 사람이 행복한 것
도 아니고 …… 아무것도 아니지만, 이 세상이 그렇게 돌아가고 있다면 적어도 공부를 못해
서 내가 피해 보는 일은 없어야겠다'라는 생각으로 고등학교 3년 동안 독하게. (나혜선)

이처럼 높은 학업성취에 대한 조기 경험이 이후의 성취동기와 학업열
의에 영향을 미친다는 사실은 위스콘신 지위 획득 모형에서 학업성적
(academic performance)이 본인의 교육열망의 수준에 영향을 준다는 화살표
의 의미를 해석해주는 것이라 할 수 있다. 또한 "성공적인 사전 (학업)성취
의 누적적 경험이 향후 학업성취와 청소년기 인성 형성에 긍정적 영향을
미친다"(고일진·윤미선, 2006: 16)는 최근 발견과 일치할 뿐 아니라, 그 상관
관계의 의미를 제공하기도 한다.

명문대에 진학한 성공사례들에서 나타나는 또 다른 공통점은 당사자들
이 대체적으로 경쟁심이 강하고 성취욕구가 높은 성향을 지녔다는 것인
데, 그러한 성향이 환경에 의해 계발된 경우가 있는가 하면 선천적으로
타고난 경우도 있다. 학업성적은 결국 학습자 본인이 지닌 학업열의의 함
수이므로, 어떤 환경 속에서든 본인이 공부에 집착하고 많은 노력을 투여
하면 성적은 향상하게 된다. 이 연구의 학업우수자들 사례에서도 당사자
들은 한결같이 성적 순위에 민감하고 성적 향상을 위해 노심초사하며 시
험을 잘 보기 위해 악착같이 공부하는 성향들을 나타냈다. 대체로 이들은
'어렸을 때부터 공부든 운동이든 남한테 지기를 싫어하고 어떻게든 이기
려는 성향 내지 라이벌(rival) 의식이 강하고'(장한나, 오정희, 조동준, 이건우,
나혜선), '성적이 안 좋으면 (다른 사람의 반응 이전에) 자기가 분해가지고 막
울 정도로 승부욕이 강했다'(김남주, 한창석). 또한 교육제도에 잘 순응해서
"학교에서 선생님이 숙제를 내주거나 어떤 것을 시키면 '이건 당연히 해야

하는 거구나'라고 여기고 착실하게 해갔으며, 꼭 누가 시켜서라기보다 스
스로 당연히 해야 할 것으로 믿고 하는"(정경모) 성향을 지니고 있었다. 이
들은 '소심하고 온순해서 감히 엇나가지 못하고 시키는 대로 공부'하며(강
대현, 안재홍), '공부하기를 좋아하는 성향'(최지혜, 한창석)도 가지고 있었
다. 크로스노(Crosnoe, 2001: 211)는 코넬 등(Connell et al., 1994)의 논문을
인용해서 '교육제도에 기꺼이 순응하고 교육이 성인으로서 성공에 이르는
열쇠임을 믿는 경향으로서 학업지향성'이라는 개념을 소개하는데, 이들
성공사례의 주인공들은 이러한 학업지향성을 뚜렷이 나타내는 경향이 있
었다.

　개인 특성으로서의 이 같은 강한 경쟁의식과 학업지향성은 선천적으로
타고난 측면도 있고, 후천적으로 환경에 의해 육성되는 측면도 있는 것으
로 생각된다. 그러나 저학력 저소득층 가정에서 명문대를 진학한 자녀들
은 이러한 성향이 가정환경, 즉 부모에 의해서 형성되기보다는 타고난 성
격으로 주어진 경우가 대부분이었다. 반면, 고학력 중산층 가정에서는 일
찍부터 공부가 성인으로서의 성공에 가장 확실한 열쇠라는 믿음을 끊임
없이 주입하고, 교육제도에 순응하도록 습관을 들여놓았기 때문에 자녀
의 학업열의가 높아진 사례들이 많았다. 물론 중산층 가정의 자녀들 가
운데도 경쟁심이 유독 강하고 어릴 때부터 공부에 흥미를 보이는 성격을
타고난 경우들(김남주, 한창석, 최지혜)이 있었는데, 이런 사례들에서는 본
인들이 워낙 공부에 집착하기 때문에 부모들은 굳이 자녀의 학업열의를
높이기 위해 압박을 가할 일이 없었다. "초등학교 5학년 때 1등을 놓치지
않기 위해 너무 긴장한 탓에 스트레스성 위경련을 일으킨 딸(김남주)을
보면서, 공부를 못해도 좋으니 좀 편하게 살라"고 오히려 어머니가 공부
를 말리는 경우도 있고, "본인들이 워낙 애살(샘-필자)이 있어서[32] 알아서

들 열심히 하니까 뒷바라지만 성실히 하는" 부모도 있는 것이다.

　중산층 어머니들은 "엄마가 자녀의 학업에 개입할 때, 아이의 협력이 있어야 좋은 결과가 온다"고 말한다. "애가 협력을 안 하면 (결과는) 꽝이다." 자녀가 협력한다는 것은 부모가 공부의 중요성을 강조하면 자녀도 그만큼 공부에 열의를 보이고, 부모가 상위권 대학을 목표로 제시하면 그 목표를 달성하기 위해 더욱 경쟁적인 태도로 학업성적을 올리는 데 매진하는 것을 말한다. 만약, 자녀가 천성적으로 경쟁심이 강하고 스스로 공부에 관심을 보이면 그것은 완벽한 '협력'이고, 자녀의 의식화에 쏟는 노력과 열정을 다른 뒷바라지 활동에만 쓰면 되므로 부모의 역할도 수월하고 성공 가능성도 높다. 그러나 '자기가 알아서 공부하지 않는' 평범한 자녀들에 대해서, 중산층 부모들은 앞에서 살펴본 바와 같은 다양한 전략과 방법을 사용하여 자녀의 학업열의를 높이기 위한 의식화를 도모한다. 자녀들은 일상생활에서 공부를 잘하여 좋은 대학에 들어가야 하는 이유를

---

32 권기옥 : …… 제가 아까 말한 근성이 뭔가 하면, 저 같은 경우에는 학교 다닐 때 시
　　　　험을 치면 미루고 미뤄서 밤에 공부하잖아요. (중략) 그런데 우리 미나(한
　　　　창석의 누나) 같은 경우에는 그게 아니더라고요. 밤을 꼴딱 새워서라도 해
　　　　야 될 것은 하더라고요. 시험을 한 3~4일 보잖아요. 그러면 집에 와서 잠깐
　　　　자고, 또 밤새우는 거예요. 돌아서면 아무것도 없겠지만, 그렇게 하는 자체
　　　　가 저랑 다르니까 신통해 보이더라고요. 그걸 보면서 근성이 있다는 걸 느
　　　　꼈죠. 그런 면이 차이점인 것 같아요, 다른 아이들하고 공부 잘하고 못하는
　　　　차이가.
　　연구자 : 그런 성격을 부모님이 만드신 것은 아닌가요?
　　권기옥 : 아니요, 만든 건 아니죠.
　　연구자 : 원래 갖고 태어난 건가요?
　　권기옥 : 타고난 것 같아요. 그걸 제가 어떻게 만들겠어요? 부모가 자식 만들 수 있으
　　　　면 참 좋을 텐데.

채침이 《서경집주 주고(酒誥)》에서 말하였다.

"어린아이[小子]는 혈기가 아직 안정되지 않았기 때문에, 특히 술에 빠지면 덕을 잃기 쉽다. 따라서 문왕은 오직 훈계로 이들을 가르쳐서, '술을 항상 마시지는 말고 이를 마시는 것도 오직 제사 때에만 하되, 이 역시 반드시 덕(德)을 지켜서 취하지는 않게 하라.'고 했던 것이다."

蔡沈曰: "小子血氣未定, 尤易縱酒喪德, 故文王專誥敎之, 毋常於酒, 其飮惟於祭祀之時, 然亦必以德將之, 無至於醉也."

신은 이렇게 생각합니다. 선유(先儒)들이 말하기를, "옛날에 술은 본래 제사를 지낼 때 땅에다 따르거나 신이 내려오게 하는 데 바치는 것으로, 술의 향기로운 냄새가 상달하게 하여 여러 음기(귀신들)의 의로움(덕)을 구하는 것이다. 이렇게 한 후에 양기를 보양할 수 있기 때문에, 이를 사용하여 부모와 노인들에게 바쳤다. 뿐만 아니라, 술은 또한 사랑하는 남녀가 함께 기뻐할 (합궁하는) 수 있게 하는 것이기 때문에, 술은 관례와 혼례, 손님 접대 등에서 사용하였다. 그러므로 이르기를, '손님을 맞는 주인은 백 번 절하고 술은 세 순배 마신다.'고 하였고, 또한 '종일 술을 마신다고 하더라도 취할 수는 없었기 때문에, 일찍이 지나친 적이 없었다.'고 하였다. 그런데 우 임금이 의적(儀狄)이 만든 술을 마시고는 마침내 이를 멀리(금지)하였다.[24] 이에 대해 사람들은 이를 너무 심하다고 말하기보다는, 오히려 이미 (술로 인해) 나라를 망하게 한 군주와 집안을 망가뜨린 자식들이 후세에 이르러 이어지게 되었으니, 어찌 술로 인해 비롯된 것이 아니겠는가라고 말하였다. 그러므로 문왕의 가르침은 단지 매(妹)나라에게만 밝혀야 할 뿐만 아니라, 가정에서도 이를 한 통 써서 수레가 뒤엎어지는 것을 두려워하는 것과 같이, 어찌 이를 경계하지 않을 수 있겠는가?"라고 하였습니다. 아! 이 말이야말로 술의 존재이유에 대해 술의 유용함과 술로 인한 해가 되는 것을 모두 지적한 것입니다. 따라서 나라를 가진 군주는 어찌 이를 경계하지 않을 수 있겠습니까?

臣按: 先儒有言: "古之爲酒本以供祭祀灌地·降神, 取其馨香上達, 求諸陰之義也. 後以其能養陽也, 故用之以奉親養老, 又以其能合歡也, 故用之於冠昏賓客, 然曰賓主百拜而酒三行, 又曰終日飮酒而不得醉焉, 未嘗過也. 自禹飮儀狄之酒而疏之, 寧不謂之太甚, 已而亡國之君·敗家之子接踵於後世, 何莫由斯, 然則文王之教不惟當明於妹邦, 家寫一通猶恐覆車之不戒也." 噫, 玆言也, 凡酒之爲酒, 所以爲用及其所以爲害皆具於此矣, 有國家者可不戒哉.

---

24 우 임금이 … 멀리(금지)하였다: 이 내용은 《전국책(戰國策) 위책(魏策)》에 나온다. 즉 하나라 시대 한 궁녀가 의적(儀狄)에게 술을 만들게 하자, 의적은 뽕나무 잎으로 발효시킨 아주 맛있는 술을 만들자, 우임금이 이를 마시고 그 맛에 취해 많이 마시고 잠들게 되었었다. 잠에서 깨어난 우임금은 마침내 이후에는 이 술에 취해 나라를 망하게 하는 군주가 있을 것을 경계하여 술 금지령을 내렸다는 내용이다.

오히려 내가 막 술을 억제하려고 함에도 어떤 사람이 가르치기를, "여러 사람들이 떼를 지어 술을 마셔야 한다."고 하면, 너는 그를 놓치지【일(佚)은 놓치다(失)이다.】말고 붙잡아서 주나라로 돌아오게 하라. 그러면 나는 그 사람【기(其)는 정해지지 않은 사람이다.】을 (법에 따라) 벌할 것이다.[25]

> 厥汝剛制於酒, 厥或誥曰: "'群飮', 汝勿佚【失也】, 盡執拘以歸於周. 予其【未定辭】殺."

채침이 《서경집주 주고(酒誥)》에서 말하였다.

"너의 한 몸이 나라를 위해 어떤 공로를 이루고자 하는 사람이라면, 어찌 술을 삼가지 않겠는가? 그런 까닭에 "오히려 네가 막 술 마시기를 억제하고자 함에도[厥汝剛制於酒]"라는 말은 힘써서 술을 억제하려고 한다는 것이다. 그리고 "여러 사람이 떼를 지어 술을 마셔야 한다[群飮]"라는 것은 무리가 함께 모여 술을 마시고 나쁜 짓을 하는 것을 뜻한다. 또한 "내가 그 사람을 죽이겠다[予其殺]"는 것은 반드시 죽인다는 것이 아니라, 오늘날의 법에서는 마땅히 머리를 베어야 하는 사람도 모두 감옥에 가둬 명을 기다리게 하는 것으로서, 반드시 죽이는 것은 아니다. 그러므로 반드시 법을 세우는 것은 사람들이 이를 두려워하여 감히 범하지 않도록 하고자 하는 것이다."

> 蔡沈曰: "汝之身所以爲一國之視效者, 可不謹於酒乎? 故曰厥汝剛制於

---

25 오히려 … 것이다: 《서경 주서(周書) 주고(酒誥)》에 나온다.

酒, 剛果用力以制之也. 群飲者, 群聚而飲爲奸惡者也. 予其殺者, 未必
殺也, 猶今法當斬者皆具獄以待命, 不必死也. 然必立法者, 欲人畏而
不敢犯也."

신은 이렇게 생각합니다. 소식(蘇軾)이 말하기를, "한나라 무제 이래
지금까지 모두 술을 금지하여 엄격한 형벌과 큰 상을 주는 것으로 이
를 시행하였지만, 사사로이 양조하는 것을 결국에는 근절할 수 없었
다. 그런데 주공(周公)만이 어떻게 이를 금지할 수 있었는가? 이에 대
해, 주공은 술에서 (세를 거두어) 이익을 취하지 않고, 단지 백성의 덕
을 바르게 하고자 할 뿐이었기 때문이라고 말한다. 그런데 갑과 을이
모두 그 아들을 때리는데, 갑의 아들은 이에 승복하고 을의 아들은 승
복하지 않는 것은 어째서인가? 갑은 그 아들을 때리되 그를 책망하여
배우게 하지만, 을은 그의 아들을 때리되 아들의 먹을 것을 빼앗았기
때문이니, 이것이 바로 주공이 술을 금지할 수 있는 이유인 것이다."
라고 하였습니다. 아! 이처럼 소식이 한 말로 미루어 볼 때, 비단 술을
금지하는 이 한 가지 일뿐만 아니라, 나라에서 일으키는 모든 공사와
부역도 이와 같지 않은 것이 없습니다.

臣按: 蘇軾有言: "自漢武帝以來至於今, 皆有酒禁, 嚴刑重賞而私釀終
不能絶, 周公獨何以能禁之? 曰周公無所利於酒也, 以正民德而已. 甲
乙皆笞其子, 甲之子服·乙之子不服, 何也? 甲笞其子而責之學, 乙笞其
子而奪之食, 此周公所以能禁酒也." 噫, 由蘇氏此言而推之, 非但禁酒

一事, 凡國家有所興事造役莫不皆然.

《주례 천관(天官)》〈총재(冢宰) 하〉에서 말하였다.

주정(酒正)은 술에 관련된 정령(政令)을 관장하고, 술을 만드는 규칙을
통해 술 재료【주재(酒材)에서 재료는 밥과 누룩 같은 것[食曲蘗之類]을 일컫는다.】를 지
급한다. 따라서 모든 공적으로 만든 술이란 또한 이와 같이 한다.

《周禮》: 酒正掌酒之政令, 以式法授酒材【謂材食曲蘗之類】, 凡爲公酒者亦
如之.

신은 이렇게 생각합니다. 주나라 사람들은 관원을 설치하여 술을 관
리하였다. 따라서 술로써는 제사나 노인들을 받들거나, 손님을 대접
하는 것으로만 삼았을 뿐이었고, 날마다 항상 마시는 음식물이 결코
아니었습니다.

臣按: 周人設官以掌酒, 凡以爲祭祀·養老·奉賓而已, 非以爲日用常食
之物也.

주인(酒人)은 다섯 가지 종류의 술[五齊]【오제(五齊)는 첫 번째가 범(泛), 두 번째
가 예(醴), 세 번째가 앙(盎), 네 번째가 제(緹), 다섯 번째가 침(沈)이다.】[26]과 삼주(三酒)

【삼주는 첫 번째가 사(事), 두 번째가 석(昔), 세 번째가 청(淸)이다.】[27]를 만드는 것을 관장하였다.[28]

酒人掌爲五齊【一曰泛·二曰醴·三曰盎·四曰緹·五曰沈】三酒【一曰事·二曰昔·三曰淸】.

신은 이렇게 생각합니다. 무릇 천지와 종묘, 사직의 여러 신에게 제사 드릴 때는 모두 5제3주(五齊三酒)가 있었습니다.

臣按: 凡祭祀天地·宗廟·社稷諸神, 皆有五齊三酒.

평씨(萍氏)【평씨는 물 위에 뜨는 풀을 비유하는 것이다.】[29] 는 나라의 물에 관한

---

26 오제(五齊): 범(泛)은 술을 만들 때 처음 술 앙금이 뜨는 술로, 발효가 덜 되고 앙금이 남아 있어서 맛이 없는 술이다. 예(醴)는 범(泛)보다 발효 시간이 더 걸려서 만든 술로, 단맛이 난다. 앙(盎)은 예보다 발효가 더 된 술로, 약한 푸른빛이 도는 술이다. 제(緹)는 붉은 색깔을 띠는 술이다. 마지막으로 얻는 술인 침(沈)은 찌꺼기가 가라앉은 술로 맛이 좋다.

27 삼주(三酒): 사(事)·석(昔)·청(淸)주를 말한다. 사(事)는 일이 있을 때 새로 만든 술로, 그 색이 깨끗하고 맑아서 명작(明酌)이라고도 한다. 제사 후에는 이 일에 종사한 사람이 마신다. 석(昔)은 이른 봄에 쓰기 위해 겨울동안 서서히 발효시켜 오래 익힌 술이기 때문에 석(昔)주라고 하는데, 그 맛과 향이 뛰어나다. 청(淸)은 잘 발효시킨 술을 항아리에 용수를 박아 떠낸 술을 저장하여 찌꺼기를 침전시킨 맑은 술을 말한다.

28 주인(酒人)은 … 관장하였다: 이 내용은 《주례 천관(天官)》〈총재(冢宰) 하〉에 나온다.

29 평씨(萍氏): 평은 개구리밥으로 술을 해독한다고 알려져 있다. 따라서 술을 취하지 않게 허락되는 때에 적절하게 마시고, 술을 절약하여 사용하도록 하는 것 등을 관리하는 직책으로 삼았던 것으로 보인다.

금령을 관장하는 한편, 술을 적당하지 않은 때에 마시는 자들을 감찰하고【기주(幾酒)는 때가 아닌데도 술을 마시는 자를 감찰하는 것이다.】, 백성들이 술을 절제하여 마시는지를 감찰(기찰)하였다【근주(謹酒)는 백성에게 술을 절약하여 마시도록 한다는 것이다.】.[30]

萍氏【比其浮於水上】掌國之水禁, 幾酒【察非時飲者】·謹酒【使民節用酒】.

신은 이렇게 생각합니다. 기주(幾酒)는 즉 술을 마심에 있어서 절제하지 않는지를 살피는 것입니다. 이는 곧 《서경 주고(酒誥)》에서 말하는 "덕을 지켜서 취하지 않는다.[德將無醉]"는 것으로, 문왕은 이렇게 술을 마심에 있어서 절제하는지를 살피게 함으로써, 여러 나라에서 술을 마시는 사람들이 모두 절제하였던 것입니다. 그리고 백성에게 술을 절제하여 마시도록 한다는[謹酒] 것은 술을 마시는 데 있어서 그 주량에 한계가 없는 것을 삼가 절제하게 한다는 것입니다. 이는 곧 《서경 주고(酒誥)》에서 말하는 이른바 "여러 나라에서 술을 마시는 것은 오로지 제사를 지낼 때이다.[越庶國, 飮惟祀]"라는 것으로, 이처럼 문왕은 백성에게 술을 절제하게 함으로써 술을 마시는 데 한계가 없는 것을 삼가 절제하게 하였던 것입니다.

오호라! 천하의 사물 가운데 사람을 가장 빠지기 쉽게 만드는 것은 물인 것이다. 그런데 술이 실제로 (마실 수 있는) 물건으로 만들어지면, 술통에서 거품이 일어나기 때문에 이에 빠지는 사람은 물에 빠지

---

30 평씨(萍氏)는 … 하였다: 이 내용은 《주례 추관(秋官)》〈사구(司寇) 하〉에 나온다.

는 것보다 더욱 심하게 위태롭습니다. 따라서 《주례》에서는 관원을 설치하여 평인(萍人)을 통해 나라의 물을 금지하는 한편, 또한 이들에게 술을 (마실 수 있는) 때가 아님에도 마시는 것을 감찰하고, 백성에게 술을 절제하여 마시도록 하는 권한을 맡겼으니, 그 뜻이 깊은 것입니다. 이에 주나라 선왕들은 이미 관원을 설치하여 술을 때가 아님에도 마시는 것을 감시하고 또한 절제하여 마시도록 했을 뿐만 아니라, 또한 주고(酒誥)를 지어 백성들에게 이를 경계하여 알렸던 것입니다. 그러나 이후 자손들은 술에 빠지고 음란을 일삼는 것에 이르게 되고 천하 또한 이렇게 변화됨으로써, 나라가 망하는 지경에 이르렀으니,[31] 술이 사람을 빠지게 하는 것이 이와 같았으니, 아! 이야말로 두려워할 만한 것이겠지요!

臣按: 幾酒則於飲酒微察其不節, 卽《酒誥》所謂"德將無醉", 以文王幾酒而庶國之飲酒者皆有節也; 謹酒則於用酒謹制其無度, 卽《酒誥》所謂 "越庶國, 飲惟祀"者, 以文王謹酒而庶國之用酒者皆有度也. 嗚呼, 天下之物最沈溺人者水也, 而酒之爲物, 起風波於尊罍之中, 其沈溺乎人殆有甚於水焉. 《周禮》設官以萍人掌國之水禁, 而並付之以幾酒·謹酒之權, 其意深矣. 周之先王旣設官以幾謹乎酒, 又作誥以示戒乎人, 其後子孫乃至於沈酒淫潘而天下化之, 以底於亂亡, 酒之沈溺於人也如此. 吁, 可畏哉!

---

31 자손들은 … 이르렀으니: 술에 빠져 나라를 망친 자손들은 하나라의 걸왕(桀王)과 은나라의 주왕(紂王)이 이른바 '주지육림(酒池肉林)'에 빠져 마침내 나라가 멸망하게 되었음을 말한다.

사포(司虣)【포(虣)는 음이 포(暴)이다.】는 시장의 금령을 선포하는 일을 관장하여, 이로써 시장에서 떼로 지어 놀면서 먹고 다니는 사람들을 금지하는데, 만약 이러한 일을 금지할 수 없으면 이들을 잡아서 형벌에 처했다.[32]

> 司虣【音暴】掌憲市之禁令, 禁其以屬遊飲食於市者, 若不可禁則搏而戮之.

신은 이렇게 생각합니다. 사포(司虣)는 시관(市官: 시장 관련 관직)에 속하고, 평씨(萍氏)는 형관(刑官)에 속합니다. 성주(成周) 시대에는 이미 형관을 설치하여 술을 마시는 사람들을 기찰하였습니다. 그럼에도 때가 아닌 때에도 술을 마시는 사람들이 저자에 많았기 때문에, 또다시 시관(市官: 시장에 관련된 관원)을 두어 이를 금지하고 경계하였으니, 이에 대한 형벌도 엄격하여 이들을 구속하여 (법에 따라) 형벌에 처했습니다. 오호라! 옛날 성왕들이 어찌 이와 같이 백성들이 먹는 음식을 금지하여 끊도록 하였겠습니까? 대개 백성들은 오곡을 먹지 않으면 죽게 되지만, 술을 마시기 위해 만든 술은 이것이 없어도 백성들이 살아가는 데 손상을 입히지 않습니다. 그러므로 혹시라도 술을 몹시 많이 마시게 되어 인성을 어지럽히게 되면, 이를 금하는 것이 진실로 옳은 일입니다. 그럼에도 후세에 이르러서는 비단 술의 양조를

---

32 사포(司虣)는 … 처했다:《주례 지관》〈사도(司徒) 하〉에 나온다. 이 부분에서는 "싸우고 소란을 피우거나 폭력을 사용하여 시장의 질서를 어지럽게 하는 자, 시장을 출입할 때 마찰을 일으키는 자"의 부분이 누락되어 있다.

금지하지 않았을 뿐만 아니라, 심지어는 또한 시장에 누관(樓館)을 설치하여 술을 마시는 사람들을 유혹함으로써 그 이익을 끌어모으기도 했으니, 이를 어찌 어진 황제[聖明]의 세상에서 마땅한 일이라 하겠습니까?

臣按: 司虣, 市官之屬; 萍氏, 刑官之屬. 成周旣設刑官以幾察其飲酒之人, 然其所飲者多在市肆之中, 而又立市官以禁戒之焉, 其刑之嚴, 乃至於搏而戮之. 嗚呼, 古之聖王豈欲以是而禁絶人之飲食哉? 蓋民不食五穀則死, 而酒之爲酒, 無之不至傷生, 有之或至於致疾而亂性, 禁之誠是也. 後世不徒不禁釀, 而又設爲樓館於市肆中以誘致其飲以罔利, 此豈聖明之世所宜有哉?

양(梁) 혜왕이 범대(範臺)에서 제후들에게 술을 권했다. 술좌석이 한창 무르익어 갈 때, 노 공[魯君]에게 술잔을 들어 권하였다. 이에 노 공이 자리에서 물러나와 감사하며 말하기를, "옛날 순 임금의 딸이 의적(儀狄)에게 좋은 술을 만들도록 하여 우 임금에게 이를 올렸습니다. 우 임금께서 그 술을 마시고 맛있다고 생각하여 마침내 의적을 멀리하고 맛있는 술[旨酒]을 끊고 말씀하시길, '후세에는 반드시 이 술 때문에 그 나라를 망하게 하는 자(군주)가 있게 될 것이다.'고 하셨습니다."[33]

梁惠王觴諸侯於範臺, 酒酣請魯君擧觴, 魯君興, 避席擇言曰: "昔者帝女令

---

33 양 혜왕이 … 하셨습니다: 《전국책(戰國策) 위책(魏策)》에 나온다.

儀狄作酒而美, 進之禹, 禹飮而甘之, 遂疏儀狄, 絶旨酒, 曰: '後世必有以酒
亡其國者.'"

《맹자 이루(離婁) 하》에서 맹자가 말하였다.
우 임금은 맛있는 술을 싫어하고 선한 말을 좋아하셨다.

孟子曰: "禹惡旨酒而好善言."

신은 이렇게 생각합니다. 위대하신 우 임금의 이 말씀은 곧 술은 나
라를 망하게 하는 물건이라는 것입니다. 그런데 한나라 무제는 술을
빌어 나라를 일으키는 이익으로 삼고자 했습니다. 아! 이것이야말로
성인과 미치광이가 구별되는 바이겠지요! 한나라가 흥했을 때에는
술의 판매를 금지하였으니, 그 법률에는 세 사람 이상이 아무런 적절
한 이유 없이 모여서 술을 마시면 벌금 4냥을 물게 하였습니다.

臣按: 大禹此言則酒乃亡國之物, 而漢武帝顧用之以爲興國之利. 噫,
此聖狂之所以分歟. 漢興, 有酒酤禁, 其律三人以上無故群飮酒, 罰金
四兩.

한나라 문제가 즉위하자 백성들에게 5일 동안 잔치를 베풀었다[賜酺].[34]

문제 16년(기원전 164) 9월에 천하에 대포(大酺: 큰 잔치)를 내렸다. 후원(後元: 문제의 연호, 기원전 163~기원전 157) 연간에 조서에서 말하기를, "술을 만들기 위해 소비하는 곡식이 너무 많은 것을 경계하라."고 하였다.[35]

文帝卽位, 賜民酺五日. 十六年九月, 令天下大酺. 後元年詔: "戒爲酒醪, 以靡穀."

신은 이렇게 생각합니다. 포(酺)라는 것은 널리 베푸는 것[布也]으로, 군주가 천하 백성에게 덕을 널리 베풀어 함께 모여 마시고 먹게 하는 것을 포(酺)라 하였다. 옛날부터 모두 술을 금지했지만, 한나라에서는 아무런 적절한 이유 없이 모여서 술을 마시면 벌금 4냥을 내게 하는 법이 있었고, 또한 누차에 걸쳐 내린 조서에서, "술을 만들기 위해 곡식을 너무 소비하는 것을 조심하라."고 하였습니다. 따라서 백성들이 술을 마실 수 있는 일은 대체로 드물었기 때문에, 때가 좋고 풍년일 때에는 이처럼 간혹 잔치를 베풀기도 하였던 것입니다. 무릇 술의 양조를 금하는 것은 의로움을 행하는 것이고, 잔치를 베푸는 것은 인(仁)을 실행하는 것이기 때문인데, 이처럼 백성을 한 번 팽팽하게 하였다가 한 번 느슨하게 하는 것이 문제와 무제의 (백성을 다스리는) 방법이었습니다. 한나라는 옛날로부터 멀리 떨어져 있지 않았기 때문

---

34 사포(賜酺): 황제가 백성에게 잔치를 베푸는 것을 말하는데, 이때 술과 안주 등을 하사하였고, 그 기간 동안 3~5일, 때로는 이보다 길게 잔치를 베풀기도 했는데, 이를 대포(大酺)라고 하였다.
35 한나라 … 하였다:《한서 문제(文帝) 본기》에 나온다.

에, 옛날의 취지가 여전히 남아 있습니다. 그런데 후세에 와서 백성에게 술을 마시도록 내버려 두는 것은 인(仁)이 아닐 뿐만 아니라, 이로부터 이익을 취하는 것은 또한 의로움이 아닌 것입니다.

臣按: 酺之爲言布也, 王者德布於天下而合聚飮食以爲酺. 自古以來皆有酒禁, 而漢法無故群飮酒罰金四兩, 而又屢詔戒爲酒醪以靡穀, 民之得飮也蓋鮮矣, 故於時和歲豐或賜酺焉. 夫禁其釀所以爲義, 賜之酺所以爲仁, 一張一弛, 文武之道. 漢時去古未遠, 猶有古意存焉. 後世縱民之飮非仁也, 因而取利非義也.

한나라 경제 중원(中元) 3년(기원전 147) 여름에 가뭄이 들자, 술의 판매를 금지하였다.

景帝中元三年夏, 旱, 禁酤酒.

신은 이렇게 생각합니다. 술 판매를 금지하는 것은 비록 평온한 시대에는 시행할 수가 없다고 하더라도, 만약 흉년이 들어 미곡이 지속적으로 수확되지 않으면, 술을 양조하고 누룩을 만드는 것을 일거에 금지하는 것도 또한 흉년을 구제하는 한 가지 방책일 것입니다. 그런데 한나라 무제 천한(天漢) 3년(기원전 98)에 처음으로 술을 전매하였습니다.

臣按: 酒酤之禁雖不能行於平世, 若遇凶荒米穀不繼而一舉行釀酒造曲
之禁, 是亦賑荒之一策也. 武帝天漢三年, 初榷酒酤.

여조겸(呂祖謙)[36]이 말하였다.

"주공이《주고(酒誥)》를 지어 강숙(康叔)에게 경고하였는데, 그 형벌
이 무거워서, '모두 다 잡아들여 주나라로 보내면, 나는 그 사람을 법
에 따라 처벌할 것이다.'라고 할 지경이었다. 이는 최초로 술을 금지
한 것으로, 사람들이 술에 빠져서 덕을 해치고 인성을 상실하게 될 것
을 염려하여, 백성들에게 사람이 지켜야 할 도리를 다하도록 이끌어
사욕을 방지하고자 하는 뜻에 불과하다. 주나라 관에서 술을 금지하
고, 또한 우 임금이 맛있는 술을 싫어하게 된 것도 모두 이와 같은 뜻
이다. 그런데 이것이 다시 변화되어 한나라 문제와 같이 (술과 고기를
내려) 잔치를 베풀거나[酺], 경제(景帝)가 가뭄이 든 해에는 백성에게 술
판매를 금지한 것 등은 백성의 덕을 해치고 인성을 상실할 것을 염려
하기 때문이니, 이러한 옛날의 뜻과는 이미 스스로 같지 않았다. 이
에 따라 오직 유용한 것을 쓸데없는 물건으로 만들어 곡식과 쌀을 소
비함으로써, 백성의 식량이 부족하게 될 것을 염려한 것이다. 이것이
두 번째로 변화된 것으로, 이를 비유하여《주고》에서는 '감히 술을 마
시지 않았을 뿐만 아니라, 또한 [술을 마실 만큼] 한가한 틈도 없었다.'
라고 했으니, 여기서는 이미 그 취지는 없었지만 여전히 본업(농업)을

---

36 여조겸(呂祖謙, 1137~1181):《대학연의보》권28 주) 3 참조.

중시하고 말업(상업)을 억제하는 마음은 있었다, 그런데 세 번째의 변화에 이르러서는 상홍양(桑弘羊)[37]이 술의 이익을 전매하는 법을 세우고부터 그 계획한 마음이 크게 같지 않았으니, 이는 단지 사가(私家)에서는 제 마음대로 이익을 취할 수가 없지만, 오히려 관에서는 그 이익을 독점하게 되었을 뿐이었다."

呂祖謙曰: "周公作《酒誥》以告康叔, 其刑之重至於'盡執拘以歸於周, 予其殺', 此是最初禁酒, 恐人沈湎浸漬·傷德敗性, 不過導迪民彝·防閑私欲之意. 至於《周官》之禁酒·禹之惡旨酒, 皆是此意. 及其再變如漢文爲酺, 景帝以歲旱禁民酤酒, 與古人恐民傷德敗性已自不同, 恐有用爲無用之物耗穀米, 民食不足, 此是再變, 比之《酒誥》所謂'非惟不敢, 亦不暇', 已無此意, 然而猶有重本抑末之心. 及至三變, 自桑弘羊建榷酒之利, 設心大不同, 不過私家不得擅利, 公家卻自專其利耳."

신은 이렇게 생각합니다. 술은 곡식으로 만드는 것으로, 현의 관리는 이미 이 곡식을 취하여 조세로 거뒀습니다. 그런데 곡식으로 술을 만들 때에도 또한 세를 부과하면, 이는 곧 한 가지 사물에 세를 두 번 부과하는 셈이니, 이래도 되는 것입니까? 하물며 옛날에 술을 금지한 것은 백성이 술에 빠져서 덕(德)을 해칠 뿐 아니라, 또한 경비를 낭비하여 식량이 모자랄 것을 염려했기 때문이었고, 본디 여기서 무슨 이익이 있었기 때문이 아닙니다. 그런데 한나라 무제가 처음으로 술을

---

37 상홍양(桑弘羊, 기원전 152~기원전 80): 《대학연의보》 권29 주) 38 참조.

전매하는 법을 만들게 됨에 따라, 이를 전매로 삼고 백성에게 양조를 금지하는 한편, 관에서 자체적으로 양조장을 개설하여 여기서 나오는 이익을 마치 물을 건너는 외나무다리처럼 홀로 독점하였습니다. 이는 곧 옛날에 술을 금지한 것은 오직 백성이 술을 마시는 것을 염려한 때문이었지만, 후세에 와서 술을 금지한 것은 오직 백성이 술을 마시지 않을 것을 염려했기 때문입니다. 오호라! 한나라 무제야말로 나쁜 선례를 처음으로 만든 [작용(作俑)] 사람입니다!

臣按: 酒者以穀爲之, 縣官旣已取穀以爲租稅矣, 及其造穀以爲酒而又稅之, 則是一物而再稅也, 可乎? 況古有酒禁, 恐民沈酗以喪德·靡費以乏食耳, 本無所利之也. 漢武帝始爲榷酤之法, 謂之榷者, 禁民醞釀, 官自開置, 獨專其利如渡水之梁焉. 是則古之禁酒惟恐民之飮, 後世之禁酒惟恐民之不飮也. 嗚呼, 武帝其作俑者歟.

한나라 소제(昭帝) 시원[元始]³⁸ 6년(기원전 81)에 조서를 유사에게 내려, 각 군과 제후국에서 추천한 현량문학사들에게 백성들이 처한 어려움을 물어보도록 하였다. 이에 각고관(榷酤官: 술을 전매하는 관원)을 폐지하는 한편, 백성들에게 술을 팔 수 있게 하고 율령에 따라 술에서 남을 실익을 은밀하게 헤아려【점(占)은 속으로 여기서 남을 실익을 헤아리는 것을 말한다.】세를 내도록 하는 한편, 술 한 되에 4전으로 팔도록 하였다.

---

38 시원[元始]: 저본에서 한나라 소제의 연호인 원시(元始)는 시원(始元)의 오자이다.

昭帝元始六年, 詔有司問郡國所學賢良文學民所疾苦, 乃罷榷酤官, 令民得以律自占【占謂隱度其實】租, 賣酒升四錢.

유반(劉攽)[39]이 말하였다.

"술을 파는 것을 파하는 것과 세를 점유하는 것, 그리고 매주전(賣酒錢: 술을 파는 돈)은 모두 똑같은 일로서, 그 율령으로 세를 점한다는 것은 백성에게 술을 팔도록 하여 얻은 소득에서 일정한 세를 납부하게 하는 것을 일컫는다. 만약 여기서 소득을 얻되 실제 소득으로 하지 않으면 율령과 같이 하도록 하였다. 그리고 조(租)는 술을 판매한 것에 대한 세인데, 술을 팔 때 한 되는 4전으로 제한함으로써, 백성들이 많은 이익을 얻을 수 없도록 하였다."

劉攽曰: "罷酤·占租·賣酒錢共是一事, 以律占租者謂令民賣酒以所得利占而輸其租矣, 占不以實則論如律也, 租卽賣酒之稅, 賣酒升四錢所以限民不得厚利耳."

---

39 유반(劉攽, 1022~1088): 송나라의 사학자로 장수시(樟樹市) 황토강진(黃土崗鎭) 출신이다. 자는 공보(貢父) 또는 당보(戇父), 호는 공비(公非)이다. 그는 여주(汝州) 추관(推官)을 거쳐 가우(嘉祐) 8년(1063)에는 국자감직강(國子監直講)을 지냈다. 특히 신종 희녕(熙寧) 연간 초에는 동지태상예원(同知太常禮院)으로 신법을 반대하여 지조주(知曹州)로 좌천되었다. 그는 여러 서적을 두루 읽어 특별히 사학에 조예가 깊어 사마광의 《자치통감(資治通鑑)》 편찬에 일조하기도 하였다. 저서로는 《팽성집(彭城集)》이 있다.

신은 이렇게 생각합니다. 이것보다 전에는 각주관(権酒官)이 자체적으로 양조한 술을 팔았습니다. 그런데 여기에 이르러서는 현량문학사들이 각고관(権酤官)을 폐지할 것을 요청함에 따라, 백성들에게 스스로 술을 양조하여 팔도록 허락하되, 관에서는 그 가격을 정하여 한 되에 4전으로 하였던 것입니다. 이에 따라 이들이 판매한 양이 많고 적음을 은밀하게 살펴서 세금을 정하였는데, 이는 곧 호씨가 말하는 "백성에게 스스로 술을 만들어 그 양에 따라 이익(세)을 취하게 하였으니, 후세에 백성에게 주세를 거둔 것은 이것에서 시작되었다."고 한 것입니다.

우리 명나라에서는 주세를 부과할 때 관원을 별도로 설치하지 않았고 또한 정해진 액수도 없었기 때문에, 장을 열어 술을 판매한 사람은 이를 관에 보고하고 세를 납부하도록 하였습니다. 따라서 장이 파하면 곧 주세 부과도 중단하였으니, 이는 단지 금하는 것일 뿐이었습니다. 따라서 당나라와 송나라와 같이 주세에 의지하여 이를 나라의 경비로 삼은 적은 없었습니다.

臣按: 前此権酒官自釀以賣也, 至是以賢良文學言罷権酤官, 然猶聽民自釀以賣, 而官定其價, 每升四錢, 隱度其所賣之多寡以定其稅, 此卽胡氏所謂使民自爲之而量取其利也, 後世稅民酒始此. 我朝於酒課不設務・不定額, 民之開肆者卽報官納課, 罷肆卽已, 姑爲之禁而已, 未嘗藉此以爲經費如唐宋然也.

당나라 초에는 술을 금지하는 일이 없었으나, 숙종 건원(乾元) 원년(758)

에 창고의 식량이 고갈되자 경성(京城)에서 술 판매를 금지하였다. 또한 건원 2년(759)에는 기근이 들자, 다시 술 판매를 금지하였다. 이로써 황실의 제사나 외국 손님을 대접하는 연회가 아니면 술을 하사하지 않았다.

> 唐初無酒禁, 肅宗乾元元年, 以廩食方屈, 乃禁京城酤酒. 二年饑, 複禁酤, 非光祿祭祀·燕蕃客不御酒.

당나라 덕종 건중(建中) 원년(780)에 주세를 폐지하였다. 그리고 건중 3년(782)에는 백성들이 술을 판매하는 것을 금지하는 한편, 관에서 자체적으로 술을 판매하는 점포를 설치하고, 여기서 이익(세)을 거둬 군비에 보충하였다.

> 德宗建中元年, 罷酒稅. 三年, 禁人酤酒, 官自置店酤, 收利以助軍費.

호인(胡寅)[40]이 말하였다.

"어진 정치는 옛날 성왕들에 의해 세워진 것으로 후세에는 이를 능히 따르는 사람이 드물었다. 그런데 어질지 않은 정치는 (세를 함부로) 거둬들이는 신하로부터 일어났는데, 후세에는 이를 바꾸려고 하지 않는 자가 많았다. 그러므로 당나라 덕종이 주세를 거의 다 폐지

---

40 호인(胡寅, 1098~1156):《대학연의보》권28 주) 17 참조.

한 것은 잘한 일이지만, 이것도 시간이 흐르자 이익만을 꾀하는 것이 가장 시급하게 되었다. 따라서 거의 폐지한 것으로 알고 있던 주세도 전매를 하지 않고 이를 백성에게 주는 것이 차라리 잘된 것이라는 것만도 못했다."

> 胡寅曰: "善政建於古聖王者, 後世鮮克遵之; 不善之政興於聚斂之臣者, 後世多不肯改. 德宗盡罷酒稅善矣, 已而牟利最急, 故知盡罷之未若勿榷而以予民之爲善也."

송나라 초에 모든 로(路)에는 술을 금지하는 전매가 잘 시행되지 않았다. 오와 월지방에서 술의 전매는 전씨(錢氏)로부터 시작되었고, 경서(京西)지역에서 술의 전매는 태평흥국(太平興國) 2년(977)부터 시작되었으며, 복건과 광동지역은 오늘날까지도 술을 금지(전매)하는 일이 없었다.

> 宋初, 諸路未盡禁酒, 吳越之禁自錢氏始, 京西禁自太平興國二年, 閩廣至今無禁.

송나라 진종이 조서에서 말하였다.

"술 종류의 전매와 판매법은 본래 정해진 규정이 있으니, 마땅히 회계를 담당하는 관청에게 명하니, 이에 대한 격식을 만들도록 하라. 이제부터 중외(中外)에서는 술에 대한 세 부과를 증액하는 것을 다시 논의함으로써 은전과 포상을 꾀하지 않도록 하라."

眞宗詔曰: "榷酤之法素有定規, 宜令計司立爲定式, 自今中外不得複議增課以圖恩獎."

신은 이렇게 생각합니다. 술을 마시는 물건으로 만든 것은 옛사람들이 이를 만들어 신에게 제사하거나 노인을 봉양하고, 또는 손님에 연회를 베풀고자 한 것이었습니다. 따라서 술 또한 마치 제사용 그릇을 가득 채우는 제사 음식과 같아서, 백성들이 일용하는 데 없어서는 안 되는 물건이 결코 아니었습니다. 의적(儀狄)이 술을 만들기 시작하자, 위대하신 우 임금은 이를 마시고는 후세에는 반드시 이 술 때문에 자신의 나라를 망하게 하는 자가 있을 것임을 미리 알았습니다. 또한 주나라 무왕은 《주고(酒誥)》를 지어 그 신하들에게 이를 경계하였을 뿐만 아니라, 술을 더욱 많이 마시고자 하는 자에게는 그를 법에 따라 벌을 가하도록 하였습니다. 이처럼 옛날의 성왕들은 백성들이 미천하더라도 백성들의 성품과 목숨을 상하는 것을 차마 참지 못했음에도 불구하고 오히려 이와 같이 하였으니, 이는 법이 엄격하지 않으면 술을 금해도 이를 그치게 할 수 없기 때문입니다.

그런데 상홍양(桑弘羊)이 술을 전매하여 이익을 취하는 법을 만들면서부터 멋대로 구는 백성들은 술을 스스로 만들어 마시게 되었으니, 오호라! 여기서 얻을 수 있는 것이 얼마나 되겠습니까? 이에 천하 국가는 끝이 없는 화를 입게 되고, 마침내는 하잘것없는 백성들도 술의 단맛에 취하여 항상 마시게 되었습니다. 이로써 자신의 몸이 우쭐해지는 것을 잊고 성품이 어지럽게 되고 덕이 사라지게 되기에 이르게 되었습니다. 이 때문에 부모와 지식이 서로 자애하고 효도하지 않게 되고, 형제들도 서로를 사랑하지 않게 되었습니다. 또한 부부도 이 때문에 서로 반목하게 되고 친구도 서로 원망을 하게 됨으로써, 심지어는 집안이 파괴되고 나라가 망하게 됩니다. 따라서 나라에서 흥하게 만들려고 해도 모두가 술 때문에 원망하고 패망한 사람이 헤아릴 수 없이 많으니, 명철한 군주와 현명한 재상이라 하더라도 어떻게 이를 금지하지 않고도 단절시킬 수 있겠습니까? 또한 전대에는 술에 기대어 함부로 나라의 경비를 마련하고자 함으로써, 술을 금지하지 않고 오히려 이에 의지하였습니다. 하물며 조상들은 인의(仁義)로 나라를 세웠음에도 불구하고, 차마 백성들의 식구 수를 세어 여기서 나는 세를 나라의 경비로 삼고자 하는 것조차 못했으니, 설사 그 명분만 남아 있다고 하더라도 실제로는 그 이익이 없는 것입니다.

따라서 신은 어리석게도 이렇게 생각합니다. 오늘날에는 백성을 교화하여 풍속을 후덕하게 하는 것이 급선무이며, 이는 삼대 성왕들이 술 판매를 금지한 좋은 법도를 회복시키는 것보다 더 우선인 것은 없습니다. 그런데 법도가 너무 엄격하면 시행할 수가 없고, 법도가 너무 느슨하면 술을 금지할 수가 없습니다. 하물며 백성들이 마시고 먹는 것을 함께 즐기는 것을 좋아하는 관습이 이미 본성처럼 되었을 뿐 아니라, 심지어는 먹는 것을 전폐하고 술만 마시는 자들은 그 본성으로 술을 좋아하는 것이 이미 오래되었기 때문에, 일단 이를 바꾸고자 하여 좋게 하려 해도 바뀌지 않습니다. 바라옵건대, 유사에 명하여 고전에서 나오는 술에 대한 세금 부과 내력을 분명하게 밝히시고, 지금 이후로는 관리와 일반 백성의 집 모두에게 사사로이 술을 양조하는 것을 허락하되, 술을 만드는 양은 5말, 술을 서로 선물로 보내는 것은 2되를 초과하지 않도록 하십시오. 또한 연회 시에는 세 순배를 초과하지 않게 마시도록 하고, 술을 마시되 심하게 취하게 되는 것을 허락하지 않고, 또한 주점을 열어 술을 파는 사람은 중형으로 다스리며, 술을 가지고 바깥으로 나가는 것도 엄금하도록 합니다. 그리고 모든 민가에서 가지고 있는 견착(甄窄: 술을 증류하여 만들 때 사용하는 좁은 관 모양의 질그릇 용기) 등의 그릇들은 모두 관청에 보내서 깨뜨려 없애는데, 이때 이를 관청에 보내지 않는 사람은 벌하도록 합니다. 또한 (술을 증류할 때) 술이 흘러가는 관을 만드는 목공이나 (술 제조에 필요한) 질그릇을 만드는 요호(窯戶: 도기를 굽는 일에 종사하는 사람)들에 대해서는 일정하게 제한된 제조량을 정하도록 하되, 이를 위반한 사람에게는 죄로 다스립니다. 이와 같이 하면, 술은 해당하는 집이 아니고서는 술을 만들 수 없기 때문에 가난한 백성들은 술을 늘 마실 수 없게 될 것입니다. 설사 법을 두려워하지 않는 사람이 비록 욕망에 사로잡혀 마음대로 술을 만든다고 하더라도, 예를 알고 법을 지키는 사람들은 또한 이에 의거하여 술을 절제할 것입니다.

이와 같이 하는 것은 비록 옛날 사람들의 법을 세운 근본 취지가 아니지만, 이 또한 때에 따라 마땅히 해야 할 것을 정함으로써 백성을 풍족하게 하고 교화하는 한 실마리가 될 것입니다. 어리석은 유자들이 말하기를 "하나는 알고 둘은 모른다."고 했습니다. 엎드려 바라옵건대, 성군과 현명한 재상들은 서로 절충(상의)하여 이를 시행하시면, 모든 천하의 백성들이 보이지 않게 그 혜택을 받게 될 것입니다.

臣按: 酒之爲物, 古人造之以祀神·養老·宴賓, 亦如籩豆之實, 然非民生日用不可無之物也. 儀狄始造酒, 大禹飲之豫知後世必有因之以亡其國者, 武王作誥以戒其臣下, 至欲加以殺之之刑, 古之聖王必不忍以口食之微戕人性命, 而猶然者, 法不嚴則禁不絕故也. 自桑弘羊爲榷酒取利之法, 縱民自造而自飮, 嗚呼, 所得幾何, 乃使天下國家受無窮之禍, 遂至蚩蚩之民嗜其味之甘‧忘其身之大, 性以之亂‧德以之敗‧父子以是而不相慈孝‧兄弟以是而不相友愛‧夫婦以是而相反目‧朋友以是而相結怨, 甚至家以之破‧國以之亡, 國家有所興作, 率因是以僨敗者不可勝數, 明君賢相何苦而不爲之禁絕哉? 且前代賴之以制國用, 不禁尙有可諉者, 況祖宗以仁義立國, 不忍計民口食以爲國用, 如存其名, 實無其利. 臣愚以爲, 今日化民厚俗之急務, 莫先於複三代聖王禁酤之良法, 然法太嚴則不可行, 法太寬則不能禁, 況民以飮與食並嗜習已成性, 甚乃有廢食而專飮者, 性嗜已久, 一旦革之, 良爲不易, 乞敕有司申明古典, 革去額課, 今後官吏軍民之家並許私釀, 然所醞釀者不許過五鬥‧相饋送者不許過二升‧宴會不許過三巡‧飮嗜不許至甚醉, 開店以賣者有重刑, 載酒以出者有嚴禁, 凡民家所有甄窄之類盡行送官毁壞, 不送者有罰, 而又禁革造窄之木工‧燒甄之窯戶, 定爲限製, 違者治罪. 如此, 則酒非富家不能造, 而貧者無從以得酒, 不畏法者雖欲縱情以自肆, 而知禮守法者亦有所據依以節制之矣. 若此者, 雖非古人立法之本意, 然亦因時製宜‧足民化俗之一端也. 迂儒之言, 知其一而不知其二, 伏惟聖君賢輔相與折衷而施行之, 天下臣民蓋有陰受其賜者矣.

원나라 성종(成宗)[41] 대덕(大德) 8년(1304)에 대도[42]주과제거사(大都酒課提擧司: 주세를 관장하는 최고 관청))에는 조방(槽房: 술을 만드는 양조장) 100곳을 설치하였다. 대덕 9년에는 이를 30곳으로 병합하였고, 여기에서 하루에 빚는 술은 25섬[43]을 넘지 않도록 하였다.

元武宗大德八年, 大都酒課提擧司設槽房一百所. 九年, 並爲三十所, 每所一日所釃不許過二十五石之上.

신은 이렇게 생각합니다. 송나라 동경[東京: 개봉(開封)을 말함.] 주무(酒務: 술 판매를 주관하는 관청)는 35곳인데, 원나라에서는 이를 대도제거사 하나로 총괄하도록 하는 한편, 양조장 30곳을 설치하되 한 곳의 양조장에서 만드는 술이 25섬을 넘지 못하도록 하였습니다. 이로써 하루에 만드는 술은 모두 750섬이고 매월 2만 2천 5백 섬이며, 또한 매해에는 27만 섬이었습니다. 그런데 오늘날 경사(京師)에서 매일 소비되는 술은 아마도 이것에만 그치지 않았을 것입니다. 또한 술을 만드는 쌀은 모두 강남에서 나왔기 때문에, 해마다 선박과 수레 수천만 대를 거쳐 이에 달했을 것입니다. 아아! 백성이 술을 마시고자 하기 때문에, 이를 금지하면 멋대로 굴 것을 두려워함으로써 술집[樓店]을 열어 이들이 모여들게 하여 이들이 마음대로 술을 마시게 하였는데, 이

---

41 성종(成宗): 저본에서 무종(武宗)은 대덕(大德)이라는 연호를 미루어 볼 때, 성종(成宗)의 오기로 보인다.

42 대도(大都): 일반적으로 원나라 대도는 지금의 북경으로 알려져 있다. 그러나 최근 중국 학계에서는 대도가 춘추시대의 연경(燕京), 즉 북경이 아니라, 이곳에서 약 300km 떨어진 원나라 중도(中都)라는 주장이 제기되고 있다. 현재 대도 유적지는 내몽고 시린하오터(石林浩特)에 있다.

43 섬: 1섬(石)은 대략 180리터에 해당한다.

래도 되는 일입니까? 그러므로 윤리를 통해 이를 금지하는 것이 실패하고 정사를 폄에 있어서도 이를 금하는 것을 오히려 폐지하였으니, 분쟁과 간사하게 몰래 양조하는 것이 일어나게 되었습니다. 이에 어질지 않고 불의한 자들이 들고일어나 마침내 화와 난이 일어나는 단서가 되었습니다. 엎드려 바라건대, 현명하신 황제께서는 분발하고 용단을 내리시어 의연하게 이를 금지하여, 한나라 이래로 천 년 동안 뿌리 깊은 고질적인 병폐를 바꿈으로써, 만세 이후에도 역사서에 선정(善政)으로 기록될 수 있게 하신다면, 이 어찌 좋은 일이 아니겠습니까? 비록 천 년토록 이루어진 일과 사람들의 욕망은 하루에 이를 정리하여 없애려 해도, 심히 바꾸기 어려운 것이기 때문에, 반드시 그 순서를 생각하지 않을 수 없습니다. 따라서 원나라 사람들이 관청을 설치하여 양조장을 경사(京師)와 오성(五城)에 열었던 것처럼, 성(城)마다 5개의 양조장을 열어 각 양조장에서는 하루에 10섬을 초과하지 않게 팔도록 합니다. 이때 관리와 군민(軍民)의 집에서는 공과 사적으로 제사나 관례와 혼례 등이 있을 때에는 미리 그 날짜를 적어 관에 보고하게 하여 이를 허락받고 술을 사도록 합니다. 이때 관에서는 이를 증빙하는 증서를 만들되, 이 증서에는 꽃문양으로 테를 두르고 가운데에는 문서를 인쇄해 넣고 날짜와 거행할 예식의 모임에 대해서는 공란으로 비워 두어, 술을 살 때 이 공란에 채워 써넣도록 합니다. 그리고 나면, 관에서는 이 증서에 "해당하는 날짜가 아니면(벗어나면) 사용할 수 없다."고 쓰인 말로 승인합니다. 그리고 증서 한 장을 가지면 술 한 말을 초과하여 살 수 없으며, 그 가치는 반드시 증서 본전의 두 배가 되기 때문에 이것의 가격이 비싸면 살 수 있는 술은 자연히 적게 마련입니다. 따라서 술을 사는 사람은 이 증서를 관에서 대조하게

되는데, 이 증서가 없거나 증서의 액면가 보다 많이 사거나 많이 파는
자는 각기 그 죄로 다스립니다. (이상 술의 전매에 대한 것입니다.)

臣按: 宋朝東京酒務三十五, 元於大都總置提擧司一, 設爲槽房三十
所, 每所一日所醖不許過二十五石, 總計日費七百五十石·月費二萬
二千五百石·歲費二十七萬石. 今日京師一歲所費恐不止此, 且釀酒之
米皆出江南, 舟載車輦歷數千萬乃至於此. 嗟夫, 民生有欲, 禁之猶恐
其縱, 乃設樓店以召致之使縱其欲, 可乎? 倫理以之而斁, 政事以之而
廢, 詞訟奸盜以之而興, 是乃一不仁不義之擧, 興禍起亂之端. 伏願聖
明天子奮發剛斷, 毅然禁之, 以革自漢以來千載深痼之弊, 使萬世以下
良史書之以爲善政, 豈不韙歟. 雖然, 千年之事·萬人之欲, 乃欲一日
而頓去之, 良不易然者, 必不得已而思其次, 請亦如元人置司開槽京師
五城, 每城各爲五槽, 每槽日醖不許過十石, 官吏軍民之家遇有公私祭
奠·昏冠禮會, 許其先期具辭告官酤買, 官爲之券, 券用花欄, 中印文
移, 空其月日及所行禮會, 臨時塡注, 仍批其券曰"出本日不用", 每券不
過一斗以下, 價直必倍其本價, 貴則酤者少矣, 酤酒者執券爲照, 無券
及多買多賣者各治以罪. (以上榷酤)

당나라 시기 양주(揚州) 등 8도의 주와 부에는 곽곡무(榷曲務)를 설치하
였다.

唐揚州等八道州府置榷曲務.

송나라는 오대 시대를 이어 모든 주(州)에 곡무(曲務: 누룩 관련 업무를 관장하는 관청)를 설치하였다. 지도(至道) 3년(997)에 다시 주곡(酒曲: 누룩)에 대한 금지령을 내려서, 사사로이 주곡을 만들면 관리를 파견하여 그 죄를 다스렸다.

宋承五代之後, 置諸州曲務. 至道三年, 再下酒曲之禁, 凡私造差定其罪.

송나라의 모든 군에는 초방(醋坊: 식초를 파는 상점)이 있었는데, 원우(元祐, 1086~1093) 초에 신료들이 식초의 전매를 폐지할 것을 청함에 따라 이를 폐지하였다. 소성(紹聖) 2년(1095)에 적사(翟思)가 모든 군의 초방에서 하루 이자를 조달하는 것을 뺀 나머지는 식초는 모두 상평창에 귀속하도록 할 것을 요청하였다. 또한 원나라 태종(1234~1241) 시대에는 주초무방장관(酒醋務坊場官)을 설치하여 술과 식초 전매에 대한 세 부과를 처리하도록 하였다.

宋諸郡有醋坊, 元祐初, 臣僚請罷榷醋. 紹聖二年, 翟思請諸郡醋坊日息調度之餘悉歸常平. 元太宗立酒醋務坊場官, 榷酤辦課.

신은 이렇게 생각합니다. 곡식과 보리는 이미 토지세로 납부하였음에도 불구하고, 곡식을 이용하여 술을 만드는 데도 또다시 여기에 세를 부과하고, 또 보리를 누룩으로 만들어 단술을 만들어도 세를 징수하고, 쌀과 찌개미로 식초를 만들어도 세를 징수하고 있습니다. 그런데 이는 모두 동일하게 쌀과 보리 곡식류로서, 이를 경작하여 식량으로 삼았습니다. 따라서 관에서는 이미 여기에 세금을 취하였고, 또한 상인들은 농민들로부터 이를 사들여 술이나 누룩, 또는 식초로 만드는데, 관에서는 여기에도 세를 부과하였으니, 이야말로 한 가지 사물에 3~4차례 세금을 내게 하는 셈입니다. 오호라! 이는 모두 말세에서나 나타나는 일로, 나라가 융성했을 때에는 있지 않았던 일입니다. 그러므로 이를 어찌 하늘이 사물을 생기게 하여 백성을 기르고, 군주는 하늘을 대신하여 백성을 다스린다는 뜻이라고 할 수 있겠습니까?

우리 명나라에서는 주국무(酒麴務)를 설치하지 않고 오직 이에 대한 징수를 경상 세금 업무 속에 함께 포함시켰기 때문에, 식초의 경우는 이전부터 늘 금지하지 않았습니다. 따라서 당나라와 송나라 이래로 세금을 가혹하게 징수하고 거두는 것을 일체 바꿨을 뿐만 아니라, 백성에게서 정식으로 취한 세금 또한 관대했다고 할 수 있습니다. 무릇 하늘은 오곡을 생기게 하여 백성들이 이를 먹게 하였기 때문에, 백성이 먹을 것이 없으면 곧 죽게 되고, 이를 적게 먹으면 배가 부르지 않게 됩니다. 이처럼 백성은 하루라도 배가 부르지 않을 수 없지만, 술은 종신토록 취하지 않아도 됨에도 불구하고 군주가 어째서 반드시 백성들에게 취하게 만들려고 하겠습니까? 따라서 관청을 설치하고 관원을 두어 술을 다스리고 술을 만드는 데 필요한 누룩 또한 관리하였습니다. 이는 특별히 생각하지 않아도 술은 취하게 하는 수단이자 사람의 배를 부르게 하는 것이기 때문인데, 이것을 없애면 저것으로 하고, 저들이 많으면 이들은 적은 것은 필연적인 이치입니다. 그러므로 태평하고 아무 일이 없을 때에도 백성들의 덕을 망가지게 할 것을 염려하여, 오히려 술을 금지하지 않을 수 없었던 것입니다. 그런데 전란과 흉년, 그리고 역병이 있을 때에는 반드시 백성이 먹을 것이 줄어들 것이니 어찌 엄하게 이를 금지하지 않을 수 있겠습니까? 술을 금지하는 방책에 대해서는 신이 이미 앞에서 설명하였습니다.

다만 누룩을 금지하는 것에 대해서는, 민가에서 스스로 만들되 한 말을 넘기지 않는 경우에는 백성들이 자체적으로 만들도록 허락하지만, 이를 재물로 교역하는 것에 대해서는 불허하도록 합니다. 오늘날 천하에서 누룩을 제조하는 곳은 오직 회안부(淮安府) 한 곳뿐인데, 이곳은 보리[麰麥]가 많아서, 이를 일 년으로 계산하고 섬으로 계산하면 백만 섬은 걱정할 필요가 없습니다. 뿐만 아니라, 이곳은 북경과 남경의 사이에 위치하여 남북(南北) 운하의 요충지에 해당하기 때문에, 강운(綱運)⁴⁴을 통해 운하를 오르내릴 때 반드시 이곳을 지나게 되고, 상인들도 운하를 왕래할 때 반드시 이곳을 거치게 되기 때문에, 일 년 동안 사방에서부터 이곳에 운송하는 물자는 헤아릴 수 없을 정도입니다. 오호라! 백성들의 생계를 위해 일용하는 재료를 소비하여 술에 취하여 정신을 잃게 하는 도구로 삼고 있습니다. 전대에는 이를 나라의 회계로 삼아 부득이 여기서 나오는 이익(주세)을 취하였기 때문에, 이를 그대로 내버려 두었던 것입니다. 그런데 오늘날에는 여기서 이익을 취하는 것이 없음에도 불구하고 역시 이를 금하지 않으니, 신은 어떤 이유인지를 알 수가 없습니다.

---

44 강운(綱運): 당나라 시대부터 조운을 대량으로 할 때, 노정과 물량을 나누어 운송하는 조운 방법을 말한다. 이때 각 물품을 실은 해당 배에는 일련 번호를 적어 강(綱)이라 하였기 때문에, 강운(綱運)이라고 한다.

신은 청하옵건대, 유사에 명하여 금지하는 규율을 더욱 엄하게 하여, 무릇 민간에서 누룩을 만드는 용기는 모두 잘라 없애도록 하십시오. 또한 이를 만드는 일에 고용된 사람들은 모두 잡아서 농사일로 돌아가게 하되, 이를 범할 경우에는 사염(私鹽)이나 위조 돈을 만드는 것과 동일한 규정으로 다스리도록 하십시오. 이와 같이 하면, 곧 일 년 사이에 보존할 수 있는 보리가 100만여 섬이 되어, 이로써 백성의 식량으로 제공할 수 있게 될 것입니다. 이처럼 백성에게 먹을 것이 있게 되면, 곧 나라가 풍족하게 되는 것이니, 이 또한 옛날 사람들이 말하는 "부를 쌓는 것은 백성으로부터 나오는 것이다."인 것입니다. (이상은 누룩과 식초입니다.)

臣按: 穀麥旣已納稅, 用穀以爲酒又稅之, 造麥爲麴以釀酒又稅之, 用米與糟以爲醋又稅之, 是則穀麥一類, 農耕以爲食, 官旣取之, 商糴於農以爲酒·爲麴·爲醋, 官又取之, 此一物而三四出稅也. 嗚呼! 此皆末世之事, 隆盛之時所無有也, 是豈上天生物養民, 人君代天子民之意哉? 我朝不立酒曲務而惟攤其課於稅務之中, 而醋則自來無禁, 凡唐宋以來苛征酷斂一切革之, 其取於民也可謂寬矣. 夫天生五穀以爲民食, 民無食則死, 少食則不飽, 民不可以一日而不飽, 而可以終身而不醉, 上之人何苦而必欲民之醉哉? 乃至設務置官以司酒, 至於所用爲酒之曲亦司之焉, 殊不思所以爲醉之具卽所以爲飽之物也, 去此以爲彼, 彼多則此少, 必然之理也. 太平無事之時, 恐其敗民之德, 尚不可以不禁, 兵荒凶札之歲, 必至損民之食, 烏可不嚴爲之禁哉? 禁酒之策, 臣已具於前矣, 若夫麴糵之禁, 民家自造不過斗者, 請聽民自爲之, 但不許其以交易貨買. 今天下造曲之處惟淮安一府靡麥爲多, 計其一年以石計者毋慮百

萬, 且此府居兩京之間·當南北之衝, 綱運之上下必經於此, 商賈之往
來必由於此, 一年之間般運於四方者不可勝計. 嗚呼, 費民生日用之資
以爲釀酤荒亡之具, 前代以國計故不得已而取其利, 縱之可矣, 而今日
無所利之而亦莫之禁, 臣不知其何故也. 臣請敕所司嚴加禁約, 於凡民
間造麴器具悉令拆毀, 與凡爲之傭作者一切勒以歸農, 有犯以與私鹽·
僞錢同科. 如此, 則一年之間亦可存麥百餘萬石以資民食, 民之所有卽
國之所有, 是卽古者所謂藏富於民者也. (以上曲醋)

《주례》에서 말하였다.

위인(委人)은 들판[野: 산택과 채마밭]에서 나는 물자에 세를 거두는 것을
관장하는데, 땔감【신(薪)은 이것으로 삶는 것이다.】이나 마소의 꼴【추(芻)는 풀이
다.】, 채소【소재(疏材)는 채소 종류이다.】나 목재【목재(木材)는 궁궐을 만들 수 있는 것
이다.】, 겨울에 대비하여 모아 두는 모든 물자[畜聚之物][45]이다.[46]

《周禮》: 委人掌斂野之賦, 斂薪【以烹者】·芻【草】·凡疏材【菜蔬之類】·木材【可
爲宮室者】·凡畜聚之物.

---

45 畜聚之物: 축취지물(畜聚之物)에 대한 해석은 겨울에 대비하여 오이와 호박, 해바라기와 토
란 등을 말려서 저장해 두는 것을 뜻한다고 해석하기도 한다. 《주례통석(周禮通釋) 상》(本田
二郞, 동경, 秀英出版社, 1975) 참조.
46 위인(委人)은 … 물자이다: 이 내용은 《주례 지관》〈사도 하〉에 나온다.

신은 이렇게 생각합니다. 소재(疏材)는 초목으로 먹을 수 있는 채소입니다. 목재는 나무를 심어 궁궐을 짓는 재료로 사용할 수 있는 것입니다. 신(薪)은 음식을 만들 때 제공하는 땔감이고, 추(芻)는 이것으로 가축을 먹이는 사료입니다. 이 네 가지는 모두 들에서 나는 것으로서, 반드시 한데 모아 쌓아 두었다가 필요한 때에 쓰는 것입니다. 따라서 위인(委人)으로 이를 관장하게 하였는데, 후세에는 채소와 과일, 대나무와 나무, 땔감[柴薪][47]에는 세가 있게 되었으니, 그 연원은 대체로 여기에서 비롯된 것입니다.

> 臣按: 疏材, 草木之可食茹者; 木材, 木植之可爲宮室器用者; 薪以供烹飪; 芻以飼畜類. 四者皆出於野, 必畜聚之以待不時之用也, 故以委人掌之, 後世疏果·竹木·柴薪有稅, 其原蓋出於此.

당나라 덕종(德宗) 시대에는 호부시랑 조찬(趙讚)이 천하의 대나무와 나무에서 1/10세를 취하기 시작한 것을 통해, 이를 상평창의 자본으로 삼았다.

> 唐德宗時, 始用戶部侍郎趙讚稅天下竹木, 十取其一, 以爲常平本.

---

47 柴薪: 시신(柴薪)은 땔감으로 시(柴)는 주로 잡목이나 석탄 등의 땔감이며, 신(薪)은 풀이나 짚 등의 땔감이다.

신은 이렇게 생각합니다. 후세의 대나무와 나무에 대한 세는 여기에서 비롯되었습니다. 그런데 당나라 시대에는 (물품)세는 여기서 나오는 이익을 취하여 상평창의 자본으로 삼았지만, 오늘날에는 이를 사용하여 궁궐의 집기로 삼았습니다.

우리 명나라에서는 천하에 모든 관진(關津: 관문과 강어귀)이 있는 곳에 추분(抽分: 물품에서 일정한 세금을 떼어 내는 것) 죽목국(竹木局)을 설치하고 객상이 판매하는 대나무와 나무, 땔감과 석탄 등의 물품에서 일정한 (물품)세를 떼어 징수하였습니다. 한편 경사(京師)에 있는 사람들에게는 군대의 위(衛)에서 자체적으로 장마당[場]을 설치하여 땔감을 거둬 각기 나누어 저장하는 한편, 매달마다 금군(禁軍)[48]이나 고아나 노인 등에게 지급하여 불을 지피는 데 사용하도록 하였습니다. 그리고 대나무와 나무 등의 물건들은 장마당에 묶어서 쌓아 두었다가, 각 국에게 매 10일마다 그 수량을 보고하여 알리도록 하되, 만약 쓸데가 있게 되면 필요한 재료 수량에 따라 그중에서 고르고 수량을 세어 지급하도록 합니다. 한편 장마당 바깥에 있는 국(局)에서는 각기 관할 소재지에서 필요한 것을 지급하도록 합니다. 그런데 최근에는 태평부의 무호(蕪湖), 형주(荊州)의 사시(沙市), 절강(浙江)의 항주 등지에는 공부(工部) 소속 관원을 파견하여 그 지역에 직접 가서, 물품에 대한 세를 일부 징수하되, 이를 팔아 이에 해당하는 가치를 은냥(銀兩)으로 바꿔 경사에 보내서 공부(工部)에서 필요한 수리비로 제공하게 합니다. 이것이야말로 백성에게 (물품세를) 과징하는 것을 면하게 하는 것으로서, 진실로 좋은 방안입니다. 그런데 상인들의 거래는 일정하지 않아

---

48 금군(禁軍): 황제와 궁궐, 수도를 경비하는 황제 직속의 군대를 말한다.

서 일정한 세액을 정하기가 어렵기 때문에, 이후에 오는 사람은 반드시 앞서 온 사람들의 세액을 초과해야 한다는 것으로써 명성을 얻을 수 있었습니다. 이로써 해마다 한 해씩 물품세를 증액함으로써, 그 기강이 없는 것이 극에 달하게 됨에 따라, 후에 오는 사람들은 아마도 이를 계속할 수가 없었을 것입니다. 따라서 상인과 밑지면서까지 팔아야 하는 사람들은 오지 않게 됨으로써, 관과 백성 양측이 모두 이익을 잃게 되었습니다. 바라옵건대, 어느 쪽에도 치우치지 않는 적절한 방법을 헤아려 각 장소에 따라 액수를 정한다면, 세를 많이 떼어내는 것을 우월하다고 생각하지 않고 그 액수에 못 미친다고 해도 이를 열등하다고 여기지 않게 되어 이를 오래 지속할 수 있겠지요? (이상은 대나무와 나무에 대해 설명한 것입니다.)

臣按: 後世竹木之稅始此, 然唐時所稅者取其利以爲常平本, 今世則用之以爲宮宇什器耳. 我朝於凡天下關津去處, 設抽分竹木局, 抽分客商興販竹木柴炭等物, 在京者令軍衛自設場分收貯柴薪, 按月給與禁軍孤老等燒用, 竹木等物堆垜在場, 令各局按旬奏申知數, 遇有用度, 以憑計料·揀定度量支撥, 在外場局則用各給所在之用. 近年於太平之蕪湖·荊州之沙市·浙江之杭州徑遣工部屬官親臨其地抽分變賣, 取其價直銀兩解京以供工部繕造之費, 免以科征於民, 是誠良策. 然商販無常, 難爲定數, 後來者務踰前人之數以徼能名, 歲增一歲, 無有紀極, 竊恐後來之難繼, 商賈·折閱興販者不至而官與民兩失其利. 乞量爲中制, 因地定額, 多者不以爲優·不及數者不以爲劣, 庶幾可以久行. (此言竹木)

한나라 선제 오봉(五鳳, 기원전 57~기원전 54) 중에 경수창(耿壽昌)[49]이 바다의 세금을 아뢰자, 소망지(蕭望之)[50]가 말하였다.

"현관(縣官)들이 일찍이 자체적으로 물고기를 잡았기 때문에 바다의 물고기를 (일반 백성들에게) 개방하지 않았는데, 이후에 이를 다시 백성들에게 내어 줌으로써, 물고기가 백성들에게 개방되었다."

漢宣帝五鳳中, 耿壽昌白增海租, 蕭望之言: "縣官嘗自漁, 海魚不出, 後復與民, 魚乃出."

신은 이렇게 생각합니다. 후세에서 물고기에 대한 과세는 그 연원이 여기에서 나왔습니다. 우리 명나라에서는 강에 정박할 수 있는 곳에는 모두 관리를 두어 물고기에 대한 세를 다스렸는데, 해마다 정해진 액수가 있었습니다. 강에서 정박하는 곳은 천하에 멀리 퍼져 있었는데, 호광(湖廣)지역이 가장 많았습니다. 이에 따라 한 개의 번(藩)과 12개의 부(府), 그리고 4개 주에는 모두 140여 곳이 있었고, 면양(沔陽)

---

49 경수창(耿壽昌, ?~?): 한나라의 역산(曆算)과 이재로 능했다. 자는 창(昌)으로 한나라 선제 때 대사농중승을 역임하면서, '상평탕(常平倉)'의 설치하고 물가조절을 위해 조적법(糶糴法)을 시행하였다. 대표적인 저서로는《일월백도(日月帛圖)》,《월행도(月行圖)》등이 있지만 전해지지 않고, 장회(張蒼)와 정리한《구장산술(九章算術)》이 전해진다.

50 소망지(蕭望之, ?~기원전 47): 동해(東海)의 난릉(蘭陵) 출신이다. 한나라 소제와 선제를 보좌했으며, 이후 선제의 유명에 따라서 원제(元帝)를 보좌하였다. 그는 당시의 실력자 곽광에게 압박을 받았으나, 곽씨 몰락 후에는 선제에게 신임을 얻어 여러 관직을 역임하면서, 특히 환관의 전횡을 막으려고 제도 개혁을 추진했으나, 이로 인해 오히려 모함을 받아 처벌되자 자살하였다.

한 주는 31개 곳에 달했습니다. 여기에서는 해마다 납부하는 초(鈔)는 일정한 액수가 있었을 뿐만 아니라, 초법(鈔法)을 시행하여 이것에서 얻는 것 역시 적지 않았습니다. 금일에는 비단 물고기에만 세를 부과 하는 것이 아니라, 모든 거래에 부과하는 세도 이와 같았습니다. 이 처럼 오히려 초법이 통용되자, 부과되는 모든 세는 나라의 경비로 제 공되거나, 그렇지 않으면 관리의 봉록으로 소비하게 되었습니다. 이 로써 이는 오히려 백성들에게 번거로운 것이 되어 여기서 부족하면 이로써 그 경비를 보충하게 되었습니다. (이상은 물고기에 대한 세를 말 한 것입니다.)

臣按: 後世魚課其原出於此. 我朝凡有河泊之處皆立官以司魚課, 歲有 定額, 河泊之所遍天下而惟湖廣最多, 一藩十二所四州共百四十餘處而 沔陽一州乃至有三十一處, 歲納課鈔有定數, 使鈔法果行, 所得亦不貲 矣. 今日非但魚課, 凡征商等課皆然, 苟鈔法通行則諸課皆得以資國之 用, 不然則是虛費官吏之俸, 徒爲下人之擾, 而所得不足以償所費也. (此言魚課)

《원사(元史) 식화지》에서 말하였다.

정해진 물품세 이외에 부과되는 것으로는 32가지 있다. 그 첫째는 달 력, 둘째는 계약문서, 셋째는 강가의 숙박지, 넷째는 벌채장(산판), 다섯 째는 도요지와 야금장, 여섯째는 전세, 일곱째는 좌판, 여덟째는 연못, 아홉째는 창포, 열째는 염소, 열한 번째는 갈대, 열두 번째는 석탄, 열 세 번째는 당안(撞岸: 배가 정박하는 부두), 열네 번째는 산사(山査: 아가위나

무), 열다섯 번째는 누룩, 열여섯 번째는 물고기, 열일곱 번째는 옷, 열여
덟 번째는 효소, 열아홉 번째는 산택, 스무 번째는 탕(蕩: 접대부), 스물한
번째는 버드나무, 스물두 번째는 아례(牙例: 상아와 같은 동물의 치아), 스물
세 번째는 우유, 스물네 번째는 물품세, 스물다섯 번째는 부들, 스물여섯
번째는 치어, 스물일곱 번째는 땔감나무, 스물여덟 번째는 양가죽, 스물
아홉 번째는 자석, 서른 번째는 대나무자리, 서른한 번째는 생강, 서른두
번째는 도라지 등이다.

《元史》: 額外之課凡三十有二, 其一曰曆日·二曰契本·三曰河泊·四曰山
場·五曰窯冶·六曰房地租·七曰門攤·八曰池塘·九曰蒲葦·十曰食羊·
十一曰荻葦·十二曰煤炭·十三曰撞岸·十四曰山查·十五曰曲·十六曰魚·
十七曰漆·十八曰酵·十九曰山澤·二十曰蕩·二十一曰柳·二十二曰牙例·
二十三曰乳牛·二十四曰抽分·二十五曰蒲·二十六曰魚苗·二十七曰柴·
二十八曰羊皮·二十九曰磁·三十曰竹葦·三十一曰薑·三十二曰白藥.

신은 이렇게 생각합니다. 《원사(元史) 식화지》에서 말하는 산림과 천
택(川澤)에서 생산되는 것에 해마다 세를 부과하는 것은 예를 들면, 금
은·주옥·구리와 철·수은·주사(朱砂)·벽면자(碧甸子: 녹색의 송석)·아연
과 주석·명반과 염석·대나무와 나무 등의 종류입니다. 이 중에서 이
익이 가장 광범위한 것은 염법·다법·상세·시박(市舶) 등 네 가지입니
다. 이 밖에도 또한 이른바 정해진 세 이외의 잡세는 모두 32가지가
있습니다. 이를 정해진 것 이외라고 말하는 것은, 해마다 부과되는
잡세의 경우는 정해진 액수가 있지만 이는 그 정해진 세액과는 별도

158

이기 때문입니다. 오호라! 원나라가 천하를 가지고 백성에게서 취한 잡세의 명목은 이와 같이 많았으니, 이로써 당시 백성의 고달픔을 알 수 있을 것입니다.

우리 명나라에서는 이 모든 것을 삭제하여 없애고, 열 가지 가운데 한두 가지만 남겨 두었지만, 나라의 경비가 부족하다는 말을 들어 보지 못했습니다. 신의 생각으로는, 당시에는 오히려 이러한 명목으로 단지 간사한 사람들의 밑천으로 삼았을 뿐이고, 국가는 반드시 이를 경비로만 삼은 것은 아닙니다. 그러므로 이를 역사에 기록하여 후세의 경계로 삼음으로써, 나라의 명운을 재촉하게 한 원인을 보여 주고자 합니다. 오호라! 이를 오히려 영원한 감계로 삼으십시오.!

臣按:《元史·食貨志》有所謂歲課山林川澤之產, 若金銀·珠玉·銅鐵·水銀·朱砂·碧甸子·鉛錫·礬鹼·竹木之類, 其利最廣者鹽法·茶法·商稅·市舶四者, 外此又有所謂額外課凡三十二, 謂之額外者, 歲課皆有額而此課不在其額中也. 嗚呼, 元有天下其取之民課額之名目乃至如此之多, 當時之民其苦可知也. 我朝一切削去, 十存其一二, 亦不聞國用之不足. 臣意當時亦徒有此名目以爲奸人之資而已, 國家未必賴其用也. 史書之以垂戒後世, 以見其國脈之所以促有其因耳. 嗚呼, 其尚永鑒之哉!

이상은 조세의 징수와 전매 이익의 독점에 대해 논한 것입니다.

以上論征榷之課

대학연의보

(大學衍義補)

—

권31

나라의 경비를 관리함[制國用]

각종 잡역을 기록하는 대장[傅筭之籍]

맹자가 《맹자 진심 하》에서 말하였다.

"요역의 징발이 있다."[1]

> 孟子曰: "有力役之征."

주희가 《맹자 진심장구 하》에서 말하였다.

"세금[賦][2]을 징수하는 법은 해마다 정해진 액수가 있고, 요역은 겨울에 징발한다."

> 朱熹曰: "征賦之法, 歲有常數, 力役取之於冬."

---

1 요역의 … 있다:《맹자 진심 하》에 나오는 내용으로, "포와 실의 징수, 조와 쌀의 징수가 있고, 요역의 징발이 있다[有布縷之征, 粟米之征, 力役之征]"고 각종 세금의 종류를 설명하고 있다.

2 부(賦): 토지에서 생산되는 수확물에 대한 세금을 주로 현금으로 거두는 것을 뜻하고, 이와 비교되는 세(稅)는 토지에서 나는 수확물을 징수하는 현물세를 뜻한다.

신은 이렇게 생각합니다. 맹자의 〈진심장〉에서는 포와 실[布縷], 곡식 [粟米][3]의 징수를 요역과 함께 거론하여, 이를 일러 징수[征]라 하였습니다. 징수라는 것은 위(나라)에서 백성에게 거두는 것을 일컫는 것입니다, 이때 포와 실, 곡식은 전적으로 그 현물을 징수하는 것이고, 요역을 징수하는 것은 대개 이것과 겸해 백성들의 노동력을 징발하는 것입니다.

> 臣按: 孟子此章擧布縷 · 粟米與力役並言, 而皆謂之征, 征也者上取於下之名也. 布縷粟米專取其物, 而力役之征, 蓋兼乎人力也.

소사도(小司徒)의 직책은 도성 내와 교외[四郊] · 도비(都鄙: 경 · 대부에서 분봉한 채읍지) 등의 가구 수와 정전제에 편입되어 9부(賦)를 내는 가구의 수【구비지수(九比之數)는 총재직에서 구부(九賦)를 내는 사람들의 수이다.】를 헤아리고, 이를 통해【변(辨)은 구별이다.】 이들 신분의 귀천 · 늙은이와 어린이 · 장애자와 질병자 등으로 나누어 이들의 요역 징수를 감면하거나 면제해 준다【시(施)는 이(弛)라고 읽는다.】[4]

---

3   속미(粟米): 도정하지 않은 조와 벼인 속(粟)과 곡식의 껍질을 벗긴 낟알을 의미하는 쌀인 미[米]의 합성어로서, 일본과 우리나라에서는 일반적으로 좁쌀로 번역하고 있지만, 중국에서는 소미(小米), 즉 옥수수로 번역하고 있다. 이러한 차이는 당시 작물의 재배 상황과 그 시기와 관련하여 다양한 이견이 존재한다. 따라서 여기에서는 작물을 통칭하는 곡식으로 번역하기로 한다.

4   소사도의… 준다: 《주례주소(周禮注疏) 지관》〈소사도(小司徒)〉에 나온다. 이 내용의 앞에 "나라의 가르침에 대한 법도를 세우는 일을 관장하는데[掌建邦敎]" 부분이 생략되어 있다. 이하 내용은 《주례주소(周禮注疏) 지관》에 나온다.

小司徒之職, 稽國中及四郊都鄙之夫家九比之數【家宰職出九賦者之人數】, 以辨【別也】其貴賤·老幼·廢疾, 凡征役之施【讀爲弛】舍.

가공언(賈公彦)[5]이 《주례의소(周禮義疏)》에서 말하였다.

"사도(司徒)는 토지를 관장하는 관직이기 때문에, 분봉된 채읍지에 대한 법도 역시 겸하여 관장하였다. 또한 "변기귀천(辨其貴賤)·노유(老幼)·폐질자(廢疾者)"라는 것은 이들을 신분의 귀천(貴賤)·늙은이와 어린이[老幼]·장애자와 질병자[廢疾] 등을 별도로 구별하여, 요역을 감당할 수 있는 사람들을 합쳐 역을 징발하는 것을 말한다. 정(征)은 이들에게 세금을 징수하는 것이고, 역(役)은 요역을 말한다. 그리고 시사(施舍)라고 하는 것은 지위가 높은 사람은 늙은이와 어린이·장애자와 질병자 등과 함께 요역을 지우지 않기 때문에, 요역을 감면한다[弛]고 하는 것이다."

賈公彦曰: "司徒是主土地之官, 故亦兼主采地之法. 辨其貴賤·老幼·廢疾者, 謂別其貴賤·老幼·廢疾, 合科役者科役之. 征謂稅之, 役謂繇役. 施舍者, 貴與老幼廢疾者不科役, 故言弛也."

---

5 가공언(賈公彦, ?~?): 당나라 경학자로서, 당주(唐州) 영년(永年 지금의 하북의 한단시 동북) 출신이다. 그는 특히 삼례(三禮)에 정통하였으며, 태학박사(太學博士)를 지냈다. 그가 편찬한 저서로는 《주례의소(周禮義疏)》, 《의례의소(儀禮義疏)》 등이 있는데, 이들 편찬서는 《십삼경주소(十三經注疏)》에 수록되어 있다. 특히 그는 고종 영휘(永徽) 원년(650)에 지문(指紋)의 특징과 용도를 발견하기도 하였다.

오징(吳澂)[6]이 《오경찬언(五經纂言)》에서 말하였다.

"무릇 상등 토지[上地], 중등 토지[中地], 하등 토지[下地] 등은 모두 그 면적이 1전(廛: 100묘 넓이의 토지)으로, 그 토지의 구체적인 등급(세목)을 거론한 것이다. 즉 상등 토지의 경우는 한 집안에 7인이고 중등 토지는 6인이며, 하등 토지는 5인으로, 그 세목을 구별하는 것이다."

吳澂曰: "夫謂上地·中地·下地皆一廛, 擧其凡也. 家謂上地七人·中地六人·下地五人, 別其目也."

이에 토지를 균등하게 분급하되, 이를 통해 그 백성들을 조사하여 그 식구수를 두루 알 수 있었다. 즉 상등 토지는 한 집에 7인이 있어서 역을 맡을 수 있는 사람은 그중에 3인이고, 중등 토지의 경우에는 한 집안에 6인이 있어서 역을 맡을 수 있는 사람은 두 집에서 5인이다. 그리고 하등 토지의 경우에는 한 집안에 5인이 있어서 역을 맡을 수 있는 사람은 2인 이다. 무릇 공적인 일에 역을 담당하는 인부[徒役]를 징발할 때에는 한 집에 한 사람을 초과하지 않게 하되, 그 나머지 사람들은 역을 감당할 예비 인부[羨][7]로 삼았다【선(羨)은 넉넉하다[饒也]이다.】.

---

6   오징[吳澂(澄), 1249~1333]: 원나라의 정주학자로 강서(江西) 숭인(崇仁) 출신이다. 자(字)는 유청(幼淸), 호(號)는 초려(草廬)이다. 그는 주자(朱子)와 육구연(陸九淵)의 학문을 조화하는 '주육절충론(朱陸折衷論)'을 주장하였다. 저서로는 《오경찬언(五經纂言)》, 《초려정어(草廬精語)》, 《도덕경주(道德經注)》, 《서찬언(書纂言)》, 《역찬언》 등이 있다.

7   羨: 선(羨)은 여유가 있다는 의미로, 선정(羨丁)은 한 집안에서 요역을 직접 감당하는 사람 외에 그 나머지 사람들을 뜻한다. 이처럼 요역을 담당하는 장정 이외에, 예비로 선정을 지정한 것은 요역 징발이 원활하지 않을 때를 대비함으로써 요역의 지속적이고 원활한 징

166

乃均土地, 以稽其人民, 而周知其數, 上地家七人, 可任也者家三人; 中地家六人, 可任也者二家五人; 下地家五人, 可任也者家二人. 凡起徒役, 毋過家一人, 以其餘爲羨【饒也】.

오징(吳澂)이 《오경찬언(五經纂言)》에서 말하였다.

"한 집에 식구가 남녀 7인 이상의 경우에는 상등 토지를 받는데, 이는 부양할 사람이 많기 때문이다. 그런데 한 집안의 식구가 5인 이하일 경우에는 하등 토지를 받는데, 이는 부양하는 사람이 적기 때문이다. 이처럼 단지 7인·6인·5인을 기준으로 삼은 것은 남편과 아내가 있어야만 한 집안을 이루기 때문이다. 여기서 맡길 만하다는 것[可任]은 체력이 건장하여 요역[力役]을 맡을 수 있는 정(丁)을 말하고, 그 나머지는 노약자라 하였다."

吳澂曰: "一家男女七人以上, 授之以上地, 所養者衆也; 五人以下, 授之以下地, 所養者寡也. 止以七人·六人·五人爲率者, 有夫有婦然後爲家也. 可任謂丁強任力役之事者, 餘則爲老弱也."

경(卿)·대부(大夫)는 해마다 그 집안의 식구수가 많고 적음을 수시로 파악(조사)하였다. 그중에서 특히 요역을 감당할 수 있는 자를 구분하였는

발을 위한 것이다.

데, 도성 안國中의 경우에는 20세[7尺: 20세를 뜻한다.]에서부터 60세까지를 기준으로 삼고, 도성 밖野의 경우에는 15세[6尺: 15세를 뜻한다.]에서부터 65세까지를 모두 징발하는 대상으로 삼아 이를 보고하도록 하였다【정지 (征之)는 관에 올리는 것이다.】. 이 중에서 요역 징발에서 면제된 사람은 도성 안의 귀족·현자(賢者)·재주가 있는 사람[能者]·공공 일에 종사하는 사람· 늙은이·병든 자 등인데, 이들은 모두 요역 대상에서 제외하여, 해마다 이를 문서로 작성하여 사도(司徒)에 보고하도록 하였다【입기서(入其書)는 문서 를 만들에 사도에 보고하는 것이다.】.

> 卿大夫, 以歲時登其夫家之衆寡, 辨其可任者, 國中自七尺以及六十·野自 六尺以及六十有五, 皆征之【給公上也】, 其舍者, 國中貴者·賢者·能者·服公 事者·老者·疾者皆舍, 以歲時入其書【作文書入於司徒】.

오징(吳澂)이 《오경찬언(五經纂言)》에서 말하였다.

"국중(國中)은 도성 안을 뜻한다. 이곳의 세금[賦稅][8]은 (비교적) 늦은 나이인 20세부터 부과하였고, 요역은 일찍(61세의 나이) 면하였기 때 문에, 이곳에 거주하는 사람들은 오히려 많았지만 요역은 적었다. 한 편 도성 밖野의 경우는 나이가 일찍(15세)부터 세금이 부과되었고 요 역도 늦은 나이(66세)에 면했기 때문에, 이로써 세금 징수는 오히려 적었지만 요역이 많았다. 여기서 '징발되는 사람[征之者]'은 공적인 일

---

8 부세(賦稅): 부세는 토지세로서, 부(賦)는 토지에서 나는 수확물을 세율에 따라 이를 화폐로 계산하여 징수하는 것을 뜻하며, 세(稅)는 토지의 수확물을 징수하는 현물세를 뜻한다.

에 요역을 제공하는 것이다. 또한 '면제되는 사람(舍者)'은 면제되어 요
역에 징발되지 않게 된 것을 일컫는다."

> 吳澂曰: "國中, 城郭中也. 晚賦稅而早免之, 以其所居復多役少也; 野
> 則早賦稅, 而晚免之, 以其復少役多也. 征之者, 給公上之事也. 舍者,
> 謂有復除, 而不收役事也."

수대부(遂大夫)는 해마다 수시로 그 집의 식구수의 많고 적음과 들판에
서 기르는 6축(六畜)[9] 등을 조사하여, 역을 감당할 수 있는 사람과 역을 면
제해 줄 사람을 구별하였다.[10]

> 遂大夫以歲時稽其家之衆寡·六畜·田野, 辨其可任者與其可施舍者.

장(章)씨【그 이름은 전해지지 않고 있다.】가 말하였다.
"삼대 시대의 역법(役法)은 주나라보다 더 상세한 것이 없다.《주례
하관(夏官)》〈사마(司馬) 제4〉에는 오량(伍兩)[11]과 군사(軍師)[12]에 대한 규

---

9 6축(六畜): 일명 6요(六擾) 또는 6생(六牲)이라고도 하는데, 말·소·양·돼지·개·닭 등 여섯
   가지 가축을 말한다.
10 수대부는 … 변별하였다:《주례 지관》〈사도 하〉에 나오다. 이 내용의 앞 부분에서 "각기
   그 수(遂)의 정령을 관장하여(各掌其遂之政令)"라는 내용이 생략되어 있다.
11 오량(伍兩): 오(伍)는 군사 5인을 단위로 하고, 량(兩)은 군사 25인을 단위로 한다.
12 군사(軍師): 군(軍)은 12,500인을 말하며, 사(師)는 2,500인을 통솔하는 우두머리로서, 중대
   부(中大夫)가 담당한다.

정(법도)이 있는데, 이것은 병역이다. 한편 사전(師田)[13]과 추서(追胥)[14]의 규정이 있는데, 이는 도역(徒役: 관아에서 맡기는 노역을 의무적으로 담당하는 역)이다. 또한 부(府)·사(史)·서(胥)·도(徒)[15]에는 이곳의 역을 담당하는 사람이 있는데, 이는 서리역[胥役]이다. 그리고 비려(比閭)·족(族)·당(黨)[16]에서는 서로서로 도와주는 역이 있는데, 이는 향역(鄕役)이다.

그리고 사도(司徒)를 두어 땅이 좋고 나쁨(비척)에 따라 역을 균등하게 하도록 하였고, 족사(族師)[17]를 두어 백성들이 많고 적음을 수시로 바로잡아(조정하여) 역[穀][18]을 부과하고, 향대부(鄕大夫)[19]를 두어 백성에서 노소를 구분하여 역에 종사하게 하며, 균인(均人)[20]을 두어 그해의

---

13 사전(師田): 군대가 파병되거나 수렵할 때 잡은 동물을 좌우로 늘어놓고 이를 둘러보도록 하는 것이다. 《주례 하관》〈사마〉에 나온다.

14 추서(追胥): 관아에서 비리를 추적하여 캐내는 일을 담당하는 역인(役人)을 말한다. 《주례 지관》〈소사도(小司徒)〉에 나온다.

15 부(府)·사(史)·서(胥)·도(徒): 관청의 편제로서, 부(府)에는 6인, 사(史)에는 16인, 서(胥)에는 32인, 도(徒)에는 320인을 둔다. 이 밖에도 이보다 상위 관청으로는, 대사마(大司馬)의 경(卿) 1인, 소사마(小司馬)의 중대부(中大夫) 2인, 군사마(軍司馬)의 하대부(下大夫) 4인, 여사마(輿司馬)의 상사(上士) 8인, 행사마(行司馬)의 중사(中士) 16인, 여(旅)의 하사(下士) 32인 등을 두었다.

16 비려(比閭)·족(族)·당(黨): 군사조직에 해당하는 향토조직을 말한다. 즉 5인인 오(伍)에 해당하는 것이 비(比), 25인인 량(兩)에 해당하는 것이 려(閭), 100인인 졸(卒)이 여(旅)에 해당하는 것이 당(黨)이다. 이 밖에도 2,500인인 수(帥)는 주(州), 12,500인 군(軍)에 해당하는 것이 향(鄕)이다.

17 족사(族師): 《주례 지관》〈사도(司徒)〉에 나온다.

18 역[穀]: 저본에서 곡(穀)은 그 해석상의 의미와, 정덕본 이후 간행된 교정본과 비교해 볼 때 역(役)의 오자로 보인다.

19 향대부(鄕大夫): 향(鄕)의 정교(政敎)와 금령을 관장하는 직책이다. 《주례 지관》〈소사도(小司徒)〉에 나온다.

20 균인(均人): 토지세의 징수를 고르게 하고 지수(地守) 등 땅을 관리하는 직책을 고르게 하고 사람과 마차, 수레 등의 요역 징발을 고르게 하는 일을 담당한다. 《주례 지관》〈사도(司徒) 하〉에 나온다

풍년과 흉년을 가려 역에 종사하는 법을 시행하도록 하였다.

章氏【失其名】曰: "三代役法莫詳於周, 《周禮》伍兩·軍師之法, 此兵役
也; 師田·追胥之法, 此徒役也; 府·史·胥·徒之有其人, 此胥役也; 比
閭·族·黨之相保, 此鄕役也. 有司徒焉, 則因地之美惡而均役, 有族師
焉, 則校民之衆寡以起穀, 有鄕大夫焉, 則辨民之老少以從役, 有均人
焉, 則論歲之豐凶, 以行復役之法."

신은 이렇게 생각합니다. 무릇 천하와 나라를 가진 군주는 백성에게
역을 지우지 않을 수가 없지만, 그러나 그 역에는 무겁고 가벼운 것[輕
重]·번거롭고 간단한 것[繁簡]·멀고 가까운 것[遠邇]·그 기간이 오랜 것
과 짧은 것[久速] 등의 구별이 있습니다. 뿐만 아니라, 백성은 늙은이
와 젊은이, 체력이 강한 사람과 약한 사람, 신분이 귀하고 천한 사람
등 차이가 있기 때문에 일괄하여 논할 수가 없습니다. 이로써 주나라
가 번창했을 때 백성에게 역을 징발하고자 할 때에는 먼저 토지를 고
르게 하여 그 면적이 넓고 좁은 것, 척박하고 비옥한 것으로 구별하
는 한편, 반드시 백성들을 조사하여 그 식구수의 많고 적음과 허와 실
을 알 수 있도록 하였습니다. 그리고 백성들의 신체가 건장한지와 약
한지를 조사했을 뿐만 아니라, 또한 이들이 가지고 있는 가축을 조사
하여 이들이 가난한지 부유한지를 반드시 조사하였습니다. 이때 남
편과 부인이 있고 난 후에야 이를 일가(一家)라고 하고, 그해에 재산이
부유하고 인력이 많을 때에야 비로소 역을 맡길 만하다[可任]고 하는
것입니다. 그런데 저들 중에 신분이 귀하여 작위가 있는 자나 어질고

덕이 있는 자, 능력이 있어서 재주가 있는 자, 공공업무에 종사하는 자, 나이가 많고 노쇠한 노인, 위독하거나 장애를 앓는 질병자 등은 모두 요역을 맡기지 않았습니다. 따라서 모든 요역을 맡는 사람은 반드시 젊고 튼튼한 장정으로서 평소 노역을 잘 감당하여 익히고, 또한 정(丁)이 많은 집[家]에서 제공한 사람들입니다. 무릇 백성들은 세 종류의 토지[三土는 상지(上地)·중지(中地)·하지(下地)를 말한다.]에서 나는 것을 먹고 관아의 보호에 의지하여 집과 가정, 전산(田産)을 가지게 되었습니다. 따라서 요역에 복역하여 나라를 지킬 뿐만 아니라, 나라의 경비가 풍족하게 되고 국사(國事)을 이루게 하는 것이니, 이 또한 그 직분에서 당연히 해야 하는 것입니다. 이처럼 백성을 마땅히 활용하여 인력(노동력)을 사용하고 당연히 해야 할 일을 하는 것이 비록 나라를 위한 것이라고 말하지만, 이 또한 백성을 위한 것이기도 합니다. 그러므로 또한 명확하게 백성을 살피고 요역을 공평하게 처리하며, 인(仁)으로 백성을 가엽게 여기면, 군주가 나라를 경영하는 것이 모두 마치 자식이 아비를 좇아 섬기는 것과 같게 될 것입니다. 이에 따라 설사 정벌을 하는 일이 있어도, 군주가 분개하는 일에 이들은 모두 절대로 맞서지 않게 됩니다. 이로써 군주는 이루지(성취하지) 않는 일이 없게 되고, 백성들은 군주를 보위하려고 충성을 바치게 됨으로써, 군주의 자리가 영원히 안정되고 나라의 기반도 길게 지속될 것입니다.

臣按: 凡有天下國家者, 不能不役乎民, 然役有輕重·繁簡·遠邇·久速之殊, 民有老少·強弱·富貧·貴賤之異, 不可以一槪論也. 是以成周之世, 欲役乎民, 必先均其土地, 以別其寬狹磽腴, 必稽其人民, 以知其多寡虛實, 必量其人身, 以知其強弱老少, 必驗其畜產, 以知其貧富有無,

必有夫有婦然後, 謂之一家, 必年富力強然後, 謂之可任. 彼夫貴而有
爵者·賢而有德者·能而有才者·服事於公與衰耄之老·篤廢之疾, 皆
不可任以繇役之事, 所以任夫繇役者, 皆必少壯之夫, 平日習勞·丁多
而家給者也. 夫民食三土, 而賴官府之庇, 以有其室家田產, 則服力役
以爲國衛, 足國用·成國事, 亦其職分之所當爲者也. 用所當用之人, 爲
所當爲之事, 雖曰爲國, 亦所以爲民, 而又明以察之·公以處之·仁以憫
之, 是以國家有所經營, 則咸如子趨父事, 有所征伐, 則莫不敵王所愾,
而上無不成之事, 下有衛上之忠, 而天位永安·國祚延長矣.

재사(載師)[21]는 모든 백성 중에서 어떤 일에 종사하지 않는 사람들에게,
부부가 분급받은 토지에서 내는 세금에 상당하는 벌금[夫家之征][22]을 징수
한다.[23]

載師, 凡民無職事者出夫家之征.

---

21 재사(載師): 토지를 백성에게 경작하게 맡기는 법령을 관장하고, 각종 토지의 용도를 구별
하여 여러 직종의 백성에게 주어 생산에 종사하게 하는 일을 맡는다.

22 부가지정(夫家之征): 부부 한 쌍에게 주어지는 100묘의 토지에 대한 세금에 해당하는 벌금
으로, 요역이나 대역으로 부포(夫布)로 내는 인두세이다. 《주례 지관》〈사도(司徒) 하〉에 나
온다. 《주례통석(周禮通釋)》(本田二郎, 東京, 秀英出版, 1975) 참조.

23 재사(載師) … 징수한다: 《주례 지관》〈사도(司徒) 하〉에 나온다.

장재(張載)[24]가 말하였다.

"부가지정(夫家之征)에서 아직 한 가정에 한 사람을 초과하지 않는 장정을 일러 부(夫)라 한다. 나머지 장정[餘夫]도 함께 징발할 경우에는 때로는 3인, 때로는 2인, 또 때로는 두 가정에서 5인을 징발하기도 하는데, 이를 일러 가(家)라고 한다."

張載曰: "夫家之征, 疑無過家一人者謂之夫, 餘夫竭作, 或三人·或二人·或二家五人謂之家."

오징(吳澂)이 말하였다.

"백성들 중에서 아무 일에도 종사하지 않는[民無職事] 사람을 하릴없이 노는 사람이라고 일컫는데, 이렇게 하릴없이 노는 사람에게는 이를 벌하여 그 가정에게 노역[力役]을 징발하였다. 이때 노역의 징발은 군사[士徒]와 수레를 내게 하는 것으로써, 요역을 제공(감당)하게 하였다."

吳澂曰: "民無職事, 謂遊惰者也, 遊惰則罰之使出一家, 力役之征. 力役之征, 謂出士徒車輦, 以給繇役者也."

여사(閭師)는 아무 일도 하지 않는 사람들에게는 부포(夫布)[25]를 내게

---

24 장재(張載, 1020~1077):《대학연의보》권30 주) 12 참조.

25 부포(夫布): 한 사람의 장정(一夫)이 담당하는 요역에 해당하는 것을 현금으로 징수하는 일

하였다.[26]

閭師, 凡無職者出夫布.

마단림(馬端臨)[27]이 《문헌통고》에서 말하였다.

"옛사람들은 하릴없이 놀면서 농사를 짓지 않거나 장사와 같은 말단의 일을 하는 사람들에게는 모두 일상적인 규정(법) 이외에 별도의 규정을 만들어 이를 억제하였다. 이에 따라 어떤 백성에게는 요역 징발 대신에 부포(夫布)를 내게 하기도 하고, 또는 이를 가정에 합쳐서 부가지정(夫家之征: 한 가정이 내는 토지세에 해당하는 것을 벌금으로 징수하는 인두세의 일종)을 내게 하기도 했다. 대체로는 부포가 일반적이었으며, 이와 더불어 부가(夫家)의 징수도 이들을 억제하는 것이었다. 부가(夫家)에 대한 해석은 마땅히 횡거[橫渠: 장재(張載)를 말함.]가 설명하는 것과 같지만, 정현(鄭玄)[28]의 주에서는 "한 사람의 장정[夫]에게 100무의 토지세를 내게 하도록 한다."고 설명하고 있다. 그렇다면 이는 곧 토지가 없으면서도 세를 징수하는 것을 토지를 받은 자와 동일하게 취급하

───

종의 인두세이다.

26 여사(閭師)는 … 하였다: 《주례 지관》 〈사도 하〉에 나온다.

27 마단림(馬端臨, 1254~1323): 《대학연의보》 권28 주) 8 참조.

28 정현(鄭玄, 127~200): 후한의 대표적인 경학가이자 예언가로 북해(北海) 고밀(高密: 지금의 산동 고밀시) 출신이며, 자는 강성(康成)이다. 그는 어릴 때부터 《역경》, 《공양전(公羊傳)》을 암송하여 '신동(神童)'으로 불릴 정도로 경학에 정통하였고, 이후 경학 연구와 주석에 몰두하여 한대 경학을 집대성함으로써, '경신(經神)'으로 칭해졌다. 그의 저서로는 《모시전(毛詩箋)》, 《삼례주(三禮注)》가 있다.

는 셈이니, 이야말로 너무 가혹하다고 할 수 있지 않겠는가?"

> 馬端臨曰: "古人於遊惰不耕及商賈末作之人, 皆於常法之外, 別立法以
> 抑之, 間民或出夫布, 或並出夫家之征, 夫布其常也, 並出夫家所以抑
> 之也. 夫家解當, 如橫渠之說, 鄭注謂'令出一夫百畝之稅', 則無田而所
> 征, 與受田者等, 不幾於太酷乎?"

신은 이렇게 생각합니다. 백성 중에 아무 하는 일이 없다면 이들은
이미 토지를 받지 못했음에도 불구하고, 이들에게 일 가(家)와 일 부
(夫)의 세를 내게 한다면, 저들은 앞으로 무엇(어떤 일)에 종사하며 살
아갈 수 있겠습니까? 성인(聖人)이 부가지정(夫家之征)의 제도를 만들어
아무 일도 하지 않고 노는 사람들을 억제한 것은 이들에게 농사짓는
일을 따르게 하도록 했던 것입니다. 당시에는 백성들이 토지가 없는
사람이 대체로 드물었기 때문에, 간혹 토지가 없는 사람도 토지세를
바치는 것을 면하지 못했습니다만, 이를 토지가 있는 사람과 비교하
면 (그 세금이) 가벼웠습니다. 그런데 후세에 와서 구부지산(口賦之筭)[29]
은 토지가 있든 없든지 간에 모두 산부(算賦)를 내게 함으로써, 옛날과
는 달라졌습니다.

> 臣按: 民之無職者旣不受田, 乃使之出一家一夫之征, 彼將何從而得乎?

---

29 구부지산(口賦之筭): 산부(算賦)와 구전(口錢)을 포함하는 것으로 사람을 대상으로 과세하는 인
두세이다. 이 중에서 구전의 경우는 과세 대상의 나이에 따라 규정하고 있는 것이 특징이다.

聖人爲此制, 所以抑遊惰, 而使之趨南畝也. 當是之時, 民之無田者, 蓋鮮矣, 間有無田者, 而亦不免供有田之賦, 但比之有田者爲輕爾. 後世口賦之筭, 不問有田無田, 皆出賦, 與古異矣.

균인(均人)은 백성들에게 우마(牛馬)와 수레 등을 고르게 징발하는 역을 관장한다【정(政)은 정(征)으로 읽는다.】. 무릇 역의 징발을 균등하게(고르게)【순(旬)은 균등하다[均也]이다.】하기 위해서는 그해 곡물의 풍·흉작을 근거로 정하는데, 풍년인 해에는 공적 사업의 역은 한 사람당 균등하게 3일을 징용하고, 수확이 보통인 해에는 2일을 징용하며, 그리고 흉년인 해에는 공적 사업의 역은 하루를 징용한다.[30]

均人掌均人民·牛馬·車輦之力政【讀爲征】, 凡均力政以歲上下, 豐年則公旬【均也】用三日焉, 中年則公旬用二日焉, 無年則公旬用一日焉.

정현(鄭玄)이 《주례주소 지관》〈사도 하〉에서 말하였다.
"백성들은 성곽·도로·개천·우마(牛馬)·수레 등의 일에 징용되어 물자를 운송하고 쌓는 일 등을 하게 된다."

鄭玄曰: "人民則治城郭·塗巷·溝渠, 牛馬·車輦, 則轉運委積之屬."

---

30 균인(均人)은 … 징용한다: 《주례 지관》〈사도 하〉에서 나온다.

신은 이렇게 생각합니다. 요역은 곧 맹자가 말하는 노역을 징발하는 것입니다. 역을 징발하는 것은 전적으로 인력(人力)을 사용하여 어떤 것을 만들거나 고치고 보수하는 등의 일이 있고, 또한 재물과 노동력을 함께 징발하는 것도 있어서 수레를 끌어 물자를 수송하는 일 같은 것 등이 있습니다. 균인(均人)은 요역을 고르게 징발하는 일을 관장하는데, 먼저 백성들의 집에 있는 정(丁)이 부족한지 많은지, 또한 그 집에 우마(牛馬)와 수레가 있는지 없는지를 반드시 조사하여, 이들이 가지고 있는 인력과 물량에 따라 역을 지우되, 마땅한 일수에 따라 이들에게 역을 지웁니다. 따라서 이들이 가지고 있는 인력과 물자를 징용함에 있어서는 없는 것을 억지로 징발하지 않았는데, 이야말로 백성들이 요역을 쉽게 제공할 수 있는 까닭인 동시에, 나라의 각종 공사가 쉽게 이루어질 수 있는 이유이기도 합니다. 그러므로 백성의 노동력을 징용하되 풍년일 경우에는 3일을 넘지 않도록 하였으며, 흉년일 경우에는 단지 하루만을 징용할 뿐이었습니다. 풍년도 아니고 흉년도 아닌 평작인 해에는 단지 2일을 징용했습니다. 따라서 1년 360일 가운데 풍년일 때에도 백성들은 단지 3일간의 노동력을 사용하게 됨으로써, 그 나머지 357일을 모두 백성들이 마음대로 그 노동력을 쓰게(갖게) 되는 셈이니, 백성들이 어찌 평안하지 않을 수 있으며, 나라 또한 어찌 태평하지 않을 수 있겠습니까?

臣按: 力征卽孟子所謂力役之征也. 力役之征, 有專用人力爲者, 造作修治之屬也; 有兼資物力成者, 輦運挽輪之類也. 均人掌均力征, 必先審民家之丁中, 或寡或多, 其家之牛馬·車輦, 或有或無, 因其材而任以事, 隨所宜而加之役, 用其所有, 而不強其所無, 此民之役所以易供, 而國之事所以易成也. 然用民之力, 豐年不過三日·歉年僅用一日而已, 而不豐不歉之年, 則又惟用二日焉, 一歲之間三百有六旬, 上之人僅用其民三日之力, 其三百五十有七日皆民之所自有也, 民安得不安富, 國安得不淸泰哉?

사민(司民: 관직명)은 만백성의 인구수를 보고하는 일을 관장하는데, 갓 태어난 어린아이부터 모든 사람을 그 인구대장에 기록하되, 도성 안과 도비(都鄙: 경·대부의 채읍지), 그리고 교야(郊野: 도성 밖 교외와 들판)를 구별하는 동시에, 또한 남자와 여자를 구분하여 해마다 출생 인구와 사망 인구의 증가【등(登)은 증가이다.】와 감소【하(下)는 감소이다.】를 기재한다. 그리고 3년마다 인구조사를 실시하여 만백성의 인구통계를 사구(司寇)에게 보고하면, 사구는 맹동(孟冬: 겨울이 시작되는 음력 10월) 시기에 사민(司民)이 제사하는 당일에 백성의 인구수를 왕에게 바친다.[31]

司民掌登萬民之數, 自生齒以上, 皆書於版, 辨其國中與其都鄙及其郊野, 異其男女, 歲登【上也】下【落也】其死生. 及三年大比, 以萬民之數詔司寇, 司寇及孟冬祀司民之日, 獻其數於王.

서간(徐幹)[32]이 《중론(中論)》에서 말하였다.

---

31 사민(司民)은 … 바친다:《주례 추관》〈사구(司寇)〉권5에 나온다.

"백성의 인구수는 나라의 근본이다. 선왕들은 그 만백성의 인구수가 많고 적음을 두루 알아서 이들을 아홉 가지 직업[九職][33]으로 나누었다. 이렇게 구직(九職)으로 나누고 나면, 부지런히 일하는 자를 알 수 있게 될 뿐만 아니라, 게으르게 노는 자들도 파악하게 됨으로써, 공공사업의 역이 고르게 되지 않는 것이 없었다. 이렇듯 공공사업의 역이 이미 고르게 되니, 이로써 군주는 그 마음을 다하고 백성들 또한 그 노력을 다하게 되니, 여러 효과(성과)가 일어나지 않은 것이 없었다. 이처럼 성과가 일어나게 됨에 따라, 나라는 부유하게 되고 크고 작은 창고에 모자람이 없게 되니, 백성은 편안히 쉬게 됨으로써 백성은 원망이 없고 다스림이 평안하게 되지 않는 것이 없었다, 《주례》에서 '백성의 수를 왕에게 바치면, 왕은 절하고 이를 받아 천부(天府)에 올렸다.'고 했는데, 이를 중시함이 이와 같았다. 그런데 오늘날의 위정자(군주)는 구휼하는 것을 알지 못하여, 이 때문에 선왕이 만든 6향(六鄕)·6수(六遂)[34]의 규정(법도)을 통해, 그 백성을 유지하는 것의 기준으로 삼았다. 이로써 백성들에게 이웃끼리 서로 보호하고 아끼게 하도록 할 뿐만 아니라, 상벌 또한 서로에게 연결(연좌)되게 하여 이들의 출입과 생사(生死), 선악(善惡)과 역순(逆順: 배반과 순종) 등을 모두 알

---

32 서간(徐幹, 170~218): 후한 말의 정치가이자 문학가로서, 청주(靑州) 북해군(北海郡) 극현(劇縣) 출신이다. 자는 위장(偉長)으로, 시부(詩賦)로 명성을 떨쳐 '건안(建安) 7인'의 한 사람으로 불린다. 대표적인 저술로는 《중론(中論)》을 비롯하여, 〈헌원부(軒猿賦)〉, 〈누와사(漏卮詞)〉, 〈적귤부(積橘賦)〉 등 20여 편이 있다.

33 아홉 가지 직업[九職]: 사·농·공·상·포·목·우·빈·주(士農工商圃牧虞嬪走) 등 백성들이 종사하는 아홉 가지 직업이다.

34 6향(六鄕)·6수(六遂): 주대의 소학(小學)제도로서, 국(國)과 교(郊) 사이에 설치한 향학을 6향이라고 하고, 교(郊)와 야(野) 사이에 설치한 향학을 6수라 하였다.

수 있었다. 군주(나라)의 정치가 어지럽게 되면 나라의 인구대장에서
호구가 누락될 뿐만 아니라, 대부들의 집안은 향촌의 대오에서 이탈
하는 등 역을 피하여 도주하는 자들이 있었다. 이로써 간교한 마음
이 다투어 생기고 거짓으로 속이는 여러 가지 사단이 함께 일어남으
로써, 적게는 몰래 숨기는 행위가 횡행하고 크게는(심지어는) 공격하
고 약탈을 자행하게 되니, 엄격한 형벌과 준엄한 법령으로도 이를 막
을 수가 없었다. 그러므로 백성의 인구수는 세와 역을 징발하는 나라
의 큰 사업이 여기서 저절로 나오는 근거이기 때문에, 이를 올바르게
거두지 않으면 안 되는 것이다. 따라서 토지와 마을을 나누고, 공물
과 토지세를 부과하며, 필요한 모든 도구를 만들게 하며, 또한 녹봉을
관리하고 전역(田役)을 일으키며 군대를 만들게 함으로써, 나라에서는
이에 대한 제도를 세우고 가정에서는 법도를 세울 뿐만 아니라, 5례
(五禮)³⁵를 통해 가르치고 5형(五刑)³⁶으로 다스리니, 이것야말로 백성의
인구수를 살피는 것이겠지요?"

徐幹曰: "民數爲國之本也, 先王周知其萬民衆寡之數, 乃分九職焉, 九
職旣分, 則勉勞者可見·勤惰者可聞而事役不均者, 未之有也. 事役旣
均, 故上盡其心, 而人竭其力, 而庶功不興者, 未之有也. 庶功旣興, 故
國家殷富, 大小不匱, 百姓休和, 下無怨疾, 而治不平者未之有也. 《周

---

35 5례(五禮): 길(吉)·흉(凶)·군(軍)·빈(賓)·가(嘉) 등 다섯 가지 예를 말한다.

36 5형(五刑): 얼굴에 문신을 새기는 묵(墨), 코를 베어내는 의(劓), 다리를 자르는 월(刖), 남자의
생식기를 자르는 궁(宮), 머리를 베어 죽이는 대벽(大辟)형 등 5형이다. 이는 수와 당나라
이후에는 50대까지 때리는 태(笞), 100대까지 때리는 장(杖), 징역형인 도(徒), 유배형인 유
(流), 사(死)형 등의 5형으로 정리되었다.

《禮》獻民數於王, 王拜受之, 登於天府, 其重之也如此. 今之爲政者, 未之知恤也, 是以先王致六鄉六遂之法, 所以維持其民, 而爲之綱目也, 使其鄰比相保愛, 賞罰相延及, 故出入存亡・臧否逆順可得而知也. 及亂君之爲政也, 戶口漏於國版, 夫家脫於聯伍, 避役逋逃者有之, 於是奸心競生, 僞端並作, 小則竊濫, 大則攻劫, 嚴刑峻令不能捄也. 民數者, 庶事之所自出也, 莫不取正焉, 以分田里・以令貢賦・以造器用・以制祿食・以起田役・以作軍旅, 國以建典, 家以立度, 五禮用脩, 五刑用措, 其惟審民數乎?"

신은 이렇게 생각합니다. 이른바 인구대장[版]은 전대(前代)의 황적(黃籍)이고 오늘날 명나라의 황책(黃冊: 부역황책을 말함.)을 뜻합니다. 주나라 시대에는 남녀의 이름과 나이만 기재하였지만, 후세에는 모든 백성들의 식구수와 가산(家産) 등을 모두 기재하여, 비단 백성의 인구수만이 아니었습니다.

우리 명나라에서는 10년마다 한 번씩 인구대장을 만들었는데, 제일 먼저 직종(직업)에 따라 호적【예컨대, 군・민・장(匠: 기술에 종사하는 사람)・조(竈: 소금에 종사하는 사람)호 등의 부류】을 구분하여 등재하고, 다음으로 그 장정의 수【성년이 된 장정과 미성년의 정(丁)】를 기재합니다. 그다음에는 토지【관전과 민전으로 나누고 그 토지의 등급】와 가옥, 그리고 소의 두수 등을 기재합니다. 이때 여기에는 네 가지 항목이 있으니, '구관(舊管)'[37]・'개제(開除)'[38]・'신수(新收)'[39]・'실재(實在)'[40] 등으로 구별하였는데, 오늘날의 구관(舊管)은 종전에 인구대장을 만들었을 당시의 실재(實在)

인구수입니다.

모든 이(里)에는 110호가 있고 10호를 갑(甲)이라고 하며, 10개의 갑이 이(里)를 이루게 됩니다. 각 이(里)에는 그 우두머리인 이장(里長)을 두어 민호(民戶) 10호를 관할하는데, 이들은 교대로 역[役: '이갑정역(里甲正役)'을 말함.]을 담당하되 10년을 주기로 하고, 이 주기가 되면 백성의 호적을 다시 만들게 됩니다. 이렇게 하여 백성들의 직업과 호적[籍貫]을 정하는 한편, 관에서는 이를 근거로 세금과 요역을 부과하였으니, 이야말로 진실로 서씨[徐氏: 서간(徐幹)을 말함.]가 이른바 "나라의 모든 사업은 이것(대장)에서 나오는 근거인 동시에, 이로써 올바르게 각종 역을 징발하는 것이다."인 것입니다. 이렇듯 대장[版籍]이 이미 정해지게 되면, 백성들의 호구가 많은지 적은지(다과)와 재산과 노동력이 있는지 없는지(유무)에 대해 이 대장을 펴 보는 순간에 한눈에 다 살필 수 있습니다. 따라서 관청에서 필요한 각종 역을 징수하게 될 때는 이 대장에 근거하여 시행하면, 적절하지 않는 것이 없이 균등하게 됩니다. 그런데 점차 백성들의 거짓과 속임이 날로 심해지고 서리들의 작폐가 여러 가지로 나타나게 됨에 따라, 대장을 만든 당초의 입법 내용처럼 매우 상세하지 않았기 때문에, 설령 이 일을 맡길 적당한 사람을 얻을 수 있다고 하더라도 탈루(脫漏)[41]·궤기(詭寄)[42]·비주(飛走)[43]·나이

---

37 구관(舊管): 대장에 남아 있는 잔고량, 즉 잔고를 말한다.

38 개제(開除): 말소된 것을 말한다.

39 신수(新收): 새롭게 첨가된 것을 말한다.

40 실재(實在): 대장에 등재되어 있는 현재의 수량을 말한다.

41 탈루(脫漏): 등록된 대장에서 누락시켜 탈세하는 것을 말한다.

42 궤기(詭寄): 남의 이름으로 바꾸어 탈세하는 것을 말한다.

43 비주(飛走): 호구나 전지를 대장에 등재하지 않음으로써 탈세하는 것을 말한다.

(那移)⁴⁴ 등의 폐단을 금할 수가 없었습니다.

청하옵건대, 대장을 만드는 해에는 마땅히 호부에서 이에 대한 칙례를 정하여 이를 천하에 반포하여 시행하도록 합니다. 그리고 만드는 모든 인구대장은 반드시 현에서 만든 대장은 부(府) 보다 상세하게 만들고, 부(府)에서는 포정사(布政司)보다 상세하게 만들어, 포정사에서 편찬한 대장은 황제에게 바치는 것보다 상세하게 편찬하도록 합니다. 이에 따라 현에서 만든 대장은 《제사직장(諸司職掌)》⁴⁵에 실린 내용과 같이, 모든 주(州)와 현(縣)의 전토는 반드시 각 호에서 얼마를 가지고 있는지, 그리고 이 전토와 사방에서 경계를 이루고 있는 토지['현재 가지고 있는 토지[實在]의 하단에는 그 토지가 어느 이(里)에 위치하는지를 기재하고, 새롭게 첨가된 토지[新收] 하단에는 언제 어떤 이(里)에 있는 어떤 사람의 토지를 사들였는지를 기재하되, 그 면적과 가격, 그리고 그 토지의 경계가 어디에 이르고 있는지를 분명하게 밝힙니다. 또한 말소된 토지[開除]의 경우는 단지 언제 어느 이(里)에 있는 어떤 사람에게 팔았는지에 대해서만 기재합니다.] 등을 기재하도록 합니다. 부의 대장[府冊]은 단지 지명만 기록하는 데 그치지만, 포정사의 대장[司冊]과 황제에게 바치는 대장은 그렇지 않습니다. 이와 같이 함으로써, 관청에서 징발하는 각종 역을 살필 수 있게 될 뿐만 아니라, 이를 근거로 백성들이 가난한지 부유한지(빈부 여부)를 헤아릴 수 있게 됩니다. 또한 이를 통해 민간에서 분쟁이 일어날 때 입증할 증거로

---

44 나이(那移): 자신의 호적지가 아닌 다른 곳으로 토지나 호구를 바꿈으로써 탈세하는 것을 말한다.
45 《제사직장(諸司職掌)》: 명나라 홍무 연간에 편찬한 각종 행정법규와 제도에 관련된 법전으로, 명 초기에 반포된 각종 법령을 집대성한 것이다. 성화 연간에는 이를 보완 확대하여 《대명회전(大明會典)》을 만들었다.

삼을 수 있게 되어, 그 실제 여부(허와 실)를 알 수 있게 될 것입니다. 뿐만 아니라, 가뭄과 장마가 들 경우에도 이를 근거로 역을 우대하여 면제[優免]할 수 있게 됨으로써, 요역 징발이 혼란에 이르지 않게 되고 차별이 없게 될 것입니다.

臣按: 所謂版者, 卽前代之黃籍, 今世之黃冊也. 周時惟書男女之姓名·年齒, 後世則凡民家之所有丁口·事產皆書焉, 非但民之數而已也. 我朝每十年一大造其冊, 首著戶籍【若軍·民·匠·竈之屬】, 次書其丁口【成丁不成丁】, 次田地【分官民等則例】·房屋·牛隻. 凡例有四, 曰舊管·曰開除·曰新收·曰實在, 今日之舊管, 卽前造之實在也. 每里一百一十戶, 十戶一甲, 十甲一里, 里有長, 轄民戶十, 輪年應役, 十年而周, 周則更大造民, 以此定其籍貫, 官按此以爲科差, 誠有如徐氏所謂庶事之所從出, 而取正焉者也. 版籍旣定, 戶口之或多或寡·物力之或有或無, 披閱之頃, 一目可盡, 官府遇有科差, 按籍而註之, 無不當而均矣. 然民僞日滋, 吏弊多端, 苟非攢造之初立法詳盡·委任得人, 則不能禁革其脫漏·詭寄·飛走·那移之弊.

請當大造之年, 戶部定爲則例, 頒行天下, 凡所造之冊, 必須縣冊詳於府·府冊詳於布政司·司冊詳於進呈者, 其縣冊當如《諸司職掌》所載, 凡各州縣田土, 必須開具各戶若幹, 及條段四至【於實在下則書曰坐落某里, 於新收下則書曰某年買某里某人戶下田, 明開畝段價値·界至, 其開除者則止書曰某年賣與某里某人】, 府冊止書地名, 司冊及進呈者則否. 如此, 則官府科差有所稽考, 得以驗其貧富, 民間爭訟有所質證, 得以知其虛實, 遇有旱澇有所優免, 不至於混而無別矣.

진나라에서는 상앙(商鞅)[46]의 법을 시행하여 한 달을 경졸(更卒)[47] 부역을 담당하는 병사의 역으로 삼아 매월 교대로 관청에서 역을 담당하되, 역을 이미 담당했으면 이를 정졸(正卒)로 삼고, 한 해는 변방을 지키고 한 해는 부역을 담당하게 함으로써, 옛날보다 그 역이 30배에 달했다. 한나라가 일어나자, 진나라의 방법을 따라 이를 바꾸지 않았다.

秦用商鞅之法, 月爲更卒, 已復爲正, 一歲屯戌, 一歲力役, 三十倍於古. 漢興, 循而未改.

신은 이렇게 생각합니다. 경졸(更卒)은 군현에서 한 달 동안 교대로 역을 제공하는 것이고, 정졸(正卒)은 경사의 관청에서 (1년 동안) 역을 제공하는 것입니다.

臣按: 更卒謂給郡縣一月而更者, 正卒謂給中都官者也.

---

46 상앙(商鞅, 기원전 395?~기원전 338): 진(秦)나라의 대표적 정치가이자 법가로 잘 알려져 있다. 그는 전국시대 말 진나라의 재상으로 두 차례에 걸친 개혁을 강력하게 추진하여, 진나라가 마침내 중국을 최초로 통일국가를 이루는 데 기반을 마련하였지만, 자신은 혜왕에 의해 사지를 찢어 죽이는 거열형에 처해졌다. 그의 본래 성은 희(姬), 씨(氏)는 공손(公孫)으로, 이후 개혁의 공로로 상(商)나라를 분봉받아 상앙(商鞅)으로 칭하게 되었다.

47 경졸(更卒): 한나라의 군사 징발 방법으로, 각 관청에서 교대로 요역하는 병사를 말하는데, 때로는 돈을 출자하여 대역할 수도 있었다. 직접 역을 담당하는 것을 '천경(踐更)', 돈을 내고 대역하게 하는 것을 '과경(過更)'이라 하였다. 경졸은 한나라 초기에는 1년에 한 번씩 5개월 복역하였고, 문제(文帝) 시대에는 1년에 한 번씩 1개월을 복역하였다. 이들 경졸은 실제로는 요역을 담당했지만, 병역도 담당하여 성년 남자일 경우 2년간의 복역 기간 중 1년은 지방의 병사를 담당하여 이를 정졸(正卒)이라 하고, 나머지 1년은 금위군이나 변방의 병사로 상번(上番)하였는데, 이를 수졸(戌卒) 또는 위장(衛長)이라 하였다.

한나라 고조 4년(기원전 203)에 처음으로 산부(算賦)[48]【부(賦)는 한 사람당 120전(錢)을 1산(算)으로 하였다.】를 시행하였다.

漢高祖四年, 初爲筭賦【賦錢人百二十爲一算】.

마단림(馬端臨)[49]이《문헌통고》에서 말하였다.

"옛날에 백성을 다스리는 군주는 토지가 있으면 세(稅)를 징수하고 사람이 있으면 역을 지웠지만, 그 사람 신체에 대해 직접 세를 부과하는 일은 없었다. 그런데 한나라의 법에는 백성이 15세가 되면 구부(口賦)를 내게 하고, 56세가 되면 이를 면제하였다. 한편, 20세에는 요역을 담당하게 하고, 56세가 되면 이 또한 면하도록 하였다. 이로써 세를 부과하는 동시에 또한 요역을 담당하게 하였다."

馬端臨曰: "古之治民者, 有田則稅之, 有身則役之, 未有稅其身者也. 漢法, 民年十五而算出口賦, 至五十六歲而除; 二十而傅給繇役, 亦五十六而除, 是稅之且役之也."

신은 이렇게 생각합니다. 후세의 호구에 대한 산부[賦]는 이것에서 시

---

48 산부(算賦): 한나라에서 시행된 인두세로서, 15~56세의 남녀에게 1산(算: 120전, 상인과 노비는 배액)을 부과하고, 구전(口錢)은 3~14세의 남녀에게 23전을 부과하였다.

49 마단림(馬端臨, 1254~1323):《대학연의보》권28 주) 8 참조.

작되었습니다. 대체로 옛날에는 토지가 있으면 세(稅)가 있고, 사람이 있으면 역을 지웠습니다. 이때 세는 재물을 내고 역은 노동력을 제공하도록 하였는데, 이로써 놀면서 그 직업에 종사하지 않는 자를 억제하였으니, 오직 1부(夫: 장정 한 사람이 토지 100묘를 분급받아 토지세를 내는 단위)와 1가(家: 역을 담당하는 단위)로 취급하여 토지세와 역을 징수하는 것으로, 이익이 있는 것이 아니었습니다. 그런데 한나라에서는 식구 수에 따라 전(錢)으로 계산하여 산부(算賦)를 부과한 이후부터 모든 백성은 한 사람의 몸(신체가) 있으면 요역(庸)을 부과하는 한편, 노역 이외에도 식구 수에 따라 재물을 내게 함으로써, 마침내 후세의 제도로 정해지게 되었습니다.

臣按: 後世戶口之賦始此. 蓋古者有田則有稅, 有身則有役, 稅出財・役出力, 惟遊惰無職事者則抑之, 俾視夫家出征稅焉, 非有所利之也. 自漢計口出算之後, 則凡爲民者, 有身則有庸・力役之外計口出財, 遂爲後世定制.

한나라 경제(景帝) 2년(기원전 155)에는 남자의 나이가 20세부터 인구대장에 등록하기 시작하였다.

景帝二年, 男子年二十始傅.

신은 이렇게 생각합니다. 부(傅)는 기재하는 것으로, 그 이름을 호적

대장에 등재함으로써, 관가[公家]에 요역을 제공하는 것을 말합니다. 한나라의 제도에는 백성의 나이가 22세부터 인구대장에 등록하기 시작하여 56세가 되면 역이 면하게 되었습니다. 그런데 경제(景帝, 기원전 156~기원전 142) 때에 이르러서는 이를 달리 바꾸어 남자가 20세부터 호적에 등록하게 하였습니다. 이로써 백성이 일생동안 요역을 제공하고 구부(口賦: 요역을 전으로 납부하는 인두세)를 제공하는 것이 36년 동안이었습니다.

臣按: 傅, 著也, 言著名籍以給公家繇役也. 漢制, 民年二十二始傅, 五十六乃免, 至是景帝更爲異制, 令男二十始傅, 則是民之一生供繇役出口賦凡三十有六年也.

제(齊)나라 고조(高祖, 479~482)가 조서를 통해 조정 신하들에게 말하였다.

"인구대장은 백성들의 큰 틀이자 나라를 다스리는 근거이다. 백성들이 속이는 짓을 하게 된 것이 이미 오래됨에 따라, 몰래 작위를 얻는 데 힘쓰거나 생년 월을 몰래 바꾸기도 하였다. 이에 따라 그 호(戶)는 남아있지만 호적의 대장에서는 이미 사라지는가 하면, 또 때로는 사람은 살아 있지만 이와 반대로 대장의 기록상에서는 이미 반역으로 죽은 자로 기록됨으로써, 개인적인 역이 정지되어 예역(隷役)으로 나가거나, 신체는 건강하면서도 질병이 있다고 핑계를 대니, 이런 것들은 모두 다스림에 (해가 되는) 큰 좀 벌레일 뿐만 아니라, 가르침에도 (장애가 되는) 깊은 병폐이다.

최근에는 비록 인구대장을 개정하여 등재하였지만, 결국에는 그 효과
를 얻지 못함에 따라, 만약 형벌로 이를 제약하면 백성들의 속임은 이미
더욱 깊어지고, 설사 이를 덕으로 타이르고자 하더라도 이 또한 쉽게 징
벌할 수 없게 된다. 그러므로 여러 현명한 신하들은 그 이치와 근본을 깊
이 살펴서, 어떻게 산부(算賦)를 부과하면 이러한 폐단을 없앨 수 있는지
에 대해 각자가 좋은 방안을 올리도록 하라."

齊高祖詔朝臣曰: "黃籍, 人之大紀·國之理端. 自頃民僞已久, 乃至竊注爵
位·盜易年月, 或戶存而文書已絕, 或人在而反記死叛, 停私而去隷役, 身
強而稱有疾, 皆政之巨蠹·敎之深疵. 比年雖卻改籍書, 終無得實, 若約之
以刑, 則人僞已遠, 若綏之以德, 又未易可懲. 諸賢並深明理體, 各獻嘉謀,
以何科算能革斯弊?"

신은 이렇게 생각합니다. 호적대장의 폐단은 고금을 막론하고 하나
같이 있었습니다. 명나라 초 홍무 5년(1372)에 호부에서 모든 호구들
을 찾아 민적으로 등재하게 하는 한편, 14년(1381)에는 호적대장을 편
찬하기 시작하여 이때부터 10년마다 한 번씩 이를 편찬하였습니다.
이때 백성의 나이가 15세가 되면 성년이 된 정[成丁]으로 삼고 15세에
미달되면 미성년의 정[未成丁]으로 삼되, 관부(官府)에서는 이 대장에 따
라 각종 역을 징발하는 한편, 누락된 호구에 대해서는 이를 금하고,
이 대장을 변조하여 어지럽히는 자는 형벌에 처했습니다. 모든 역의
징발은 그 호구와 전산(田産), 그리고 이의 등급을 정하여 시행하였습
니다. 이에 따라 역을 징발할 때는 가난한 사람에게 역을 담당하게

하여 부자에게 이를 팔수 없도록 하였을 뿐 아니라, 또한 역을 담당하는 사람들이 무거운 역을 피하여 가벼운 역을 하지 못하게 하였습니다. 그러므로 이 제도는 아주 상세하다고 할 만합니다만, 세월이 오래되자 폐단이 생겨나게 되었습니다. 여기에는 단지 한 가지 원인만 있는 것이 아니기 때문에, 실로 하루 이틀에 이를 모두 다 금할 수 있는 것이 아닐 뿐더러, 한두 사람의 지혜와 생각으로 이를 온전하게 할 수 있는 것도 결코 아닙니다.

청하옵건대, 이제부터 호적대장을 만드는 해[大造之年]가 되면, 그 전에 미리 호부에 명하여 천하의 모든 포정사와 주·현에 공문을 보내 해마다 쌓인 병폐가 어디에 있는지, 각 지방에서 이를 어떻게 처리하였는지 등을 자세하게 탐문하고 그 내용을 널리 수집하게 하여, 이를 일일이 열거하여 호부에 보고하도록 하십시오. 또한 호부의 신료들에게는 이렇게 일일이 열거하여 올린 내용에 대해 그 처리방안을 강구하여 보고하도록 함으로써, 마치 제나라의 고조가 조서에서 "각자가 어떻게 산부(算賦)를 정하면 그 폐단을 없앨 수 있는지에 대해, 좋은 방안을 올리도록 하라"고 한 것처럼, 이를 칙례로 정하여 천하에 반포하여 시행하도록 하십시오. 이와 같이 하면 묵었던 폐단이 고쳐지게 되고 호적대장도 깨끗하게 정돈됨으로써, 비단 관부의 요역 징수가 적절하고 균등하게 될 뿐만 아니라, 민간에서 일어나는 다툼 또한 사라질 것입니다.

臣按: 冊籍之弊, 古今一律, 國初洪武五年, 戶部發下戶由, 以定民籍, 十四年始大造. 自是以來每十年一攢造, 民年十五爲成丁, 未及十五爲未成丁, 官府按冊以定科差, 脫漏戶口者有禁, 變亂版籍者有刑, 凡有

科征差役, 率驗其戶口 · 田產, 立爲等第, 敷役者不得差貧賣富, 受役者
不得避重就輕, 其制度可謂詳盡矣. 然歲久弊生, 非止一端, 固非一二
日禁革所能盡, 亦非一二人智慮所能周也. 請自今遇大造之年, 先期敕
戶部, 移文天下司府州縣, 俾其詳詢博采, 積年病弊何在, 各處事宜何
如, 一一條上戶部, 戶部臣僚將所條具者, 講究處置以聞, 定爲則例, 頒
行天下, 如齊高祖詔所謂各獻嘉謀, 以何算而革弊焉者. 如此, 則宿弊
旣革, 版籍頓淸, 非獨官府之科差適均, 而民間之詞訟亦息矣.

당나라의 율령에는 백 호를 이(里)로 삼고, 5리를 향(鄉)으로 삼았다. 각
이(里)에는 이정(里正) 한 사람을 두어 이(里)의 호구를 관장하게 하는 한편,
농사를 짓고 뽕나무를 심는 것을 부과할 뿐만 아니라, 비위(非違)를 감찰
하고 세금과 역을 독촉하는 일을 담당하게 하였다. 한편, 읍에 거주하는
사람들을 방(坊)이라 하고, 여기에는 방정(坊正)을 별도로 두도록 하였다.
또한 전야(田野: 성 밖의 논과 들판)에 거주하는 사람들을 촌(村)으로 삼고 여
기에는 촌정(村正)을 별도로 두었다.

唐令以百戶爲里 · 五里爲鄉, 每里設正一人掌案此戶口, 課植農桑, 撿察非
違, 催驅賦役, 在邑居者爲坊, 別置坊正, 在田野居者爲村, 別置村正.

신은 이렇게 생각합니다.《주례 지관》〈사도〉 권2에 따르면, 6향(六
鄉)[50]에는 비장(比長)[51]과 여서(閭胥)[52] 등의 관직이 있고, 6수[六遂: 교(郊)와

야(野) 사이에 설치한 향학]에는 이재(里宰)[53]와 찬장(酇長)[54] 등 향관의 명칭이 있습니다. 당나라 사람들의 경우는 이정(里正)·방정(坊正)·촌정(村正) 등을 두었는데, 이는 대체로 여기에 바탕을 두고 있습니다.

오늘날의 제도는 1리(里)에는 백 호(百戶)를 두고 여기에 10명의 이장(里長)을 두었는데, 이장은 10호를 관할하여 해마다 돌아가면서 역을 담당하게 합니다. 이때 10년을 주기로 하되 그해에 역을 담당하는 사람들을 현역(見役)[55]이라고 하고, 돌아가면서 앞으로 역을 담당하게 될 사람들을 배년(排年)이라고 합니다. 무릇 모든 이(里) 중에서, 1년간의 전량(錢糧) 추징과 공공사업의 역의 징발, 귀신에게 지내는 모든 제사, 손님 접대, 관청에서 징수를 요구하는 것, 민간에서 일어나는 다툼 등과 같은 일은 모두 현역 이(里)가 이를 관할합니다. 다만 군호와 장호(匠戶)의 정리와 송사(訟事)의 증인 심문, 도망자의 체포와 그 사유의 원인 규명 등의 일에 대해서는 통상적으로 배년이장(排年里長)[56]을

---

50 6향(六鄕): 주나라 시대에 왕성(王城)으로부터 사방 50~100리 안에 있던 행정 구역의 이름이다. 즉 비(比)·려(閭)·족(族)·당(黨)·주(州)·향(鄕)을 말한다. 그 편제는 5가(五家)가 비(比)를 이루고, 오비(五比)는 여(閭), 4려(四閭)는 족(族), 6족(五族)은 당(黨), 5당(五黨)은 주(州), 오주(五州)는 향(鄕)을 이룬다

51 비장(比長): 비(比)를 다스리는 업무를 관장하는 관직으로, 5가(家)가 서로 신뢰하고 화목하도록 하는데, 만약 범죄를 저지르면 5가(家)를 연대 책임으로 처벌하였다. 《주례 지관》 〈사도〉 권2에 나온다.

52 여서(閭胥): 여(閭)의 징령(徵令)을 관장한다. 《주례 지관》 〈사도〉 권2에 나온다.

53 이재(里宰): 각 읍(里)의 남녀 인구수와 수레, 병기, 농기구 등의 수리 등을 관리하고 읍의 정령(政令)을 다스리는 직책이다. 《주례 지관》 〈사도 하〉에 나온다.

54 찬장(酇長): 찬(酇)의 정령을 관장하고, 때로는 호구와 남녀 인구수의 통계를 수정하고 제사를 다스리는 일을 관장하는 직책이다. 《주례 지관》 〈사도 하〉에 나온다.

55 현역(見役): 이갑제도에서 그해에 이갑정역을 담당하는 이장(里長) 1호와 갑수(甲首) 10호를 뜻하는데, 일명 현년이갑(見年里甲)이라고도 한다.

활용합니다.

이 밖에도 또한 구(區)로 나누어 부세(賦稅)를 감독하도록 하는데, 이를 일러 양장(糧長)[57]이라 하였습니다. 이는 대체로 민호에서 정(丁)과 노동력이 상당히 많은 사람으로 충당하였는데, 해마다 교대로 담당하는 것이 아닙니다. 그러므로 오직 세량이 많은 곳에는 양장을 두되, 반드시 해당되는 사람을 세밀(엄밀)하게 선발합니다. 그렇지 않으면 오로지 나라의 세금 부과에 손해를 끼칠 뿐만 아니라, 또한 백성에게도 번거롭게 하기 때문입니다.

臣按: 《周禮》六鄉有比長·閭胥之屬, 六遂有里宰·酇長之名立. 唐人里正·坊正·村正之設, 蓋本諸此.

今制每一里百戶, 立十長, 長轄十戶, 輪年應役, 十年而周, 當年者謂之見役, 輪當者謂之排年. 凡其一里之中·一年之內, 所有追征錢糧·句攝公事與夫祭祀鬼神·接應賓旅, 官府有所征求·民間有所爭鬪, 皆在見役者所司, 惟淸理軍匠·質證爭訟·根捕逃亡·挨究事由, 則通用排年里長焉. 此外又分爲區, 以督賦稅, 謂之糧長, 蓋簽民之丁力相應者充之,

---

56 배년이장(排年里長): 명나라 이갑제도에서 이갑정역은 10년을 주기로 하는데, 이를 담당하는 이장을 현역 또는 현년(見年)이장이라 하고, 이갑정역을 앞으로 담당할 이장은 해마다 차례로 대기하고 있다는 의미에서 배년이장이라고 한다.

57 양장(糧長): 명나라의 이갑제도는 정(丁)과 세량(糧)을 기준으로 110호를 단위로 편제하여, 이장호 10호와 갑수호(甲首戶) 100호로 구성하는 것을 원칙으로 하였다. 따라서 이갑제도에서 이장호 10호는 1리의 110호의 민호 중에서 토지와 노동력이 비교적 많은 대부분 지주층으로 구성된 대관호(帶管戶)였고, 나머지 100호는 자연농을 중심으로 하는 대관호, 그 밖의 소작인이나 무지농인 기령호(畸零戶) 등으로 서열화되었다. 특히 각 이(里)에서 세량 1만 섬 이상을 납부하는 자에 대해서는, 양장(糧長)을 두고 이를 구(區)라 하였다.

非輪年也, 惟糧多之處有之, 必須精擇其人, 不然非惟有虧於國課, 而
又有擾於生民也.

당나라 제도에서는 모든 백성이 처음 태어나면 이를 황(黃)이라고 하
고, 4세가 되면 소(小), 16세는 중(中), 21세는 정(丁), 60세가 되면 노(老)라
고 구별하였다.

唐制, 凡民始生爲黃, 四歲爲小, 十六爲中, 二十一爲丁, 六十爲老.

무릇 모든 이(里)에는 수실법(手實法)[58]이 있어서, 연말이 되면 백성들의
나이와 토지의 면적 등을 두루 구비하여 향장(鄕帳: 향촌의 인구대장)을 만
들고, 향에서 이를 다 만들면 주(州)로 보내고, 주에서는 이를 완성하여
호부에 보냈다. 또한 회계장부[計帳]가 있어서 해마다 부과한 역을 모두
구비하여 탁지부에 보고하였다.

凡里有手實法, 歲終具民之年與地之闊陜爲鄕帳, 鄕成於縣, 縣成於州, 州

---

58 수실법(手實法): 일명 수실법(首實法)이라고 한다. 이는 당나라와 송나라의 시기에 민호들에
게 스스로 토지의 면적을 보고하게 하여, 이를 근거로 부세(賦稅)를 징수하는 방법이다. 이
방법이 시행된 것은 양세법이 시행된 이래, 귀족들의 토지 겸병이 여전함에 따라 토지 면
적이 실제와 부합되지 않았기 때문이었다. 따라서 당나라 목종 장경(長慶) 4년(824)에 원진(元
稹)이 동주[同州: 지금의 섬서 대여(大荔)]에서 백성들에게 이 방안을 시행하여 "자통수실장(自通
手實狀)"이라 한 데에서 비롯되었다.

成於戶部. 又有計帳, 具來歲課役, 以報度支.

무릇 천하의 호구는 그 자산이 많고 적음에 따라 9등으로 구분하는 한편, 3년에 한 차례씩 호적을 만들었다. 이때 모두 세 부를 만들어 하나는 현에 보존하고 또 한 부는 주(州)에, 그리고 그 나머지 한 부는 호부에 보냈다.

凡天下戶口, 其資產升降定爲九等, 三年一造戶籍, 凡三本, 一留縣·一留州·一送戶部.

당나라 대종(代宗) 광덕(廣德) 2년(764)에 칙서를 내려 천하의 호구를 자사(刺史)·현령에게 맡겨, 현재 있는 실제 호구수와 빈부에 따라 역의 경중을 구별하여 징발하는 장부를 만들도록 함으로써, 옛날의 호적대장에 따르지 않게 되었다.

代宗廣德二年, 敕天下戶口委刺史·縣令, 據見在實戶量貧富, 等第科差簿, 不得依舊帳.

당나라 선종(宣宗, 847~859) 때에는 주와 현에 명하여 각 현에서는 백성들의 빈부와 역의 경중에 따라 역을 부과하는 장부를 만들게 하는 한편,

이를 자사(刺史)에게 송부하여 검사를 끝내면 관청에 봉하여 두고 역사(役事)가 있을 때에 이 장부에 근거하여 역을 부과하도록 하였다.

> 宣宗時, 詔州縣每縣, 據人貧富及役輕重, 作科差簿, 送刺史檢署訖, 鎖於令廳, 每有役事, 委令據簿科差.

신은 이렇게 생각합니다. 천도(天道)는 10년에 한 번씩 변하는데, 이 10년 동안 사람들은 죽거나 태어나고, 그 집안이 흥하기도 하고 망하기도 할 뿐만 아니라, 노동력 또한 늘어나기도 하고 줄어들기도 하며, 물자의 가치 또한 내리기도 하고 오르기도 하기 때문에, 대체로 다 같게 적용할 수는 없습니다. 그러므로 당나라 사람들은 호적을 3년에 한 번 만들었는데, 이로써 광덕(廣德) 2년에 또한 조서를 내려 지방의 수령에게 현재 있는 실제 호(戶)에 근거하여 이들의 빈부의 등급을 조사하게 함으로써, 옛날 호적대장에 따르지 않도록 하였던 것입니다.

하물며 오늘날에는 인구·토지대장을 10년에 한 번씩 편찬하였기 때문에, 이 10년 동안에는 가난한 자가 부자가 되기도 하고 부자가 가난해지기도 할 뿐만 아니라, 토지 또한 그 주인이 바뀌거나 사람도 그 직업을 바꾸는 경우도 있게 마련이니, 어떻게 이전의 대장을 일률적으로 적용할 수 있겠습니까? 그러므로 이제부터는 마땅히 매년 9월에 백성들이 수확을 마치고 이갑 역에 편입되기 전에 각 포정사에서는 관원 1명을 파견하여 관할 부(府)와 주·현(州·縣)의 지방관들을 독려하여 다음 해에 필요한 부역에 대한 책자를 만들게 합니다. 이때 이를 먼저 현에서 시행하되, 각 이(里)에게 해당 이(里)의 백성들 가운데 군호·민호·장호(匠戶)·조호(竈戶) 등으로 등재된 호수가 얼마인지, 이들 총호수 중에서 관직을 지낸 사람들의 호수는 얼마를 차지하는지, 그리고 그 나머지 민호 가운데 역을 담당할 호수의 총계는 얼마인지 등을 상세하게 기재하게 합니다. 이와 동시에 이들의 장정수와 재산을 헤아려 9등급으로 나누되, 이를 하나같이 황책(黃冊: 부역황책을 말함.)의 기재된 내용을 기준으로 삼도록 합니다. 따라서 황책 가운데 원래 보고된 인정(人丁)이 도망하거나 사고가 있는 경우와 토지가 유실되거나 매매【반드시 이를 산 사람과 판 사람의 양측 호를 서로 대조해야 하며, 전지를 전당잡힌 경우는 굳이 설명하지 않는다.】된 경우가 있으면, 그 사실을 확인(조사)하여 대장을 만들도록 하고, 주·현에서는 이를 부(府)에 올리고 부(府)에서는 포정사[司]에 올리도록 합니다. 그러면 포정사에서는 관원에게 그 현지로 직접 가서 현재 실재하는 인구와 토지 상황을 근거로, 토지와 정(丁)을 적절하게 서로 배정하되, 어긋나는 것 등을 참고하고 9등 칙례를 정하도록 합니다. 이때 각 주와 현의 1년간 반드시 담당해야 할 역은 얼마이고, 마땅히 지출해야 할 비용은 얼마인지, 그리고 어떤 호가 어떤 역을 담당하는지 등을 각기 그 아래에 적어 넣도록 합니다. 그리고 그 역이 가볍고 쉬운 것은 한 사람이 혼자서 감당하도록 하며, 역이 무겁고 어려운 것이면 여러 사람이 합쳐서 이를 함께 담당하도록 합니다. 그리고 가난한 사람은 노동력을 제공하고 부유한 사람은 그 재력을 제공하도록 하면, 반드시 일 년의 쓰임이 거의 모자라지도 남지도 않게 될 것입니다. 이렇게 하여 인구대장 3부를 만들면, 그 한 부는 포정사에 두고, 나머지 2부는 부와 주·현에 보내 역을 시행하기 전에 미리 이를 열어 보임으로써, 백성들이 잘 알도록 하여 미리 대비하도록 합니다. 따라서 역을 담당할 때가 되면 인구대장에 근거하여 이들을 소집하여 요역을 제공[恐][59]하게 하되, 이 때 요역을 담당함에 있어서 균등하지 못한 것이 있다면, 이를 지적하여 고발하는 것을 허락하도록 합니다. 그리고 긴급한 일이 있거나 불시에 필요한 물자가 있을 경우에는 이를 현역(見役) 이갑이 책임을 맡게 합니다. 그런데 각 주와 현의 위치가 요충지에 있는 곳도 있고 멀리 떨어진 벽지에 있는 곳도 있습니다. 이에 따라 요충지에 있는 곳에서는 관청에서 필요한 물자의 운송과 파견된 사신들에 대한 접대 등에 제공되는 역은 쓸데없이 허송하는 날이 없지만, 멀리 떨어진 벽지에 있는 경우에는 한 해나 몇 달이 지나도 한 사람도 이곳을 지나가는 것을 보지 못할 정도이기 때문에, 백성들이 각종 역으로 인해 수고하고 쉬는 것이 균일하지 못함이 이보다 더 심한 것이 없습니다.

그러므로 청하옵건대, 역을 균일하게 하는 법을 만들되, 이 역시 황책을 근거로 삼아 한 포정사에 소속되는 인정(人丁)을 통틀어 계산하도록 합니다. 이때 역을 담당하고 있는지의 유무를 가리지 않고 정(丁) 한 사람에게 1전(錢)이나 또는 2~3전을 내도록 하되, 많아도 5전을 넘지 않도록 하고 이를 모두 관에서 거두는 한편, 그 현의 역이 어렵고 쉬운지, 그리고 길이 멀고 가까운지에 따라 이를 구분하여 고전[雇錢: 역을 직접 담당하지 않고 대역(大役)에 필요한 대가에 대한 칙례(則例)를 정하도록 합니다. 또한 요충지에 있는 현의 경우에는 백성들에게 나누어 거둬들인 전(錢: 고전을 말함.)은 해당 현에 남겨 두어 필요한 역에 사용하며, 만약 부족한 부분이 있으면 공문으로 기록하여 관령(關領:

---

59 恐: 저본의 공(恐)은 앞뒤의 문맥과 이후 수정 판본을 근거로 볼 때, 공(供)의 오자로 보인다.

관문을 지키는 관직)에게 이를 알리도록 합니다. 한편 멀리 떨어진 벽지에 있는 현(縣)의 경우에는 풍족히 쓸 것을 남겨 두는 것 외에도, 그 고전(雇錢)의 총액을 갖추어 관에 보고하여 연말이 되면 이를 종합하여 포정사에 올리도록 하는 한편, 이를 근거로 삼아 균등하게 나누도록 합니다. 그리고 양경(兩京: 북경과 남경) 사이에 있는 현과 운하 옆에 있는 주와 현의 백성들은 특히 그 노고가 특히 크기 때문에, 만약 해당 포정사에서 고전(雇錢)이 부족하게 되면 다른 포정사에서 남은 것을 사용하여 이를 보충하도록 합니다. 그런데 백성들이 많이 모여드는 곳에서는 비록 고용(雇傭)하는 것이 쉽다고 하더라도, 떨어져 있는 향촌이나 작은 읍의 경우에는 고용할 사람이 없으니, 어떻게 하겠습니까?

이에 대해 말하기를, "농민을 소집하여 역을 담당하게 하거나, 그 대가를 주고 이들을 고용하여 역을 담당하게 할 수 있다."고 합니다. 또 혹자는 말하기를, "근래에 와서는 균요법이 있었는데, 이는 10년에 한 번 역을 담당하게 됨으로써, 백성들은 상당히 편리하게 되었다. 그러므로 만약 이 방법을 사용한다면, 요역이 균등[均徭]하게 되니 시행하지 않을 수 있겠는가?"라고 합니다. 또한 말하기를, "균요법은 강남에서는 시행할 수 있지만 강북(江北: 양자강 이북)에서는 시행할 수 없을 뿐 아니라, 또한 큰 현에서는 시행할 수 있지만 작은 현에서는 시행할 수 없다."고도 합니다. 뿐만 아니라, "대호(大戶)에게는 시행할 수 있지만, 빈민에게는 시행할 수 없다."고도 말하는데, 무엇 때문이겠습니까? 왜냐하면, 강북에 있는 주와 현은 백성의 수는 적어서 역의 부담이 많지만, 큰 현의 백성은 대부분 10년을 기다려서 한 번 역을 담당하게 됩니다. 그런데 작은 현의 경우는 백성의 수가 적어서,

3~4년에 한 번의 주기로 역을 지게 되기 때문입니다. 따라서 대호(大戶)는 재산이 많거나 정(丁)이 많기 때문에, 토지 재산이 넓으면 재물(돈)을 출자하기가 쉽고, 정(丁)이 많으면 노동력을 제공하여 재물을 절약할 수 있습니다. 그런데 가난한 하호(下戶)의 경우는 10년 치의 역을 한꺼번에 내게 되니, 어떻게 이를 쉽게 감당할 수 있겠습니까?

저는 일찍이 9등법(九等法)이나 균요법(均徭法)을 통해 역을 징수하는 것을 계산한 적이 있습니다. 예를 들면, 관에서 곡식[粟] 10섬을 부과한다고 할 때, 만약 이를 9등법을 통해 시행하게 되면 관에서는 백성에게 매일 1섬을 부과하게 하여 10일이 되면 그 10섬을 모두 다 거두게 되는 것입니다. 한편, 이를 균요법을 통해 시행하게 되면, 관에서는 백성에게 하루에 10섬의 곡식(粟)을 나누어 한꺼번에 부담하게 하는 것입니다. 따라서 날마다 한 섬을 부담하는 것은 비록 가고 오는 번거로움이 있지만 그 부담이 가벼워서 시행하기가 쉽습니다. 그런데 한 사람이 하루에 10일 분의 역이나 10인의 역을 감당하는 일은 비록 많은 힘을 가진(체력이 튼튼한) 건장한 사람이라고 하더라도 감당할 수 없는 것이거늘, 하물며 (체력이) 약한 사람은 어떻겠습니까? 【균요법은 10년에 한 번 역을 담당하기 때문에 그 사이 9년 동안 역을 쉴 수 있을 뿐만 아니라, 이장이나 서리들이 부자에게는 역을 풀어 주고 가난한 자에게 역을 지우는 폐단을 없앨 수 있어서 일시적으로는 좋은 방법으로, 이를 강남의 큰 현에 시행하면 백성에게는 편리하게 됩니다. 그러나 백성의 수가 많고 역이 적은 곳에서는 왕왕 남아도는 호(戶)가 있어서 역의 순번을 배정하는 자가 때마다 중·하등의 호를 징용하는 한편, 상등 호를 징용하지 않고 남겨 두는 대신, 이들에게 고전(雇錢)을 내게 하여 이를 공통으로 사용하여 이로써 역에 필요한 수입을 삼습니다. 그런데 작은 현의 경우는 토지가 광활하고 백성의 수는 적어서 가는 곳마다 역포(驛鋪)를 설치하여 10년이 되지 않아도 이미 2~3차례 편성하게 됩니다. 그러므로 반드시 이를 시행하고자 한다면, 오직 70~80리 이상이 되는 곳을 현과 이(里)로 나누되, 비록 이런 곳이 많지 않다고 하더라도 역을 부과하는 것이 아주 적은 곳에서 이를 시행하도록 합니다. 그 나머지 30~40리인 곳에는 그 주기를 억지로 시행하는 것을 없앱니다. 대체로 균요법은 백성을 일 년만 역을 지우고 마는 것입니다. 따라서 조예(皂隸: 관아의 일을 담당하는 천인)나 선부(膳夫: 요리사 등 음식 관련의 잡역) 같은 역이 가능합니다. 그런데 창고지기와 같은 역은 세금을 거둬들이는 것을 다할 때까지 역을 유지해야 하기 때문에, 창고를 관리하는 역을 담당하는 재[庫子]가 자주 바뀌게 되면 관의 물품을 저당잡고 교환하는 폐단이 있게 되며, 길을 만드는 병사[鋪兵]가 그곳에 있는 움막에서 기거하지 않으면 길이 망가지기 쉽게 됩니다. 그러므로 이러한 종류의 역은 이를 담당할 백성에게 돈을 출자하여 이를 대신할 사람을 고용하게 하도록 하는 것이 마땅할 것입니다.】

臣按: 天道十年一變, 十年之間人有死生·家有興衰事·力有消長·物直有低昂, 蓋不能以一一齊也. 唐人戶籍三年一造, 廣德之詔, 且欲守令據見在實戶量貧富等第, 不得依舊帳籍.

況今十年一造, 十年之中貧者富·富者貧, 地或易其主, 人或更其業, 豈能以一律齊哉? 今宜每年九月, 人民收獲之後, 里甲入役之先, 布政司委官一員督府州縣官, 造明年當應賦役之冊, 先期行縣, 俾令各里開具本里人民軍·民·匠·竈其籍各若幹, 仕宦·役占其戶各若幹, 其餘民戶當應役者, 總有若幹, 量其人丁事產, 分爲九等, 一以黃冊爲主. 冊中原報人丁, 有逃亡事故·田地有沈斥買賣【必須買者賣者兩戶相照, 典當者不具】, 審實造冊, 州縣上之府, 府上之司, 委官親臨其地, 據其見在實, 有以田丁相配, 參錯斟酌, 定爲九等則例, 隨據州縣一年該應之役幾何·當費之財幾何, 某戶當某役, 各塡注其下, 輕而易者則一力獨當, 重而難者, 則合衆並力, 貧者任其力, 富者資其財, 必盡一年之用而無欠無餘. 造成三冊, 一留司·二發府州縣, 俾其前期開示以曉民, 使知備豫, 至期據冊以召集, 使供繇役, 有不均者許其指告, 若夫非常有之事·不時需之物, 則責之見役里甲云. 然州縣所在, 或在衝要·或在迂僻, 衝要之所官物之運載·使客之供應蓋無虛日, 而迂僻之鄕, 固有經年累月, 而無一人過往者也, 民之勞逸不均, 莫此爲甚.

請立爲均一之法, 亦據此冊, 通以一布政司之民丁計算, 不分有無役占, 但見一丁出錢一文, 或二三文, 多不過五文, 通收在官, 隨其縣分劇易·道路遠近定, 爲雇錢則例, 衝要縣分所收之錢, 留縣應用. 有所不足申文關領, 其迂僻去處, 量留足用之外, 具數報官, 年終類送上司, 以憑均敷, 其兩京之間·運河之側州縣人民, 尤爲勞苦, 若本司不足, 或通行他司有所餘者, 用以補之. 雖然, 人煙輳集去處, 固易於傭雇矣, 若夫偏鄕下邑無人可雇, 何如?

曰召農而役之, 與之傭直可也. 或曰: 近世均徭之法, 十年而一役, 民頗便之, 若用此法, 則均徭不可行歟? 曰均徭之法, 可行於江南, 不可行於江北; 可行於大縣, 不可行於小縣; 可行於大戶, 不可行於貧民, 何也? 江北州縣民少而役多, 大縣民, 多可待十年而一役, 小縣民少役之, 三四年已有周之者矣. 大戶產廣丁多, 產廣則出財易, 丁多則出力省, 若夫貧下之戶, 以十年之役, 並用於一時, 豈易當哉?

竊嘗以九等之法與均徭之法計之, 譬如官有粟十石焉, 九等之法, 官使民日負一石, 十日而盡其十石也; 均徭之法, 官使民一日, 而負十石之粟, 日負一石者, 雖有往返之勞, 然輕而易舉也. 一日而負十石, 往返雖

不煩, 然以一人一日, 而爲十日十人之事, 雖強有力者, 固有所不堪矣,
況但弱者哉!【均徭之法十年而一役, 其間有九年之歇, 且足以革里長·吏胥放富差貧
之弊, 固爲一時良法. 行之江南大縣, 固爲民便, 但民多役少之處, 往往多有餘剩戶, 編
次者, 每用中下戶, 而留上戶, 俾出錢以爲公用, 因而入已. 若夫小縣, 地闊民稀, 多設驛
鋪去處, 不待十年, 已有遍二三次者矣. 必欲行之, 惟可以七八十里以上縣分及里分, 雖
不多而差役頗少之處, 行之, 其餘三四十里者俟其行周而罷. 大抵均徭之法, 役民一年而
罷, 若皂隸·膳夫之類可也, 如倉鬥必須支盡所收, 庫子數易, 則有抵換官物之弊, 鋪兵
不居, 鋪舍則易於損壞, 此類可令, 當役之民出錢貼雇爲宜】

당나라 조용조법에서는 정(丁)을 향(鄕)에 따라 징발하되, 이들은 해마
다 비단 2필이나 무늬가 있는 비단[綾絁] 2장(丈)을 내며, 솜일 경우는 3냥
(兩)이나 마(麻) 3근을 내도록 하였다. 그런데 누에를 치지 않는 향(鄕)의
경우에는 해마다 은 14냥을 내는데, 이를 일러 조(調)라 한다. 백성들의
노동력을 사용할 때는 해마다 20일로 하되, 윤달일 경우에는 여기에 2일
을 추가하도록 하며, 역을 담당하지 않는 사람에게는 하루에 비단 3척
을 내도록 하는데, 이를 일러 용(庸)이라 한다. 한편 일이 있을 때에 역을
25일을 추가하게 되면 역을 담당한 자에게는 조(調)를 면제하고, 30일을
추가한 경우에는 조(租)와 조(調)를 모두 면제하도록 하였는데, 다만 역을
담당하는 것은 통산하여 50일을 초과하지 않았다.

唐租庸調法, 丁隨鄕所出, 歲輸絹二匹·綾絁二丈, 布加五之一, 綿三兩·麻
三斤, 非蠶鄕則輸銀十四兩, 謂之調; 用人之力, 歲二十日, 閏加二日, 不役

者日爲絹三尺, 謂之庸. 有事而加役二十五日者免調, 三十日者租調皆免,
通正役不過五十日.

신은 이렇게 생각합니다. 당나라 사람들의 조용조법에서는 모두
정(丁)을 기준으로 하였는데, 이들은 일 년 동안 조(租)를 납부하는 것
외에도 한 사람의 정(丁)은 은 14냥이나 20일간 노동력을 제공하도록
하였습니다. 그런데 오늘날 명나라의 제도에서는 부세(賦稅)는 하나같
이 토지를 경작한 데에서 나오고, 백성의 노동력은 하나같이 부역황
책으로 정하였습니다. 이때 각 호를 상·중·하 3등급으로 나누어 각
기 군호·민호·조호(竈戶)·장호(匠戶) 등의 호적으로 편성하여, 배년 이
갑은 순번에 따라 교대로 이갑정역을 담당하는 것 이외에도, 크고 작
은 잡역의 역을 감당합니다. 이때 이들 역은 나누어진 등급에 따르게
됨으로써 일정한 제도에 구애받지 않기 때문에, 나라에서 일이 있을
경우에는 역을 징발하여 그 일에 쓰지만 일이 끝나게 되면 쉬게 됩니
다. 따라서 당나라의 백성들처럼 일정한 조(調)가 있거나 정해진 날짜
만큼 요역을 담당하는 것이 결코 아닙니다.

臣按: 唐人租庸調法, 皆論丁, 一年之間·納租之外, 一丁出銀十四兩·
出力二十日. 今制, 賦稅一出於田役, 民之力, 一以黃冊爲定, 分其人戶
爲上中下三等, 各具軍·民·竈·匠等籍, 排年里甲, 依次輪當之外, 其
大小雜泛差徭, 各照所分之等, 不拘拘於一定之制, 遇事而用, 事已卽
休, 非若唐人民有常調·役有定日也.

송나라에서는 아전이 관의 물자를 주관하고, 이정(里正)·호장(戶長)·향서(鄕書)·수과(手課) 등은 부세(賦稅)를 감독하며, 기장(耆長)·궁수(弓手)·장정(壯丁) 등은 도적을 체포하며, 또한 승부(承符)·인력(人力)·수력(手力) 산종관(散從官) 등에게는 잡역을 제공하도록 하였다. 또한 현에서는 조사[曹司: 물자운송을 담당하는 전운사사(轉運使司)를 말함.]에서 압록(押錄)에 이르기까지, 또한 주(州)에서는 조사(曹司)에서 공목관(孔目官)에게 이르기까지, 그리고 아래로는 잡직인 우후(虞候)와 간겹(揀揲) 등의 사람들에 이르기까지 각자는 향의 호등에 따라 차등적으로 그 역을 담당하였다.

> 宋以衙前主官物, 以里正·戶長·鄕書·手課督賦稅, 以耆長·弓手·壯丁逐捕盜賊, 以承符·人力·手力散從官給使, 令縣曹司至押錄·州曹司至孔目官, 下至雜職虞候·揀揲等人, 各以鄕戶等第定差.

신은 이렇게 생각합니다. 이것이 송나라 초 이래의 차역법(差役法)입니다.

> 臣按: 宋初以來差役法也.

무릇 각종 역을 담당하는 호는 등급에 따라 차등적으로 전(錢)을 출자하는데, 이를 면역전이라고 한다. 이때 방곽(坊郭)에 거주하는 각 등급의 호와 미성년의 장정과 혼자 사는 장정, 그리고 여호(女戶: 여자가 호주인 호)와 사관호(士觀戶: 불교·도교 적에 오른 사람), 관직이 있는 집안 등은 옛날에는 어떤 이름의 역도 없었지만, 다만 그 대신 전을 출자하는 것을 이름하여 조역전(助役錢)이라 하였다.

무릇 전(현금)을 분담할 때에는, 먼저 주(州)의 형편을 살폈는데, 예컨대 현에서 사용해야 할 역과 이를 대역으로 고용할 때 필요한 비용이 얼마인지에 따라 각 호의 등급에 따라 균등하게 거두었다. 이때 대역을 고용하는 비용이 이미 쓰기에 풍족하면, 또한 그 액수에 따라 20%를 더 증액하여 거둠으로써, 수재나 한재 시에 부족할 것에 대비하였다. 이처럼 비록 이를 증액하여 거두더라도 20%를 초과할 수 없었는데, 이를 일러 면역관잉전(免役寬剩錢)이라고 하였다.

凡當役人戶以等第出錢, 名免役錢. 其坊郭等第戶及未成丁·單丁·女戶, 寺觀·品官之家, 舊無色役而出錢者, 名助役錢. 凡敷錢先視州, 若縣應用, 雇直多少, 隨戶等均取, 雇直旣已用足, 又率其數增取二分, 以備水旱欠闕, 雖增毋得過二分, 謂之免役寬剩錢.

신은 이렇게 생각합니다. 이는 송나라 희녕 연간(1068~1077)의 면역법으로, 그 논의는 한강(韓絳)[60]이 시작하여 왕안석에 의해 시행되었습

---

60 한강(韓絳, 1012~1088): 송나라 사람으로 개봉(開封) 옹구[雍丘: 지금의 하남성 기형(杞縣)] 출신으로, 자는 자화(子華)이다. 한억지(韓億之)의 3자로 한종(韓綜)의 아우이자 한유(韓維)·한진(韓縝)의 형이다. 인종 경력(慶曆) 2년(104) 진사로 태자중윤(太子中允) 등을 거쳐 영종(英宗) 시에는 급사중(給事中) 등을 거쳐 치평(治平) 2년(1065)에는 권지개봉부(權知開封府)를 역임하였다. 원풍(元豐) 원년(1078)에 지정주(知定州)와 원풍 6년(1084)에는 지하남부(知河南府)를 지냈다. 《송사》 권315, 〈한강(韓絳)열전〉 참조.

니다.

원우(元祐) 연호를 시작한 해(1086)에 사마광(司馬光)[61]은 면역법에는 그 해(害)가 다섯 가지가 있다고 지적하면서, "오늘날을 위한 방책은 황제가 칙령을 내려 면역전을 마땅히 모두 폐지하는 한편, 여러 가지 명목의 역에 종사하는 사람들을 모두 희녕 연간과 원우 연간(1086~1093) 이전의 구법에 따르도록 하는 것보다 더 좋은 것은 없다."고 하였다.

이에 장돈(章惇)[62]은 사마광(司馬光)이 역법을 바꾸자고 한 것을 반박하면서, 그 대강에 대해 말하기를, "역법은 희녕(熙寧) 연간 초에 갑자기 면역법으로 바꾸었지만, 그 이후에는 마침내 폐단이 있게 되었다. 오늘날

---

61 사마광(司馬光, 1019~1086): 송나라 대표적인 정치가이자 유학가로 섬주(陝州) 하현(夏縣) 속수향(涑水鄉: 지금의 산서성 하현(夏縣)] 출신이다. 자는 군실(君實), 호는 우수(迂叟)이고, 세칭 속수선생(涑水先生)이다. 그는 북송시대의 인종(仁宗)·영종(英宗)·신종(神宗)·철종(哲宗) 등 4조대를 풍미한 정치가로, 특히 왕안석의 신법을 반대한 구법당의 대표로 잘 알려져 있다. 주요 저서로는 편년체 통사인《자치통감(資治通鑒)》을 비롯하여《속수기문(涑水記聞)》,《계고록(稽古錄)》등이 있다.

62 장돈(章惇, 1035~1105): 북송시기의 정치가이자 문학자로 특히 군사 방면에 해박하였다. 그는 포성[浦城: 지금의 복건성 남평시(南平市) 포성현] 출신으로, 자는 자후(子厚)이고, 가우(嘉祐) 2년(105)에 진사로, 특히 호북(湖北)·호남(湖南)에서 횡횡하던 이민족 반란을 진압하여 내지의 할거세력을 통일하였다. 또한 왕안석 신법에 찬성하여 적극적인 개혁정치를 펴고자 하였다. 원우(元祐) 8년(1093)에 재상직에 올라 중단된 신법을 회복하고자 노력하는 한편, 토번(吐蕃)을 공격하여 서하세력을 물리치기도 하였다. 그의 저서로는《장자후내제집(章子厚內制集)》이 있다.

에는 다시 차역법(差役法)으로 하였으니, 마땅히 이에 대한 논의를 잘 하여 좋은 결과를 얻은 후에야 이를 시행해야 하며, 갑자기 이를 바꿈으로써 후회하는 일에 이르지 않도록 해야 한다."고 하였다.

元祐初元, 司馬光言: "免役之法其害有五, 爲今之計莫若降敕, 應免役錢 並罷, 其諸色役人並依熙元年以前舊法". 章惇駁司馬光所更役法, 其略曰: "役法, 熙寧之初, 遽改免役, 後遂有弊. 今復爲差役, 當議論盡善, 然後行 之, 不宜遽改, 以貽後悔."

소백온(邵伯溫)[63]이 말하였다.

"오[吳: 지금의 강소(江蘇)·절강(浙江) 지역]지방과 촉(蜀: 지금의 사천 지역)지 방의 백성들은 역을 고역(雇役)함으로써 편리하게 되었고, 진(秦)나라 와 진(晉)나라의 백성들은 차역(差役)을 함으로써 편리하게 되었다."

邵伯溫曰: "吳蜀之民, 以雇役爲便; 秦晉之民, 以差役爲便."

여중(呂中)[64]이 말하였다.

---

63 소백온(邵伯溫, 1057~1134): 송나라 사람으로 소옹(邵雍)의 아들이다. 낙양(洛陽) 출신으로, 어 릴 때부터 사마광(司馬光)·여공저(呂公著)·범순인(范純仁) 등과 교유하는 한편, 왕안석의 신 법에 반대하였다. 주요 저서로는 《역학변혹(易學辨惑)》, 《문견전록(聞見前錄)》, 《황극경세서 (皇極經世序)》, 《관물내외편해(觀物內外篇解)》 등이 있다.

64 여중(呂中): 남송 천주(泉州) 사람으로, 자는 시가(時可)이다. 국자감승 겸 숭정전설서를 지냈

"사마광은 차역법을 주장하였고, 왕안석은 고역법을 주장하였는데, 이 두 가지 방법에서 역의 경중은 서로 같았을 뿐만 아니라, 이로운 점과 해로운 점에 있어서도 서로 반반이었다. 일찍이 이 두 가지 역법이 시작된 연원을 추정해 보면, 차역법을 시행하게 되면 백성은 비록 역을 제공해야 하는 수고로움이 있기는 하지만, 토지가 있으면 토지세[租]가 있고 조(租)가 있으면 역이 있게 마련이어서, 이 모두는 자신들의 직분에서 마땅히 해야 하는 일이라 여기기 때문에, 이를 원망하는 것이 없었다. 다만 여기서 고쳐야 할 것은 아전의 중역일 뿐이다. 즉 관가의 물자에서 빠진 것을 억지로 내게 하거나, 관가의 수송비용을 책임지고 제공하게 하는 등 농민이 이를 감당할 수 없기 때문에, 오직 아전의 역을 모집함으로써 농민에게는 이를 차출하지 않게 하여 책임을 면하게 하면 백성은 차역법을 기쁘게 여길 것이다.

한편, 고역법을 시행하게 되면, 백성은 비록 해당하는 역에 대한 대가를 내게 되더라도 문을 닫고 평안하게 앉아서 자신들의 생계를 꾸려갈 방안을 추진할 수 있게 되니, 또한 원망이 없게 될 것이다. 다만 여기에서 없애야 할 것은 오직 관잉전(寬剩錢)이 지나치게 분담되는 것이니, 실제로 필요한 비용의 경우는 마땅히 내야 하겠지만, 그 정해진 액수 이외 수요의 경우에는 마땅히 가혹하게 거두어야 하는 것이 결코 아니다. 그러므로 관잉전을 방출하여 다시 거두지 않게 되면, 백성들은 고역을 시행하는 것을 기뻐하게 될 것이다. 그러므로 이로운 것을 따르고 그 해로운 것을 없앤다면, 이 두 가지 역법은 모두 시행할 만하다."

다. 강직하여 정주지주(汀州知州)로 내쫓겼다.

呂中曰: "司馬光主差役, 王安石主雇役, 二役輕重相等·利害相半. 蓋
嘗推原二法之故, 差役之法行, 民雖有供役之勞, 亦以爲有田則有租,
有租則有役, 皆吾職分當爲之事, 無所憾也. 其所可革者衙前之重役耳,
官物陷失勒之出, 官綱費用責之供, 農民之所不堪, 苟以衙前之役募,
而不差農民, 免任則民樂於差之法矣; 至雇役之法行, 民雖出役之直,
而闔門安坐, 可以爲生生之計, 亦無怨也. 其可去者, 寬剩之過敷耳, 實
費之用, 固所當出, 額外之需, 非所當誅, 苟以寬剩之數散而不斂, 則樂
於雇之設矣. 因其利, 而去其害, 二役皆可行也."

신은 이렇게 생각합니다. 여중(呂中)이 "두 가지 역법에서 이로운 점
과 해로운 점은 서로 반반"이라고 하면서, "이로운 것을 따르고 해로
운 것을 없앤다면, 이 두 가지 역법은 모두 시행할 만하다."고 하였습
니다.

신이 생각하기에는 백성을 징발하는 고금의 역법이라고 하는 것
은 반드시 이 두 가지 방법을 겸용하였는데, 이렇게 한 후에는 어느
한 가지 방법으로도 치우치지 않게 되었습니다. 따라서 여기에는 비
단 특별히 이로운 점과 해로운 점이 서로 반반일 뿐만 아니라, 실제로
이 두 가지 방법이 서로 보완적으로 쓰인다고 생각합니다. 무릇 예부
터 노역[力役]을 징발함에 있어서는 가난한 자는 노동력을 제공하고 부
유한 자는 재물을 출자하여, 각자가 자신들에게 여유가 있는 것에 따
라 이를 사용함으로써, 부족한 것에 대해서는 억지로 역을 지우지 않
게 하였습니다. 이렇듯 자신들이 할 수 있는 것에 따라 역을 부담함

에 따라, 이를 할 수 없는 사람에게는 억지로 지우지 않았습니다. 그러므로 어떤 사람은 노동력은 있지만 재산이 없는 경우는 스스로 노동력을 제공하게 함으로써, 재산은 있지만 노동력이 부족한 사람을 돕도록 하였습니다. 한편, 재산은 있지만 노동력이 없는 경우에는 재물을 내게 함으로써, 노동력은 있지만 역을 감당할 수 없는 사람의 역을 대신하도록 합니다. 그런데 나라의 사업은 거대하고 필요한 물자 또한 많으며 비용도 많고 거리도 멀기 때문에, 반드시 여러 사람들의 힘이 필요하고 많은 재물을 거둬서 모아야 합니다. 또한 이를 운용함에 있어서는 중단되거나 부족하게 되어서는 안 될 뿐만 아니라, 그 수급에 있어서도 궁핍하게 되어서는 안 됩니다. 따라서 이렇게 되면 백성이 병드는 경우가 없게 되고, 나라의 사업 또한 실현되지 않는 것이 없게 됩니다.

오늘날(명나라)의 차역법에 있는 이른바 이장(里長)·갑수(甲首)·노인(老人) 등은 송나라의 이정(里正)·호장(戶長)·기장(耆長)이고, 궁병(弓兵)·민장(民壯)은 송나라의 궁수(弓手)·장정(壯丁)에 해당합니다. 또한 오늘날의 조예(皂隸)와 금자(禁子)는 송나라의 승부(承符)·인력(人力)·수력(手力)이고, 이른바 칭자(稱子)와 포호(鋪戶)는 송나라의 간겸(揀掐)이며, 오늘날의 이른바 고자(庫子)·두급(斗級)·납호(納戶)·해호(解戶)는 송나라의 아전입니다.

그런데 송나라의 여러 역 가운데 아전이 가장 무거웠고, 오늘날의 잡역 중에서도 역시 납호(納戶)·해호(解戶)·두급(斗級) 등이 가장 어려웠습니다. 그러므로 이들 두 가지 역은 반드시 집안 살림이 넉넉하고 장정과 식구들이 많아야 했는데, 평상시에 이를 조사하여 역에 충당했습니다. 이렇게 해야만 위로는 관가에 손해를 끼치지 않고, 아래로도 그 집안이 망하지 않게 될 수 있었습니다. 그리고 조예(皂隸)의 역을 설치한 것은 감옥의 창고를 지키는 것 외에도 관청에서 당직하며 문을 지키는데, 이를 따르는 자들의 경우는 모두 고역법을 사용할 만한 것으로, 특히 북경과 남경이 절실합니다. 그러므로 지금부터 각 부(府)와 주·현에서 조예를 선발하여 경사로 보내는 사람에 대해서는 민간에서 역을 담당할 호 중에서 잘 훈련되고 체격이 건장하여 어려운 일을 잘 견디는 사람을 선발함으로써, 이러한 신체 조건을 가지고 감옥의 창고를 지키는 일을 맡도록 하는 한편, 그 나머지 이들 우두머리를 따라다니는 사람에 대해서는 각 호에서 일당 3분(分)에 해당하는 현금을 출자하여 사람을 고용하여 이를 대신하도록 합니다. 이렇게 하면 한 해에 은 10냥 8전이 되는 셈입니다. 이때 윤달의 경우에는 그 액수를 가산하여 세전에 이를 모아 병부에 보내면, 이를 나누어 각 포정사에 보내고 여기서 자체적으로 역을 고용합니다. 무릇 고역의 임금은 일당의 역을 다 마친 후에 지급하는데【예컨대, 정월이 지나면 2월 초하루에 그 임금을 지급한다.】, 이로써 저들이 그 역의 부담을 피하지 않게 됩니다. 이와 같이 하면, 농부들은 마침내 토지를 경작하여 수확하려고 원할 것이고, 관청에서는 이들에게 고역에 대한 임금을 지급하게 할 수 있을 뿐만 아니라, 또한 저자에서 (아무 일도 하지 않고) 노는 무리들을 거둘 수 있게 되니, 한꺼번에 세 가지를 동시에 얻을 수 있게 될 것입니다.

臣按: 呂中謂二法利害相半, 因其利而去其害, 二役皆可行也. 臣竊以謂, 古今役民之法, 必兼用是二者, 然後行之不偏, 非特利害相半而已, 蓋實相資以爲用也. 夫自古力役之征, 貧者出力·富者出財, 各因其有餘而用之, 不足者不強也. 各隨其所能而任之, 不能者不強也. 彼有力者而無財, 吾則俾之出力, 財有不足者人助之; 彼有財者而無力, 吾則俾之出財, 力有不能者人代之. 若夫事鉅而物重, 費多而道遠, 則必集衆力・裒衆財, 使之運用, 而不至於頓躓, 資給而不至於困乏, 則民無或病・事無不擧矣. 惟今差役之法, 有所謂里長・甲首・老人者卽宋里正・戶長・耆長也, 有所謂弓兵・民壯者卽宋弓手・壯丁也, 有所謂皂隸・禁子者卽宋承符・人力・手力也, 有所謂稱子・鋪戶者, 卽宋人揀搯也, 有所謂庫子・斗級・納戶・解戶者, 卽宋人衙前也.

宋之諸役衙前最重, 今之雜役亦惟納戶・解戶・斗級爲難, 此二役者, 必須家道殷實・丁口衆多, 平日有行檢者充之, 然後上不虧於官・下不破其家也. 若夫皂隸之設, 除監獄守庫外, 凡直廳・守門・跟隨者, 皆可用雇役之法, 而在兩京尤爲切要. 今後各府州縣簽皂隸解京者, 於民間應役人戶選其馴謹・強健・耐勞者, 以身供監獄守庫之役, 其餘跟隨導從者, 每戶俾其日出銀三分, 以雇人代, 當歲該銀十兩八錢, 閏加其數, 歲前類解兵部, 分送各司, 俾其自雇. 凡予其雇工之直, 須於按日當滿之後【如當過正月則二月初一與之直】, 則彼不至逃負. 如此, 則農夫遂耕獲之願, 官府得使令之給, 而亦可以收市井遊手之徒, 一擧而三得也.

이상은 각종 잡역을 기록하는 대장에 대해 논한 것입니다.

以上論傅算之籍.

신은 이렇게 생각합니다. 나라의 경비를 관리하는 것은 백성의 재물을 거두어 공적으로 사용하는 것입니다. 그런데 여기서 백성의 노동력을 징발하는 것을 나라의 경비 다음으로 첨부한 것은 맹자가 "포와 실[布縷]의 징수와 속미(粟米)의 징수가 있고, 그다음으로 노역[力役]을 징발하는 것이 있다."고 말하는 바로 이것입니다. 그러나 맹자가 "노역[力役]의 징발이 있다."고 말한 것을 버리고, 한나라 사람들이 민정(民丁)을 등록하여 산부(算賦)와 구부(口賦)에 대한 대장을 만든 방안을 취하였습니다. 이는 바로 후세에서 말하는 현재의 호구를 계산하여 이에 따라 정(丁)을 징발한다는 것으로, 이로써 나라의 자금을 거둔 것인데, 이 역시 나라의 경비를 책정하는 한 가지 방법입니다.

臣按: 制國用者, 取民財, 以用之公也, 而此以役民之力, 附於國用之後者, 孟子論有布縷之征·粟米之征, 而卽繼之以力役之征者, 此也. 然舍孟子力役之征之言, 而取漢人傅民丁算口賦之籍, 就後世以爲言, 以見計口用丁, 而因之以取貲, 是亦制國用之一法也.

대학연의보

(大學衍義補)

권32

나라의 경비를 관리함[制國用]

매관과 잡세(징수)의 잘못[鬻算之失]

진나라 시 황제 4년(기원전 243년)에 백성들에게 1천 섬을 납속(納粟)하게 하고 작(爵)¹ 일등급을 주었다.

> 秦始皇四年, 令百姓納粟一千石拜爵一級.

신은 이렇게 생각합니다. 이 이후로 후세에서 납속을 통해 (백성에게) 작위를 주는 것이 시작되었던 것입니다. 오호라! 작위와 봉록은 천자가 천하를 다스리는 진기한 기물[名器]²로서, 그 신하와 백성을 부리고 이들에게 부귀를 주는 것입니다. 따라서 군주는 이 부귀를 주는 권한을 가지고 백성을 다스리는 한편, 이들에게 온 몸을 맡기고 목숨을 다 바치게 하여 이들을 사용함으로써, 천하의 모든 업무를 성취하고 천

---

1 작(爵): 진(秦)나라의 작제(爵制)는 모든 민을 대상으로 군공(軍功)에 따라 20등 작제를 시행하였다. 이를 통해 진나라는 강력한 중앙집권적 통일국가를 지향하였다.
2 명기(名器): 진귀한 기물(器物)을 뜻하는 것으로, 등급을 나타내는 수레·복장 등을 말한다.

하의 뜻을 통하게 할 뿐 아니라, 또한 천하의 재물을 풍요롭게 합니다. 이로써 위로는 하늘의 뜻을 받들고 아래로는 백성의 생계를 도모하지 않는 것이 없고, 가운데로는 군주의 자리를 안정되게 하는 것입니다.

그런데 군주된 자가 도리어 이 권한을 가지고 거꾸로 백성들에게 주고 이것으로 귀하게 여기는 기물로 삼는 한편, 또한 백성에게서 곡식을 두루 받는 것을 곧 (나라의) 부유함으로 삼는 것인데, 이야말로 작제를 통해 귀한 자리(관직에 오를 사람)를 부리는(통제하는) 권한을 상실하는 것일 뿐만 아니라, 그 녹(祿)과 함께 부유한 자들을 부리는 권한을 상실하는 것입니다. 이처럼 진귀한 기물을 상실하는 일은 진나라의 정치를 처음으로 허수아비를 만드는 것으로, 특히 만세토록 모두 허물이 되어 돌아갈 것입니다.

臣按: 此後世納粟拜爵之始. 嗚呼, 爵祿者, 天子治天下之名器, 所以馭其臣民, 而富貴之者也. 上持富貴之柄, 以馭下之人, 使其委身盡命, 以爲吾用, 以成天下之務·以通天下之志·以阜天下之財, 上以承天意·下以莫民生·中以安君之位者也. 爲君者顧, 乃倒持其柄, 以授之民, 而以其所以爲貴之器, 而博其粟於民以爲富, 是非但失其爵, 以馭貴之柄, 而並與其祿, 以馭富之柄失之矣. 名器之失, 自秦政始作俑之, 尤萬世之下, 咸歸咎焉.

한나라 효문제 시대에 조조(晁錯)[3]가 군주에게 말하였다.

"사람들이 농사에 힘쓰는 것은 곡물이 비싸지는 것에 있고, 곡물이 비싸게 되는 방안은 사람들에게 곡식을 통해 상벌로 삼는 것입니다. 그러므로 이제부터 천하에서 사람들을 모집하여 곡물을 현의 관아에 납입하면 작(爵)을 받을 수 있고[4] 또한 죄를 면할 수 있게 합니다. 이것이 도움이 될 수 있는 것은 세 가지가 있는데, 그 하나는 경비의 공급이 풍족해지는 것이고, 두 번째로는 백성의 세금이 적어지며, 셋째로는 농사에서 공로(성과)를 볼 수 있게 된다는 것입니다. 이렇게 되면 작(爵)은 군주가 마음대로 할 수 있고 백성에게서 나오는 것도 무궁해질 뿐만 아니라, 사람들이 경작하는 곡물 또한 땅에서 자라는 것이 부족하지 않게 될 것입니다. 무릇 높은 작을 얻을 수 있는 것과 또한 면죄될 수 있다는 점은 백성들이 심히 바라는 것이기 때문에, 천하 백성들로 하여금 곡물을 변방에 납부하게 하면, 이들이 작을 받거나 죄를 면하게 되니, 3년이 지나지 않아 변방 요새의 곡식이 반드시 많아질 것입니다."

漢孝文時, 晁錯說上曰: "欲人務農在於貴粟, 貴粟之道, 在於使人, 以粟爲賞罰. 今募天下入粟縣官, 得以拜爵, 得以除罪, 所補者三, 一曰主用足・二曰民賦少・三曰觀農功. 爵者上之所擅, 出於口而無窮; 粟者人之所種, 生於地而不乏. 夫得高爵與免罪, 人所之甚欲也, 使天下入粟於邊・以受爵免

---

3 조조(晁錯, 기원전 200~기원전 154): 후한 경제의 대표적인 책략가로, 영천(穎川: 지금의 하남성 우현) 출신이다. 그는 일찍이 지현(軹縣: 지금의 하남성 제원현 남쪽)에서 장회(張恢)를 스승으로 삼아 신불해와 상앙의 형명(刑名) 이론을 배웠다. 그가 상서를 배워 돌아오자 문제는 그를 태자에게 보내 가령(家令)으로 삼아 태자를 보좌하게 했다. 이후 조조는 태자 유계(劉啓)의 총애를 얻으면서 '지혜의 보따리'란 뜻의 '지낭(智囊)'으로 불렸다. 따라서 문제는 그를 조정의 논의와 자문에 응하는 중대부(中大夫)에 임명했다.

4 한의 작제(爵制): 한나라의 작제는 진나라와는 마찬가지로 20등급 작제를 시행하였는데, 다만 그 기준에서 진나라와 같이 군공(軍功)이 아니라 농공(農功)에 따라 작을 주었다.

罪, 不過三年, 塞下之粟必多矣."

신은 이렇게 생각합니다. 조조의 이 말은 이익이 되는 것만을 보고 있고 의로움[義]을 보질 않고, 또한 이익이 되는 것만 알지 그 해가 되는 것을 알지 못하니, 어째서이겠습니까? 대개 다스림에 행하는 것은 반드시 기강을 세워야 하며, 기강을 세우는 것은 상벌을 분명하게 하는 데 있고, 상벌을 분명하게 하는 것은 작위와 형벌에 있습니다. 그런데 이제 작위를 곡물로 얻을 수 있고 형벌도 곡물로 면할 수 있게 되면, 상벌이 분명하지 않게 되고, 상벌이 분명하지 않으면 기강이 세워지지 않으며, 기강이 세워지지 않으면 나라는 나라가 아니게 되니, 비록 곡물이 있은들 우리들은 무엇으로 먹을 수 있겠습니까?

혹자는 조조의 뜻은 곡물을 비싸게 하여 농사를 권장하는 데 있다고 말합니다. 그런데 농부들은 부지런히 생계를 이어 본업(농사)에 힘쓰는 데 있고 작위를 기대하는 데 있지 않기 때문에, 스스로 형벌을 범하지 않습니다. 그러므로 작위를 탐하여 죄를 짓는 사람은 모두 백성들 가운데 말업(상업)을 좇는 사람들로서, 말업을 좇는 자들은 재물로 곡물을 바꾸어, 이를 현관에 납부하여 작위와 죄를 면할 수 있게 됩니다. 따라서 이들은 작위가 있음을 빙자하여 남을 업신여기고 강포하거나, 죄가 없음을 빙자하여 간교한 일을 저지르게 되니, 변방 요새의 곡물이 비록 많다고 하더라도 나라 안에서 간사함은 더욱더 방자해질 것입니다. 이는 곧 조조의 의견(제안)은 전적으로 이익에만 있고 의(義)를 배반하는 것이니, 이익을 반드시 얻지 못한다고 하더라도

222

해로움은 이미 따라오게 됩니다. 부에 있어서 천하를 가지고 있는 군주가 넉넉히 사용하고 변방을 충족하게 하는 방책에 대해 어찌 다른 방도가 없다고 하더라도 반드시 이 방법만을 써야 합니까?

臣按: 晁錯之言: 有所見於利, 而無見於義, 知其爲利, 而不知其爲害, 何也? 蓋爲治必立紀綱, 立紀綱在明賞罰, 明賞罰在爵與刑. 今爵可以粟得, 刑可以粟免, 則賞罰不明, 賞罰不明, 則紀綱不立, 紀綱不立, 則國非其國, 雖有粟, 吾得而食諸?
或曰: "錯之意, 在貴粟以勸農夫". 農人勤生而務本, 無所俟於爵, 自不犯於刑. 其貪爵而犯罪者, 皆民之逐末者也. 逐末者, 以財而易粟, 輸之縣官, 以得爵免罪, 恃有爵以淩暴‧倚無罪以爲奸, 塞下之粟雖多, 而國中之奸愈肆. 是則錯之此議, 專於利而背義, 利未必得, 而害已隨之. 富有四海者, 裕用足邊之策, 豈無他道, 而必用此哉?

후한 영제(靈帝, 168~188)는 서저(西邸)를 열어두고 관직을 팔았는데, 2천 섬에 해당하는 벼슬을 2천만 섬으로, 4백 섬에 해당하는 벼슬을 4백만 섬으로 매매하여 서원에 창고를 만들고 이를 쌓아 두었다. 또한 사적으로는 좌우에 있는 사람들에게 공경(公卿)을 팔도록 하여 공은 천만, 경은 5백만 섬으로 하였다.

後漢靈帝開西邸賣官, 二千石二千萬, 四百石四百萬, 於西園立庫以貯之. 又私令左右賣公卿, 公千萬‧卿五百萬.

신은 이렇게 생각합니다. 조조의 이 건의 후에 전한의 경제(景帝, 기원전 156~기원전 141)와 무제(武帝, 기원전 140~기원전 89)·성제(成帝, 기원전 32~기원전 7), 후한의 안제(安帝, 107~125) 등과 같은 황제들은 비록 모두 작위를 팔았지만, 대부분 흉년과 가뭄이 들고 변방 또한 위급하였기 때문에, 경비가 부족하여 부득이 이를 시행하였습니다. 그런데 영제에 이르러 작위를 매매한 것을 사사로이 쌓아 두었으니, 이를 역사책에 기록하여 영원히 비난을 이어가도록 하였습니다.

> 臣按: 自晁錯建議之後, 若景帝·武帝·成帝·安帝, 雖皆賣爵, 然多以歲有荒旱·邊有警急, 用度不足, 不得已而爲之. 至靈帝則賣爵, 以爲私藏, 書之史冊, 貽譏千古.

당나라 숙종(肅宗, 756~761) 지덕(至德) 2년(757)에 어사 정숙청(鄭叔淸)이 백이나 천 전(錢)을 납부하면 명경(明經) 출신의 자격을 주되, 문자를 알지 못하는 자에 대해서는 이에 3십에서 천 전을 더 부가하도록 하는 칙명을 내릴 것을 주청하였다.

> 唐肅宗至德二年, 御史鄭叔淸奏請, 敕納錢百千, 與明經出身, 不識文字者, 加三十千.

신은 이렇게 생각합니다. 진·한 이래 관직을 파는 것은 이미 법령이나 법전으로 정한 것이 아닐 뿐 아니라, 당나라 숙종 시기에 이르러서는 과거의 합격 등급[科第]조차 팔게 되었습니다.

　오호라! 왕가(王嘉)[5]가 말하기를, "군주란 하늘을 대신하여 사람들에게 작위(녹봉)를 내리는데, 특히 이를 신중하게 해야 한다. 대개 군주의 자리는 하늘이 주는 자리이고, 그 녹(祿)은 하늘이 준 녹이며, 오복(五服)의 등급제[五服之章][6]는 하늘이 덕 있는 자에게 명한 것이기 때문에, 군주 한 사람이 사사로이 줄 수 있는 것이 결코 아니다. 따라서 사사로이 주어서도 안 되는 것이거늘, 어찌 이를 팔 수 있겠는가?"라고 했습니다.

　《춘추좌전》에서 말하기를, "'벼슬의 명칭과 이에 주는 기물(작위나 녹봉)은 가짜로 사람들에게 줄 수 없는 것이다."고 하였고, 또한 《예기 왕제(王制)》에서는 "(그 사람의) 재능을 가늠하여 정한 후에야 벼슬을 주고, 벼슬을 맡기고 난 후에야 작위(녹봉)를 준다."고 하였던 것입니다. 그러므로 가짜로 명기(名器: 벼슬의 명칭과 작위나 녹봉)를 주는 것은 진실로 안 되는 일이지만, 그 능력을 논하여 정하지 않고 작위를 주는 것은 더더욱 안 됩니다.

5　왕가(王嘉, ?~기원전 2): 서한 사람으로 평릉(平陵) 출신이다. 자는 공중(公仲)으로, 애제(哀帝) 건평(建平) 3년(기원전 5)에 승상에 올랐으나, 애제가 총애하던 동현(董賢)을 후(侯)로 봉하고자 하자, 이에 반대함에 따라 애제의 분노를 사서 하옥되었다. 결국 20여 일의 단식 끝에 피를 토하며 사망하였다. 이후 평제(平帝)는 원시(元始) 4년(4)에 그를 충후(忠侯)로 추서하고 그의 아들을 신보후(新甫侯)에 봉했다. 《한서 왕가전》 참조.

6　오복지장(五服之章): 복장에서 다섯 가지 상이한 색깔을 통해 지위의 등급을 표현하는 것을 뜻한다. 이는 《서경 고요모》에서 "하늘이 덕이 있는 자에게 명하여 다섯 가지 복장으로 다섯 가지를 나타내게 하였다[天命有德, 五服五章哉]"의 내용을 의미한다. 이에 대해, 공전(孔傳)에는 "다섯 가지 복장은 천자·제후·경(卿)·대부(大夫)·사(士)의 복장이다. 이는 지위가 높고 낮음에 따라 색채와 문양의 등급이 각기 달라서 덕이 있는 자에게 명하였다[五服: 天子·諸侯·卿·大夫·士之服也, 尊卑彩章各異, 所以命有德]"라고 하였다.

무릇 과거제를 시행하여 사대부를 선발한 것은 비록 옛날의 제도는 아니지만, 사대부들은 이를 통해 출세하게 되는데, 이는 곧 옛날의 수재를 선발하는 방법으로 반드시 (그 사람의) 능력을 가늠하여 정한 후에야 벼슬을 주어야 합니다. 그런데 오늘날에는 그 사람이 하는 일을 따지지도 않은 채, 단지 그가 바치는 돈을 따져서 벼슬의 명칭을 정하게 됨에 따라, 말은 명경(明經)이라고 하지만 실제로는 돈을 바친 것이니, 저들은 문필[文墨]을 잘 알지 못해도 오히려 이렇게 될 수 있었습니다. 따라서 (심지어는) 문자를 전혀 알지 못하는 사람 또한 (이렇게 하는 데) 참여할 수 있었으니, 아무런 재주가 없는 사람을 선발하여 쓰는 것도 하나같이 이와 같았겠지요?

臣按: 自秦漢以來, 賣官已非令典, 至唐肅宗, 乃至賣科第焉. 嗚呼, 王嘉有言, "王者代天爵人, 尤宜謹之. 蓋以位天位也, 祿天祿也, 五服之章, 天所以命有德, 非一人所得私也, 私之不可, 鬻之可乎?" 傳曰 "惟名與器, 不可以假人", 記曰 "論定然後官之, 任官然後爵之", 假之以名器, 固不可, 論不定而官之爵之, 尤不可. 夫設科取士, 雖非古典, 而士大夫, 由是以進身, 是卽古論秀之法, 必須論定, 而後官之者也. 今不論其所業, 而論其所輸, 名曰明經, 而實則輸錢, 彼粗知文墨者, 猶之可也, 而不識文字者, 亦與焉, 其取用無藝, 一至於此哉!

남송 효종(孝宗, 1163~1188)은 조서에서 말하였다.
"작위(벼슬)를 파는 것은 옛날의 제도가 결코 아니다. 재물을 관리하는 것[理財]에 도리가 있었고, 나라의 경비를 고르게 절제하여 풍족하였기 때문에, 짐은 함부로 관직과 작위를 팔아 재물의 이익을 보고자 하는 방안을 심할 정도로 취하지 않았다. 그러므로 이제부터는 흉년이 들어 백성이 (스스로) 곡물을 바쳐 기아를 구제하기를 자원하는 경우를 제외하고, 만약 이들 가운데 부유한 사람이 관직을 받기를 원한다면 그 뜻을 받들어 관직에 보하도록 하라. 그리고 나머지 일체의 매관을 폐지하도록 하고, 현재 비단종이[綾紙]로 된 임명장이 드러나면 상서성에 교부하여 이를 깨끗이 말소하도록 하라."

宋孝宗詔曰: "鬻爵非古制也, 理財有道, 均節財用足矣, 妄輕官爵, 以益貨財, 朕甚不取. 自今除歉歲, 民願入粟賑饑, 有裕於衆, 聽取旨補官, 其餘一切住罷, 見在綾紙告身, 繳赴尙書省毁抹."

신은 이렇게 생각합니다. 효종은 이 조서에서 "이제부터 흉년이 들 때 백성이 자원하여 곡물을 납입하여 기아를 구제하고자 하는 경우에는 그 뜻을 받들어 벼슬을 주는 것을 제외하고, 그 나머지 경우는 벼슬을 주는 것 일체를 중단하여 폐지한다."고 하였습니다. 이는 곧 흉년이 아니면 시행하지 않고, (또한) 백성이 자원하지 않으면 강제로 하지 않는 것으로서, 일시적인 뜻에 따라 시행하고 이를 규칙으로 정하지 않았습니다.

(그런데) 이때부터는 이를 분명하게 규정으로 정함에 따라, 흉년과 풍년을 가리지 않고, 또한 백성들이 자원하는지의 여부를 고려하지 않은 채, 생각지 않은 일이 일어나게 되면 일상적인 세금을 더 이상 거둘 수 없음을 알고 있을 뿐 아니라, 또한 내탕금을 감히 요청할

수 없게 됨에 따라, 우선적으로 관직(벼슬)을 파는 것을 상책으로 삼
게 되었습니다. 오호라! 옛사람들이 세상을 통제하고 백성을 다스리
는 기물을 넓혀 돈과 곡식[錢穀]을 바꾸는 조치는 다스림의 근본을 아
는 사람이라면 하지 않는 일입니다.

우리 명나라에서는 조종 이래로 진귀한 기물[明器: 등급을 나타내는 작
위나 벼슬, 수레와 의복 등을 뜻함.]을 가장 중시하여, 내외의 관원은 나이
가 70세가 되지 않아서 퇴직한 사람에게는 관대(冠帶: 벼슬에 따라 쓰는
관과 허리에 두르는 띠)를 주지 않았으며, 이를 어기고 사사로이 장물로
삼는 사람은 제명(除名)하여 백성으로 삼았습니다. 당시에는 백성들
은 벼슬과 작위[官爵]를 귀하게 여기고 관대를 영광스럽게 생각하였습
니다. 이렇듯 이를 영광스럽고 귀하게 여긴 까닭은 돈이 있어도 이를
살 수 없었기 때문입니다.

근래에 나라의 회계를 관장하는 자가 목전에 있는 것만을 취하여,
납속(納贖)[7]하면 관대(冠帶)를 내리도록 하는 법령을 건의하였고, 또한
이후에는 여기에 산관(散官)[8]을 더하여 주기도 하였는데, 다만 다행스
러운 점은 오히려 전대(前代)처럼 현직을 매관하는 것에는 이르지는
않았을 뿐입니다. 뿐만 아니라, 나라가 아주 다급하지 않으면 나라의

7 납속(納贖): 곡식 등 현물이나 현금을 지불하고 일정한 형량을 면제해 주는 제도였지만, 당
   나라 말기에는 관직이나 승직·도사직의 도첩(度牒)을 일정한 대가를 받고 파는 것을 뜻
   한다.
8 산관(散官): 고대 관원의 등급에 대한 명칭으로, 실질적인 직무가 주어지는 명칭과는 상대
   적인 명칭이다. 산관의 명칭은 수나라에서 사용되기 시작하였는데, 당시 문무 중신들에
   게 주어진 산관은 실질적인 직무가 주어지는 직사관(職事官)과는 구별되었다. 이에 따라
   산관은 관직 명칭은 있지만 이에 해당하는 직무가 없었다. 이후 명·청 시대에 이르러 관
   원들은 등급에 따라 실제 수여된 관직과 품계에 부합되는 호칭만 있었을 뿐이다.

경비가 설사 조금 모자라더라도 오히려 아주 부득이하게 이렇게 하는 지경에는 이르지 않았습니다. 이에 따라 나라에 토목[營造]공사를 일으킬 때도 재산을 거의 다 동원하여도 고갈되지 않고 오히려 이와는 반대로 (경비를) 책정함으로써, 경비가 황폐해지는 것에는 아직 이르지 않도록 미리 대비하였으니, 이렇게 하는 일체(납속으로 관대나 산관을 주는 것)는 부득이한 방안이긴 하지만, 이를 앞으로 시행하게 되면 의로움이 결코 아닙니다. 설령 이와 같은 것(납속으로 관대나 산관을 주는 것)을 유지한다고 하더라도 또한 신뢰로 하지 않아서 관작을 매매하려고 할 때에도, 오직 백성들이 이를 사지 않을까 두려워하여 강제적으로 관직을 주기도 하였습니다. 이처럼 이를 주고 난 후에는 또한 여러 가지 방법으로 이들을 좌절하게 하거나 모욕을 주는가 하면, 온갖 잡세를 이들에게 부과하니 마침내 백성들은 관대(冠帶)를 보기를 마치 질곡(桎梏: 차꼬와 수갑)으로 여기게 되었습니다. 이에 따라 백성들은 곡식을 내기보다는 차라리 관직을 받지 않으려고 하였습니다.

아아! 이러한 일들은 정말로(아주) 부득한 경우가 아니면 행해서는 안 되는 것입니다. 그러므로 어찌 반성하여 이르기를, "이제 내가 이를 중단할 수 있었을 때에도 급하게 이를 시행한 것은 아닌지? 또한 이를 시행하면 또한 백성들에게 신뢰를 잃게 될 것은 아닌지? 그리고 일단 부득이한 형편에 길들여지게 되면, 나는 또한 어떤 방책을 써서 어떤 사람에게 매관할 수 있을까?"라고 말입니다.

더구나 소인들은 오직 목전의 것만 고려하고 멀리 생각하지 않기 때문에, 아주 부득이한 경우가 아님에도 불구하고 이(매관하는 방안)를 건의하면 마땅히 통렬하게 거절하되, 만일에 심히 부득이한 지경에 달한 경우에는 이들 백성들에게 모두 (관직을) 줄 수 있는 것입니다.

다만 이를 어기고 속여서 관리가 된 자들에게는 결코 그렇게 할 수 없으니, 무엇 때문이겠습니까? 저들은 재물을 탐하여 관대를 잃게 되고, 군주 또한 그 재물을 탐하여 벼슬을 주니, 이야말로 상하가 이익을 서로 주고받았기 때문입니다. 그러므로 또한 어떻게 저들에게만 책임지울 수 있겠습니까? (이상 관직을 파는 것에 대한 것입니다.)

臣按: 孝宗此詔謂: "'自今除歉歲民願入粟賑饑, 聽取旨補官, 其餘一切住罷', 則是非歉歲不行, 非民願不强, 臨時取旨, 不爲定例. 今則著爲定例, 不問歲之歉否·不顧民之願否, 遇有意外興作, 旣知其不可取之常賦, 又不敢請之內帑, 首以鬻官爲上策. 嗚呼, 以古人馭世治民之器, 而爲博易錢穀之擧, 識治體者不爲也. 我祖宗以來最重名器, 內外官年未七十致仕者, 不與冠帶, 犯贓私者, 除名爲民. 當是之時, 民以官爵爲貴·冠帶爲榮, 其所以榮貴之者, 以有錢不能買故也. 近世司國計者, 取具目前, 而建爲納粟, 賜冠帶之令, 後又加以散官, 所幸者尙不至, 如前代賣見任官耳. 且國家無甚警急, 雖少有虧欠, 然猶未至於甚不得已也, 乃因有所營造興擧財未匱, 而逆計之, 荒未至而豫備之, 而爲此一切不得已之策. 然行之旣非其義, 而守之又不以信, 方其賣之之時, 惟恐民之不售也而强與之, 旣與之後而又多方折辱之·百計科率之, 遂使民之視冠帶也如桎梏, 然寧出粟也而不肯受官. 噫, 此等之事非至於甚不得已不可行也, 盍反思曰: "今吾於可以已之時而遽行之, 行之而又失信於人, 一旦馴致於不得已之地, 吾又將行何策, 而賣與何人哉?' 小人苟顧目前不爲遠慮, 凡有建請非甚不得已者, 宜痛裁之, 萬一至於甚不得已, 人皆可與也, 惟犯贓官吏決不可焉, 何也? 彼爲貪財而失其冠帶, 上之人又貪其財而與之, 是則上下交爲利矣, 又何責彼爲哉. (以上鬻官)

당나라 현종(玄宗) 천보(天寶, 742~755) 연간 말엽에 안녹산(安祿山)⁹이 반란을 일으키자 양국충(楊國忠)¹⁰은 어사 최중(崔衆)¹¹을 태원[太原: 지금의 산서(山西)성의 수도]에 파견하여 탁발승과 비구니, 도관의 도사(道士)에게 전(錢)을 납부하게 함으로써,¹² 10일 만에 백만 민(緡: 돈의 단위)을 거둘 수 있었다.

---

9 안녹산(安祿山, 703~757): 당나라 후기의 절도사로 영주[營州: 지금의 요녕(遼寧) 조양(朝陽)] 출신이다. 원래 성은 강(康)이고 이름은 알록산(軋犖山)으로 그 부친은 강씨 성의 오랑캐 출신일 가능성이 많고, 어머니는 돌궐족의 무녀 출신으로 알려져 있다. 그는 어릴 때에 어버지를 여의고 어머니를 따라 돌궐족 부족에서 생활하면서 마침내는 절도사가 되어 강력한 무장 할거세력을 구축하여 대표적인 번진이 되었고, 755년 '안사의 난' 일명 '천보의 변'을 일으켰다. 이를 계기로 당나라는 종전의 균전제에 기틀을 둔 토지제도와 조세제도를 개혁하여 양세법으로 전환하게 됨으로써, 국유제에 의한 관인적 직접지배체제, 귀족사회가 무너지고 토지사유제를 근간으로 하는 새로운 지배체제와 관료제사회를 구축하게 되었다.

10 양국충(楊國忠, ?~756): 당나라 현종시기의 권신(權臣)으로, 포주영락현[蒲州 永樂縣: 지금의 산서(山西)성 영제시(永濟市) 화예성현(和芮城縣)] 출신이다. 본명은 양조(楊釗)로 양귀비의 일가 친족 오빠이다. 그는 양귀비의 천거로 임관한 이후 천보(天寶) 9년(950)에 현종이 하사한 이름인 국충으로 개명하였고, 마침내 경조윤(京兆尹) 겸 병부시랑에 발탁되어 검남(劍南) 절도사가 되었다. 그는 양귀비의 비호하에 재상 이임보(李林甫)와 제휴하여 권문 세력을 몰아냄으로써, 현종의 절대적 신임을 얻게 되었고, 이임보 사후에는 마침내 우상(右相)에 올라 집현전 대학사 등 40여 개의 직책을 겸할 정도로 전횡하기 시작하였다. 그러나 천보 10년(751)과 13년(754) 두 차례에 걸친 남조(南詔)와의 전쟁에서 많은 군사를 잃고 참패하였을 뿐 아니라, 그의 전횡이 극에 달하자 천보 14년(755) '안사(安史)의 난'을 초래하였고, 이 과정에서 부하 병사들에 의해 참수되었다

11 최중(崔衆, ?~?): 당나라 현종 시기의 사람으로, 안사의 난(755) 때 재상이었던 양국충이 그를 어사로 하동도(河東道)에 파견하자, 그는 승려와 도사들로부터 도첩은(度牒銀)을 거두어 정부의 재원으로 삼았다.

12 도관의 … 함으로써: 당나라에서 시행하기 시작한 도첩제(度牒制)를 뜻한다. 도첩제는 승려나 도관의 도사에게 의무적으로 상서성(尙書省) 산하의 사부(祠部)에 등록하게 하고, 신분증명서인 도첩을 발급하였는데, 이를 도첩제 또는 도승제(度僧制)라 하였다. 그런데 도첩제는 이 시기에는 도첩을 발급하는 대신에 승려나 도사들로부터 돈을 받았다.

唐玄宗天寶末, 安祿山反, 楊國忠遣御史崔衆至太原納錢度僧尼 · 道士, 旬
日得百萬緡.

신은 이렇게 생각합니다. 이것이 후세에서 승려와 도사의 호적을 파
는 것의 시작입니다.

臣按: 此後世鬻僧道之始.

당나라 목종(穆宗, 821~824) 시기에 이덕유(李德裕)[13]가 말하였다.
"초기[14]에는 서(徐)나라[徐德]가 일어나 사주(泗洲)[15]에 단(壇)을 쌓고 사람

---

13 이덕유(李德裕, 787~850): 당나라 후기의 저명한 정치가이자 문학가로, 조군(趙郡) 찬황(贊
皇: 지금의 하북성 찬황) 출신이다. 자는 문요(文饒)로 중서시랑 이길보(李吉甫)의 둘째 아들
이다. 그는 우이(牛李) 당쟁에서 이당(李黨)의 영수로 당나라 헌종(憲宗, 806~820) · 목종(穆宗,
821~824) · 경종(敬宗, 825~826) · 문종(文宗, 827~840)등 4대에 걸쳐 재상을 역임하였다. 그의 사
후에는 그에 대한 평가가 높아서, 이상은(李商隱)은 그의 저서 《회창일품집(會昌一品集)》에서
이덕유를 "만고의 좋은 재상(萬古良相)"이라고 칭송하기도 하였고, 근대에 와서 양치차오(梁
啓超)도 그를 관중(管仲) · 상앙(商鞅) · 제갈량(諸葛亮) · 왕안석(王安石) · 장거정(張居正) 등과 함께
중국의 6대 정치가라고 평가하였다.
14 초기: 이곳에 서국(徐國)이 세워진 하(夏) · 상(商) · 주(周) 시대를 뜻한다.
15 사주(泗洲): 북주(北周) 시기부터 청나라까지 존재했던 주(州)로, 사현(泗縣) · 천장(天長) · 우이
(盱眙) · 명광(明光) · 사홍(泗洪) 일대에 주(州)와 부(府)가 설치되었다가, 지금은 사현성(泗縣城)
이다. 하(夏) · 상(商) · 주(周) 시대에는 이곳에 서국(徐國)이 세워졌는데, 삼국시대에 이르러
오나라에 의해 멸망되었고, 춘추시대에는 이곳이 오나라의 벼의 경작지로 알려졌으며,
전국시대에는 초나라에 속하게 되었다. 진나라에 와서는 이 지역의 현치(縣治)를 산 위에

들을 불러 모아 승려로 삼게 하는 한편, 이것이 군주의 복[上福]에서 비롯된 것이라 하여, 사람들에게 전 3천을 납부하게 하였다. 그리고 회수의 우편에 있는 일반 백성[小民]에게서 요역을 징발함에 따라 남자 장정 60만을 잃게 되었으니, 이는 결코 작은 변란이 아니었다."

穆宗時, 李德裕言: "初, 徐德興爲壇泗洲, 募人爲僧, 以資上福, 人輸錢三千, 淮右小民規影徭賦, 失丁男六十萬, 不爲細變."

신은 이렇게 생각합니다. 백성이 승려가 되는데, 어떻게 군주가 간여하겠으며, 또한 소인들을 승려로 허가하는 것을 군주의 복에서 비롯된 것이라고 한다면, 이는 특히 하늘이 "백성의 삶을 아끼는 것을 덕으로 삼는다."[16]는 사실을 생각하지 않고, 백성이 승려가 되는 것을 허가하는 것은 천지가 사물이 생기게 하여 살아가게 하는 인자함[仁]을 가로막아 끊는 것이니, 어찌 하늘이 좋아하는 바이겠습니까? 한 사람을 사지(死地)으로 내몬 것으로도 족하거늘 천지를 상하게 만들어 재난을 불러오기도 하였으니, 하물며 60만 명의 사람의 삶을 끊음으로써 이로 인해 초래한 재난은 또한 어떻겠습니까? 이로써 복을 구했

다 설치함에 따라, 눈을 부릅뜨고 자세히 본다는 의미로 "우이(盱眙)"현이라 불렀다. 그리고 수나라 양제 때에는 산위에 도량(都梁) 행궁(行宮)을 지음에 따라 이곳을 "도량(都梁)"이라고 불렀다. 한편, 당나라에서는 이곳을 하남채방도(河南采訪道)에 소속하게 하고 임회군(臨淮郡)이라 하였다.

16 삶을 …삼는다: 《서경 대우모(大禹謨)》에서 "삶을 아끼는 것을 덕으로 삼으니, 백성의 마음에 젖는다(好生之德, 治于民心)"에서 나오는 내용이다.

다고 하나, 신은 이를 믿지 않습니다.

> 臣按: 民之爲僧何預於君, 而小人乃以度僧爲資上福, 殊不思天以好生
> 爲德, 度民爲僧是關絶天地生生之仁, 豈天所好哉? 致一人於死地尙足,
> 以感傷天地而有以召災, 殀絶六十萬人之生意, 其召災又何如哉? 以是
> 爲求福, 臣不信也.

송나라 신종(神宗) 희녕(熙寧) 원년(1068)에 전공보(錢公輔)[17]가 말하였다. "사부(祠部)[18]에서는 기근이 들거나 황하가 범람하면, 도첩을 팔아서 일시적인 위급함을 도왔는데, 오늘날부터는 궁궐에서 도첩을 하사하는 혜택을 줄임으로써, 승려가 남아도는 것을 약간 줄였다."고 하였다. 이에 따라 희녕 원년에 전공보가 도첩을 팔기 시작하였다.

> 宋神宗熙寧元年, 錢公輔言: "祠部遇歲饑河決, 鬻度牒以佐一時之急, 自今
> 宮禁恩賜度牒裁減, 稍去剃度之冗." 是年, 因公輔始賣度牒.

신은 이렇게 생각합니다. 이전에는 승려직을 팔았지만 이에 대한 허

---

17 전공보(錢公輔, 1023~1074): 북송시기의 정치가이자 문인으로, 상주(常州) 문진[武進: 지금의 강소성 무진(武進)현] 출신이다. 자는 군의(君倚)이다. 대표적 저서로는 《고문관지(古文觀止)》에 수록된 〈의전기(義田記)〉가 있다. 북송대의 범중엄(范仲淹)은 그가 의전(義田)을 실행한 사적을 기록하였다.

18 사부(祠部): 당나라 시대에 승려나 도관의 도사들의 등록과 그 신분증명서인 도첩(度牒)을 발급하는 일 등을 관장하는 상서성(尙書省) 소속의 관청이다.

가증은 없었습니다. 도첩을 팔게 된 것은 여기에서 비롯되었습니다.

> 臣按: 前此雖鬻僧, 未有牒也. 賣度牒始於此.

송나라 신종(神宗, 1068~1085)이 왕안석(王安石)[19]에게 말하였다.

"정호(程顥)[20]는 도첩을 팔아서 상평(常平)의 밑천으로 삼는 것은 안 된다고 했는데 어찌 된 것인가?" 이에 왕안석이 대답하여 말하기를, "오늘날 도첩에서 얻을 수 있는 것으로 속(粟) 45만 섬을 마련할 수 있으니, 만약 흉년이 되면 한 사람당 3섬의 재물을 주게 되면, 곧 15만 명의 생명을 온전하게 할 수 있습니다."라고 하였다.

> 神宗問王安石曰: "程顥言不可賣度牒爲常平本, 如何?" 安石曰: "今度牒所得可置粟凡四十五萬石, 若凶年人貨三石, 則可全十五萬人性命."

신은 이렇게 생각합니다. 천자는 천하를 집안으로 삼고 사해(四海: 천하를 의미함.)를 그 재산으로 삼았습니다. 그러므로 불교가 중국에 전

---

19 왕안석(王安石, 1021~1086): 《대학연의보》권30 주) 3 참조.

20 정호(程顥, 1032~1085): 북송시대 이학자로 낙성(洛城) 이천(伊川) 출신이다. 자는 백순(伯淳), 호는 명도(明道)로 세칭 '명도선생(明道先生)'으로 잘 알려져 있다. 그는 아우인 정이(程頤)와 더불어 북송 이학의 대가로 '이정(二程)'으로 불리고 있다. 대표적인 저서로는 《식인편(識仁篇)》, 《정성서(定性書)》를 비롯하여, 신종에게 올린 시론(時論)으로 〈논왕패차자(論王覇箚子)〉, 〈논십사차자(論十事箚子)〉 등이 있다. 남송 이종(理宗) 순우(淳祐) 원년(1241)에 공묘(孔廟)에 종사(從祀)되었다.

래되기 이전에는 백성들이 승려가 된 적이 없었고, 관에서도 도첩을 팔지 않았습니다. 그럼에도 불구하고 변방에 일이 없거나 흉년이 없었던 적이 없었지만, 그 용도에서 부족함이 있다는 말을 들은 적이 없었습니다.

그런데 왕안석은 스스로 공·맹(孔·孟)으로 그 학문을 빙자하는 한편, 자신의 군주인 신종을 요·순임금으로 취급(간주)하였습니다. 이에 오랑캐의 법도를 빌어 백성들의 머리털을 밀게 함으로써, 백성의 인성과 생명[性命]을 살리고자 하니, 신은 이것이 무슨 의견인지 알 수 없습니다.

臣按: 天子以天下爲家·四海爲富, 佛敎未入中國之前, 民未爲僧, 官未賣度牒, 未嘗無邊事無荒年, 未聞其有乏用度者. 王安石自以孔孟負其學·以堯舜待其君, 乃欲假度僧之法以活民之性命, 臣不知其何見也.

희녕(熙寧) 2년(1069)에 500장(인 분)에 달하는 도첩을 하사하여 섬서(陝西) 선무사(宣撫司: 지방의 군정을 관장하는 최고 기구)에 교부하고, 이를 현금으로 바꾸어 곡물을 매입하도록 하였다. 또한 희녕 7년(1074)에도 도첩 500장을 하동(河東) 운사[運司: 조운을 담당하는 전운사(轉運司)를 말함.]에 교부하여 성을 고치게[修城] 하였다.

熙寧二年, 賜五百道度牒付陝西宣撫司, 易見錢糴穀. 七年, 又給五百道付河東運司修城.

남송 고종(高宗) 소흥(紹興) 7년(1137)에 어떤 사람이 도첩을 많이 팔아야 한다고 말하자, 고종이 말하였다.

"한 장의 도첩에서 얻을 수 있는 것은 300~1,000전에 불과하지만, 한 사람이 승려가 되면 한 사람의 장정이 경작을 하지 못하게 되니, 여기서 잃는 것이 어찌 단지 한 장의 도첩에서 나오는 이익에 그치겠는가? 만약 [芳]²¹ 수년간 이(도첩 지급)를 중단하면 이들(승려) 무리는 마땅히 자연히 줄어들 것이다."

高宗紹興七年, 有言欲多賣度牒者, 高宗曰: "一度牒所得不過三百千, 一人爲僧則一夫不耕, 其所失豈止一度牒之利? 芳住數年, 其徒當自少矣."

신은 이렇게 생각합니다. 불교는 오랑캐의 종교로서, 중국 사람들이 마땅히 숭배하고 받드는 것이 결코 아닙니다. 그럼에도 불교가 중국에 들어온 지 이미 천여 년이 됨에 따라, 세상의 영명한 군주와 뛰어난 유자(儒者)들이 이를 없애려고 하지 않은 것이 아니었지만, 이미 습속이 되었습니다. 이로써 (불교는) 아주 견고하고 뿌리를 내려 단단하게 자리하게 됨으로써, 마침내는 이를 제거할 가망성이 없게 되었습니다.

그런데 당나라와 송나라 이래로는 승려를 허가하는 법령이 있었고, 송나라 희녕 연간(1068~1077)에 이르러서는 도첩을 팔기 시작하였

---

21 만약[芳]: 저본인 정덕본에서 방(芳)은 그 의미나 이후 수정된 가정본 등의 판본을 통해 볼 때, 약(若)의 오자이다.

습니다. 따라서 남송의 고종은 "한 사람이 승려가 되면 한 사람의 장정이 경작을 하지 못하게 된다."고 말했던 것입니다.

신이 생각하기에는, 한 사람의 장정이 경작하지 않으면, 나라는 곧 한 사람의 쓰임[用]을 잃게 되기 때문에, 군주는 비단 한 사람의 몸(노동력)을 쓸 수 없을 뿐만 아니라, 그 자손 또한 그 자식은 물론 손자 역시 쓸 수 없게 됩니다. 만약 이를 뒤집어 생각하여, "이와 같은 무리들을 결국은 없앨 수 있겠습니까?"라고 말한다면, 설사 이를 얼마간 없앤다고 하더라도 이를 금하여 아예 없애는 것이 가장 좋은 방책이라고 하겠습니다. 그런데 만약 승려허가를 금지할 수 없다면, 차라리 이를 내버려 두고 이들의 신체를 요역으로 고용한 후에 승려로 허가하는 것이 더 좋을 것입니다. 【삼가 율문(律文)을 읽어 보면, "승려와 도사들이 도첩을 받지 않고 스스로 머리를 미는 자에게는 장(杖) 80대에 처한다. 이때 만약 가장이 이렇게 하면 가장이 죄를 받고, 사원의 주지나 계를 주는 스승인 승려로부터 사사로이 승려의 계를 받은 자도 동일하게 죄를 받되, 이들 모두는 환속시킨다."라는 말(내용)이 있습니다.

신의 어리석은 의견으로는, 이제부터 승려나 도사가 되기를 원하는 자에게는 이들이 살고 있는 소재지의 관청에 이 사실을 보고하여 검사를 받게 합니다. 이때 만약 별다른 위반되는 사항이 없으면, 그 지방이 멀고 가까운 것을 고려하고, 또한 속세인과 승려인지의 완급을 헤아려, 오히려 관문을 나갈 때 도첩과 노자 비용을 지급하도록 하여 이를 관아에 보관해 두는 동시에, 이에 대한 대장을 만들에 해당 부서에 교부하도록 합니다. 해당 부서는 이에 대해 상주하여 보고하고 도첩을 지급하여 각 관아에 하달합니다. 그리고 석가탄일을 축하하는 날에 의례 행사를 마치고 나면, 각 부(府)와 주(州)의 책임자와 부책임자(正佐)가 친히 사원에 가서 사원의 율법에 따라 여러 사람들을 함께 삭발을 시행하는데, 이렇게 한 후에 도첩을 지급합니다. 그런데 만약 도첩을 주는 것을 기다리지 않고 사사로이 스스로 삭발하는 자는 율법에 따라 죄를 묻고, 이렇게 하도록 주관하는 사람에게도 죄를 내리도록 합니다.

승려가 될 수 있는 것은 각 부(府)에 40명에 불과하고, 주에는 30명, 현에는 20명에 불과하며, 그 인원이 부족하지 않으면 보충하지 않습니다. 이와 같이 하면, 국가는 비록 이들의 인력[身力: 노동력]을 활용할 수 없지만, 그 노동력을 고용하는 돈으로 이들의 역을 대신할 수 있기 때문에, 앞으로 얻을 수 있는 돈을 연말에 경사로 보내거나 각 주(州)에 남겨 두어 기근이나 흉년 시에 백성을 구제할 뿐만 아니라, 고아나 노인들을 돌보며 또한 교량을 보수하는 비용으로 삼도록 합니다. 이와 같이 하면, 승려와 도사는 적어지고 사람마다 자중하는 것을 알게 되어 앞으로 (이들이 배우는) 가르침에 손실을 입히는 일이 없게 됨으로써, 저들이 탁발을 하더라도 두루 찾아다니는 수고나 일부러 다니는 비용이 없기 때문에, 저들 또한 기뻐하면서 이렇게 할 것입니다. 물론 이와 같이 하는 것이 비록 성인이 지키는 중정(中正)의 도리는 아니지만, 추세가 이에 이르니 어떻게 할 방도가 없기 때문에, 이들이 하는 대로 맡기기보다는 차라리 저들에게 이와 같이 하는 것이 더 나을 것입니다.】(이상은 승직을 파는 것입니다.)

臣按: 佛者夷狄之敎, 非中國之人所當崇奉. 然已入中國千有餘年, 世之英君巨儒, 非不欲去之, 但習俗已成, 深固盤結, 終無可去之期. 唐宋以來有度僧之令, 至熙寧中始爲牒以鬻之. 宋高宗曰 "一人爲僧則一夫不耕", 臣竊以爲一夫不耕, 則國家失一人之用, 非但吾不得其人一身之用, 而吾之子孫, 亦並不得其子若孫用焉. 試反而思之, 曰此輩可終去乎? 若有可去之幾, 禁而絶之上也; 若度不能禁, 與其縱之, 孰若取其身庸而後度之猶爲愈也【伏讀律文有曰: "僧道不給度牒私自簪剃者, 杖八十. 若由家長, 家長當罪, 住持及受業師私度者與同罪, 並還俗." 臣有愚見, 請今後有欲爲僧道者, 許與所在官司具告行勘, 別無違礙, 量地方遠近·俗尙緩急, 俾出關給度牒路費錢,

收貯在官, 造冊繳部, 該部爲之奏聞給牒, 發下所司, 遇祝聖之日行禮畢, 府州正佐親臨

寺觀, 依其敎法當衆薙剃畢, 然後給牒. 若有不待給牒擅自薙剃者, 依律問罪及罪其主

令之人. 其給度也府不過四十人·州不過三十人·縣不過二十人, 非關不補. 如此, 則國

家雖不得其身力之用, 而得其傭錢以代其役, 旣得其錢, 歲終或解京或留州以爲賑濟饑

荒·惠養孤老及修造橋梁之用. 如此, 則僧道少而人知自重, 旣無所損於其敎, 而彼之得

度也免跋涉之勞·道途之費, 彼亦樂爲之矣. 若此者雖非聖人中正之道, 然勢至於此, 無

如之何, 與其任彼所爲, 不若有所節製, 失之於彼而得之於此, 猶爲彼善於此也.】. (以

上鬻僧)

　　한나라 무제 원수(元狩) 4년(기원전 119)에 처음으로 산민전(算緡錢)[22]을 징
수하였다. 만약에 이를 숨기고 자신이 소유하지 않은 것으로 하거나, 소
유한 것을 남김없이 다 보고하지 않으면, 1년간 변경을 지키게 하는 한
편, (그 재산을) 민전(緡錢)으로 몰수하였다. 이를 능히 고발하는 자에 대해

---

22 산민전(算緡錢): 서한 시대에 상인에 대한 억제정책으로 이들에게 민전(緡錢)을 부과하였는
데, 그 구체적인 징수방법에 대해서는 고증할 수 없다. 이후 혜제(惠帝) 시기 여황후가 섭
정하면서 폐기되었다. 그러다가 한 무제 이후에는 중앙의 재정지출이 증가함에 따라, 원
수(元狩) 4년(기원전 119)에 처음으로 산민전(算緡錢)을 시행하여, 그 재산총액 2천 전마다 반
드시 120전의 재산세를 납부하게 하였는데, 이를 일러 1산(算)이라고 하였다. 또한 수공
업에 종사하는 사람들에 대해서는 매 4천 전마다 120전, 즉 1산을 납부하게 하였다. 이 밖
에도 '산상거(算商車)'세가 있었는데, 이는 변경지방에서 개인적으로 운송수단을 가지고 있
는 사람들에게 징수하는 재산세이다. 이때 일반 사람들은 1대의 수레에 120전(1산), 상인
들에게는 240전(2산)을 내게 하였다. 뿐만 아니라 5자[丈] 이상의 배에 대해서도 한 척마다
120전(1산)을 내도록 하였다. 이후 동진과 남조 시대에 와서는 상품교역에 대해 4%의 교
역세(거래세)를 징수하였는데, 이 역시 산민의 일종이다.

240

서는 이의 반을 주었다.

漢武帝元狩四年, 初算緡錢. 匿不自占, 占不悉, 戍邊一歲, 沒入緡錢. 有能告者, 以其半畀之.

신은 이렇게 생각합니다. 이는 한나라 이래로 물품에 대해 나라에서 징수한 것의 시작입니다. 옛날 관문과 시장[關市]의 세금 징수는 대개 이익을 독점하는 것을 싫어하였기 때문에, 곧바로 이에 대한 세금을 징수하였던 것입니다. 이때 이는 쌓아 둔 재물이 많고 적음을 헤아려 세금을 거두되, 결코 몰래(은밀하게) 하는 것이 아니었습니다.

한나라 무제 원광(元光) 연간(기원전 134~기원전 129) 초에 이미 관시를 통행하는 사람들의 선박과 수레를 계산하여 세금을 부과하였습니다. 이때에 이르러 또다시 공경(公卿)들의 말을 이용하여, 모든 물품은 각 은밀하게 그 재물이 많고 적음을 헤아리되(계산하되), 상인들의 공·상업 제품에 대해 이를 계산하여 민전(緡錢) 2천 전(錢)마다 1산(算: 120전을 뜻함.)을 내도록 하고, 수공으로 만든 물품에 대해서는 이를 계산하여 민전 4천 전(錢)마다 1산(算)을 내도록 하였습니다.

오호라! 길을 나서는 모든 사람들에게 이미 물품을 실어 나르는 수단에 대해 세를 징수하였음에도 불구하고, 집안에 물품을 쌓아 둔 사람들(상인들)에게 또다시 쌓아 둔 물품을 계산하여 징수하니, 백성들에게 모두 다 (세금을) 거둬들이는 것이 어찌 하나같이 이 지경에 이르렀습니까?

臣按: 此漢以來征榷居貨之始. 古者關市之征, 蓋惡其專利, 就征其稅, 非隱度其所居積之多少而取之也. 武帝於元光初, 既算其行者之舟車, 至是又用公卿言, 凡居貨者各隱度其財物之多少, 於商賈末作, 率計有緡錢二千者, 出一算; 於手力所作者, 率計有緡錢四千者, 出一算. 嗚呼! 出諸途者, 既征其齎載之具, 藏諸家者, 又算其儲積之物, 取民之盡, 一至此哉?

한나라 무제 원광(元光) 연간에 장사용 수레에 대해 산(算: 산민전을 뜻함.)을 부과하였고, 이때에는 또다시 백성들의 선박에 대해서도 산을 부과하였다.

武帝元光中, 始算商車, 至是又算民船.

신은 이렇게 생각합니다. 상인들의 수레에 산을 부과하는 것도 이미 이름조차(명분조차) 없는 것이 되었음에도 불구하고, 또다시 백성들의 수레와 선박에 산(算)을 부과하였으니, 모든 백성은 (관청의 허드레 일을 하는) 아전이 아닐 뿐만 아니라, 삼노(三老: 향촌의 교화를 담당하는 관직)나 기병[騎士]이 아님에도, 오히려 가벼운 수레를 가지고 있어도 모두 1산(算)을 내도록 하였습니다. 이때 상인들의 경우는 이의 두 배(2算)를 내도록 하였고, 배가 5장[丈: 약 3m에 해당] 이상일 경우는 1산을 내도록 하였습니다.

아! 민전의 법은 애초에 상인 때문에 만들었는데 마침내는 백성들의 배와 수레까지 부과하여 마침내 민전을 말하는 자들이 천하에 널리게 되었습니다. 집안에 물품을 쌓아 둔 사람들(상인)은 모두 수공으로 만든 제품에 대해 계산하여 징수하게 되었습니다.

오호라! 백성들의 재물을 거둬들이는 것이 이와 같은 지경에 이르렀으니, 백성들이 무엇으로(어떻게) 살아갈 수 있겠습니까? [이상은 고민(告緡)[23]에 대한 것입니다.]

> 臣按: 算商之車已爲無名, 而又算民之車與船, 凡民不爲吏, 不爲三老·騎士, 苟有輕車皆出一算, 商賈則倍之, 船五丈以上出一算. 嗚呼, 緡錢之法初爲商賈設也, 至其後乃算及民之舟車, 遂使告緡者遍天下, 則凡民有蓄積者皆爲有司所隱度矣, 不但商賈末作也. 嗚呼! 取民之財而至於如此, 民何以爲生哉. (以上告緡)

당나라 숙종(肅宗, 756~761) 즉위 시에 양경(兩京)이 함락되고 백성들의 물자가 고갈되고 피폐해지자, 강회(江淮: 양자강과 회수 지역)에 적을 둔 부상(富商)과 세력가들의 재물 중에서 10분의 2를 거두어 들였는데, 이를 일

---

23 고민(告緡): 한나라 무제가 세금 포탈행위를 소탕하기 위한 시행한 것이다. 당시에는 각종 제산세인 산민전(算緡錢)을 시행함에 따라, 그 재산을 허위 보고하거나 탈루하는 사람이 많았다. 이에 따라 무제는 원정(元鼎) 3년(기원전 114)에 고민령을 반포하여 이를 고발하는 사람에 대해 탈루된 산민전의 절반을 보상금으로 지급하도록 하는 한편, 해당 재산은 몰수하도록 하였다. 이로써 당시 양가(楊可)가 주관한 고민에 의해 상인들의 사유 토지는 몰수되어 현의 크기에 따라 수백 경(頃)에 달했고, 이로 인해 중등 이상의 상인들이 대부분 파산하기에 이르렀다. 이후 무제는 고민령을 폐지하였다.

러 '솔대(率貸)'라 하였다.

> 唐肅宗卽位時, 兩京陷沒, 民物耗弊, 乃籍江淮富商右族貲蓄, 十收其二,
> 謂之率貸.

덕종(德宗, 780~820) 시대에 나라의 경비가 지급되지 않자, 부상(富商)들에게 돈을 빌리고 전란이 끝나면 이를 상환하는 것을 약정하였지만, 이를 채근하여 감독하는 것이 너무나 엄격하여 백성들 중에는 스스로 자결하는 자가 있었다.

> 德宗時, 國用不給, 借富商錢, 約罷兵乃償之, 搜督甚峻, 民有自經死者.

신은 이렇게 생각합니다. 당나라에서는 재물에 따라 차전령(借錢令: 돈을 나라에 빌려주는 것을 말한다.)을 시행하였는데, 만승(萬乘: 일만 채의 수레를 타고 있는 천자를 지칭함.)의 군주가 백성에게서 재물을 빌리는 것도 이미 추한(나쁜) 일입니다. 하물며 이름하여 돈을 빌린다고 하지만 실제로는 재물을 빼앗는 것이니, 그 추함이 또한 심한 것입니다. 군주는 절제하고 삼가 법도를 지키는 것[制節謹度][24]을 숭상하여 나라가 가난함이 이와 같이 이르지 않도록 해야 합니다. 따라서 이를 역사책

---

24 제절근도(制節謹度): 절제하고 삼가 법도를 지킨다는 의미이다. 이 내용은 《효경 諸侯章(제후장)》에 나온다.

에 기록하여 그 추함을 만세에 남깁니다. (이상 재물을 빌리는 것에 대한
것입니다.)

臣按: 唐行率貨及借錢令, 以萬乘之君, 而借貨於民已爲醜, 況又名曰
借貨, 其實奪之, 又可醜之甚也. 人君其尙制節謹度, 毋使國家之貧至
於如此, 史冊書之, 貽醜萬世哉. (以上借貸)

당나라 덕종(德宗, 780~804) 시대에 군사비용이 지급되지 않자, 이에 간
가세(間架稅)[25]와 제맥전(除陌錢)[26]을 부과하였다.

德宗時, 軍用不給, 乃稅間架, 算除陌錢.

신은 이렇게 생각합니다. 백성에게 가옥세를 징수하여 관의 경비를

---

25 간가세(間架稅): 잡세의 하나인 가옥세로서, 당나라 덕종 건중(建中) 4년에 시행하였다. 징수
방법은 가옥 2가(架)를 1간(間)으로 하고 상간(上間)일 경우는 2천, 중간(中間)은 1천, 하간(下間)
은 500을 납부하도록 하였다. 이때 1간을 탈세하면 60대의 장형(杖刑)에 처했다. 그리고 이
를 고발한 자에 대해서는 전 5만을 상으로 주었다. 이 내용은 《신당서 식화지》2에 나온다.

26 제맥전(除陌錢): 당나라의 잡세의 하나로, 덕종 건중(建中) 4년(783)에 전국적으로 시행하였
다. 이는 공사(公私)의 무역에서 거래되는 물품에 대해 1관(貫)을 단위로 20문(文)을 징수하
였는데, 이후에는 50문으로 증액하였다. 징수의 방법은 물품을 거래할 때 이를 돈으로 환
산하여 징수하되, 이때 관청에서는 상인의 경우에는 인지(印紙)를 발부하고 개인의 경우는
각자가 만든 서류에 납부한 내용을 등록하도록 하였다. 만약 이를 탈세할 경우에는 해당
세액의 20배의 벌금을 부과하고 60대의 장형(杖刑)에 처했디. 이 내용은 《구당서 노기(盧杞)
전》에 나온다.

절약한 것은 이것에서 비롯되었습니다. 소위 간가(間架)에 잡세를 징수한 것은 모든 가옥에서 2가(架: 시령 또는 횃대를 뜻함.)를 1칸(間)으로 하는 한편, 칸을 종합적으로 계산하여 세전(稅錢)을 부과하였습니다. 한편, 제맥전(除陌錢)은 공사(公私)로 경비를 급여와 (가옥을) 매매할 경우, 매 전(錢) 1민(緡)에 대해 관에서 50전을 세로 제했던 것입니다.

오호라! 한 나라가 상인들에게 세를 계산하는 것이 이 지경에 이르렀으니, 대책이 없다고 하겠습니다. [이는 간가세와 제맥전의 산(算: 산민전을 말함.)에 대한 것입니다.]

臣按: 民房屋有稅, 及官用省錢始此. 所謂稅間架者, 每屋兩架爲間, 計間稅錢. 除陌錢者, 凡公私給與及買賣, 每錢一緡官除五十錢. 嗚呼, 爲國而商算至此, 可謂無策矣. (此算間架除陌錢)

송나라 태조 개보(開寶) 3년(970)에 박매를 담당하는 관아[樸買坊務]로 하여금 저당을 받도록 하였다.

宋太祖開寶三年, 令樸買坊務者收抵當.

신은 이렇게 생각합니다. 박매(樸買)라는 명칭은 여기서 처음으로 보입니다. 소위 박매란 모든 방무(坊務)에서 거둘 수 있는 해당 세의 총액을 계산하여, 상인들이 먼저 관에 돈을 내고 물건을 사들이게 하는데, 이런 연후에 이들은 세금을 스스로 거두는 것으로 이를 보상하는 것을 말합니다.

　이러한 방법은 원나라 초에도 있어서, 은 50만 냥을 가지고 천하의 세금 할당액을 징수하는 것[差發]을 박매하고, 은 5만 냥으로는 연경의 주과(酒課: 주판매세)를 박매하기도 하며, 은 1백만 냥으로 천하의 나루터와 교량, 하구를 건너는 세를 박매하기도 하였습니다. 이에 대해 야율초재(耶律楚材)[27]는 "이는 모두 간교한 사람들이 군주를 기망하고 백성을 속이는 것이니, 그 피해가 심히 크다."고 말하자, 모두가 이를 폐지할 것을 상주하였다. [이것은 박매(樸買)에 관한 것입니다.]

臣按: 樸買之名, 始見於此. 所謂樸買者, 通計坊務該得稅錢總數, 俾商先出錢與官買之, 然後聽其自行取稅以爲償也. 元初亦有此法, 有以銀五十萬兩, 樸買天下差發者, 有以銀五萬兩樸買燕京酒課者, 有以銀一百萬兩樸買天下河泊·橋梁·渡口者, 耶律楚材曰"此皆奸人欺上罔下, 爲害甚大", 咸奏罷之. (此樸買)

　송나라 신종 원풍(元豊, 1078~1085) 연간에 왕안석은 신법을 시행하여 이미 저자의 자리와 나루터[渡河]의 세를 (미리) 팔았고, 또한 이와 함께 사묘

---

27 야율초재(耶律楚材, 1190~1244): 몽고시기 걸출한 정치가이자 재상으로 금나라 상서 우승(右丞) 야율리(耶律履)의 아들이다. 그는 거란인 출신으로, 자는 진경(晉卿), 호는 옥천노인(玉泉老人)으로, 법명은 담연거사(湛然居士)이고, 몽고 이름으로는 오토싸하리[吾圖撒合里]이다. 1215년 칭기즈칸이 연경을 점령할 때, 그의 재주와 경륜을 존경하여 치국의 대계(大計)를 자문하자, 그는 금나라에 대해 크게 실망하여 칭기즈칸의 휘하에 들어가 원나라의 건국과 나라의 기초를 다지는 데 필요한 각종 방책을 제시하였다. 그의 저서로는 《담연거사집(湛然居士集)》이 있다.

(祠廟: 제사 지내는 사당)도 팔아서, 사람들을 모집하여 이를 승매(承買: 세를 미리 승계하여 사들이는 것으로, 박매의 일종)하였다.

> 宋神宗元豐中, 王安石行新法, 旣鬻坊場河渡, 又並祠廟鬻之, 募人承買.

송나라 철종 원우(元祐, 1086~1093) 연간에 유지(劉摯)[28]가 말하였다.

"저자의 자리는 종전의 법에 따라 이를 구매한 호가 (그 세를) 서로 이어갔는데, 이 모두에는 정해진 액수가 있었다. 따라서 청하옵건대, 실봉지법(實封之法)[29]을 폐지하고 이를 고려하여 그중에서 가장 평균적인 것을 거둬 이를 영구적인 액수로 삼아, 사람들을 불러 승매(承買)하도록 하옵소서."

> 哲宗元祐中, 劉摯言: "坊場舊法, 買戶相承皆有定額, 請罷實封之法, 酌取其中定爲永額, 召人承買."

신은 이렇게 생각합니다. 소위 승매(承買)라는 것은 모든 장터와 나루터가 있는 곳에 먼저 사람을 모집하여 돈을 관에 납부하고 승매하도

---

28 유지(劉摯, 1030~1098): 《대학연의보》 권29 주) 25 참조.

29 실봉지법(實封之法): 식읍(食邑)제도의 하나이다. 특히 당나라에서는 시행된 봉호(封號)에는 실질적인 것과 허명인 것으로 구별되어 있어서, 허명인 경우에는 명칭만 봉할 뿐이고 이에 해당하는 영토를 분봉하지 않았다. 그런데 이후에는 봉호를 받게 되면 해당 지역의 수조권을 식읍할 수 있게 되었는데, 이를 실봉법이라 한다.

록 하되, 이렇게 한 후에 이들이 자체적으로 세금을 거두는 것으로 이들에게 보상하게 하는 것입니다. 이처럼 장터에 물건을 모이는 것도 이미 사들이게 하고, 나루터에 왕래하는 것 또한 사들이게 하며, 심지어는 신사(神祠)의 제사 활동조차 사들이게 하였으니, 나라에서 수단을 가리지 않고 이익만을 꾀함이 아주 자잘구레하기가 이와 같았으니, 백성을 학대하고 신을 모멸하는 것 또한 심하지 않습니까? [이것은 승매(承買)에 대해 말하였습니다.]

臣按: 所謂承買者, 凡有坊場河渡去處, 先募人入錢於官承買, 然後聽其自行收稅以償之也. 墟市之聚集旣買之, 津渡之往來又買之, 甚至神祠之祭賽亦買之, 爲國牟利之瑣瑣至於如此, 虐民慢神不亦甚哉. (此言承買)

송나라 원우(元祐) 5년(1090)에 어사중승(御史中丞) 부요유(傅堯兪)[30]가 말하였다.

"감사(監司)는 올해 잠업과 보리농사를 모두 수확하자, 여러 해 동안 쌓인 밀린 세금을 독촉하였다. 이에 따라 백성들은 반드시 한 번 추수한 노력으로는 몇 해 동안 밀린 세금을 갚을 수 없을 뿐만 아니라, 또한 한꺼번에 소작료를 내게 함으로써, 가을에 추수하는 것을 기다려 다시 소작료를 납부하게 하였다."

---

30 부요유(傅堯兪): 송나라 수성(須城) 사람으로, 자는 흠지(欽之)이다. 인품이 후중하고 말이 적었으며, 벼슬은 감찰어사로 발탁되어 중서시랑까지 이르렀다.

> 宋元祐五年, 御史中丞傅堯兪言: "監司以今歲蠶麥並熟, 催督積年逋負. 百姓必不能用一熟之力了積年之欠, 且令帶納一料, 侯秋成更令帶納."

신은 이렇게 생각합니다. 민간에서 농사를 짓고 잠업을 하여 일 년에 수확하는 것은 겨우 1년 세금을 내기에 족할 뿐이었습니다. 그러므로 밀린 세금이 이미 그 압박이 많았기 때문에, 한 번에 수확한 것으로 갚을 수 있는 것이 결코 아니었습니다. 그러므로 부요유(傅堯兪)가 대납(帶納: 세금을 여러 차례 나누어 내는 것)을 건의한 이 말은 진실로 유사(有司)에서 밀린 세를 추징하는 좋은 방안입니다.

> 臣按: 民間耕蠶一年之收, 僅足以供一年之賦. 有所逋負積壓旣多, 有非一熟所能償了, 堯兪所建帶納之說, 是誠有司追征逋負之良法.

지항주(知杭州: 항주를 관리하는 최고 행정직)인 소식(蘇軾)[31]이 말하였다.

"조정에서 은전으로 빌려주는 것을 지휘하는 것은 대부분 유사(有司)의 간교함으로 인해 어렵고 가로막혔다. 따라서 사방에서는 (돈을 빌려주는 것은) 모두 "황색 종이로 풀고 백지로 거둬들인다[黃紙放, 白紙取]."[32]는 말이

---

31 소식(蘇軾, 1036~1101):《대학연의보》권29 주) 17 참조.

32 황지방, 백지취(黃紙放, 白紙取): 일반적으로 황색의 종이는 주로 황제의 조서 등에 사용된 데 비해, 흰색의 종이는 각 지방의 유사에서 사용하였다. 따라서 이 말의 의미는 은전으로 돈을 빌려줄 때에는 조정에서 이를 반포하지만, 거둬들이는 것은 각 지방의 관청에서 거둬

있었다. 그러므로 백성들이 그 실상을 알고 있어도 유사(有司)를 원망할 뿐이었지만, 황제는 덕스러운 명(소식)을 발표한 적이 없고, 다만 대신들을 경계하고 타일러 이들에게 도리를 다해 시행하도록 할 뿐이었다."

知杭州蘇軾言: "朝廷恩貸指揮多被有司巧爲艱閡, 故四方皆有'黃紙放, 白紙取'之語. 雖民知其實, 止怨有司, 然陛下未嘗峻發德音, 戒飭大臣, 令盡理推行."

신은 이렇게 생각합니다. 소식(蘇軾)은 그 이후에 또한 말하기를, "백성들에게 세금의 부담을 너그럽게 하는 정치[寬政]를 하라고 명하더라도, (백성들이) 다른 고통은 없었지만 밀린 세금이 쌓여 그 부담(압박)이 마치 천 균(鈞: 30근를 단위로 하는 무게)과 같이 무거웠기 때문에, (너무 무거워) 넘어지는 것[僵僕]을 면하기만 해도 다행입니다. 그런데 이들이 무슨 여유가 있어서 애써 머리를 쳐들고 팔로 버티고 일어나, 배불리 먹는 것 이외의 것을 꾸려 갈 수 있겠습니까?

조종(祖宗) 이래로 매번 이(밀린 세금)를 면제해 주는 조치가 있었지만, 여기에는 반드시 관의 물자가 부족하거나 이를 몰래 속여 사용하는 것이 없어야 할 뿐만 아니라, 또한 설사 몰래 사용하는 경우가 있더라도 그 해당 집안과 이와 연대로 묶여 있는 이웃, 그리고 가업이 없는 사람들이 함께 면제[除放]되어야 한다고 언급하였습니다. 그런데 조종(祖宗)에서는 관청의 물품이 소실되는 것과 간교한 백성들이 요

들인다는 것이다.

행으로 면제되는 폐단을 알지 못한 것이 결코 아닙니다. 특히 백성이 이미 고갈되어 생계를 이어 갈 수 없기 때문에, 설사 이들에게 채찍을 가한다고 하더라도 결국은 아무런 효과(소득)가 없지만, 채찍질을 완화시키면 간교한 서리들에 의해 잠식되고 채찍질을 더욱 조이면 도적질을 하는 빌미가 됩니다. 그러므로 이를 들어 면제해(풀어) 주면 천하가 기뻐하며 복종하게 됨에 따라, 비록 홍수와 가뭄, 도적떼가 창궐하여도 백성들은 이를 난리라고 생각하지 않게 되니, 이야말로 (빈) 말로는 면해 주는 것이라고 하지만 실제적인 이익을 거두는 것입니다."[33] 라고 하였습니다.

소식(蘇軾)의 이 말은 백성이 밀린 세의 이로움과 손해를 충분하게 설명한 것입니다. 엎드려 바라옵건대, 황제께서는 은덕을 베푸는 명령[德音]을 내리시고 이를 기준으로 천하에 시행하시면, 가난한 백성이 참으로 다행이겠습니다."

臣按: 軾他日又言, "令民荷寬政, 無他疾苦, 但爲積欠所壓, 如負千鈞, 而行免於僵僕則幸矣. 何暇擧首奮臂, 以營求於一飽之外哉? 自祖宗以來, 每有赦令, 必曰凡欠官物, 無侵欺盜用, 及雖有侵用, 而本家及伍保人無家業者, 並與除放. 祖宗非不知官物失陷·奸民幸免之弊, 特以民旣乏竭, 無以爲生. 雖加鞭撻終無所得, 緩之則爲奸吏之所蠶食, 急之則爲盜賊之所憑藉. 故擧而放之, 則天下悅服, 雖有水旱盜賊, 民不思亂, 此爲損虛名而收實利也." 軾之此言, 足盡百姓逋負之利害. 伏望聖明於凡德音之布, 準此以施行天下, 窮民不勝之幸.

---

33 백성들에게 … 것입니다: 소식(蘇軾)의 〈논적흠육사장(論積欠六事狀)〉에 나온다.

남송 효종(1163~1189) 시대에 주희(朱熹)가 봉사(封事)[34]를 올려 말하였다.

"조종(祖宗)의 구법을 엎드려 살펴보니, 모든 주와 현에서 관청의 물자를 독려하였는데, 이때 9할 이상에 달하면 이를 일러 '파분(破分)'이라 하였습니다. 이에 따라 제사(諸司)에서는 즉시 독촉하는 것을 멈추고 판조(版曹: 호적을 관리하는 호조) 또한 이를 불문에 부쳤습니다. 이로써 주와 현은 그 남은 것을 서로 보조할 수 있었고, 가난한 백성들은 밀린 체납액이 있으면, 또한 이를 연기하여 면제해 주는 것으로 삼았습니다. 그러므로 은전은 조정에서부터 나오고 혜택은 향리에 미치니, 이야말로 진실로 (법전으로) 펴내지 않은(不利)[35] 법도[令典]인 것입니다."

孝宗時, 朱熹上封事: "伏見祖宗舊法, 凡州縣催理官物, 已及九分已上謂之破分, 諸司卽行住催, 版曹亦置不問, 由是州縣得其贏餘以相補助, 貧民有所拖欠亦得遷延以待蠲放. 恩自朝廷, 惠及閭里裏, 此誠不刊之令典也."

신은 이렇게 생각합니다. 송나라의 파분법을 독려하였는데, 후세에서도 이를 준행할 만합니다. (이상은 세금 추징에 대한 것입니다.)

---

34 봉사(封事): 한나라 이후 시행된 제도로, 신하가 임금에게 상주할 때 글을 검은 천 주머니 속에 넣어 봉하여 올림으로써, 그 내용이 사전에 밖으로 누설되는 것을 방지한 데서 생겨난 말이다. 특히 황제가 새롭게 등극할 때나 천재지변 등 나라에 어려운 일이 있을 경우에 대신들의 봉사가 흔히 이루어졌다.

35 펴내지 않은(不利): 저본에서 불리(不利)는 의미상으로나 이후 판본을 통해 미루어 볼 때, 아직 펴내지 않았다는 의미인 불간(不刊)으로 해석하는 것이 타당하다. 따라서 여기서 이(利)는 간(刊)의 오자이다.

송나라 휘종(徽宗) 선화(宣和, 1119~1125) 연간 말년에 진형백(陳亨伯)³⁶이
발운사 겸 경제사(經制使: 동남지역의 재정과 세금을 관할하는 관직)로 겸직하
면서, 여러 관청의 재정 회계를 차용[移用]함으로써, 이를 경제(經制)라고
이름하였다. 한편 소흥(紹興, 1131~1162) 연간 초에는 맹유(孟庾)³⁷가 제령(提
領: 관직명)으로 재정 경비를 조치하는 한편, 또한 재정의 액수를 증가시
켜 이를 나누어 경·총제전(經·總制錢)³⁸으로 하였다.

---

36 진형백(陳亨伯, ?~?): 남송 시대 사람으로 정강(靖康) 원년(元年, 1126) 9월 금나라가 남송을 공
격하여 남송의 휘종과 흠종이 포로가 된 '정강(靖康)의 변(變)'이 발생했을 때, 원수로 임명
되었다.

37 맹유(孟庾, ?~?): 자는 부문(富文)이며, 송나라의 박주인(濮州人)이다. 송나라 고종 때 참지정사
가 되었다. 송 고종의 명으로 1131년 11월 복건, 강서, 호남성의 선무사가 되었고, 이듬해
농민봉기를 진압하였다. 그해에 권동도독강회형절제군(權同都督江·淮·荊·浙諸軍)이 되었다.
이때의 일을 말한다.

38 경·총제전(經·總制錢): 남송 시대 가중되는 군비를 조달하기 위해, 전매가격을 인상하는 한
편 경제전(經制錢)·총제전(總制錢)·판장전(板帳錢)·월장전(月椿錢) 등 부가세적 성격의 각종
세목을 신설하여 재정의 어려움을 타개하고자 하였다. 따라서 경제전(經制錢)의 경우 처음
에는 양첨주전(量添酒錢: 전매품인 술의 가격의 증가분)·양첨매조전(量添賣糟錢: 주조의 가격의 증
징)·증첨전택아세전(增添田宅牙稅錢: 토지가옥의 거래 때 징수하는 아세전에 증징하는 것)·관원등
청급두자전(官員等請給頭子錢: 관원의 급여의 공제분)·누점무중첨삼분방전(樓店務增添三分房錢: 관
유 건조물의 임대료에 대해 3분을 증징하는 것) 등 5항목으로 나누어 징수하다가, 이후에는 제
로무액전(諸路無額錢: 여러 로의 수입의 잉여)과 초방정첩전(鈔旁定帖錢: 증서용지를 판 수입)을 추
가하여 7가지 세목으로 나누어 징수하였다.
한편, 총제전(總制錢)의 경우는 그 세목이 더욱 잡다하여 영세한 관청 잡수입을 모두 모아
놓은 것이었다. 이로써 12세기 말 무렵 남송에서 거둔 동남 여러 로의 경제전 수입은 6백

徽宗宣和末, 陳亨伯以發運兼經制使, 利用諸司財計而以經制爲名. 紹興
初, 孟庾提領措置財用, 又因經制之額增析而爲經總制錢.

　　신은 이렇게 생각합니다. 섭적(葉適)[39]이 말하기를, "황제(남송의 고종
을 뜻함.)께서 황제깃발을 휘날리며 임시로 양주에 머무신[維楊駐蹕][40] 이
래, 나라의 재정이 날로 어려워지자 여이호(呂頤浩)[41]와 섭몽득(葉夢得)[42]

　　6십만여 민(緡), 총제전은 7백 8십만여 민에 달하여, 전체 재정수입의 약 20% 이상에 달했
다. 이처럼 남송은 군비의 수요는 극에 달했고, 이로 인한 농민의 부담과 고통은 감당하기
어려웠다.

39 섭적(葉適, 1150~1223): 남송의 사상가로 온주(溫州) 영가(永嘉: 지금의 절강성) 출신이다. 자는
정칙(正則), 호는 수심(水心)이다. 그는 주자학의 공리공담적인 측면을 비판하고 재정·통
상·노동력·상거래 등을 중시하는 등 공리적인 학문을 강조함으로써, 진부량(陳傅良)과 함
께 남송 공리학파의 양대 산맥을 이루어 '영가학파'로 불린다. 그의 대표적인 저서는 역대
학술과 경서 등에 대한 평론서인 《습학기언(習學記言)》과 《수심문집(水心文集)》, 《수심별집(水
心別集)》 등의 문집이 있다. 전조망(全祖望), 《송원학안(宋元學案)》〈수심학안(水心學案)〉 참조.

40 유양주필(維楊駐蹕): 황제의 깃발을 휘날리며 양주에 잠시 머물다는 의미로, 남송이 금나라
에 의해 양자강지역으로 남도한 것을 말한다. 따라서 저본에서 양(楊)은 양주를 의미하는
것으로, 양(揚)의 오자이다.

41 여이호(呂頤浩, 1071~1139): 북송 말기 남송 초기 사람으로, 제주(齊州: 지금의 산동성 제남) 출
신이다. 북송 철종 소성(紹聖) 원년(1094) 진사로 이후 밀주사호참군(密州司戶參軍) 등을 역임
하였다. 선화(宣和) 7년(1125)에 금나라에 항복하여 포로가 되었다가 이후에 송환되어 하북
도전운사(河北都轉運使)에 제수되었다. 남송의 고종 건염(建炎) 원년(1127)에는 양주지주(揚州
知州)에 임명되었고, 건염 3년(1129)에는 동첨서추밀원사(同簽書樞密院事)·강회양절제치사(江
淮兩浙制置使) 등을 역임하면서, 당시의 명장 장준(張浚)·한세충(韓世忠) 등과 함께 묘부(苗傅)·
유정언(劉正彦) 등의 난을 진압하여 고종을 옹호하여 복위시키는 데 큰 공로를 세웠다. 이
공로로 이후에는 재상직인 상서좌복야(尚書左僕射)에 올라 군권까지 장악함으로써, 그의 전
횡이 극에 달했다. 특히 소흥(紹興) 원년(1131)에는 동중서문하평장사(同中書門下平章事) 겸 지

에게 재정의 일을 총괄하도록 함에 따라, 사방으로 이를 생각하였지
만 아무런 대책이 없었다. 이에 진형백(陳亨伯)이 거둬들인 경제전을
활용할 것을 논의하였다. 그의 견해는 상인들에게 (경제전을) 징수하
는 것이 비록 무거웠지만, 이들에게 (물건을) 강제로 판매하게 할 수
없었을 뿐만 아니라, 또한 술을 판매하는 것이 비록 비쌌지만 이들에
게 강제로 마시게 할 수는 없었기 때문에, 만약에 두자(頭子: 서리의 일
종)와 같은 서리들이 특별히 주와 현에서 남은 물자를 거두게 하면,
급하게 필요한 경비로 제공할 수 있다."고 하였습니다.

섭몽득은 사대부임에도 그의 말이 이와 같았으니, 이는 대개 눈앞
에 닥친 일만을 판단하여 미처 멀리 볼 틈이 없었기 때문인데, 이 또
한 비난할 것이 못됩니다. 이로써 말해 보면, 송나라의 이른바 총·경
제전은 대체로 부득이한 상황에서 시행한 일시적인 방편입니다. 더
구나 당시에는 소위 강적(强敵: 금나라를 말함.)이 국경을 압박하면서 해
마다 식량을 바치게 하고 나라를 삼키고자[薦食呑噬]⁴³ 꾀함에 따라, 한
족(중화)을 모아 남쪽으로 천도했지만, 무거운 멍에를 풀고 쉴 수 있
는[稅駕息肩]⁴⁴ 곳이 없었고, (전란으로) 군대의 주둔이 날로 성해지고 장

추밀원사(知樞密院事)를 겸직하여, 진회(秦檜)와 함께 재상으로 금나라 공격에 대한 군비 마
련을 위해 일종의 부가세인 월용전(月椿錢)을 제안하기도 하였다. 그의 저서로는 《충목집
(忠穆集)》, 《여충목공주의(呂忠穆公奏議)》, 《연의잡기(燕魏雜記)》 등이 있지만, 대부분 소실되어
전해지지 않고, 후대의 사람들이 편집한 《충목집(忠穆集)》이 전해지고 있다.

42 섭몽득(葉夢得, 1077~1148): 《대학연의보》 권29 주) 43 참조.

43 천식탄서(薦食呑噬): 천식은 식량을 바치는 것을 뜻하는 것으로, 당시 금나라가 남송에 해마
다 세폐(歲幣)를 바칠 것을 요구한 것을 의미한다. 탄서(呑噬)는 나라를 겸병한다는 의미로,
금나라가 중국의 북부를 점령함에 따라 송나라가 항주(杭州)로 천도한 것을 뜻한다.

44 세가식견(稅駕息肩): 멍에를 내려놓고 무거운 짐을 내려놓는 것을 뜻한다. 여기서 세가(稅駕)
는 《사기》 권87, 〈이사(李斯) 열전〉의 "오늘날 신하의 지위는 그 위에 있는 자가 없어서 그

256

수들은 함부로 (출병을) 명하면서도 적을 물리친 공이 없는 해가 없었
습니다.

그러므로 진실로 재정을 헤아리고 비용을 아낄 때가 결코 아니니,
무슨 여가가 있어서 세금 징수를 느슨하게 하고 적게 거둘 수 있겠습
니까? 안타까운 것은 (금나라와) 강화를 하고 난 후에도 마침내는 여
전히 이 방안(총·경제전의 징수)을 사용하고 없애지(면제하지) 않음으로
써, 일시적으로 백성들의 해가 되었습니다. 후세의 군주께서는 긴급
하고 어떻게 조치할 수 없는 때에 이르지 않는다면, 결코 이러한 일을
시행해서는 안 됩니다.

臣按: 葉適言: "維揚駐蹕, 國用益困, 呂頤浩·葉夢得實總財事, 四顧無
策, 於是議用陳亨伯所收經制錢者. 其說以爲征商雖重, 未有能强之而
使販, 賣酒雖貴, 未有能强之而使飮, 若頭子之類特取於州縣之餘, 而
可供猝迫之用." 夢得士人, 而其言如此, 蓋辨目前不暇及遠, 亦不足怪
也. 由是言之, 則宋所謂經總制錢, 蓋出於不得已而爲一時權宜之計.
當是時也, 所謂强敵壓境, 歲有薦食呑噬之謀, 翠華南巡, 未知稅駕息
肩之所, 兵屯日盛, 將帥擅命而卻敵之功無歲無之. 固非計財惜費之時,
何暇爲寬征薄斂之事? 所惜者和好之後, 遂因仍用之而不能除, 以爲一
時生民之害耳. 後世人主, 苟未至猝迫無措之時, 決不可行此等事.

부귀가 극에 달하였다. 따라서 물자가 다하여 쇠하게 되니 우리들은 그 멍에를 풀어놓을
곳이 없다.[當今人臣之位無居臣上者, 可謂富貴極矣. 物極則衰, 吾未知所稅駕也.]"에서 나온 말이다. 또한
식견(息肩)은 《춘추좌전》 양공(襄公) 2년 기록의 "정나라 성공이 병에 걸리자, 자사는 진나
라에 대하여 짐을 벗을 것을 청하였다.[鄭成公疾, 子駟請息肩於晉.]"에서 나온다.

남송의 광종(光宗, 1190~1194) 시대에 조여우(趙汝愚)[45]가 말하였다.

"여러 현에서 여러 가지 월장전(月椿錢)[46]을 시행하였는데, 이 가운데는 여러 가지 명목으로 위법한 것이 많았기 때문에 백성들에게 가장 해를 끼치는 것이었다. 이들 중에서 가장 (피해가) 큰 것을 들어보면, 국인전(麴引錢: 누룩에 징수하는 부가세)·납초전(納醋錢: 식초의 부가세)·매지전(賣紙錢: 종이 판매에 대한 부가세)·호장갑첩전(戶長甲帖錢: 호적 등록세)·보정패한전(保正牌限錢: 호패 등록세)·절납우피근각전(折納牛皮筋角錢: 소가죽으로 대납하는 부가세) 등이 있었다. (심지어는) 양자 간에 소송에서 이기지 못하면 벌금이 부과되었고, 이미 이겼다고 하더라도 '기뻐하는 돈[歡喜錢]'을 내도록 하는 등 갖가지 다른 이름과 명목이 있어서 그 지역마다 같지 않았다."

光宗時, 趙汝愚言: "諸縣措諸月椿錢, 其間名色類多違法, 最爲細民之害. 試擧其大者, 則有曰麴引錢·曰納醋錢·賣紙錢·戶長甲帖錢·保正牌限錢·

---

45 조여우(趙汝愚, 1140~1196): 남송 시기의 정치가로, 숭덕주천[崇德 洲錢: 지금의 동향(桐鄕) 시 주천(洲泉)] 출신이다. 자는 자직(子直)으로 효종 건도(乾道) 2년(1166)에 장원 급제한 이래 여러 관직을 두루 역임하였다. 특히 소희(紹熙) 5년(1194)에는 한탁주(韓侂胄) 등과 함께 영종(寧宗)을 옹립한 공로로 우승상에 올랐다. 그러나 얼마 후에 한탁주 일당의 배척으로 파직되었다가, 개희(開禧) 3년(1207)에 한탁주가 피살되자 관문전(觀文殿) 대학사에 올랐다.

46 월장전(月椿錢): 남송 시대에 군향(軍餉)을 조달하기 위해 여러 가지 명목으로 거둬들인 세를 말한다. 소흥(紹興) 2년(1132), 한세충(韓世忠)이 건강(建康)에 군사를 주둔할 때, 강동(江東) 조운사에서 매월 10만 민(緡)을 징발하여 군비로 공급하였다. 이에 따라 각 주와 현에서는 이러한 군수물자와 경지를 공급하기 위해 각종 명목의 세를 백성들에게서 거둬들임으로써, 가렴주구가 극에 달했다. 그 명목에는 곡인전(曲引錢)·납초전(納醋錢)·매지전(賣紙錢)·호장갑첩전(戶長甲帖錢)·보정패한전(保正牌限錢)·절납우피근각전(折納牛皮筋角錢) 등을 비롯하여, 양자 간의 송사에서 이기지 못한 자에게는 벌금을, 이긴 자에게는 환희전(歡喜錢) 등을 징수하였다. 이는 이후에 강절(江折)과 호남지역으로 확대 시행되었는데, 그 피해가 가장 큰 지역은 강동의 동·서로(路)였다. 《문헌통고》〈정각(征榷)〉6; 《송사》〈식화지〉하1 참조.

折納牛皮筋角錢, 兩訟不勝則有罰錢, 旣勝則令納歡喜錢, 殊名異目, 在處 非一."

신은 이렇게 생각합니다. 예부터 백성의 재물을 거두는 것이 송나라처럼 많은 적이 없었습니다. 따라서 천하에서 세금과 술 관련 관청이 없는 곳이 없어서, 성도(成都) 부(府)와 같은 한 개의 부(府)에는 세금 관련 관청이 21곳, 술 관련 관청이 35곳이 있었으며, 또한 한 해의 세액은 모두 40만 민 이상이었으니, 큰 규모의 군(郡)도 이와 같았습니다. 그런데 봉상(鳳翔)과 같은 중간 규모의 군의 경우에도 세금 관련 관청이 15곳, 술 관련 관청이 25곳이 있었으니, 당시의 백성이 어떻게 감당할 수 있었겠습니까?

왕조(나라)가 남도한 이후에는 또한 이른바 경·총제전, 월장전 등이 있었습니다. 이른바 월장전이란 것은 거둬들이는 것이 더욱 말할 나위가 없었는데, 이 가운데는 여러 가지 다른 이름과 명목이 있어서, 이 모두는 일상적인 세금 이외로 그리고 경상적인 제도와는 별도로 거두어 교묘하게 생계를 꾸리며 재정을 계획하였으나, 이는 모두 당시 편의적으로 부득이하게 한 것입니다.

이러한 일들이 마무리되고 세상이 달라지자, 이런 것들이 모두 혁파되었지만, 오직 송사의 벌금을 부과하는 돈은 오늘날에도 번헌(藩憲: 번에 소속됨)의 군과 읍에서는 오히려 이를 근거로 세를 거둬들이는 방편으로 삼았습니다. 조정에서는 비록 이를 분명하게 금했지만, 이를 겉으로만 꾸민 말[虛文]로 간주하였습니다.

이처럼 한 집안의 사람들(신하들)이 (사적으로) 이렇게 하는 것을 공적인 일로 삼았는데, 오늘날에는 이렇게 하는 것을 공적인 것으로 빙자하여 사적인 것을 도모하고 있습니다.

바라옵건대, 엄하게 황명을 내리셔서 이를 정해진(일상적인) 법으로 밝히시고, (아주 적은) 푼돈이라 할지라도 이 이상에 대해서는 모두 법을 어긴 장물에 준하여 처리하시면, 아마도 관리들이 탐오하는 풍조를 혁신하고, 또한 대부들도 반듯하게 절도(법도)를 연마하게 될 것입니다. (이상은 경·총제·월장전에 대한 것입니다.)

臣按: 自古取民之財之多, 無如宋朝者, 天下稅務·酒務無處無之, 且如成都一府, 稅務二十一處·酒務三十五處, 其歲額皆四十萬以上, 然此大郡也. 若夫中郡如鳳翔者, 稅務亦十有五·酒務亦二十有五, 當世之民何以堪哉? 至於南渡之後, 又有所謂經總制錢·月椿之類. 所謂月椿者, 其取之尤爲無謂, 其間殊名異目, 皆是於常賦之外·經制之餘, 巧生別計, 然皆當時權宜不得已而爲之. 事已世殊悉皆革罷, 惟所謂罰訟者之錢, 今世藩憲郡邑, 猶藉此以爲攪取之計. 朝廷雖有明禁, 視之以爲虛文. 夫家人之爲此爲公也, 今世之爲此假公以營私也. 乞峻發德音, 著爲常憲, 分文以上, 皆準以枉法之贓, 庶幾革官吏貪墨之風·厲士夫廉隅之節. (此經總制月椿錢)

이상 매관과 잡세(징수)의 잘못에 대해 논하였습니다.

以上論鬻算之失

대학연의보

(大學衍義補)

—

권33

나라의 경비를 관리함[制國用]

조운과 수레 운송(육운)의 편리함(상)[漕輓之宜(上)]

《서경 우공(禹貢)》에서 말하였다.

기주(冀州: 지금의 하북성 기주)는 오른쪽으로 갈석(碣石)을 끼고 황하로 들어간다【북해로부터 황하에 들어가고, 갈석은 그 오른쪽에 있다.】. 연주(兗州)는 배를 타고【부(浮)는 배로 타고 가는 것을 말한다.】제(濟)수·탑(漯)수에 이르고 황하에 들어간다【달(達)은 물로 인해 물에 들어가는 것을 말한다.】. 청주(靑州)는 배를 타고 문(汶)수에 이르러 제수로 들어간다. 서주(徐州)는 회(淮)수·사(泗)수에서 배를 타고 황하에 들어간다. 양주(揚州)는 강(江)수·해(海)수의 아래로 흘러【연(沿)은 순리대로 흘러 아래로 가는 것을 말한다.】회수·사수로 들어간다. 형주(荊州)는 강수·타(沱)수·잠(潛)수·한(漢)수에서 배를 타고 낙(洛)수를 넘어【유(逾)는 넘어가다이다.】남하에 이른다. 예주(豫州)는 낙수에서 배를 타고 황하로 흘러 들어간다. 양주(梁州)는 잠수(潛水)에서 배를 타고 면(沔)수를 넘어 위수(渭水)로 들어가고, 다시 이 강을 건너서【난(亂)은 강이 끊어져 건너는 것을 말한다.】황하에 이른다. 옹(雍)주는 적석에서 배를 타고 용문(龍門)·서하(西河)에 이르고 위(渭·예(汭)수에 합쳐진다.

《禹貢》: 冀州, 夾右碣石入於河【自北海達河, 碣石在其右】; 兗州, 浮【舟行水日

浮】於濟‧漯, 達【因水入水曰達】於河; 靑州, 浮於汶, 達於濟; 徐州, 浮於淮‧

泗, 達於河; 揚州, 沿【順流而下曰沿】於江‧海, 達於淮‧泗; 荊州, 浮於江‧

沱‧潛‧漢, 逾【越也】於洛, 至於南河; 豫州, 浮於洛, 達於河; 梁州, 浮於潛,

逾於沔, 入於渭, 亂【絕河而渡曰亂】於河; 雍州, 浮於積石, 至於龍門‧西河,

會於渭汭.

정이(程頤)[1]가 말하였다.

"익주는 천자의 수도로, 동‧서‧남쪽 세 면에서 황하로 들어갈 수

있어서, 다른 지방 주(州)의 공물과 세금[賦]은 모두 황하를 통해 도달

할 수 있었다."

程頤曰: "冀爲帝都, 東西南三面距河, 他州貢賦皆以達河爲至."

주희(朱熹)[2]가 말하였다.

---

1 정이(程頤, 1033~1107): 북송 시대 저명한 유학자로, 하남성 낙양(洛陽) 출신이다. 자는 정숙
(正叔) 호는 이천(伊川)으로, 시호는 정공(正公), 이천백(伊川伯)에 봉해졌다. 그는 형인 정호(程
顥: 程明道)와 함께 주돈이(周敦頤: 周濂溪)에게 배웠고, 형과 더불어 '이정자(二程子)'라 불리며
정주학(程朱學)의 창시자로 알려졌다. 철종(哲宗) 초에 사마광(司馬光)‧여공저(呂公著) 등의 추
천으로 국자감 교수가 되었고, 이후에는 비서성 교서랑(校書郞)‧숭정전설서(崇政殿說書) 등
을 역임하였다. 특히 그는 《역경(易經)》에 대한 조예가 깊었고, 그의 '이기이원론(理氣二元論)'
의 철학은 주자(朱子)에게 계승되었다. 그의 대표적인 저서로는 《역전(易傳)》이 있고, 그의
학설은 형 정명도와 함께 서필달(徐必達)의 《이정전서(二程全書)》에 수록되어 있다.

"익주는 삼면이 황하로 들어갈 수 있어서 여기에 수도를 정한 것은 실제로 조운 운송의 편리함을 취하고, 또한 조회(朝會: 천자를 알현하기 위해 조정에 참석함.)의 편리함을 취한 것이다. 그런 까닭에 구주(九州)의 종착점은 모두 황하에 이른다고 언급하고 있는데, 이로써 천자의 수도에 들어가는 길의 근본으로 삼았다."

朱熹曰: "冀州三面距河, 其建都實取轉漕之利·朝會之便, 故九州之終皆言達河, 以紀其入帝都之道."

신은 이렇게 생각합니다. 《우공》에는 각 주(州)의 아래(하단)에 공물과 세금을 열거한 후에 각 주의 물이 황하로 유입되는 길을 서술하는 한편, 마침내 이들이 황하에 합쳐서 경사에 도달하는 것입니다.

그런데 당시의 공물과 세금은 모두 배나 뗏목을 띄우거나 배로 수로를 지나 황하에 도달합니다. 이는 대개 후세의 조운의 방법이지만, 다만 이를 조운이라고 명확하게 말하지 않았을 뿐입니다. 그런데 수

---

2   주희(朱熹, 1130~1200): 남송의 사상가로, 휘주 무원[徽州 婺源: 지금의 강서(江西)성 무원] 출신으로, 자는 원회(元晦), 자는 중회(仲晦), 제호(齋號)는 회암(晦庵)이다. 이후에는 회옹(晦翁)·자양선생(紫陽先生)이라 불렸고, 시호는 주문공(朱文公)이다. 그는 정호(程顥)·정이(程頤)의 3전 제자인 이동(李侗)의 문하생으로, 소흥(紹興) 18년(1148)에 진사에 합격한 이래 남송의 고종·효종·광종·영종 등의 4대에서 관직을 역임하다가 건양(建陽) 운곡(雲谷)에서 회암(晦庵)초당을 세우고 이곳에서 강학하였는데, 남송의 이종(理宗)은 이곳을 '고정서원(考亭書院)'이라고 사액함에 따라, 고정학파(考亭學派)라고 불리기도 한다. 그의 대표적인 저서로는 《사서집주(四書集注)》, 《사서혹문(四書或問)》, 《태극도설해(太極圖說解)》, 《통서해(通書解)》, 《서명해(西銘解)》, 《주역본의(周易本義)》, 《역학계몽(易學啓蒙)》 등이 있다. 이 밖에도 《주자어류(朱子語類)》와 그의 제자들과 함께 문답한 《근사록(近思錄)》이 있다.

로를 공물과 세금 다음 부분에서 설명하고 있는 것은 매 주(州)마다 모두 동일한데, 그 의도를 저절로 알 수 있습니다.

臣按:《禹貢》於各州之下列貢賦之後, 而敍其各州之水達河之路, 達於河卽達京師也. 然當時貢賦, 皆駕舟筏·浮水路以達於河, 蓋亦後世漕運之法也, 但未明言其爲漕耳. 然敍水路於貢賦之後, 每州皆同, 意自可見也.

1백 리에서는 세금으로 총(總)【벼의 줄기 전체를 총(總)이라 한다.】을 납부하고, 2백 리에서는 질(銍)【벼 이삭을 자른 것을 질(銍)이라 한다.】, 3백 리에서는 갈(秸)【반으로 자른 볏 짚의 겉을 없앤 고갱이를 갈(秸)이라 한다.】, 4백 리에서는 속(粟), 5백 리에서는 미(米)를 납부한다.

百里賦納總【禾本全曰總】, 二百里納銍【刈禾曰銍】, 三百里納秸【半藁去皮曰秸】, 四百里粟, 五百里米.

신은 이렇게 생각합니다. 《우공(禹貢)》시절에는 백성이 납부한 세금으로 경사에 제공한 것은 단지 5백 리에 국한되었습니다. 대개 당시의 풍습은 순후하고 경비 또한 검소하였고, 경 대부는 각기 (분봉된) 채지(采地)가 있었을 뿐 아니라, 또한 군사의 세금도 정전(井田)에 포함되어 있었기 때문에, 후세처럼 관리를 부양하거나 병사를 기르는 비용이 없었습니다.

《관자(管子)》에서 말하였다.

곡물을 3백 리 운송하게 되면 나라에는 1년간의 비축분도 없어지게
되고, 4백 리 운송하게 되면 나라에는 2년간의 비축분이 없어지게 되며,
5백 리 운송하게 되면, 백성은 배고픈 기색[饑色]이 있게 된다.

《管子》曰: 粟行三百里, 則國無一年之積, 粟行四百里, 則國無二年之積,
粟行五百里, 則衆有饑色.

신은 이렇게 생각합니다. 주나라의 왕기(王畿: 천자가 직접 관할하는 토
지)는 천 리에 한하고, 멀리 (수송하여) 납부한다고 해도 5백 리를 벗어
나지 않습니다. 따라서 (천자의) 타는 것과 여러 용기와 의복, 종묘와
여러 관청의 비용과 경비는 (왕기에서) 자체적으로 만족하면서 공급합
니다.

춘추전국시대 이후에는 군사가 천 리를 출병할 때는 간혹 조운과
수레로 운송하였지만, 출병이 끝나면 병사들도 쉬게 됨에 따라 오히
려 심히 피곤한 지경에 이르지는 않았습니다.

《좌전(左傳)》에서 말하였다.

희공(僖公) 13년에 진(晉)나라가 기근이 들자, 진(秦)나라에서 물자를 사들일 것을 청하였다. 이에 진(秦)나라는 곡물(粟)을 진(晉)나라에 운송하였는데, 이로써 옹주에서부터 강주에까지 (운송배가) 이어졌는데, 이를 이름하여 "배를 띄우는[泛舟] 부역"이라고 하였다.

신은 이렇게 생각합니다. 배를 띄워 곡식을 운송하는 것은 춘추시대에 이미 있었습니다. 애공(哀公) 9년에 오(吳)나라는 성을 쌓아 한구(邗溝)[3]를 파서 강회(江淮)[4]로 통하게 하였다.

---

3 한구(邗溝): 한강(邗江) 혹은 합독거(合瀆渠)·관하라고도 하는데, 지금은 조하(漕河)이다. 옛날 오왕 부차(夫差)가 패자가 되려고 광릉성(廣陵城) 동남쪽에 한성(邗城)을 쌓고 깊은 도랑을 파서 한구, 또는 한강이라고도 하였다. 강의 동북쪽으로부터는 사양호(射陽湖)에 통하고 또 서북쪽은 회수로 들어가니 일명 조하라고 한다. 좌전에는 '오성(吳城)의 한구가 강회(江淮)와 통한다'라고 하였는데 바로 이곳이다.

臣按: 泛舟以輸粟, 春秋之世已有之矣. 哀公九年, 吳城邗溝, 通江淮.

두예(杜預)[5]가 《춘추좌씨경전집해(春秋左氏經傳集解)》에서 말하였다.

"한강(邗江)에 성을 쌓고 도랑을 파서 동북으로는 사양호(射陽湖)[6]로 통하고, 서북으로는 송구(宋口)에 이르러 회수로 들어가니 양곡을 나르는 길이니, 오늘날 광릉(廣陵) 한강(韓江)이 바로 이것이다."

杜預曰: "於邗江築城穿溝, 東北通射陽湖, 西北至宋口入淮, 通糧道也, 今廣陵韓江是."

---

4 강회(江淮): 양자강[長江]과 회수(淮水) 지역으로, 지금의 강소성(江蘇省)과 안휘성(安徽省) 일대에 해당한다.

5 두예(杜預, 222~284): 위(魏)나라의 정치가이자 서진(西晉)의 명장으로, 경조(京兆) 두릉[杜陵: 지금의 섬서성 서안(西安) 동남쪽] 출신이다. 자(字)는 원개(元凱)이다. 일찍이 우장군[右將軍: 탁지상서(度支尙書)에 해당]을 지냈고, 양호(羊祜)의 추천으로 진남대장군(鎭南大將軍)에 올라 형주(荊州)의 모든 군사 일을 감독하며 양양(襄陽)을 지켰다. 마침내 태강(太康) 원년(280)에는 각 노(路) 대군의 도독이 되어 오(吳)를 정벌하여 통일대업을 이루었다. 그는 특히 학문을 좋아해 《좌전(左傳)》 읽기를 좋아했으며, 박학다재하여 '두무고(杜武庫: 무기고)'라고 불렸다. 저서로는 《춘추좌씨경전집해(春秋左氏經傳集解)》, 《춘추석례(春秋釋例)》, 《춘추장력(春秋長歷)》, 《춘추맹회도(春秋盟會圖)》 《여기찬(女記讚)》 등이 있다. 그중에서 《춘추좌씨경전집해》는 지금까지 전해진 《좌전(左傳)》의 주해(註解) 가운데 가장 오래된 책 중 하나다.

6 사양호(射陽湖): 지금의 강소성(江蘇省)의 북부지방인 보응현(寶應縣)의 동북쪽에 위치한 담수호로, 그 면적은 약 8㎢에 달한다. 고대에는 이곳에 사양성(射陽城)이 있었기 때문에 얻어진 명칭이다.

신은 이렇게 생각합니다. 수로를 열어 양곡을 유통하는 길로 삼은 것은 이미 춘추시대에 보이고 있습니다.

臣按: 開渠以通糧道, 已見於春秋之世.

손무(孫武)[7]가 말하였다.

"천 리에(먼 곳에) 양곡을 (운송하여) 보내게 되니 병사들은 배고픈 기색이 있고, 적에게서 빼앗은 일 종(鍾: 무게 단위)은 우리들 병사 (수송해야 하는) 20종에 해당한다."

孫武曰: "千里饋糧, 士有饑色, 食敵一鍾, 當吾二十鍾."

신은 이렇게 생각합니다. 옛날에 출병할 때는 흔히 양식(군량)은 적에게서 비롯되기(빼앗기) 때문에, 병사들은 오랫동안 시달리게 하지 않고 식량도 멀리 수송하지 않아서, 후세처럼 출병한 군사들을 오랫동안 동원하거나 지극히 먼 곳으로 식량(군량)을 수송하게 하지 않았

---

7   손무(孫武, 기원전 544?~기원전 496?): 춘추시대 병가로 잘 알려진 손자로, 제나라 낙안(樂安: 지금의 산동성 혜민현) 출신이다. 자는 장경(長卿)으로, 기원전 517년 정치사건에 연루된 부친을 따라 오나라로 도주하여 살았다. 이후 오자서(伍子胥)의 추천으로 당시 오나라의 왕 합려(闔閭)를 접견하고 《손자병법》 13권을 진상함으로써, 오나라의 장군이 되었다. 특히 그는 초·제·진(晉) 등을 굴복시키는 전략을 제시하여 합려의 패업 달성에 큰 공로를 세웠다. 《사기》 권65, 〈손자·오기열전(孫子吳起列傳)〉 참조.

습니다.

臣按: 古者出師往往因糧於敵, 而兵不久暴·糧不遠饋, 非若後世興久
出之師·饋至遠之糧也.

　　진(秦)나라가 흉노를 공격하고자 군량을 운반할 때는 천하 백성으로
하여금 마소의 꼴(먹이)과 군량을 실은 수레를 배【만(挽)은 수레를 끄는 배이
다.】로 신속하게 끌게[飛芻挽粟][8] 하였는데, 이는 황·수(黃·腄)[황·수, 동래 2현
이다.]와 낭야(瑯邪: 지금의 산동지방의 동남부에 위치) 등 바다에 연해 있는 군
(郡)에서 시작하여 북해【북해는 삭방(朔方)에 있다.】로 수송하되, 30종(鍾)【종은
6섬[斛][9] 4말이다.】마다 1섬을 운송하게 하였다.

秦欲攻匈奴, 運糧使天下飛芻挽【引車船也】粟, 起於黃·腄[黃·腄, 東萊二縣]·
瑯邪負海之郡, 轉輸北海[在朔方], 率三十鍾【六斛四斗】而致一石.

　　신은 이렇게 생각합니다. 이보다 전에는 조운이라는 이름은 없었는
데, 비만(飛挽: 수레를 신속하게 잡아당기는 배를 말함.)은 진나라에서 시작

8　비추만속(飛芻挽粟): 신속하게 마소의 먹이(꼴)와 곡식을 실은 수레를 배가 잡아끄는 것을
　　뜻한다. 이 내용은《南齊書》권44,〈서효사(徐孝嗣)전〉에 보인다.

9　곡(斛): 당나라 이전에는 민간에서 섬(石)을 속칭하는 것이었다. 따라서 1곡은 1섬(石)으로,
　　10말로 120근이었다. 그러나 송나라부터는 이의 절반으로 1곡은 5말로 1섬은 2곡으로 환
　　산하였다.

되었습니다. 진나라가 흉노를 공격하고자 하였기 때문에 부해(負海)[10]의 곡물(양곡)을 북해의 창고로 수송하였는데, 이는 대개 바닷길에서부터 황하로 들어간 것입니다.

(이처럼) 해운은 진나라에서 이미 있어서 매 30종을 (단위로) 배로 끌어서 1섬의 양곡을 수송하였으니, 이는 190섬으로써 1섬을 얻는 셈입니다. 그러므로 대개 수레를 끄는 배가 도로에서 소요하는 비용을 통틀어 계산해 본다면, 전적으로 해운을 했다고 지칭할 수 있는 시기는 아닙니다.

臣按: 前此未有漕運之名也, 而飛挽始於秦. 秦以欲攻匈奴之故, 致負海之粟, 輸北河之倉, 蓋由海道以入河也. 海運在秦時已有之, 然率以三十鍾而致一石, 是以百九十斛乃得一石, 蓋通計其飛挽道路所費, 不專指海運之時也.

한나라가 일어나 고조(高祖, 기원전 206~195) 시대에 산동의 양곡을 조운하여 중도관[中都官: 경사(京師)의 여러 관청을 뜻함.]에 공급하였는데, 해마다 수십만 섬에 불과하였다.

漢興, 高祖時漕運山東之粟以給中都官, 歲不過數十萬石.

---

10 부해(負海): 《전국책(戰國策)》 〈중산책(中山策)〉 편에서 부해(負海)는 전국 7웅 가운데 바다에 연하고 있는 제나라의 왕을 지칭하고 있다. 한편, 《한서》 〈식화지〉상에서 부해는 바다에 연해 있다는 의미로 쓰이고 있는데, 여기서는 후자의 의미이다.

장량(張良)[11]이 말하였다.

"관중(關中)은 삼면이 막혀 있어서, 오직 한 면으로 단단히 지켜 동으로 제후국을 제압한다. 따라서 제후국은 정(定)·하(河)·위(渭)수를 통해 천하의 물자를 조운[漕挽]하여 서쪽으로 경사(京師)에 공급한다. 따라서 설사 제후국에 변란이 있어도 이 물길을 따라 아래로 내려올 수 있어서 물자 수송을 맡기기에 족하다."[12]

張良曰: "關中阻三面而守獨以一面, 東制諸侯. 諸侯安定·河·渭漕挽天下, 西給京師; 諸侯有變, 順流而下, 足以委輸."

신은 이렇게 생각합니다. 진나라는 바다에 연해 있는 지방의 곡식을 수송함에 있어서는 이를 통해 군대를 움직일 때의 비용으로 삼고 수도의 조운에 대해서는 아직까지 강구하지 않았습니다.

한나라에 이르러 장량이 언급한 것은 처음으로 조만(漕挽)을 통해 수도의 경비로 삼은 것을 말합니다. 그러므로 당시에는 모든 일을 처음으로 만든 것이기 때문에 경사의 관원들에게 지급하는 것은 겨우 수십만 섬에 불과하여 풍족하지 않을 뿐이었습니다.

---

11 장량(張良, 기원전 250~기원전 185): 한나라 사람으로, 영천 성보(潁川 城父) 출신이다. 자는 자방(子房)으로 유방이 한나라를 건국하는 데 결정적인 책략을 제공한 개국공신으로, 소하(蕭何)·한신(韓信)과 더불어 한나라 초기의 '삼걸(三傑)'이라 불리고 있다. 이후에 유후(留侯)로 봉해지고 시호는 문성(文成)이다. 《사기》〈유후(留侯)열전〉 참조.

12 관중은 … 족하다:《한서》권40,〈장량(張良傳)〉에 나온다.

臣按: 秦致負海之粟, 猶是資以行師而國都之漕尙未講也, 至漢張良所
論, 始是漕挽以爲國都之給. 然是時也, 凡事草創, 所以給中都官者僅
數十萬石, 不啻足矣.

한나라 효문(孝文, 문제를 말함.) 시대 가의(賈誼)[13]가 상소하여 말하였다.

"천자가 수도를 장안에 정하여 회남동도(淮南東道)를 통해 장안를 부양하는 지역으로 삼자, 돈을 꿴 꿰미[鏹]의 방법이 수천 가지에 달하여 수송하기가 쉽지 않았습니다. 그러므로 각 군(郡)이나 월(越)지방의 제후국들은 마침내 이를 균등하게 나누어 징수하여 수송하는 등 일정하지 않았습니다.

옛날에는 천자의 지역은 천 리로서, 그 가운데를 수도로 삼고 물자의 수송은 요역으로 부렸는데, 먼 곳이라 하더라도 5백 리 안에 있지 않은 자들은 (물자를) 수송하지 않았습니다. 한편, 공후(公侯)의 땅은 1백 리로 그 가운데를 도성으로 삼는 한편, 그 물자 수송은 요역으로 부렸는데, 먼 곳이라 하더라도 50리 안에 있지 않는 자들은 (세량, 또는 물자를) 수송하지 않았습니다. 따라서 수송하는 사람은 그 요역에 시달리지 않았을 뿐만 아니라, 수송 역을 담당하는 자들도 그 비용을 손해 보지 않았기 때문

---

13 가의(賈誼, 기원전 200~168): 전한 시대의 저명한 사상가이자 문학가로, 낙양(雒陽: 지금의 하남성 낙양 동부지역) 출신이다. 장사왕(長沙王)의 태부(太傅)를 누차 역임하여 가태부(賈太傅)·가장사(賈長沙)로 불려졌다. 그의 정론(政論)으로 〈과진론(過秦論)〉, 〈논적저소(論積貯疏)〉, 〈치안책(治安策)〉 등이 널리 알려져 있다. 또한 문학작품으로는 〈조굴원부(弔屈原賦)〉, 〈석서(惜誓)〉 등이 있다. 《사기》 〈굴원가생열전(屈原賈生列傳)〉; 《한서》, 《가의전》 참조.

에, 멀리 떨어져 있는 사람들은 편안하였습니다.

그런데 진(秦)나라에 이르러서는 사람이나 작은 땅이라 할지라도 이를 구분할 수 없이 자신이 이를 사유하고 있었기 때문에, (양곡) 수송은 바다를 통해서 하게 됨에 따라 1전의 세금을 수송하는 데 수십 전의 비용이 들어서, 이를 가볍게 수송할 수 없게 되었습니다. (이에 따라) 위(군주)에서 얻은 것은 심히 적었고, 백성들의 어려움도 또한 매우 많았습니다.[14]

孝文時, 賈誼上疏曰: "天子都長安, 而以淮南東道爲奉地, 錙道數千, 不輕致輸, 郡或乃越諸侯, 而遂調均發征至, 無狀也. 古者天子地方千里, 中之而爲都, 輸將徭使, 遠者不在五百里而至; 公侯地百里, 中之而爲都, 輸將徭使, 遠者不在五十里而至. 輸者不苦其徭, 徭者不傷其費, 故遠方人安. 及秦不能分人寸地, 欲自有之, 輸將起海上而來, 一錢之賦數十錢之費, 不輕而致也. 上之所得甚少, 人之所苦甚多也."

신은 이렇게 생각합니다. 가의(賈誼)의 이 말은 곧 한나라 수도인 관중은 이미 회남지역을 부양하는 지역으로 삼았다는 것으로, 이는 특별히 당과 송나라 이래에 이렇게 한 것이 아니었음을 말하는 것입니다.

이른바 1전의 세금을 수십 전의 비용을 들여서 비로소 운송할 수 있다는 사실은 어찌 진나라의 해운에서만 특별히 그런 것이겠습니까? 모든 먼 지방의 (양곡) 수송은 이렇지 않은 것이 없으니, 군주가

---

14 한나라 … 많았습니다: 《자치통감》 권15, 〈한기(漢紀)〉7에 나온다.

오히려 물자 수송의 어려움이 이와 같음을 보고 이를 고려하여 백성들에게 녹(祿)을 하사하였던 것입니다. 그런데 진짜 공로가 있는 사람이 아니면, 어찌 가볍게 이를 하사할 수 있겠습니까?

臣按: 賈誼此言, 則漢都關中固已資淮南以爲奉地, 不特唐宋以來然也. 所謂一錢之賦, 而用數十錢之費始能致, 豈特秦人海運然哉? 凡遠地之輸將無不然者, 人君觀之其尙思物之難致如此, 其祿賜於人, 非眞有功勞者, 烏可以輕予之哉?

한 무제 시대에 서남지역의 오랑캐와 교류하게 되자 일하는 수만 명의 사람들이 식량을 수송하는 부담을 지게 되었는데, 매 10여 종(鍾)마다 1섬을 수송하였다. 그 이후에 동쪽으로 조선을 멸망시킴에 따라 일꾼들의 무리를 서남의 오랑캐에게서 징발하였다. 또한 흉노를 공격하여 하남지역【지금의 삭방이다.】을 취하여 다시 10만여 명을 징발하여 (축성을) 쌓고 삭방을 방위함에 따라, 조운이 너무 멀어 산동지방에서 (수송하는 것이) 모두 그 수고를 담당하였다.

武帝時通西南夷, 作者數萬人, 負擔饋糧, 率十餘鍾致一石. 其後東滅朝鮮, 人徒之衆擬西南夷, 又擊匈奴取河南地【今朔方】, 複興十萬餘人築衛朔方, 轉漕甚遠, 自山東咸被其勞.

신은 이렇게 생각합니다. 무제는 서남 오랑캐와 (경략하여) 교통하고

조선을 멸망시키는 한편, 또한 흉노를 공격하여 중국 백성들을 수고
롭게 하였는데, 이처럼 중국의 양곡을 조운하여 이들 쓸데없는 곳과
다투었으니, 이는 마치 빛나는 구슬로 우는 참새를 울게 하는 것과 같
이 실속이 없는 일에 힘쓰고 실제로는 손해를 보는 일입니다. 그러므
로 유용한 재물을 바쳐 쓸모가 없는 땅으로 바꾸는 것을 어찌 제왕의
덕스러운 일이라 하겠습니까?

臣按: 武帝通西南夷·滅朝鮮·擊匈奴而勞中國人, 漕中國粟以爭無用
之地, 是猶以璀璨之珠而彈啁啾之雀也, 務虛名而受實害, 捐有用之財
而易無用之地, 豈帝王盛德事哉?

원광(元光, 기원전 134~기원전 129) 연간에 대사농 정당시(鄭當時)[15]가 말하
였다.

"관동(關東: 관중의 동쪽)에서 양곡을 운송하는 조운 물길은 위수(渭水)의
중상류에서부터 위로 올라가 6개월쯤이면 마치게 되는데, 이는 위수의
물길 9백여 리에는 때로 (수송하기) 어려운 곳이 있기 때문이다. 따라서
위수를 끌어들여 수로를 파서 장안에 이르게 하고, 남산 옆【병(並)은 옆이
다.】을 지나 아래로 황하에 도달하여 300여 리를 지나면, 마침내 조운으

로 바꾸어 3개월쯤이면 마칠 수 있게 된다. 그러면 수로의 아래에 있는 민전 1만여 경(頃)에도 또한 관개할 수 있는데, 이는 조운에는 손해가 되어도 병졸을 절약하게 된다."[16]

이에 황제(한나라 무제)는 옳다고 생각하여, 병졸을 징발하여 수로를 파고 조운으로 삼으니 크게 편리하게 되었다.

> 元光中, 大司農鄭當時言: "關東運粟漕水從渭中上, 度六月而罷, 而渭水道
> 九百餘里, 時有難處. 引渭穿渠起長安, 並【傍也】南山下, 至河三百餘里, 徑
> 易漕, 度可三月罷, 而渠下民田萬餘頃又可得以漑, 此損漕省卒." 上以爲
> 然, 發卒穿渠以漕運, 大便利.

여조겸(呂祖謙)[17]이 《역대제도상설(歷代制度詳說)》에서 말하였다.

"한나라 초 고후(高后, 기원전 241~기원전 180)[18]·문제(文帝, 기원전 179~기원전 157)·경제(景帝, 기원전 156~기원전 141) 시대에는 중도(中都: 수도)에서 쓰는 경비를 절약하여, 한 해의 재정 회계는 수십만 섬에 불과하였음에도 불구하고 (쓰기에) 족하였기 때문에, 이때에는 조운법에 대

---

16 관동에서 … 된다: 《사기》 권29, 〈하거서(河渠書)〉7에 나온다.

17 여조겸(呂祖謙, 1137~1181): 《대학연의보》 권28 주) 3 참조.

18 고후(高后, 기원전 241~기원전 180): 이름은 여치(呂雉)로, 자는 아후(娥姁)이고, 세칭 여후(呂后) 또는 한나라 고후(高后)·여태후(呂太后) 등으로 불린다. 그는 지금의 산동성 단현(單縣)의 평민 출신으로, 한 고조(기원전 202~기원전 195) 유방의 부인으로 한 고조가 사망하자 황태후로 추존되었다. 그녀는 아들 혜제(惠帝)·소제(少帝) 공(恭)과 홍(弘)) 시대 15년간 섭정하였다. 그의 섭정시기에는 황노정치를 시행하여 백성의 평안함을 추구하였다. 《史記》 〈呂后本紀〉 참조.

해서는 역시 언급하지 않았다.

그런데 한나라 무제에 이르러서는 관직을 얻은 자가 많고 부역이 많아서, 관중의 곡식 4백만 섬도 이들에게 지급하기에도 여전히 부족하였다. 따라서 정당시(鄭當時)가 조운 수로를 파서 위수를 끌어들여 황하로 흘러 들어가게 하는 것을 거론(제안)하였는데, 대개 이때에는 나라의 경비로 쓰는 양곡이 많았기 때문에, 조운법을 거론하지 않을 수 없었던 것이다."

呂祖謙曰: "漢初高后·文景時, 中都所用者省, 歲計不過數十萬石而足, 是時漕運之法亦未講也. 到得武帝官多·徒役衆, 在關中之粟四百萬猶不足以給之, 所以鄭當時議開漕渠引渭入河, 蓋緣是時用粟之多, 漕法不得不講."

신은 이렇게 생각합니다. 여조겸이 "무제 시대에는 관원이 많고 각종 부역을 하는 사람이 많을 뿐만 아니라, 양곡을 쓰는 것이 많아졌기 때문에, 조운법을 거론하지 않으면 안 된다."고 하였습니다. (여기서) 이른바 관원이 많아지고 부역을 하는 사람이 많아졌다는 이 두 가지 점은 나라의 양곡을 써야 하는 이유입니다.

그런데 관원이 많아도 이의 등용에 있어서 절실하지 않은 것에 대해서는 그 남아도는 관원을 감축할 수 있고, 또한 부역하는 사람이 많아도 그 일에 있어 무익한 것에 대해서는 쓸데없는 병졸을 줄일 수 있습니다. 이와 같이 하면 양곡을 먹을(소비할) 사람은 적어지고, 곡식을 먹을 사람이 적어지면, 해마다 조운하는 물량을 절약할 수 있을 것입니다. 또한 조운하는 수량을 날마다 절약하면 나라의 경비는 날마다 여유롭게 되고 백성들의 노역 징발 또한 날마다 관대하게 되니, 나라가 풍요롭고 백성을 부유하게 하는 정책은 이보다 더 우선하는 것이 없습니다.

그런데 무제는 백량대(柏梁臺)[19]를 짓는 등 궁궐을 보수하는 일이 이 때부터 날로 화려해졌습니다. 다만 노역하는 노비가 많아서 황하를 따라 내려가면서 조운하는 것이 4백만 섬에 달하게 (헤아리게) 되니, 이 것이 관청에 도달하여 이를 자체적으로 구입하면 곧 충분할 것입니다.

臣按: 呂祖謙言, 武帝時官多·徒役衆, 用粟之多, 漕法不得不講. 所謂官多·徒役衆, 此二者, 國粟所以費之由也. 官多而不切於用者, 可以減其冗員, 徒役衆而無益於事者, 可以省其冗卒, 如是, 則食粟者少, 食粟者少, 則可以省歲漕之數, 漕數日省則國用日舒·民力日寬矣, 豐國裕民之策, 莫先於此. 武帝作柏梁台, 宮室之修由此日麗. 徒奴婢衆而下河漕度四百萬石, 及官自糴乃足.

(한나라 무제) 원봉(元封) 원년(기원전 110) 상홍양(桑弘羊)[20]이 백성들에게 양곡을 납부하게 하고 (그 대신) 관리에 보하거나 속죄해 주기를 요청하

---

19 백량대(柏梁臺): 한나라 무제 원정 2년(기원전 115)에 미앙궁(未央宮) 내 남북 대로의 서측에 세운 건물로, 잣나무로 대들보를 만들었다 하여 붙여진 이름이다. 이 건물에는 구리로 주조한 기둥과 지붕에는 구리로 된 봉황을 두어 일면 '봉궐(鳳闕)'이라고도 칭한다. 이 전각은 무제 태초(太初) 원년(기원전 104)에 벼락으로 인한 화재로 소실되었다.

20 상홍양(桑弘羊, 기원전 152~기원전 80): 《대학연의보》 권29 주) 38 참조.

였다. 또한 (해당 군이 아닌) 다른 지역의 군에서도 각기 긴급한 곳에 (물자를) 수송하게 함에 따라, 여러 농민들은 각기 곡물을 바치게 되었다. 이로써 산동의 조운은 해마다 6백만 섬으로 증가하게 되었다.

元封元年, 桑弘羊請令民入粟補吏贖罪. 他郡各輸急處而諸農各致粟, 山東漕益歲六百萬石.

신은 이렇게 생각합니다. 옛날 사람들이 말하기를, 한나라 초에 수송한 산동의 양곡은 해마다 수십만 섬일 뿐이었다고 합니다. 그런데 효무제(한무제를 말함.)에 이르러서는 해마다 6백만 섬에 달했으니, (한나라 초에 비해) 거의 열 배에 달하는 수량입니다. 그러므로 비록 세를 징수하는 것이 비록 가혹하고 이를 취하는 데에도 법도가 없었다고 하더라도, 강과 수로를 편리하게 트게 함으로써, 이를 수송하는 데 방안을 마련하여 나라에 양곡이 많이 쌓이는 것보다, 차라리 이를 쓰는 것을 절약하여 백성들에게 곡물이 많이 쌓이게 하는 것이 어찌 더 낫다고 하지 않겠습니까?

대개 곡물은 백성의 노력에 의지하여 그 종자가 뿌려지는 것임에도, 그 종자가 자라나도 (이를) 먹을 수 없이 관으로 수송되어 (나라의) 식량으로 삼게 되었는데, 관에서 이를 먹고 자체적으로 거둬들일 수는 있지만, 또다시 백성들의 노력에 의지하여 앞으로 이를 운송하는 것은 어떻겠습니까?

여기에는 배와 수레를 만드는 경비와 도랑과 수로를 트는 노고, 강물을 따라가면서 산을 넘고 물을 건너는 수고로움, 그리고 억지로 배상하도록 매질을 당하는 비참함 등 천태만상(여러 가지 어려움)을 겪게 됩니다. (이렇게 하여) 마침내 경사(京師)에 도달하면, 이 양곡으로 부양하는 사람들이 모두 나라에 공로가 있거나 백성에게 유익한 사람이라면 헛된(쓸데없는) 비용(지출)이 아니지만, 그렇지 않으면 구태여 우리 유용한 백성들을 고생시키면서 이렇게 쓸데없는 사람들을 부양하거나 이익이 없는 일을 해야 되겠습니까?

오호라! 군주가 하나의 관직을 제수하거나 한 가지 공사를 일으키고 한 가지 물자라도 사용(소비)하고자 할 때에는, 반드시 이 점을 염두에 두어 절실하게 절제를 해야 하는데, 이는 결코 하지 않으면 안 되는 것이 아니라 반드시 그렇게 해야 하는 것입니다. 만약 나라의 경비가 공급되지 않으면 민생이 어찌 불안하지 않겠습니까?

臣按: 昔人言, 漢初致山東之粟, 歲數十萬石耳, 至孝武歲至六百萬石, 則幾十倍其數矣. 雖征斂苛煩, 取之無藝, 亦由河渠疏利, 致之有道也. 與其致之有道而積粟於國之多, 孰若用之有節而藏粟於民之多之爲愈哉? 蓋粟資民力以種, 種成而不得食, 而輸於官以爲之食, 官食之而自取之可也, 而又資民力以輸將之焉! 造作舟車之費・疏通溝渠之勞・跋涉河流之苦・鞭撻賠償之慘百千萬狀, 乃達京師, 使其所養者, 皆有功於國・有益於民之人, 不徒費也. 不然何苦, 苦吾有用之民, 而養此無用之人・爲此無益之事哉? 嗚呼, 人主授一官・興一役・費一物, 必以此爲念, 而痛爲之撙節焉, 非決不可不已必已也. 國用其有不給・民生其有不安者哉?

소제(昭帝) 원봉(元鳳) 2년(기원전 79)에 조서에서 말하였다.

"전년에 조운을 감축하여 300만 섬으로 하였다."

또한 원봉 3년 조서에서 말하였다.

"백성이 수재를 입어서 식량이 많이 부족하였기 때문에, 4년에는 이를 중단하여 조운을 하지 말도록 하라."[21]

> 昭帝元鳳二年, 詔曰: "前年減漕三百萬石." 三年, 又詔曰: "民被水災, 頗匱於食, 其止四年勿漕."

신은 이렇게 생각합니다. 한나라 소제는 무제를 이어 해마다 6백만 섬을 조운하게 한 후에, 원봉 원년에는 이를 그 절반으로 감축하는 한편, 또한 원봉 4년 한 해에는 조운을 면하도록 하였습니다.

하물며 무제 시기 말년에는 나라 안이 고갈되었을 뿐만 아니라, 또한 소제가 즉위한 초기에는 현량문학사들의 말(건의)을 따라 각종 세부과를 폐지하였습니다. 이 시기는 곽광(霍光)[22]이 보정(輔政)하면서 시무의 핵심을 잘 알았기 때문에, 요역과 세금을 가볍게 하여 백성을 편

---

21 소제 … 말라:《한서》〈소제본기〉7에 나온다.

22 곽광(霍光, 기원전 130?~기원전 68): 전한시대 정치가로, 하동군(河東郡) 평양현(平陽: 지금의 산서성 임분) 출신이다. 자는 자맹(子孟)으로 당시 기린각(麒麟閣) 11공신 가운데 대표 인물이다. 그는 소제 상관(上官)황후의 외조부이자 선제 곽황후의 부친으로, 흉노 정벌의 명장인 곽거병(霍去病)과 이복 형제이기도 하다. 그는 한 무제 사후에 상관걸(上官傑)과 함께 소제를 도와 보정하다가, 상관 집안을 거세한 후에 창읍왕(昌邑王)을 폐립하는 등 권력을 독점하였다. 선제 지절(地節) 2년(기원전 68) 곽광이 죽자 일세를 풍미했던 곽씨 집안도 모반사건에 연루되어 멸족되었다.

안히 쉬게 하였습니다.

그런데 이때(원봉 4년)에 이르러서는 또다시 조운을 면제해 주었으니, 무엇으로 나라의 경비를 삼겠습니까? 아! 나라 경비의 남음과 모자람은 그 용도의 사치함과 검소함에 있는 것이지, 조운 물량의 많고 적음에 있지 않습니다.

臣按: 昭帝承武帝歲漕六百萬石之後, 一歲而減其半, 又一歲而並免漕. 弦武帝末年, 海內虛耗, 而昭帝卽位之初, 又從賢良文學言, 罷征榷之課. 是時霍光輔政, 知時務之要, 輕徭薄賦, 與民休息, 至是而又免漕, 何以爲國用哉? 吁, 國用之贏縮, 在用度之侈儉, 而不在漕運之多少也.

선제(宣帝) 오봉(五鳳, 기원전 57~기원전 54) 연간 중에 경수창(耿壽昌)[23]이 상주하였다.

"역사 기록에 따르면, 해마다 관동의 곡물 4백만 섬을 조운하여 경사에 공급하였는데, 이때 사용한 병졸이 6만 명이었습니다. 따라서 마땅히 삼보(三輔)[24]·홍농(弘農)[25]·하동(河東)[26]·상당(上黨)[27]·태원(太原)[28] 등의 여

---

23 경수창(耿壽昌, ?~?):《대학연의보》권30 주) 49 참조.

24 삼보(三輔): 도성(都城) 부근의 지방장관을 의미한다. 한나라 시기 수도인 장안(長安) 부근에 경조윤(京兆尹)·좌풍익(左馮翊)·우부풍(右扶風)을 두었던 데서 비롯된 것으로, 그 휘하에 군과 현을 설치하여 특별히 관할하였다.

25 홍농(弘農): 서한 원정 4년(기원전 113)에 무제가 진나라의 함곡관 주변에 설치한 군(郡)으로, 지금의 하남성 삼문협시(三門峽市)와 영보시(靈寶市)의 동북 일대이다. 이후에는 그 영역이 축소되어 특히 서진(西晉) 시대에는 삼문협시 일대로 국한되었다가, 북위 헌문제(獻文帝) 시기에는 그의 이름인 탁발홍(拓跋弘)을 피휘하여 항농군(恒農郡)으로 개칭되었고, 수나라에

러 군의 곡물을 구입하면 경사에 공급하기에 족할 뿐 아니라, 관동의 조졸(漕卒: 조운을 담당하는 병졸)의 절반 이상을 절약할(줄일) 수 있을 것입니다."[29]

> 宣帝五鳳中, 耿壽昌奏: "故事, 歲漕關東穀四百萬斛以給京師, 用卒六萬人. 宜糴三輔·弘農·河東·上黨·太原諸郡穀足供京師, 可省關東漕卒過半."

신은 이렇게 생각합니다. 경수창의 이 의견은 경사와 삼보지역이 풍년일 때에는 시행할 만합니다.

> 臣按: 壽昌此議, 遇京輔豐穰之歲亦可行之.

조충국(趙充國)[30]은 둔병에 대해 기록한 메모 12편을 남겼는데, 이 가운

와서 폐군되었다.

26 하동(河東): 지금의 산서성 운성(運城) 일대로, 진나라에서 이곳에 처음으로 군을 설치하였다. 전한과 후한의 발상지이기도 하다.

27 상당(上黨): 산위에 있는 고지라는 의미로, 오늘날 산서성 장치시(長治市)와 진성시(晉城市) 일대이다.

28 태원(太原): 춘추시대 조간자(趙簡子)가 기원전 497년 이곳에 진양(晉陽)을 세웠으며, 전국시대에는 조(趙)나라의 도성이기도 했다. 이후 진나라부터 수나라까지는 태원군이라 칭하고, 그 위치는 지금의 산서성 태원시(太原市)·진중시(晉中市)·여량시(呂梁市) 일대이다.

29 선제 … 것입니다: 《한서》 권24상, 〈식화지〉4상에 나온다.

30 조충국(趙充國, 기원전 137~기원전 52): 한나라 명신이자 명장(名將)으로, 농서군상방[隴西郡 上

데 다섯 째 편에서 이렇게 말하였다.

봄에 이르러 군사를 절약하고 황하와 황수[河湟][31]를 따라 곡물을 임강(臨羌)[32]에 운송함으로써, 강(羌)족 오랑캐를 위협하여 군사력을 드높이고 이들과 협상하는 수단으로 삼았다.[33]

趙充國條留屯十二便, 其五曰: 至春省甲士卒, 循河湟漕穀至臨羌, 以威羌虜, 揚武折衝之具也.

신은 이렇게 생각합니다. 조충국의 이 건의는 변방에서 아무런 일이

郎: 지금의 감숙성(甘肅省) 천수시(天水市)] 출신이다. 자는 옹숙(翁叔)이고, 시호는 호장(號壯)이다. 그는 한 문제 시에 흉노족과 저족·강족의 습성을 잘 알아 이사장군(貳師將軍) 이광리(李广利)와 함께 흉노정벌을 위한 출병에 참여하였다. 이후 소제(昭帝) 시대에는 후장군(后將軍)에 올라 무도군(武都郡) 저족(氐族)의 반란을 진압하고 흉노를 정벌하여 서기왕(西祁王)을 포로로 잡는 등 공로를 세웠다. 소제가 사망하자 곽광(霍光)과 함께 선제(宣帝)를 옹립하는 데 참여하여 영평후(營平侯)에 봉해졌다. 특히 선제 신작 원년(기원전 61)에는 강인(羌人)들의 반란을 진압하고 이곳에 둔전을 시행하였다. 이 내용은 《한서》 권69 〈조충국·신경기전(趙充國辛慶忌傳)〉에 나온다.

31 하황(河湟): 황하와 황수 유역의 비옥한 삼각지대로, 지금의 청해(青海)성 동부의 농업지대이다. 이곳의 동에서 서로 황수유역에는 민화현(民和縣)·낙도현(樂都縣)·평안현(平安縣)·호조현(互助縣)·서녕시(西寧市)·대통현(大通縣)·황중현(湟中縣)·황원현(湟源縣)·해안현(海晏縣)이 있고, 황하유역에는 순화현(循化縣)·화륭현(化隆縣)·첨찰현(尖扎縣)·귀덕현(貴德縣)이 있다.

32 임강(臨羌): 한나라 선제 신작(神爵, 기원전 61~기원전 58) 연간 초에 설치된 곳이다. 일설에는 무제 원수 2년(기원전 121)에 곽거병이 설치했다는 주장도 있다. 이곳은 선제 신작 원년(기원전 61)에 후장군(后將軍) 조충국이 하황(河湟)지역으로 출병하여 서강(西羌)을 몰아내고 이곳에 임강현을 설치하였는데, 지금의 청해(青海)성 황원현(湟源縣)의 남쪽 고성(古城) 일대이다. 북위시대에 와서 이곳은 토욕혼(吐谷渾)에 속하게 되면서 현은 폐지되었다.

33 조충국은 … 삼았다: 《한서》 권69 〈조충국·신경기전(趙充國 辛慶忌傳)〉에 나온다.

없고 풍년이 드는 해에는 또한 시행할 만합니다.

臣按: 充國此議, 邊方無事, 遇歲豐稔亦可行之.

후한의 광무제(25~35)가 북방 정벌[北征]을 단행했을 때, 구순(寇恂)³⁴에게
명하여 황하의 안쪽을 지키게 하는 한편, 4백만 섬을 거두어 군사들에게
지급하였다. 이로 인해 손수레와 두 마리의 말이 끄는 마차[驪駕]가 (물자
를) 수송하는 일이 그치지 않았다.³⁵

光武北征, 命寇恂守河內, 收四百萬斛以給軍, 以輦車驪駕, 轉輸不絕.

신은 이렇게 생각합니다. 예부터 운송은 모두 '전(轉: 옮기다는 의미임)'
이라고 이름하였는데, 이는 한나라와 당나라, 송나라의 조만(漕挽: 수
레를 당기는 배)이 모두 서로 옮겨 가며 차례(단계별)로 수송하고 길게
(오래) 운송하지 않기 때문입니다. 길게 운송하는 법[長運]은 우리 명나
라에서 시작되었습니다. 그런데 후한의 명제(明帝) 영평(永平) 13년(70)
에 변거[汴渠: 황하와 회하(淮河)를 잇는 운하]³⁶가 처음으로 이루어졌지만,

---

34 구순(寇恂, ?~36): 후한 사람으로, 상곡 창평(上谷 昌平: 지금의 북경시 창평구) 출신이다. 자는 자
익(子翼)이고 운대(雲台) 28장군의 한 사람이다. 《후한서》 권16, 〈구순전(寇恂傳)〉에 나온다.

35 후한의 … 않았다. 《후한서》 권16, 〈구순전(寇恂傳)〉에 나온다.

36 변거(汴渠): 한나라와 남북조 시대에 중요한 운송로서, 황하와 회하를 이어 주는 중심적인
운하이다. 통제거(通濟渠)라고도 부르며, 전체 길이는 650km에 달한다. 이 운하는 하남성

황하와 회하가 나누어 흐르게 됨에 따라 옛 자취(물길)로 다시 되돌아
가게 되었습니다.

臣按: 自古輪運皆以轉爲名, 是以漢‧唐宋之漕挽, 皆是轉相遞送, 而未
有長運者, 而長運之法始見於本朝. 明帝永平十三年, 汴渠初成, 河‧汴
分流, 復其舊迹.

호인(胡寅)[37]이 《독사관견(讀史管見)》에서 말하였다.

"세상에서는 수나라 양제가 변거(汴渠)를 개통하여 양주(揚州)[38]로 행
궁하였다고 말하고 있지만, 이에 따르면 한나라 명제시대에 변거(汴
渠)는 이미 있었다."

胡寅曰: "世言隋煬帝開汴渠以幸揚州, 據此, 則是明帝時已有汴渠矣."

영양(滎陽)의 판저(板渚)에서 황하로 나와 강소성 우이(盱眙)에 이르러 회하로 들어가며, 지
금의 3성(하남‧안휘‧강소성) 18개 현을 지난다.

37 호인(胡寅, 1098~1156): 《대학연의보》 권28 주) 17 참조.

38 양주(揚州): 지금의 강소성에 있는 상업도시로, 수 문제 개황(開皇) 9년(589)에 진(陳)나라의
수도인 건강(建康: 지금의 남경)을 멸망시키고 전국을 통일하자, 원래 오주(吳州)라고 불렀
던 이곳을 장주(蔣州)로 개칭하였다. 이후 수나라 양제(煬帝) 대업(大業, 605~616) 연간 초에는
이곳을 군(郡)으로 변경하여 강도군(江都郡)이라고 하였다. 그리고 당나라 고조(高祖) 무덕
3년(620)에는 다시 연주(兗州)로 개칭하고, 윤주 강녕현(潤州 江寧縣: 지금의 남경)에 양주를 치
소(治所)로 설치하였다. 또다시 무덕 6년(623)에는 연주를 한주(邗州)로 개칭하였다가, 무덕
9년(626) 현무문(玄武門)의 변으로 당 태종이 즉위하자, 강녕현에 있던 양주를 없애는 한편,
한주를 양주로 개명하여, 지금까지 전해 오고 있다.

288

신은 이렇게 생각합니다. 하(河)는 즉 황하이고, 변(汴)은 황하와 회하(淮河)를 잇는 운하(수로)입니다. 사서에서 말하기를 한나라 명제 시대에 황하와 회하가 넘쳐 제방이 무너졌지만, 오래도록 고치지 않았다고 합니다. 이에 명제는 왕경(王景)[39]을 파견하여 군사 수십만을 징발하여 변거의 제방을 고쳤는데, 형양(滎陽)【지금의 청주 낙안현이다.】에서부터 동으로 천승(千乘)[40]의 바다 입구까지 천여 리에 달했습니다.

대개 옛날에 황하와 회하의 제방이 무너지면 회수는 동으로 흘러 황하와 합하게 되고, 이는 날마다 달마다 (그 범람의 범위가) 점차 넓어져서 연주(兗州)[41]와 예주(豫州)[42]의 백성이 피해를 입었습니다. 그런데 이제 제방이 완성되자 황하는 동북으로 바다에 흘러 들어가고, 회하

---

39 왕경(王景, ?~?): 후한 사람으로 수리 전문가로 잘 알려져 있다. 그의 원적은 낭야 불기(瑯邪 不其: 지금의 산동성 즉묵 서남지역)이지만, 낙랑군(지금의 평양 서북지역)에서 출생하였다. 자는 중통(仲通)으로, 명제 시대에 황하가 넘쳐 변거(汴渠) 일대가 60여 년 동안 범람을 반복하자, 영평(永平) 12년(69) 4월에 그는 명제의 명으로 파견되어 수십만 명을 동원하여 황하를 다스렸다. 특히 그는 물의 흐름을 그대로 따라야 한다는 종전의 견해를 반대하고, 수로를 적극적으로 개착하고 제방을 쌓아 형양에서 천승의 바다 입구까지 일천여 리에 달하는 수로를 수축하였다. 또한 황하와 회하를 나누어 흐르게 함으로써, 그 이후로 800년간 황하의 물줄기가 바뀌지 않았을 뿐만 아니라, 범람하는 경우도 드물었다고 평가될 정도로 공로가 컸다.

40 천승(千乘): 지금의 산동성 고청현(高靑縣) 고성진(高城鎭)의 북단에 위치한 곳으로, 한나라의 군(郡)과 나라 이름이다. 전한 초에 이곳은 제군(齊郡)에 속했다가 무제 때에는 이를 나누어 천승군(千乘郡)을 설치하였다. 한편, 후한 시대에는 이곳에 천승국이 세워졌다가 이후에는 낙안국(樂安國)으로 개칭하였다.

41 연주(兗州): 중국의 고 지명으로, 《우공》에서 말하는 9주(州)의 하나이다. 한나라에 와서는 13주 자사(刺史)의 하나이다. 지금의 산동성 제녕시(濟寧市) 금향현(金鄕縣) 이북과 하남성의 동부를 포함하는 지역이다.

42 예주(豫州): 중국의 고 지명으로 《우공》에서 말하는 9주(州)의 하나이다. 이곳을 행정구역으로 만든 것은 한 무제시기이고, 지금의 하남성 대부분 지역이다.

는 동남쪽으로 사(泗)[43]로 흘러 들어가게 되니, 이렇게 나누어 흐르게 됨으로써 옛날의 (물길) 모습을 다시 되찾게 되었습니다.

臣按: 河卽黃河, 汴乃汴渠也. 史稱明帝時河·汴決壞, 久而不修, 至是明帝遣王景, 發卒數十萬修汴渠隄, 自滎陽東至千乘【今青州樂安縣也】, 海口千餘里. 蓋昔河·汴堤壞, 則汴水東與河合, 日月彌廣而爲兗豫民害. 今堤旣成, 則河東北入海, 而汴東南入泗, 是分流復其故跡也.

제갈량(諸葛亮)[44]이 촉나라에서 농사를 권장하고 군사 훈련을 하는 한편, 목우유마(木牛流馬)[45]를 만들어 쌀을 운송하여 사곡(斜穀)[46] 입구에 모아

---

43 사(泗): 사수(泗水)를 의미하는데, 현재의 사하(泗河)로 산동성 제녕(濟寧)시의 일대를 흐르고 있다. 고대에는 이 일대에는 제후국인 사수국과 행정구역인 사수군이 설치되기도 하였다.

44 제갈량(諸葛亮, 181~234): 삼국시대 촉한(蜀漢)의 승상으로, 중국의 역사에서 대표적인 충신이자 지략가의 모범으로 삼는 인물이다. 서주 낭야양도[徐州 琅琊陽都: 지금의 산동성 기남(沂南)현] 출신으로, 자는 공명(孔明)이다. 청년시절 남양군에서 농사를 지으면서 독서에 열중하여 당시 그 지방에서는 그를 '와룡(臥龍)' 또는 '복룡(伏龍)'이라고 불렀다. 후한 말 군웅인 유비(劉備)의 삼고초려로 출사하여 촉한(蜀漢)을 세우고 기반을 닦는 데 결정적인 공로를 세웠다. 이후 무향후(武鄕侯)로 봉해지고, 시호는 충후(忠武)로, 후세 사람들은 그를 무후(武侯) 또는 제갈무후(諸葛武侯)라고 불렀다. 221년 유비가 제위에 오르자, 승상에 취임하였고, 유비 사후 유선(劉禪)을 보좌하여 촉한의 정치를 주관하였다. 227년부터 지속적인 북벌(北伐)을 일으켜 8년 동안 5번에 걸쳐 위(魏)나라의 옹(雍)·양(襄)주 지역을 공략하였다. 234년 5차 북벌 중 오장원(五丈原) 진중에서 54세의 나이로 병사하였다. 그가 227년 봄 북벌을 시작하면서 유비의 아들 유선에게 올린 출사표(出師表)는 지금까지 잘 알려진 대표적인 글로, 이를 보고 울지 않으면 충신이 아니라고 평하는 명문으로 꼽히고 있다.

45 목우유마(木牛流馬): 제갈량과 그 부인 황월영(黃月英), 도장(刀匠)인 포원(蒲元) 등이 발명한 운송 수단으로, 소나 말의 모양을 본떠서 나무로 제작하였다고 전해진다. 기록에 따르면, 이

두는 한편, 사곡과 저합(邸閤: 곡식창고)을 잘 다스려서 백성과 군사들이 편안하게(쉴 수 있게) 하였는데, 30년이 지난 이후에도 이를 사용하였다.[47]

> 諸葛亮在蜀勸農講武, 作木牛流馬運米, 集斜穀口, 治斜穀·邸閤, 息民休士, 三十年而後用之.

마정란(馬廷鸞)[48]이 말하였다.

"저합(邸閤)은 곡식창고의 또 다른 이름이다."

> 馬廷鸞曰: "邸閤者, 倉廩之異名."

신은 이렇게 생각합니다. [목우유마(木牛流馬)를] 소나 말의 모양으로 만든 것에 대해서는 밝혀낼 수가 없습니다. 대개 촉(蜀: 사천지방) 지방은

운송 수단은 건흥(建興) 9년~12년(231~234)에 제갈량이 위나라를 정벌할 때 사용되었다고 한다. 여기에 싣는 물량은 대체로 400근 정도이고 하루에 수십 리를 가지만, 여럿이 가게 되면 대체로 20리를 갈 수 있어서, 이로써 촉한의 10만 대군에게 식량을 제공하였다고 전해지고 있다. 그러나 지금까지 이에 대한 구체적인 모양과 작동방식 등에 대해서는 분명하게 알려지지 않고 있어서, 이에 대한 해석이 분분한 실정이다.

46 사곡(斜穀): 섬서성 종남산(終南山)에 있는 골짜기로, 여기에는 남쪽 입구인 포(褒)와 북쪽 입구인 사(斜) 등 두 개의 입구가 있었기 때문에, 일명 포사곡(褒斜谷)이라고도 한다. 이 골짜기는 전체 길이가 470리에 달하고, 양측에는 함한 준령이 있어서 섬서지역을 방어하고 사천(촉)지역을 제어하는 데 중요한 전략적 요충지이다.

47 제갈량이 … 사용하였다:《삼국지》〈촉지 제갈량전〉에 나온다.

48 마정란(馬廷鸞, 1222~1289):《대학연의보》권29 주) 36 참조.

포(褒: 종남산의 남쪽 골짜기)와 사(斜: 종남산의 북쪽 골짜기)를 거쳐 나오는
데, 이곳은 배로 다닐 수 없었기 때문에 제갈량은 부득이 이렇게 하였
지만, 이는 통행을 위한 방법은 아닙니다.

臣按: 牛馬之制不可考. 蓋蜀地出褒斜, 不通舟楫, 亮不得已而爲此, 非
通行之法也.

위(魏)나라 정시(正始) 4년(243)에 등애(鄧艾)[49]의 군사와 항우[項, 항우를 말
함.](군대)가 동으로 수춘(壽春: 회하의 남쪽 연안에 있는 곳으로, 지금의 안휘성
회남시 일대)에 이르자, 수로(운하)를 넓게 개착하였다. 이에 따라 동남 지
역에서 무슨 일이 있게 되면, (곡량을 실은) 여러 척의 배를 띄워 아래로 내
려가 양자강과 회수에 도달함으로써, 먹을 것이 쌓이게 되고 수해가 없
게 되었다.

魏正始四年, 鄧艾行陳・項以東至壽春, 開廣漕渠. 東南有事, 興衆泛舟而

---

49 등애(鄧艾, 197~264): 삼국시대 위나라 후기의 명장이다. 의양군 극양현(義陽郡 棘陽縣: 지금의
하남 신야) 출신으로, 자는 사재(士載: 후에 사칙(士則)으로 개명], 본명은 등범(鄧範)이다. 어릴 때
부터 부모를 여의고 송아지를 기르면서도 땅에 그림을 그려 군사작전을 연구하기를 좋아
하였다. 이후 사마의(司馬懿)의 눈에 띄어 상서령(尙書令)으로 발탁되었다. 이후 그는 수춘(壽
春) 지방을 시찰하면서 이곳에 운하를 끌어들여 경작지로 만들 것을 제안하는 '제하론(濟河
論)'을 사마의에게 올려, 이 지역의 둔전 경작을 시행하게 되었다. 이로써 군사들의 식량을
해결하였을 뿐만 아니라, 이 지역의 수해를 줄여들게 만들었다. 그는 촉한을 압박하여 황
제인 유선(劉禪)을 투항하게 하는 등 촉한을 멸망시킨 공로로 태위(太尉)에 봉해졌다. 이후
감군 위관(衛瓘)에 의해 살해되었다.

下達於江・淮, 資食有儲而無水害.

신은 이렇게 생각합니다. 무릇 조운은 모두 남방에서부터 북방으로 운송하였지만, 이 운하는 북방에서부터 남방으로 운송하였습니다..

臣按: 凡漕運者, 皆自南而運於北, 而此則自北而運於南.

후위(後魏: 선비족이 세운 북위를 말함.)시대에 서주(徐州)와 양주(揚州)가 복속된 후에 (북위가) 양자강과 회수를 다스리게 됨에 따라, 중주(中州: 하남성의 옛 이름)로 전운하여 변진을 충실하게 하였다. 이에 유사에서는 수운이 이루어지는 곳마다 창고를 세울 것을 요청함에 따라, 소평(小平)・석문(石門)・백마진(白馬津)・장애(漳涯)・흑수(黑水)・제주(濟州)・진군(陳郡)・대량(大梁) 등 모두 8곳에 각기 곡식창고를 세우는 한편, 각 군국(軍國)에서는 반드시 때에 맞추어 조운을 끌어들이도록 하였다.[50]

後魏自徐・揚州內附之後, 經略江・淮, 轉運中州以實邊鎮, 有司請於水運之次隨便置倉, 乃於小平・石門・白馬津・漳涯・黑水・濟州・陳郡・大梁凡八所各立邸閣, 每軍國有須應機漕引.

---

50 후위 … 하였다:《북조사》권110,〈위서 식화지〉65에 나온다.

신은 이렇게 생각합니다. 북위는 수운이 있는 곳마다 언제라도 곡식 창고를 설치했는데, 이 또한 아주 편리한 것입니다.

臣按: 後魏於水運之次隨便置倉, 此亦良便.

수나라 문제 개황(開皇) 3년(583)에 경사의 양곡창고가 늘 비었기 때문에, 수재와 한재를 대비하는 것을 논의하였다. 이에 조서를 내려 포(浦)·섬(陜)·괵(虢)·웅(熊)·이(伊)·낙(洛)·정(鄭)·회(懷)·빈(邠)·준(濬)·위(衛)·변(汴)·허(許)·여(汝)수 등이 흐르는 곳에 차례로 13개 주를 설치하고 쌀을 운송하는 장정을 모집하도록 하였다. 또한 위주(衛州 :지금의 하남성 경계 지역)에는 여양창(黎陽倉: 지금의 하남성 준현(浚縣)에 위치한 곡식창고), 섬주[陜州: 하남도(河南道)에 속함.]에는 상평창(常平倉), 화주(華州: 지금의 섬서성 화현 일대)에는 광통창(廣通倉)을 설치하여 양곡을 서로 운송하여 보충하게 하는 한편, 관동과 분[汾: 지금의 태원(太原)]·진(晉) 지방의 양곡은 조운하여 경사에 공급하였다.

隋文帝開皇三年, 以京師倉廩尚虛, 議爲水旱之備. 詔於蒲·陝·虢·熊·伊·洛·鄭·懷·邠·濬·衛·汴·許·汝等水次十三州置募運米丁. 又於衛置黎陽倉·陝州置常平倉·華州置廣通倉, 轉相灌注, 漕關東及汾·晉之粟以給京師.

신은 이렇게 생각합니다. 수나라에서는 포주(蒲州)와 섬주(陝州) 등

13개 주에서 쌀을 운송하는 장정을 모집하는 한편, 또한 위주(衛州)와 섬주 등지에 양곡창고를 설치하여 서로 채우는 한편, 양곡을 조운하여 경사에 공급하였습니다. 대개 경과하는 곳에는 운송하는 장정[丁 夫]이 체운(遞運: 한꺼번에 운송하는 것이 아니라, 단계별로 운송하는 것)하고, 요충지에는 창고를 설치하여 이를(조운한 양곡을) 거둬 저장하여 이를 차례(단계별)로 운송하여 경사에 도달하였습니다. 따라서 수송 일꾼은 번휴(番休: 소속 번에서 나와 쉬는 것)할 수 있어서 오랫동안 수고하지 않았습니다. 더구나 조운선은 (일정한 거리를 운송하고) 되돌아갔기 때문에 장거리 운송을 하지 않았을 뿐만 아니라, 조운한 양곡 또한 적절하게 서로 보충하여, 때로는 이를 방출하기도 하고 또 때로는 남겨 두기도 하였습니다.

臣按: 隋於蒲陝等十三州募運米丁, 又於衛·陝等州置倉, 轉相灌注, 漕粟以給京師. 蓋於凡經過之處, 以丁夫遞運, 要害之處, 置倉場收貯, 次第運之以至京師. 運丁得以番休而不久勞, 漕船得以回轉而不長運, 而所漕之粟, 亦得以隨宜措注, 而或發或留也.

개황(開皇) 4년(584)에는 또다시 조서를 내려, 우문개(宇文愷)[51]에게 수공

---

51 우문개(宇文愷, 555~612): 수나라의 사람으로, 내주자사를 지내다가 593년에 양소의 상주를 통해 검교장작대장에 임명되어 봉덕이와 함께 궁전을 세우는 작업을 했으며, 605년에는 봉덕이와 함께 현인궁을 건축하면서 대강 남쪽, 오령 북쪽의 기이한 목재와 특이한 돌, 보기 좋은 나무, 특이한 풀, 진기한 새, 짐승 등을 동도로 수송해 정원을 채웠다. 606년에 동도가 완성되자 개부의동삼사가 되었으며, 612년에 고구려 원정 때 종군하기도 했다.

(水工: 치수 관련 일에 종사하는 노동자)을 인솔하여 운하를 파게 하는 한편, 위수를 끌어들여 대흥성(大興城)에서부터 동으로 동관(潼關)[52]에 이르기까지 3백여 리에 달했는데, 이를 광통거(廣通渠)라고 명명하였습니다. 이로써 물자 운송이 트이고 관내(關內)가 편리하게 되었습니다.

四年, 又詔宇文愷率水工鑿渠, 引渭水自大興城東至潼關三百餘里, 名曰廣通渠, 轉運通利, 關內便之.

수나라 양제(煬帝) 대업(大業) 원년(605)에 하남의 여러 군에서 사람들을 징발하여 통제거(通濟渠)[53]를 개착함으로써, 서원(西苑)에서부터 곡수(穀水)와 난수(洛水)를 끌어들여 황하에 다다르게 하였다. 그리고 또한 황하를 회하와 바다로 통하게 함으로써, 이로부터 천하는 운송이 편리하게 되었다.

대업 4년(608)에는 하북의 여러 군에서 인부를 징발하여 영제거(永濟渠)[54]를 개착하여 지수[沁水: 하북성 원씨(元氏)현 일대를 흐르는 강]를 끌어들여

---

52 동관(潼關): 황하(黃河) 남안에 있다. 이곳은 남쪽으로 흐르던 황화 강이 동쪽으로 방향을 바꾸면서 위하(渭)와 합류하는 곳 바로 아래쪽이며, 산서성(山西省) 풍릉도(風陵渡)와 마주 보고 있다. 이곳은 매우 협소하고 험난한 길목에 있어서, 동쪽의 화북(華北) 평원 주민들에게는 관중(關中)·관내(關內)로 알려져 있고, 611년에 현재의 위치로 옮겼다. 당나라 시대(618~907)에는 동진현(潼津縣)으로 알려져 있었으며, 수도 장안(長安)을 방어하는 관문이었다

53 통제거(通濟渠): 《수서(隋書)》 권3에 따르면, 통제거는 서원(西苑)에서 낙수(洛水)를 타고 내려와 황하에 도달하고 판저(板渚)에서 황하를 통해 회수(淮水)에 도달하였다고 한다.

54 영제거(永濟渠)): 《수서(隋書)》 권3에 따르면, 영제거는 산서성의 심수(沁水)를 타고 남쪽으로 내려와 황하에 이르고, 다시 북쪽으로 탁군(涿郡)과 통한다고 한다.

북쪽으로 황하에 도달함으로써, 탁군(涿郡: 지금의 하북성 탁주)으로 통하게 하였다.[55]

> 煬帝大業元年, 發河南諸郡開通濟渠, 自西苑引穀·洛水達於河, 又引河通
> 於淮·海, 自是天下利於轉輸. 四年, 又發河北諸郡開永濟渠, 引沁水南達
> 於北河, 通涿郡.

　　신은 이렇게 생각합니다. 수나라는 비록 무도(無道)했지만 이 세 개의 운하를 개착하여 천하의 조운을 통하게 하였는데, 이는 비록 일시적으로는 무거운 노역으로 백성을 수고롭게 하였지만, 백년 이후에는 이에 의지하여 조운이 뚫리게 되었습니다.

　　양제는 또한 낙구(洛口)창과 회락(回洛)창을 설치하는 한편, 3천 3백 개의 교(窖: 채소나 음식을 저장하는 움막)를 팠는데, 이 움막에는 (양곡을) 8년 동안 보관할 수 있었습니다.

> 臣按: 隋雖無道, 然開此三渠, 以通天下漕, 雖一時役重民苦, 然百世之
> 後賴以通濟. 煬帝又置洛口·回洛倉, 穿三千三百窖, 窖容八年.

---

55 수나라 … 하였다:《수서(隋書)》권3,〈양제 본기〉상에 나온다. 이에 따르면 통제거는 하남지역의 민 100만여 명을 동원하였고, 영제거의 경우는 하북지역의 110만 명을 동원하여 운하를 개착하였다고 한다.

호인(胡寅)이 말하였다.

"수나라 양제 시대에는 쌓인 쌀이 많을 때는 2천 6백만여 섬에 달했으니, 어떻게 흉년이나 가뭄, 물이 넘치는 것을 걱정할 필요가 있겠는가? 따라서 안으로는 사치가 극에 달했고 밖으로는 군사력이 소진되니, 농사와 잠업이 피폐해지고 백성은 생계를 이을 수 없게 되었다. 따라서 이른바 양자강과 물로도 물이 새는 독을 채울 수 없는 것처럼 어찌할 수 없게 되었다."

> 胡寅曰: "隋煬積米多至二千六百餘萬石, 何凶旱水溢之足虞? 然極奢於內·窮武於外, 耕桑失業, 民不聊生, 所謂江河之水, 不能實漏甕也."

신은 이렇게 생각합니다. 나라는 민심을 얻는 것으로 다스림의 근본으로 삼습니다. 양곡창고에 쌓인 것이 비록 많다고 하더라도 이를 믿고 의존할 만한 것이 못되고, 이것이 많으면 (오히려) 도적질당하는 근거가 되기에 적합할 뿐입니다.

> 臣按: 國家以得民心爲治本, 倉廩之積雖多不足恃也, 其多適足以爲盜賊之資耳.

당나라는 관중에 수도를 정하여, 해마다 동남의 곡식을 조운하였다. 이에 고조와 태종 시대에는 물자를 쓰는 데 절약하여 쉽게 이에 의지할 수 있었고, 이로써 강과 육지의 조운 물량도 20만 섬에 불과하였다.

唐都關中, 歲漕東南之粟. 高祖·太宗之時用物有節而易贍, 水陸漕運不過
二十萬石.

신은 이렇게 생각합니다. 창업 군주는 전쟁(군대)을 통해 천하를 얻어서, 그와 더불어 나라를 함께 세운 사람들은 (대부분) 장수와 병사들뿐이었습니다. 따라서 군주가 이들에게 베풀어 준 번국[賹蕃]은 두루 넉넉하게 (물자를) 지급함으로써, 그 처한 곳이 튼실하였습니다.

하물며 황궁이 아직 갖추어지지 않았을 뿐만 아니라, 성곽과 해자가 아직 튼실하지 않았기 때문에, 모든 제후가 타는 수레와 사용해야 할 집기(용기) 등도 모두 아직 구비되지 못했습니다. 따라서 반드시 하나하나(일일이) 새롭게 설치하여 이를 운영해야 했기 때문에, 마땅히 그 용도가 광범위했습니다.

그런데 한나라와 당나라 초에는 한 해의 조운은 1~2십만 섬에 불과했지만, 그 뒤를 이은 후세의 군주들은 흔히 한 해의 조운 물량이 이의 100배에 달했으니, 무슨 까닭입니까?

이는 사서에서 말하는 이른바 "물자를 쓰는 데 절약하면 넉넉함으로 변한다."는 이 한 마디로 다 대변하고 있는데, 이 말이 어찌 실행하기가 어렵겠습니까? 대대로 이어서 천하를 가진 군주는 진실로 조종(祖宗)의 마음을 (자신의) 마음으로 삼아 모든 용도를 절약하는 것에 따르면, 조종의 다스림의 성과를 회복하는 것이 어렵지 않을 것입니다.

臣按: 創業之君以兵戎得天下, 所與共成王業者, 將帥·士卒耳, 其賜予

> 之騈蕃 · 周給之優裕, 固其所也. 況宮室未備 · 城池未固, 凡百乘輿什器
> 當用之物, 皆未具焉, 必須一一創置而經營之, 宜其用度之廣也. 然漢
> 唐之初, 歲漕不過一二十萬, 及夫繼世之君往往歲漕至百倍其數, 何也?
> 史所謂"用物有節而易贍"一言足以盡之矣, 斯言也豈難爲哉? 繼世而有
> 天下者, 誠能以祖宗之心爲心, 一切用度俱從撙節, 其復祖宗之治功不
> 難矣.

　　당나라 현종 개원 18년(730)에 배요경(裵耀卿)[56]이 황하 하구에 무뢰창(武牢倉)과 공현(鞏縣)에 낙구창(洛口倉)을 설치하여, 강남의 배들이 황하로 들어올 수 없게 하는 동시에, 황하의 배들도 낙구에 들어오지 못하도록 할 것을 청함에 따라, 하양(河陽) · 백애(柏崖) · 태원(太原) · 영풍(永豊) · 위남(渭南) 등의 여러 양곡창고의 양곡을 등급을 나누어 각지로 전운하였다. 이때 물길이 통하면 배로 수송하고 물이 얕으면 창고에 두어 대기함으로써, 멀리 가는 선박이 정체되지 않고, 손실되는 것을 염려하지 않게 됨으로써, 오랜 세월 시행했던 장운(長運)에 비해 두 배 남짓 이롭고 편리하였다.

56 　배요경(裵耀卿, 681~743): 당나라 강주(絳州) 직산(稷山) 사람으로, 자는 환지(煥之)고, 시호는 문헌(文獻)이다. 배자여(裵子餘)의 동생이다. 동자거(童子擧)에 합격했고, 국자주부(國子主簿)에 올랐다. 조운(漕運)을 확대해 관보(關輔)를 충실하게 하고 창고를 설치해 세금을 납부하게 하며, 수륙으로 길을 바꾸어 전운에 편리를 도모할 것을 건의했는데, 황제가 옳다고 여겼다. 황문시랑(黃門侍郞)과 동중서문하평장사(同中書門下平章事)를 역임하고 전운사(轉運使)를 거쳤다. 운량(運粮)을 구분해 나눠 3년 만에 곡식 7백만 석(石)을 비축하고 조운에 따른 비용 30만 민(緡)을 절약했다. 시중(侍中)에 올랐다. 천보(天寶) 초에 거듭 승진하여 우복야(右僕射)에 올랐다.

玄宗開元十八年, 裴耀卿請於河口置武牢倉·鞏縣置洛口倉, 使江南之舟不
入黃河, 黃河之舟不入洛口, 而河陽·柏崖·太原·永豐·渭南諸倉節級轉
運. 水通則舟行, 水淺則寓於倉以待, 不滯遠船, 不憂欠耗, 比於曠年長運,
利便一倍有餘.

신은 이렇게 생각합니다. 배요경의 이 상주는 현종이 살펴보지 않았
기 때문에 당시에는 비록 시행되지 않았지만, 그가 말하는 강가에 창
고를 설치하고 물이 닿는 곳이면 배로 수송하고 물이 얕으면 창고에
(조운 물자를) 창고에 두고 기다리는 이 방안은 역시 아주 편리한 것입
니다.

臣按: 耀卿此奏玄宗不省, 在當時雖未行, 然其所謂沿河置倉, 水通則
舟行, 水淺則寓於倉以待, 此法亦良便.

개원 21년(733)에 배요경이 육운(陸運: 육지로 운송하는 것)을 폐지하고 하
구(河口)에 (조운)창고를 설치할 것을 청하자, 이에 하음(河陰)에는 하음창,
하서(河西)에는 백애창, 삼문의 동쪽에는 집진창(集津倉)과 그 서쪽에는 염
창(鹽倉)을 설치하는 한편, 산을 뚫어 18리를 육운으로 수송하였다. 이에
양자강과 회하로부터 조운한 것은 모두 하음창에 운송하는 한편, 하음
의 서쪽에서부터 태원창에 수송하는 것을 일러 북운(北運)이라 하였다.
그리고 태원창에서는 위수에서 배로 가서 경사(물자)를 충실하게 하고,

익(益)·조(漕)·위(魏)·복(濮) 등 여러 군(郡)의 세금을 여러 양곡창고에 수송하여 이를 전송하여 위수로 들어갔는데, 무릇 3년 동안 700만 섬에 달했다.

二十一年, 裴耀卿請罷陸運而置倉河口, 乃於河陰置河陰倉·河西置柏崖倉·三門東置集津倉·西置鹽倉, 鑿山十八里以陸運, 自江淮漕者, 皆輪河陰倉, 自河陰西至太原倉, 謂之北運. 自太原倉浮渭以實京師, 益漕魏濮等郡租輪諸倉轉而入渭, 凡三歲漕七百萬石.

신은 이렇게 생각합니다. 한나라 이래 오늘날까지 조운의 수량은 이 수치를 초과한 적이 없었습니다.

臣按: 自漢以來至於今日, 漕運之數, 無有逾於此數者.

당나라 대종(代宗) 광덕(廣德) 2년(764)에 유안(劉晏)[57]이 조운 일을 관장하였다. 그는 소금을 전매한 이익금으로 인부를 고용하고 관리를 나누어 감독하게 함으로써, 양자강·회수·황하·위수 등의 물길을 따라 조운을 시행하였다. 이로써 전운선은 윤주(潤州)에서 육운(陸運)을 거쳐 양자강에 이르게 되는데, 한 말의 쌀을 수송하는 데 경비는 19전으로 하였다. 이에 유안은 자루(부대)에 넣은 쌀을 배에 싣도록 하되, 15전을 감해 주도록 하

---

57 유안(劉晏, 716~780): 《대학연의보》 권28 주) 18 참조.

였다. 한편, 양주(揚州)에서 떨어진 하음(창고)의 쌀[米] 한 말은 수송 경비를 120전으로 하였다.

또한 유안은 혈황(歇艎: 대형 선박을 말함.)을 제조하여 강에 배 2천 척을 공급하는 한편, 배 한 척마다 (양곡) 1천 말을 싣게 하였다. 그리고 배 10척을 '강(綱)'으로 삼는 동시에, 한 개의 강(綱)마다 (수송하는) 인부 300명과 뱃사공 50명을 두고, 양주에서부터 이들을 파견하여 양곡을 나누어 운송하여 하음 위에 있는 삼문(三門: 지금의 하남성 삼문협시 일대)에 이르렀는데, 한 말의 쌀에 90전을 감해 주었다.

(이때) 양자강의 배는 회하에 들어오지 못하게 하고 회수의 배는 황하에 들어오지 못하게 할 뿐만 아니라, 또한 황하의 배가 위수에 들어오지 못하게 했기 때문에, 강남에서 운송한 것은 양주에 하적하고(쌓아 두고), 회화에서 운송한 것은 하음(河陰)에, 황하의 선박이 운송한 것은 위수 하구에 하적하도록 하였다. 그리고 (여기서) 위수의 선박이 운송한 것은 태창(太倉)으로 들어가는데, 해마다 전운하는 곡식은 110만 섬으로, 여기서 한 되 한 말이라도(조금이라도) 물에 잠겨 손실되는 것이 없었다.

代宗廣德二載, 劉晏領漕事. 晏卽鹽利雇傭分吏督之, 隨江·汴·河·渭所宜. 故時轉運船, 繇潤州陸運至揚子, 斗米費錢十九. 晏命囊米而載以舟, 減錢十五, 繇揚州距河陰, 斗米費錢百二十. 晏造歇艎支江船二千艘, 每船受千斛, 十船爲綱, 每綱三百人, 篙工五十, 自揚州遣將部送至河陰上三門, 斗米減錢九十. 江船不入汴, 汴船不入河, 河船不入渭, 江南之運積揚州, 汴河之運積河陰, 河船之運積渭口, 渭船之運入太倉, 歲轉粟百一十萬石, 無升斗溺者.

신은 이렇게 생각합니다. 예부터 재물 관리[理財]를 잘했다고 칭해지던 인물 가운데 그 으뜸은 유안이지만, 그가 해마다 운송한 물량은 단지 110만 석에 그쳤습니다. 그런데 당시 운송하는 인부는 모두 관에서 고용한 것이고 고용하는 데 쓰는 비용은 모두 소금 전매 이익이었습니다. 따라서 오늘날처럼 양곡 운송을 전담하는 군사가 아니었기 때문에, 부과금[加兒]을 더 많이 붙여 이를 비용으로 삼았습니다.

오늘날 쌀 한 섬에는 5~6분의 부과금을 부과하는데, 이는 백성이 소작료를 낸다는 명목으로 1섬에 5~6말을 내는 셈입니다. 그리고 토지세의 명목으로 (단위 면적당) 3말을 내는 경우에는 1말 반을 부과금으로 더 내는 셈 입니다. 뿐만 아니라 위소(衛所)[58]에 있는 군사는 이미 월량(月糧: 군사에게 매달 지급하는 군량)을 지급하였기에, 운송을 나갈 때에도 또한 행량(行糧)[59]을 지급하게 됩니다. 그런데 한 사람의 인부가 해마다 수송하는 것은 30섬에 불과하지만, 부과금과 이들에게 지급되는 비용을 계산해 보면, 운송에 필요한 경비보다 많습니다. 그러므

---

58 위소(衛所): 명나라의 군사제도로 태조 홍무제에 의해 제정되었다. 당시에는 원나라 말기 이래로 각지에서 일어난 반란과 몽고세력이 북방에서 북원세력으로 잔존하고 있음으로 인해, 군사 징발의 항구성과 군사력의 유지가 절실하였다. 따라서 창업군주인 홍무제 주 원장은 원나라의 제도를 답습하여 모든 백성을 직업에 따라, 민호(民戶)·군호(軍戶)·장호(匠戶)·조호(竈戶) 등으로 대별하는 동시에, 그중에서 군호에게는 생계 유지를 위해 군전을 지급하고 그 직책 또한 세습되도록 하였다. 그리고 모병제를 시행하여 군호 중에서 군역을 담당하는 정군(正軍)과 보충병의 성격인 여정(餘丁)으로 나눔으로써, 군사의 항시적 수급에 철저하게 대비하였다.

한편, 군사조직은 강력한 중앙집권적 전제군주체제를 위해, 황제 직속의 5군도독부(五軍都督府)를 최고 기구(장관은 도지휘사사)로 두고, 그 휘하의 편제로는 위(衛, 5개의 천호의 5,600명), 천호(千戶, 10개 백호 1,120명), 백호(百戶, 2개 총기 112명), 총기(總旗, 5개 소기 56명), 소기(小旗, 10명) 등으로 조직되었다.

59 행량(行糧): 운송담당 군사에게 지급되는 노자돈(용돈)을 말한다.

로 대개 1섬 남짓의 비용을 쓰고 1섬을 얻을 수 있으니, 배를 이용하는 비용은 그 수지가 맞지 않습니다(비용을 지급할 수 없습니다.).

또한 유안이 대형 선박[歟䑠]을 만들어 강에 선박 2천 척을 지급하고 각 척마다 1천 섬을 싣게 하는 한편, 이 배 10척을 1강(綱)으로 하고 매 강마다 300명의 인부와 50명의 뱃사공을 두었으니, 이는 곧 350명이 10척의 배를 타고 쌀 1만 섬을 운송한 셈입니다. 따라서 이를 오늘날 10인이 배 한 척에 타고 이 한 척의 배에 쌀 300섬을 적재할 때 이를 합산해 보면 30척의 배에 쌀 9천 섬을 운송하는 것과 비교해 보면, 인부 수에서는 50명이 적고 운송한 쌀도 1천 섬이 적은 것으로, 심하게 차이가 나는 것은 아닙니다.

다만 이른바 낭미[囊米: 자루(부대)에 쌀을 담아 단위로 함.]로 운송하자는 의견은 오늘날에는 아직 시행되지 않았는데, 강미(綱米: 강을 단위로 운송하는 쌀)의 경우에는 양곡이 없어지거나 운송하는 군사 또한 피곤하여 쓰러지는 자가 있었기 때문에, 이것이 좌절된 까닭입니다.

사서에서 말하기를 유안이 "한 해의 전운하는 곡식이 110만 섬으로, 여기에는 한 되나 한 말조차도 물에 잠기는(손실되는) 것이 없었다."라 하여, 당시에는 여기에 부과금이 있었다는 것을 들어 본 적이 없었습니다. 그런데 전운을 하는 길은 큰 강인 양자강과 황하이고 또한 가는 곳마다 전운(轉運: 옮겨서 운송함.)해야 하기 때문에, 비단 오늘날의 장운(長運: 중간에 전운하는 것이 아니라 장거리를 운송함.)만이 아니라 좁고 얕은 수로와 운하를 거치는 경우가 있었으니, 양곡이 물에 빠지는 일이 어찌 없을 수 있겠습니까?

하물며 오늘날 부과금은 배로 운송하는 물량의 절반에 달하지만, 해마다 양곡이 손실되거나 물에 잠기기도 하기 때문에, 관군이 이를 빛을 내어 배상해야 함으로 인해 재산을 팔아야 하는 경우조차 그칠 (중단될) 때가 없었습니다. 이렇게 된 까닭은 다스림에 있어서 가만히 앉아 각종 자잘한 경비를 (백성에게서) 빼앗는 것이 너무 많았을 뿐만 아니라, 또한 운송을 당번하는[挨次] 날이 많았고, 게다가 불행하게도 물에 잠기게 되면 곡식의 낱알조차 남는 것이 없었기 때문입니다.

오늘날을 위한 방책으로는 마땅히 유안의 방법처럼 수송하는 쌀을 모두 자루에 가득 채우되, 강물이 얕아서 배가 막히게 되면[淺澁] 이를 강가 언덕에 잠시 옮겨 내려놓고, 배가 얕은 곳을 지나면 다시 배안으로 옮겨 놓습니다. 때로는 이를 작은 배에 나누어 싣게 되면, 물이 얕은 곳을 지나더라도 그 자루를 또한 봉했기 때문에 곡식이 흩어져 없어지지 않게 합니다. (설령) 불행하게도 이것이(양곡 자루가) 물에 빠진다고 하더라도 이를 건져내면, 모두 다 없어지지 않기 때문에 물에 젖어 썩었다 하더라도, 이 또한 다른 것으로 사용할 수 있을 것입니다.

어떤 사람은 양곡자루는 혹시라도 배가 바닥이 얕아 적재할 수 없다고도 말합니다. 그러나 만약에 선박이 (양곡으로) 이미 가득 찼다고 하더라도, 마땅히 우선 갑판 위에 이를 더 선적하여 대나무 돗자리[竹簟]나 갈대로 짠 자리[葦席]로 덮어 비와 물을 막을 수 있습니다. 그 후에도 배가 파손되는 경우가 있으면 선박을 다시 만들되, 더 선적할 것을 고려하여 배를 더 크게 만들면 됩니다.

그런데 쌀을 모두 자루로 사용할 때, 그 비용 면에서 이로움이 많다고 하면 얼마이겠습니까? 무릇 자루를 포로 만들면 수년 동안 이를 사용할 수 있지만, 산지가 있는 곳이면 대나무 껍질을 사용할 수 있고, 강이 가까운 곳에서는 부들이나 갈대를 사용할 수 있습니다. 따라서 여기에 소용되는 비용은 운송 과정에서 없어지는 양곡의 비용에 비하면, 역시 절약될 것입니다.

臣按: 自古稱善理財者首劉晏, 然晏歲運之數, 止百一十萬石爾. 然當時運夫, 皆是官雇, 而所用傭錢, 皆以鹽利, 非若今役食糧之軍·多加兌以爲費也. 今米石加兌五六, 是民之納租名, 一石者出石五六斗, 田之起科名三升者, 加多一升半. 且軍在衛所旣支月糧, 及出運又有行糧之給, 而一夫歲運不過三十石, 通其所加兌及所支給者而計之, 則多於所運之數矣, 蓋費一石有餘而得一石也, 而舟船之費不與焉. 又晏所造歇艎, 支江船二千艘, 每船受千斛, 十船爲一綱, 每綱三百人, 篙工五十人, 則是三百五十人, 駕十船運米一萬石. 較之今日十人駕一船, 一船載米三百石, 通三十船運米九千石, 其人少五十·其米少一千, 而不甚相遠也. 惟所謂囊米之說, 今日尙有未行, 綱米所以耗損·運卒所以困斃者, 坐此故也. 史謂晏"歲轉運粟百一十萬, 無斗升溺", 然當時未聞有加兌也. 其所行漕乃大江·大河, 而又隨處轉運, 非但若今長運於窄淺之漕渠者, 何以能無溺哉? 況今加兌浮於所運之半, 而歲歲有所損溺, 官軍賠償, 擧債鬻產無有已時. 所以然者, 政坐剝淺之費廣·挨次之日多, 不幸而沈溺, 顆粒無餘也. 爲今之計, 宜如劉晏之法, 所運之米, 皆以囊盛, 遇河淺澀暫舁岸上, 過淺而複舁歸舟. 或分載小舟以過淺, 亦有包封不致散失, 不幸而沈溺, 撈而出之不致全失, 縱有浥爛亦可他用也. 說者若謂, 囊米恐舟淺不能受, 夫旣實滿艎中, 宜加之艎板之上, 護以竹簟·葦席以蔽雨水. 其後船毁再造, 量加大之可也. 然則米皆用囊, 如費將益多何? 失囊以布爲之, 可用數年, 有山處可用竹篾, 近江處可用蒲葦, 其所費比所散失, 亦爲省矣.

당나라 덕종 정원(貞元, 785~805) 초에는 관보(關輔)[60]를 지키는 병사에게 (지급하는 것은) 미두(米斗: 쌀을 되는 말) 천 전(錢)에 불과하고, 태창(太倉)에서는 천자의 6궁(宮)에 의복 등을 공급했지만 10일간의 용도에도 미치지 못하였을 뿐만 아니라, (게다가) 궁궐에서는 술을 양조할 수 없었기 때문에 비룡같이 날쌘 낙타[飛龍駝: 조운 양곡을 나르는 낙타]에 영풍창(永豊倉)의 쌀을 싣고 금군(禁軍: 궁궐을 수비하는 황제의 친위군대)에 지급하였다.

그러나 양자강과 회수 지방의 쌀이 오지 않자, 6군이 두건을 벗고 길에 서서 몹시 기다리고 있고, 군주도 이를 걱정하였다. 때마침 한수와 황수[韓滉]의 조운 쌀이 섬서에 도달하자, 황제는 기뻐하면서 태자에게 말하기를, "쌀이 이미 섬서에 도착하였으니, 우리 부자(父子)는 살 수 있겠다." 고 하면서 술자리를 마련하여 서로 축하하였다.

德宗貞元初, 關輔宿兵米斗千錢, 太倉供天子六宮之膳不及十日, 禁中不能釀酒, 以飛龍駝負永豊倉米給禁軍, 江淮米不至, 六軍脫巾於道, 上憂之. 會韓滉運米至陝, 上喜謂太子曰: "米已至陝, 吾父子得生矣." 置酒相慶.

신은 이렇게 생각합니다. 군주가 한 나라에 거하는 것은 마땅히 부유한 백성이 그 집안에 거하는 것과 같습니다. 부유한 사람은 성안에 거하지만, 성곽을 등지면서 반 무(畝)의 땅조차 없으면 오직 멀리 떨어진 바깥 땅에 의지할 뿐이니, 이로써 멀리까지 도모할 것이 없음을

---

60 관보(關輔): 도성과 가까이 있는 관중(關中)의 우부풍(右扶風)·좌풍익(左馮翊)·경조윤(京兆尹) 등 삼보(三輔)를 뜻한다.

알 만합니다. 그런데 단 하루아침에 길이 막혀 (조운이) 두절이 되면, 장차 어떻게 하루라도 넘길 수 있겠습니까?

이로써 군주는 풍족한 때에 늘 막힐 것을 염려하여 그 씀씀이(용도)를 아껴서 절약하며, 반드시 남음이 있게 하여 기전(畿甸: 천자가 직접 관할하는 수도 부근의 땅)에서 토지를 개간하고 농사에 힘써, 사소하게는 멀리 조운을 하여 먹여 주기를 기다리지 않아야 합니다. 당나라 덕종의 일을 거울로 삼아야 합니다. 당시에는 군주가 사용하는 경비조차 부족하였으니, 하물며 6군과 백성은 또한 무엇에 의지할 수 있겠습니까?

> 臣按: 人君之處國亦當如富民之處家, 有富人焉而城居, 負郭無半畝田, 而惟遠外之是資, 其無遠圖可知矣. 一旦爲道梗所隔, 將何以度日哉? 是以人君於豐足之時, 恒爲關絶之慮, 撙節用度, 必使有餘而於畿甸之間, 墾田務農, 不顧顓待哺於遠漕也. 唐德宗事可鑒也已, 當是時也, 上用且乏, 六軍·百姓又何賴焉?

후주의 세종(世宗, 954~959)이 시신(侍臣: 배석하고 있는 신하)들에게 말하였다.

"전운하는 물자에는 지금까지 모두 손실분을 지급하였다. 그런데 한나라【북한(北漢)을 말한다.】이래로 조운을 지급하지 않음으로써 파괴되자, 양곡창고에 납부한 새로운 물자조차 오히려 이를 소모하는 것을 절제하는 것이 파괴되었으니, 하물며 길에서 운송하는 것에 어찌 손실이 없을 수 있겠는가? 이제부터는 한 섬마다 마땅히 소모되는 곡식 1말을 내도록 하라.”

호인(胡寅)이 말하였다.

“세종의 이 말을 볼 때, 진나라(晉, 서진을 말함. 265~316)와 북한(北漢) 시기 사이에는 일찍이 모(耗: 조운 양곡에서 소모되는 것을 뜻함.)를 거두 었다는 사실을 들어 본 적이 없고, 다만 그 운송 비용을 많이 거둬 양 곡창고를 채울 뿐이었다. (이에 따라) 세종은 이를 잘 거둔 것이다.”

신은 이렇게 생각합니다. 나라에서 일을 처리함에 있어서는 반드시 일의 이치를 자세히 살피고, 정성을 다해 그 일의 형편을 헤아려야 합 니다. 한 가지 일을 시행할 때에는 반드시 그 폐단이 나타날 것을 생 각하고 한 가지 사물을 사용할 때에는 반드시 그 걱정거리가 일어날 수 있는 소지(원인)를 생각해야 합니다. 하물며 양곡을 전운할 때에는 이를 배나 수레에 싣고 험난한 곳을 지나게 되고, 오랜 세월동안 이를 쌓아 두게 됩니다. 또한 길을 지나는 동안에는 폭우와 바람, 물과 불, 도적으로부터 보호할 수 없는 일도 반드시 없을 수는 없습니다. 따라서 방법을 세워 이러한 간교한 일을 방지하는 것을 엄격하게 하지 않을 수 없고, 또한 사정을 깨달아서 백성에게 관대함을 베푸는 것 역시 다하지 않을 수 없습니다.

이로써 세량을 운송하는 자에게는 당나라 명종(明宗) 시대부터 서작모(鼠雀耗: 쥐나 참새가 먹어 없애는 부분에 대해 추가로 지급하는 것)를 지급하기 시작하였는데, 양곡을 운송하는 자에도 역시 두모(斗耗)를 지급하였으니, 이것이 바로 모(耗)를 사용한 까닭입니다. 그러므로 이미 모(耗)라고 명명하면서 관에서 또다시 이를 거두거나, 심지어는 산(算: 산민전을 뜻함.)을 부과하는 것을 오히려 이를 보상한다고 하니, 이야말로 무슨 이치(도리)입니까?

臣按: 國家處事, 必須詳察事理, 曲盡物情, 一事之行必思其弊之所必至, 一物之用必思其患之所由來. 況於轉輸糧斛, 載以舟車, 經涉艱險, 積以歲月之久, 行於道路之間, 霖雨風波・水火盜賊不能保其必無, 立法以防奸不可不嚴, 而體情以寬下亦不可不盡, 是以積糧者自唐明宗始給鼠雀耗, 而運糧者亦給斗耗, 用是故也. 旣名爲耗, 而官又取之, 甚者計算俾其償焉, 是何理也.

이상은 조운과 수레 운송(육운)의 편리함(상)에 대해 논하였습니다.

以上論漕挽之宜(上)

대학연의보
(大學衍義補)

—

권34

나라의 경비를 관리함[制國用]

조운과 수레 운송(육운)의 편리함(하) [漕挽之宜(下)]

송나라는 변경(汴: 지금의 개봉)에 수도를 정하고 조운의 방법은 (전국을) 네 길로 나누었다. 즉 강남·회남(淮南)·절동(浙東)과 절서(浙西)의 남과 북 등 6로(路)의 양곡(세량)은 회하(淮河)[1]에서 변하(汴河)[2]로 들어와 경사에 도 달하였고, 섬서(陝西)의 양곡은 삼문(三門)과 백파(白波)에서 황하를 돌아 변 하로 들어와 경사에 도달하였다. 그리고 진(陳)과 채(蔡) 지방의 양곡은 민 하(閔河)[3]【민하는 곧 혜민하(惠民河)이다.】나 채하(蔡河)[4]에서 변하로 들어와 경사

---

1   회하(淮河): 송나라 이전에는 회수(淮水)라고 불렀는데, 이 강은 하남성(河南省) 남양시(南陽市) 에서 발원하여 하남·안휘(安徽)·강소(江蘇) 등의 3성을 흐른다. 전체 길이는 약 1,000km에 달하고 황하와 양자강과 더불어 중국의 3대 강 중의 하나로 꼽힌다.
2   변하(汴河): 하남성 개봉(開封)을 흐르는 강으로 이전에는 변수(汴水)라고 불렀다. 특히 수나 라 양제가 운하를 개착할 때에는 이곳을 통제거(通濟渠)라고 하였고, 당나라에서는 이를 광 제거(廣濟渠)로 개칭하였다.
3   민하(閔河): 송나라 초에 개봉의 서남에 위치한 강으로, 개보(開寶) 6년(973)에 혜민하(惠民河) 로 개칭하였고 그 남쪽을 채하(蔡河)라고 하였다. 그런데 그 이후에는 혜민하와 채하가 실 제로는 동일한 강의 물줄기를 두 부분으로 나누었기 때문에 때로는 혜민하를 채하의 부 분에 포함시키기도 하였다.
4   채하(蔡河): 전국시대에는 홍하(鴻河), 전한시대에는 낭탕거(狼湯渠)로 불리다가 진(晋)시대에 는 채수(蔡水)라고 불렀다. 그런데 당나라 말기에 이르러 이 강에서 남북의 중요한 길이 막

에 도달하였고, 서울 동쪽[東京: 개봉(開封)을 말한다.]의 양곡은 조주[曹州]·제주[濟州]·운주[鄆州]⁵를 거치는 오장 운하[五丈渠]⁶로 들어와 경사에 도달하였으니, 이 네 개의 운하 중에서 변하가 가장 중요하였다.

> 宋定都於汴, 漕運之法分爲四路. 江南·淮南·浙東西·荊河南北六路之粟自淮入汴至京師, 陝西之粟自三門·白波轉黃河入汴至京師, 陳·蔡之粟自閔河【卽惠民河】·蔡河入汴至京師, 京東之粟歷曹·濟及鄆入五丈渠至京師, 四河惟汴最重.

신은 이렇게 생각합니다. 한나라와 당나라는 관중[關中: 섬서 중부에 있는 위하(渭河) 평원]에 수도를 정하였는데, 한나라의 조운은 산동지방에 의존하였고 당나라의 조운은 강회[江淮: 양자강과 회하(淮河) 일대] 지방에

힘에 따라 후주 현덕(顯德) 연간(954~959)에 변수를 끌어들여 채수(蔡水: 또는 채하)로 들어가게 하는 한편, 강바닥을 준설하여 강물이 흐르게 만들었는데, 이를 민하(閔河)라고도 불렀다. 한편, 송 태조 건륭 원년(960)에는 채하(蔡河)를 준설하여 도성인 개봉에서 통허진[通許鎭: 오늘날의 통허현(通許縣)]에 이르게 하는 동시에, 또한 갑문을 설치하여 물의 흐름을 조절하였다.

5 조주(曹州)·제주(濟州)·운주(鄆州): 지금의 산동성(山東城)에 위치한 주이다. 아래 주 6) 참고.

6 오장거(五丈渠): 오대(五代) 후주(後周) 현덕(顯德) 연간(954~959)에 개착한 것을 기초로 이루어진 운하로서, 개봉(開封)의 서쪽에서 변하(汴河)와 나누어져 동북쪽으로 흘러, 제주(濟州)에서 채수(蔡水)와 합쳐 양산박(梁山泊)으로 흘러 들어가고, 여기서 다시 북청하(北淸河), 즉 제수(濟水)에 이어지게 된다. 송나라 건륭(建隆) 2년(961)에는 이곳에 오장하(五丈河)를 파서 도성인 개봉에서 조[曹: 지금의 산동 하택(菏澤)의 서북쪽]·제[濟: 지금의 산동 거야(居野)의 남쪽]·운[鄆: 지금의 산동 동평(東平)] 등 3개 주(州)를 이음으로써 도성 동쪽의 조운을 원활하게 하였다.

의존하였기에, 그 운송 길에서 경과하는 곳은 황하와 위수의 이 한 길 뿐이었습니다. 그런데 송나라에서는 변량[汴梁: 개봉(開封)]에 수도를 정하였는데, 이곳은 사방으로 막힘이 없이 잘 통할 수 있는 곳이기 때문에, 그 운송 길도 네 가지 길을 통해 (경사에) 도달할 수 있었습니다.

臣按: 漢唐建都於關中, 漢漕仰於山東, 唐漕仰於江淮, 其運道所經止
於河·渭一路. 宋都汴梁, 四衝八達之地, 故其運道所至凡四路.

송나라에서는 한 해 동안 동남 지방의 쌀과 보리 6백만 섬을 조운하였는데, 이렇게 조운한 양곡을 비축하여 이를 (나라 재정의)밑천으로 삼았다. 따라서 전반창(轉般倉)[7]을 진(眞)【진은 지금의 의진(儀眞)이다.】·초(楚)【초는 지금의 회안(淮安)이다.】·사(泗)【사는 지금의 사주(泗州)이다.】 등 세 곳의 주(州)에 설치하고 발운관(發運官: 조운을 관장하는 관리)을 통해 이를 감독하게 하였다. 이로써 강남의 배들은 쌀을 싣고 세 곳에 있는 하적창고에 와서 쌀을 내려 납부하는 즉시 관염(官鹽)을 싣고 돌아가는데, 이때 그 배를 소속 군(郡)으로 운송하는 병졸은 그 집으로 돌아갔다. 그리고 변하(汴河)의 배들은 중간 하적창고에 들러 조운 미곡(米)을 경사에 운송하였는데, 이때 이곳 (하적창고)에만 반복적으로 오가면서 운송하여[摺運] 선박이 체류하는 일이 없었지만, 세 곳의 창고에는 늘 수년간의 비축분이 있었다.

---

7 전반창(轉般倉): 조운을 통해 양곡을 경사에 운송하기 이전에 일정 거리에 있는 관할 관청에 이를 운송하여 일단 쌓아 두는 중간 하적창고를 뜻한다. 이곳에 하적된 양곡을 바탕으로 또 다른 지역으로 조운하거나 필요한 다른 물자로 교환하기도 하였다.

宋朝歲漕東南米麥六百萬斛, 漕運以儲積爲本, 故置三轉般倉於眞【今儀眞】·楚【今淮安】)·泗【今泗州】)三州, 以發運官董之. 江南之船輸米至三倉卸納, 卽載官鹽以歸, 舟還其郡·卒還其家. 汴船詣轉般倉漕米輸京師, 往來摺運無複留滯, 而三倉常有數年之儲.

신은 이렇게 생각합니다. 옛사람들이 말하기를, "송나라 사람들은 동남 6로의 양곡을 진(眞)·초(楚)·사(泗) 세 곳의 중간 하적창고[轉般倉]에 실어 날랐는데, 강의 선박들은 단지 중간 하적창고가 있는 이곳으로 들어올 뿐이고 (정박하여) 체류하는 일이 없었다. 그런데 변하(汴河)의 배들은 (양곡을 싣고) 나와서 이곳에 이르러 (하적하고) 출발하면 배가 뒤집혀서 빠지는 일이 없었다. 이처럼 양자강을 다니는 배들은 변하에 들어오지 않고, 변하를 다니는 배들은 양자강으로 들어오지 않으니, 어찌 좋은 방법이라고 하지 않겠는가?"라고 하였습니다.

신이 생각하기에는 이는 송나라의 수도가 개봉이었기에 조운이 한나라나 당나라에 비해 편리하였기 때문이라고 말할 수 있습니다. 또한 이전에는 운송하는 인부가 모두 민정(民丁)이었지만, 오늘날(명나라)에는 군졸이 운송하며, 이전에는 운송하는 양곡은 모두 전체(傳遞: 조운의 목적지인 경사까지 거리에 따라 나누어 수송하는 것을 뜻한다.)인 데 비해, 오늘날에는 장운(長運: 조운의 출발지에서 목적지까지 한꺼번에 운송하는 것을 말한다.)입니다. 그리고 당나라와 송나라의 경우 선박은 양자강에서 변하로 들어가지 않고, 변하에서는 황하로 들어가지 않았으며 또한 황하에서는 위수로 들어가지 않았는데, 오늘날에는 양자강과 황하의 배들은 각기 멀리 영북(嶺北: 하북성 북쪽)이나 호남(胡南)[8]에서부터 직접 경사에 도달하였습니다. 뿐만 아니라 당나라와 송나라의 조운 병졸은 교대로 쉬었지만, 오늘날에는 해가 지나도 이를 바꾸지(교대하지) 않았습니다. 따라서 송나라 사람들의 조운 방법은 대체로 그 편리함이 이와 같을 뿐 아니라, 돌아올 때 배들은 소금을 실을 수 있는 이익도 있었습니다.

그런데 오늘날의 조운 병졸들은 송나라에 비해 그 노고가 백배에 달하여 한 해의 절반을 운송하는 여정(도중)에 있었기 때문에, 가정의 즐거움을 누릴 수 없었고, 또한 풍파의 위험과 갑문 때문에 배를 정지하고 머물러야 하고, 뱃머리와 배 뒤에서 거센 물살에 부딪치기도 하였습니다. (때로는) 장마가 지면 비에 젖기도 하고, 강바닥이 얕으면 배를 밀어 옮겨야 하기도 했으며, (게다가) 운송해 가는 도중에도 장령(將領)들에 의해 통행료를 징수당하기도 하고, 창고에 (양곡을) 납부할 때에도 관에 의해 막혀서 지연되기도 하였습니다. (심지어는) 집으로 돌아갈 때에도 자리가 미처 따뜻하게 될 정도로 앉아 보기도 전에, 관에서는 또한 문서로 독촉하여 양곡으로 바꾸게 하기도 했습니다. 이처럼 양곡(세량)을 운송하는 병졸의 고생이 천태만상이었으니, 이 세량(양곡)을 먹는 사람이(군주가) 양곡이 어떻게 비롯된지를 모를 수 있겠습니까?

신은 염법(鹽法) 항목에서 송나라 사람들이 (조운을 마치면) 배를 되돌려 소금을 실어 오는 방법에 대해, 앞에서 이미 설명한 바 있습니다. 엎드려 바라옵건대, 구중궁궐에 계시는 군주께서는 이 방법을 오

늘날에 시행하는 것에 유의하시되, (운송하는) 병졸들에게 단 한 푼이
라도 조금 관대하게 하신다면, (이들에게) 한 푼을 관대하게 하신 것이
이들에게 곧 이 한 푼을 하사받는 것이 되는 셈이니, 하물며 베푸는
바가 어찌 단지 이 한 푼에만 그치겠습니까?

臣按: 昔人謂宋人以東南六路之粟載於眞·泗·楚轉般之倉, 江船之入
至此而止, 無留滯也, 汴船之出至此而發, 無覆溺也, 江船不入汴, 汴船
不入江, 豈非良法歟? 臣竊以謂, 宋人都汴, 漕運比漢唐爲便易, 前代所
運之夫皆是民丁, 惟今朝則以兵運; 前代所運之粟皆是轉遞, 惟今朝則
是長運; 唐宋之船江不入汴·汴不入河·河不入渭, 今日江河之船各遠
自嶺北·湖南直達於京師; 唐宋之漕卒猶有番休, 今則歲歲不易矣. 夫
宋人漕法其便易也如此, 而其回船也又有載鹽之利. 今之漕卒比之宋人
其勞百倍, 一歲之間大半在途, 無室家之樂, 有風波之險, 洪閘之停留·
舳艫之衝激, 陰雨則慮浥漏, 淺澀則費推移, 沿途爲將領之科率, 上倉
爲官攢之阻滯, 及其回家之日, 席未及暖而文移又催以兌糧矣. 運糧士
卒其艱苦萬狀有如此者, 食此糧者可不知其所自哉? 臣於鹽法條下旣已
曆陳宋人轉船載鹽之法於前, 伏乞九重注意推行其法於今日, 少寬士卒
之一分, 寬一分則受一分賜矣, 況其所賜非止一分哉?

송나라 진종(眞宗) 경덕(景德) 3년(1006)에 내시 조수륜(趙守倫)이 개봉[東京]
에서부터 광제거(廣濟渠)를 나누어, 정도[定陶: 지금의 산동성 하택시(菏澤市)]를
거쳐 서주[徐州: 지금의 강소성에 위치하며, 일명 팽성(彭城)이라고도 함.]에 이르
면 청하(靑河)로 들어가서 강회(江淮)의 조운 길에 도달하도록 하자고 건의

하였다. 그러나 이곳의 땅은 풍요롭지만 물길이 극히 얕아서 설사 물을 가두는 방죽을 설치한다 하더라도, 이 또한 여량[呂梁: 지금의 산서(山西)성 여량시(呂梁市)이다.]을 거치면서 모래자갈이 쌓이는[灘磧] 위험이 있기 때문에, 그 건의를 폐지하였다.

眞宗景德三年, 內侍趙守倫建議自京東分廣濟河, 由定陶至徐州, 入淸河以 達江淮漕路. 以地隆阜而水勢極淺, 雖置堰埭, 又歷呂梁灘磧之險, 罷之.

신은 이렇게 생각합니다. 변수가 황하에 흘러 들어가는 옛길은 한나라 명제(明帝) 시기 왕경수(王景修)가 변거(汴渠)를 수축하여[9] 황하와 변수가 나누어 흐르게 된 이후로, 진(晉)나라 유유(劉裕)[10]가 때에 맞춰 진[秦: 5호(五胡) 16국 중의 하나인 전진(前秦)을 말한다.]을 정벌하자, 팽성내사(彭城內史)인 유준고(劉遵考)[11]가 수군을 석문(石門)에서 출병시켜 변수에서 황하로 들어가게 하였습니다. 또한 수나라 양제는 판저(板渚: 지금의 하남성 형택현과 황하 사이에 위치한 나루터이다.)에서부터 황하를 끌어

---

9 왕경수(王景修)가 … 수축하여: 왕경수가 변거(汴渠)를 수축한 것은 영평(永平) 12년(69)이었다. 이에 대해서는 《원화군현지(元和郡縣志)》에 "왕경수가 하천에 제방을 쌓아, 형양(滎陽)에서 동으로 천승[千乘: 지금의 산동성 고청현(高靑縣) 동북지역]으로 흘러 바다 입구(海口)까지 천여 리에 달했다."고 기록하고 있다.

10 유유(劉裕, 363~422): 남송을 세운 무제(武帝)이다. 그는 팽성[彭城 지금의 강소성 서주시(徐州市)] 출신으로 동진 말기에 왕위를 찬탈한 환현(桓玄)을 격퇴하여 동진 정권을 회복함으로써 큰 명망을 얻었다. 이후 그는 조정의 실권을 장악하여 마침내 남송을 세웠다.

11 유준고(劉遵考, 392~473): 팽성(彭城) 출신으로 남송의 무제 유유(劉裕)의 친척 동생인 종실이다. 이후 영포현후(營浦縣侯)에 봉해졌고 관직은 시중(侍中), 좌영록대부(左光祿大夫) 등을 역임하였다.

들어 형택(滎澤)을 거쳐 변수로 흘러 들어가게 하는 한편, 또한 대량[大梁: 전국시대 위나라의 도성으로 지금의 개봉시(開封市)를 말함.]의 동쪽에서부터 변수를 끌어들여 사수[泗水: 지금의 산동성 중남부에 위치한 강]로 들어가 회수에 도달하게 하였습니다.

대개로 변하(汴河)(운하)는 옛날에는 형양[滎陽: 지금의 하남(河南) 성 정주(鄭州) 시에 소속된 현이다.]에서 동쪽으로 개봉부 성내를 지나 흐르고, 또한 동쪽으로는 채수(蔡水)와 합쳐서 동쪽으로 사주(泗州)[12]로 흘러 회수로 흘러 들어갔습니다. 그런데 오늘날 채하(蔡河)는 물이 말라 사라져서 그 소재를 알 수 없지만, 변하(운하)는 중모현[中牟縣: 지금의 하남(河南) 성 정주시(鄭州市)에 소속된 현]에서부터 황하로 흘러 들어갔습니다. 오늘날(명나라, 이 책의 저자인 구준이 생존하던 명 중기를 말함.)에는 귀덕[歸德: 지금의 하남성 상구시(商丘市)]·숙주[宿州: 지금의 안휘(安徽)성 북부지역에 위치한 회하지역의 중심 도시이다.]·홍현[虹縣: 지금의 안휘성 오하현(五河縣)]·사주(泗州) 일대에는 변하의 옛날 제방이 여전히 남아 있지만, 강물은 오랫동안 말랐기 때문에 사수로 흘러 들어가 회수로 들어간다고 하는 일은 오늘날에는 다시는 없게 되었습니다.

그럼에도 한나라 이래 조운 길은 변하의 배들이 황하로 들어가는 것이라고 말하는 것은, (모든 물길이) 채하(蔡河)를 따라 사주를 거쳐 회수로 흘러 들어가지만 여량(呂梁)의 위험[13]이 운송 길을 막은 적이 없

---

12 사주(泗州): 지금의 강소성(江蘇省) 우이현(盱眙縣) 경내로, 이전에는 회하(淮河) 하류에 위치한 중요 도시였다.

13 여량(呂梁)의 위험: 여량은 지금의 산서(山西)성 중서부에 있는 여량시로, 이 지역의 서부에는 황토가 발달하여 이 지역을 흐르는 강에는 토사의 퇴적이 심했다. 따라서 여량의 위험은 곧 강에 토사가 쌓여 강바닥이 높아지거나, 심지어는 사주를 이룸으로써 강의 흐름을

었기 때문입니다. 다만 진(晉)나라의 사현(謝玄)¹⁴이 비수전투[肥水之役]¹⁵에서 제방을 쌓아 여량(呂梁)의 강물을 조운으로 이용하고자 하였는데, 이는 대개 여기에 고인 물[瀦水]을 차례로 사용한 것뿐이고 물자를 운송하는 것이 아니었습니다. 그런데 송나라 진종(眞宗, 998~1021) 시기에 조수륜(趙守倫)은 이와 같은 의견을 건의하였지만, 역시 여량의 (토사가 쌓이는) 위험함을 지나야 했기 때문에, 마침내 이를 폐지하였던 것입니다.

이로써 볼 때, 여량의 (토사가 쌓이는) 위험함에도 불구하고 이곳의 강을 이용하여 조운 길로 삼은 것은 우리 명나라에서 심수[沁水: 지금의 산서성 진성(晉城)시에 위치하고 있다.]를 끌어들여 사수(泗水)로 흘러 들어가게 한 것에서 시작되었는데, 이는 두 개의 넓은 강을[二洪]을 거쳐 아래로 기하[沂河: 회하(淮河)의 지류로 산동성 남부와 강소성 북부 사이에 위치한다.]에서 모이고 청구(淸口)에 이르러 회수로 모여 황하로 합쳐지게 되었습니다. 심수는 산서 심주(沁州)의 면산(綿山)에서 발원하였는데, 옛날에는 무척현(武陟縣)¹⁶에서부터 황하로 흘러 들어가고 황하를 따라

막는 것을 말한다.

14 사현(謝玄, 343~38): 동진의 저명한 관리이자 문학가로, 진군(陳郡) 양하[陽夏: 지금의 하남성 태강(太康) 출신이다. 자는 유도(幼度)로, 어릴 때 이름이 갈아(羯兒)였기 때문에, "사갈(謝羯)"이라고 부르기도 하였다. 청담을 좋아하여 장현지(張玄之)와 함께 "남북이현(南北二玄)"으로 불려졌다. 시호는 헌무(獻武)이다. 그는 특히 전진과 비수(肥水) 전투에서 동진의 군사를 이끌고 승리하여 명성이 높았다.

15 비수지역(肥水之役): 동진 태원(太元) 8년, 즉 전진(前秦) 건원(建元) 19년(383)에 부견(苻堅)의 전진 군사가 동진을 정벌하여 비수[지금의 안휘성 수현(壽縣)] 동남쪽에서 양국이 교전한 전투를 말한다. 그 결과 동진은 사현(謝玄)이 이끄는 8만 명의 군대가 전진의 80여 만의 대군을 무찌르며 대승하였다.

16 무척현(武陟縣): 지금의 하남성 초작시(焦作市)로, 황하의 북면 하안(河岸)에서 멀리 정주(鄭州)

바다에 도달했지만, 오늘날에는 황하의 남쪽으로 물줄기가 옮겨진 뒤로 심수는 별도로 무척현의 경계에서부터 동쪽으로 흘러 원무[原武: 지금의 하남성 신향(新鄉)시 원양(原陽)현]·상부(祥符: 지금의 하남성 개봉시)·귀덕(歸德) 등지를 거쳐 서주성(徐州城)에 이르러 동북으로 사수와 합쳐지는데, 이것이 오늘날의 운송 길이라고 하겠습니다.

臣按: 汴水入河之故跡, 自漢明帝時王景修汴渠而河與汴分流, 至晉安時劉裕伐秦, 彭城內史劉遵考將水軍出石門自汴入河, 隋煬帝自板渚引河歷滎澤入汴, 又自大梁之東引汴水入泗達於淮. 蓋汴河舊自滎陽縣東經開封府城內, 又東合蔡水, 東注泗州, 入於淮. 今蔡河湮沒不知所在, 而汴河則自中牟縣入於黃河. 今歸德·宿州·虹縣·泗州一帶, 汴河故堤尚有存者, 而河流久絕, 所謂入泗達淮者今無複有矣. 是則漢以來漕路所謂汴船入河者, 率由蔡河經泗州入於淮, 而呂梁之險未有以之爲運道者. 惟晉謝玄肥水之役堰呂梁水以利運漕, 蓋瀦水以漸用耳, 非通運也. 宋眞宗時趙守倫建此議, 又以歷呂梁險而竟罷. 由是觀之, 呂梁之險用之以爲漕路, 始自我朝引沁水以入於泗, 經二洪下會沂河, 至淸口以彙於淮·合於河. 沁水者源出山西沁州之綿山, 舊自武陟縣入於河, 隨河達海, 自河南徙之後, 沁水乃別自武陟縣界東流, 經原武·祥符·歸德等處至徐州城東北, 與泗水合, 以爲今運道云.

송나라 태종 옹희(雍熙, 984~987) 연간에 전운사 유번(劉璠)이 사하(沙河: 하

___

와 마주하며 바라보는 위치에 있다.

북성의 서북쪽에 위치)를 개통하여 회수가 (막히는) 위험을 피하게 하자고
건의하였는데, 그 이후에는 교유악(喬維嶽)[17]이 이를 이어서 운하를 개통
하여 초주(楚州)【초주는 지금의 회안부(淮安府)이다.】에서부터 회음[淮陰: 지금의 강
소성 회안부(淮安府)에 속한다.]에 이르기까지 모두 60리에서 배가 다니기에
편리하게 되었다.

雍熙中, 轉運使劉璠議開沙河以避淮水之險, 喬維嶽繼之, 開河自楚州【今淮
安府】至淮陰凡六十里, 舟行便之.

신은 이렇게 생각합니다. 사하(沙河)는 오늘날의 회안부(淮安府) 판삽
(板牐)과 신장(新莊) 일대가 바로 이곳입니다. 우리 명나라 영락 13년
(1415)에 평강백(平江伯) 진선(陳瑄)[18]이 배를 저어 회수를 아주 힘들게
거슬러 올라가 마침내 교유악(喬維嶽)이 열었던 옛날 운하 길을 찾는
한편, 청강포(淸江浦) 50여 리의 뱃길을 열어 네 개의 갑문을 설치하여
조운을 개통하였습니다. 또한 황하 연안 일대에는 제방을 설치하여

---

17 교유악(喬維嶽, 926~1001): 후주 남둔현[오늘날의 항성(項城)] 출신으로, 자는 백주(伯周)로 현덕
(顯德) 초의 진사로 고우(高郵) 통판(通判)과 회남전운사(淮南轉運使) 등을 역임하였다. 현덕 3년
(956)에 송나라에 자신의 봉토를 바치고 귀부(歸附)하여, 회남전운사에 올라 회하를 관리하
는 데 공로를 세웠다.

18 진선(陳瑄, 1365~1433): 명나라 사람으로 하북성 합비현(合肥縣: 지금의 합비시) 사람으로 자는
언순(彦純)이다. 그는 연왕 주체(朱棣)가 정강(靖難)의 변을 일으킬 때에 수사(水師)를 이끌고
연왕 주체(朱棣)에 투항하여 평강백(平江伯)에 봉해졌다. 이후에 그는 30여 년에 걸쳐 경항
(京杭) 대운하를 수축하고 관리하여 당시 조운을 완비하는 데 큰 공로를 세움으로써, 이후
명·청 시대 조운제도에도 영향을 끼쳤다.

강물이 흘러 나가는 것을 방지하여 물을 가두어 관개하는 밑천(근거)으로 삼고 (땅에서 솟아나는) 샘물을 끌어들여 강물이 마르는 것에 대비함으로써, 오늘날에 이르러서도 편리하게 되었습니다.

臣按: 沙河卽今淮安府板牐至新莊一帶是也. 本朝永樂十三年平江伯陳瑄因運舟泝淮險惡, 乃尋喬維嶽所開故道, 開淸江浦五十餘里, 置四牐以通漕. 又於沿河一帶增堰以防走泄, 蓄水以資灌注, 引泉以備乾涸, 至今以爲利.

송나라 휘종 중화(重和) 원년(1118)에 발운부사(發運副使) 류정준(柳庭俊)이 "(강소성에 위치한) 진주[眞州]·양주[揚州]·초주[楚州]·사주[泗州] 운하와 고우(高郵) 운하의 제방 연안에는 옛날에 두문(斗門: 바닷물이 들어오는 것을 방지하는 방죽)과 갑문[水牐] 79개가 있어서 물 흐름을 조절하였기 때문에, 평상시에는 물길이 평온하였는데, 최근에는 많이 손상되었습니다."라고 말하자, 이에 조서를 내려 이를 다시 복구하는 것을 검토하라고 하였다.

徽宗重和元年, 發運副使柳庭俊言; "眞·揚·楚及高郵運河堤岸, 舊有斗門水歃閘七十九座限節水勢, 常得其平, 比多損壞", 詔檢討複修.

신은 이렇게 생각합니다. 오늘날 운하 길은 의진(儀眞)에서 곧바로 노하(潞河)[19]에 도달하게 되는데, 이 가운데에는 가장 험한 곳이 두 곳 있어서 고우(高郵)호수의 제방과 서(徐)·여(呂) 두 개의 큰 강[二洪]이 바로 이것입니다. 그런데 두 개의 큰 강은 험한 지형이지만 그 지형이 정해진 형태여서 사람들이 그 힘을 써서 이용할 수 있습니다. 그런데 고우호수의 제방이 험한 것은 자연적인 것이기 때문에, 하늘(자연)이 늘 변하지 않으면 사람의 힘으로 어찌할 수 있는 것이 아니라 하더라도, 사람의 힘이 자연을 이길(극복할) 수 있는 것 또한 이러한 이치가 있을 것입니다. 오늘날 고우호수는 남쪽으로 항가취(杭家嘴)에서 시작하여 북으로는 장가구(張家溝)에 이르는 전체 길이 30여 리로, 당나라 이길보(李吉甫)[20]가 회남(淮南) 절도사를 지내고 있을 때, 호수의 동쪽에서 시작하여 남북에 이르기까지 평진(平津) 제방을 축조하여 수환(水患)에 대비하였고【이는 오늘날의 견로(牽路)이다.】, 송나라 시대에는 여기에 또한 두문(斗門)과 갑문을 설치하였습니다.

한편, 우리 명나라에서는 홍무 9년(1376)에는 지주(知州)인 조원(趙原)이라고 하는 사람이 처음으로 땅에 까는 우물 벽돌[甃]을 사각형의 큰 벽돌[磚]로 (두문이나 갑문을) 만들었고, 영락 19년(1421)에는 여기에 큰 벽돌을 넣어 만들었으며, 또한 경태(景泰) 5년(1454)에는 참죽나무[木椿]로 이를 보호하여 벽돌 기와를 튼실하게 함으로써 풍랑에 대비하였습니다.

이로써 강운(鋼運)[21]하는 대형 선박이 오르내리거나 배들이 왕래할

19　노하(潞河): 경항(京港) 운하의 최북단에 있는 운하로, 지금의 북경시 통주구(通州區)에 위치한다.

20　이길보(李吉甫, 758~814): 당나라의 저명한 정치가이자 학자로 조군[趙郡: 지금의 화북성 조현(趙縣)] 출신이다. 자는 홍헌(弘憲)이다. 저서로는 그가 편찬한 《원화군현도지(元和郡縣圖志)》가 잘 알려져 있다. 이 책은 중국에서 가장 오래된 방지(方志)로, 이 책 40권에는 헌종 8년(813) 이전의 전국 각 지방의 역사와 지리, 그리고 관련 지도를 담고 있다.

21　강운(鋼運): 당나라 대종(代宗) 광덕(廣德) 2년(764)에 유안(劉晏)이 시작한 방법으로, 관에서

때, 운하 제방의 연안에 있는 행인들이 이(두문이나 갑문)를 100장(丈) 높이로 끌어올립니다. 때마침 하늘빛이 쾌청하고 맑으며 바람 또한 잔잔하여 풍랑이 고요하면, 마치 거울 속을 들여다보는 것 같지만, 일단 서풍이 세게 불면 파도가 사납게 일어나서 한순간에 돛대와 삿대가 기울어져 배가 침몰하게 되니, 이때 사람과 물건이 물에 빠져 없어지는 것이 셀 수 없을 정도입니다. 따라서 이에 대한 대책(방안)을 강구하는 사람들은 흔히 이전의 제방 이외에도 호숫가의 옆에 별도로 긴 제방을 만들자고 함에 따라, 이전의 제방 1~2십 장(丈)을 없애도록 하고, 그(제방) 아래에는 철로 만든 가마를 엎어서 기초를 다지고 그 옆에는 대죽나무를 심어 제방의 힘을 단단하게 하는 한편, 그 가운데 있는 흙을 준설하여 그 사이를 채우는 동시에 벽돌을 사용하여 섬돌을 둘러쌓되, 하나같이 이전의 제방처럼 합니다. 그리고 그 가운데에 있는 물을 빼는 이전의 수문 3개를 물이 흐를 수 있는 다리 구멍으로 바꿔 만들고 호수를 이 안으로 끌어들여 배가 드나들 수 있게 하고, 또한 바깥 제방에서도 여전히 물을 줄일 수 있는 수문을 만들어 물 흐름[水勢]를 조절하게 합니다.

이와 같이 하면 사람의 힘이 족히 자연을 이길 수 있어서, 비록 자연이 아주 빠르게 변한다고 하더라도 (이처럼) 사람들은 이를 시행하는 방안을 만들어 관의 물품이 손실되는 것을 줄이고 사람의 목숨이 끊어지는 것을 면할 수 있으니, 그 이익이 실질적일 뿐 아니라 또한

양곡 1천 섬을 실을 수 있는 대형 선박 2천 척을 제조하여 공급하는 한편, 운송 선박 10척을 강(綱)이라 하여 운송을 담당하는 인부 300명과 배를 운항하는 사공 50명을 두었다. 이처럼 관에서 조운을 담당하는 동시에, 강을 단위로 조운하는 방법을 강운이라 하였다.

결코 작은 것이 아닙니다.

臣按: 今日運道自儀眞直抵潞河, 其間最險者有二所, 高郵湖堤及徐·
呂二洪是也. 然二洪之險地也, 地有定形, 人可以用其力, 湖堤之險則
天也, 天無常變, 雖若非人力可爲, 然人力勝天亦有此理. 惟今高郵之
湖, 南起杭家嘴·北至張家溝共三十餘里, 唐李吉甫爲淮南節度使, 始
於湖之東直南北築平津堰以防水患【卽今牽路】), 在宋時又有斗門·水閘.
我朝洪武九年知州趙原者始甃以磚, 永樂十九年加以磚之大者, 景泰五
年又護以木椿·實以磚土以備風浪. 綱運之上下·舟楫之往來, 皆沿堤
行人以牽百丈, 方其天色晴霽·風恬浪靜, 如行鏡中, 然一遇西風驟起,
波濤洶湧, 頃刻之間檣楫傾沈·人物淪亡不可勝計. 建計者往往欲於舊
堤之外·河泊之旁別爲長堤一帶, 約去舊堤一二十丈許, 下覆鐵釜以定
其基, 旁樹木椿以固其勢, 就浚其中之土以實之, 用磚包砌, 一如舊堤.
其中舊有減水牐三座, 就用改作通水橋洞, 引湖水於內以行舟楫, 仍於
外堤造減水牐以節水勢. 如此, 則人力足以勝天, 天雖有迅之變, 人則
有持循之方, 省官物之失陷·免人命之死亡, 其爲利益實亦非小.

《원사(元史) 식화지(食貨志)》에서 말하였다.

원나라가 수도를 연(燕: 지금의 북경)에 정함에 따라 강남 지역에서 아주
멀었지만 번잡한 여러 관아와 부서, 수많은 방위 군사들과 편성된 백성
들은 강남에서 공급하는 물자에 의존하지 않는 것이 없었다. 이로써 파
연(巴延)이 해운을 건의한 이후부터 강남의 양곡을 봄과 가을로 나누어 운
송하게 되었는데, 경사에 운송한 양곡은 대체로 한 해에 많아야 3백만여

섬이었다. 이에 따라 백성들은 수레로 운송하는 (육운의) 노고가 없게 되었을 뿐 아니라, 나라에는 쌓아 둔 양곡이 풍요롭게 되었으니, 어찌 일대의 양법(良法)이 아니겠는가?

《元史·食貨志》: 元都於燕, 去江南極遠, 而百司庶府之繁·衛士編民之衆, 無不仰給於江南. 自巴延獻海運之言, 而江南之糧分爲春夏二運, 蓋至於京師者歲多至三百萬餘石. 民無挽輪之勞, 國有儲蓄之富, 豈非一代良法歟?

　　호장유(胡長孺)[22]가 말하였다.

　　"항주[杭州: 지금의 절강(浙江)성의 항주로 경항(京杭) 운하의 최남단]·오주[吳州: 지금의 강소(江蘇)성 소주(蘇州)이다.]·명주[明州: 지금의 절강성 영파(寧波)이다.]·월주[越州: 지금의 절강성 소흥(紹興)이다.]·양주(揚州: 지금의 강소성 양주)·초주[楚州: 지금의 강소성 회안(淮安)이다.]·유주[幽州: 지금의 하북(河北)성 북부와 요녕(遼寧)성 일부 지역 북경과 조양(朝陽)시 일대]·계주[薊州: 지금의 산동(山東)성 천진(天津)이다.]·내주[萊州: 지금의 산동성 내주(萊州)·내서(萊西) 일대]·밀주[密州: 지금의 산동성 청도(靑島) 일대]는 모두 큰 바다 연안에 위치하고 있기 때문에, 강과 바다에서 배가 다니며 서로 이어질 수 있다. 이때 강물은 굽이굽이 이어진 산을 돌아 바다 입구에 다다르면 강물

---

22 호장유(胡長孺, 1240~1314): 송나라 무주(婺州) 영강(永康: 지금의 절강성 영강) 출신으로, 자는 급중(汲仲), 호는 석당(石塘)이다. 그는 원나라 지원(至元) 25년(1288)에 한림원 수찬에 올랐다. 이후에 병으로 관직에서 물러나 항주(杭州)의 호림산(虎林山)에 은거하면서 저술에 전념하였다. 그의 저서로는 《와부편(瓦缶編)》, 《남창집(南昌集)》, 《영해만초(寧海漫抄)》, 《안락재고(顔樂齋稿)》 등이 있다.

에는 회수의 진흙과 양자강의 모래를 쌓으면서 끝이 없이 길게 흐르고, 또한 바다로 항해할 때에는 장대로 그(바다의) 깊이가 얕은지 깊은지를 측정하고, 이것이 얕으면 모서리를 생기게 하는데[生角], 이를 모서리를 제어 본다[料角]라고 하여 배가 넘어갈 수 없으며, 회수에서 바다로 들어올 때에도 여러 모래톱[州]을 만나게 되는데, 이를 일러 사주[沙洲]라고 한다.

일찍이 주청(朱淸)[23]이라고 하는 사람은 해변가에서 일하는 품팔이로서, 사민(沙民: 모래밭에서 경작하는 백성) 양씨(楊氏) 집에서 사람을 죽여 긴급하게 체포되는 것을 피해 달아나 배를 끌고 동쪽으로 3일 동안 항해하여 밤에 사문도(沙門島)[24]에 도착할 수 있었다. 여기에서 또한 동북쪽으로 (항해하여) 고구려의 하구를 지나서 문등(文登)·이유(夷維)산 등 여러 산들을 마주치고(보고), 또다시 북쪽으로 항해하여 연산(燕山)과 갈석(碣石)을 보게 되었다. 이렇게 왕래할 때에 만약 풍랑이 여귀(與鬼)[25]처럼 사납게 되면, 그 형체와 흔적조차 찾을 수 없기 때문에, 조

---

23 주청(朱淸): 남송 말의 사람으로, 장선(張瑄) 등과 함께 양자강 하구에 있는 도서인 숭명도(崇明島)를 근거로 해적활동을 하면서, 사염을 팔아 많은 부를 축적하여 그 무리가 1천~수천 명에 달하기도 하였다. 원나라가 중국을 지배하고 쿠빌라이 칸 시대에는 이 지역을 공략하고자 하자 지원(至元) 13년(1276)에 원나라에 귀순하여 관직에 오르는 한편, 해운법 시행을 건의하였다.

24 사문도(沙門島): 옛날에는 사묘(祀廟)가 있었던 군도였기 때문에, 사문도[沙門(즉 샤먼)島]라고 불렸다. 지금의 장산열도(長山列島)로서, 장도(長島)라고도 불리며, 산동성 연태시(烟台市)에 속해 있다. 이 섬은 발해(渤海)와 황해가 만나는 지점으로, 교동(膠東)반도와 요동반도 사이에 위치하고 있으며, 약 32개의 작은 섬으로 구성되어 있다. 이곳은 특히 풍경이 수려하고, 이곳에 있는 현덕궁(顯德宮)은 중국 북방 최대의 마조묘(媽祖廟)이다.

25 여귀(與鬼): 주작의 눈에 해당하는 귀(鬼) 수는 게자리에 해당되는 별로, 거해궁(巨蟹宮)이라고도 한다. 이 거해궁은 일명 여귀(與鬼)라고도 하는데, 귀신이 탄 가마, 즉 상여를 의미한

금이라도 태만하게 되면 곧 다시 되돌아와 죽기를 각오하고 15~6일을 걸려 돌아왔다.

개인적으로 생각하기에, 남북의 바닷길은 이처럼 그 경로가 정해져 있을 뿐만 아니라, 또한 물이 얕은 모서리를 만나지 않았는데, 이러한 해로의 장점을 알게 된 후로는 (바다에서 활동하는) 오랑캐를 불러들여 바다를 방비하는 의로운 백성[義民][26]으로 삼았다. 이에 따라 (원나라 시대의 해적이었던) 주청(朱淸)이 그의 무리인 장선(張瑄)[27]과 함께 (귀순하여 원나라의 재상을 따라) 황제를 알현하여 금부(金符: 관직에 오르는 관원에게 그 권한을 맡기는 금으로 도금한 황제의 징표)와 천호(千戶)직을 받게 되었고, 이들은 마침내 바다를 통한 조운(해운) 방법을 건의하여 이를 시행하자 아주 편리하게 됨으로써, 마침내 해운이 흥하게 되었다."

胡長孺曰: "杭·吳·明·越·揚·楚·幽·薊·萊·密俱岸大海, 舟航可通相傳. 朐山海門水中流, 積淮淤江沙, 其長無際, 浮海者以竿料淺深, 此淺生角曰料角, 不可度越, 淮江入海之交多洲, 號爲沙. 朱淸者嘗傭海濱, 沙民楊氏家殺人亡命捕急, 輒引舟東行三日, 夜得沙門島, 又東北過高句麗水口, 見文登·夷維諸山, 又北見燕山與碣石. 往來若風與鬼, 形跡不可得, 稍息則複來亡慮十五六往返. 私念南北海道此固徑且不逢

다. 따라서 이 귀(鬼) 수 안에는 적시기(積尸氣), 즉 시체가 쌓인 나쁜 기운을 의미한다.

26 의로운 백성[義民]: 저본에서 민의(民義)는 의민(義民)이 착간된 것으로 보인다.

27 장선(張瑄,(?~1302): 원나라 사람으로 가정(嘉定) 출신이다. 그는 젊었을 때부터 주청(朱淸)과 함께 사염을 파는 해적이었는데, 이후에 원나라에 귀순하였다. 이에 따라 원나라 세조 지원(至元) 22년(1285)에 이들은 조정에 양곡 운송을 위해 해운법을 건의하여 매년 수도인 대도(大都)에 강회(江淮) 지방의 양곡 300만여 섬을 운송하였다. 이후에 그는 당시 권귀(權貴)들의 시기와 질투로 인해 체포되어 피살되었다.

淺角, 識之後就招懷爲防海義民, 淸與其徒張瑄隨宰相入見, 受金符千

戶, 遂言海漕事, 試之良便, 遂興海運."

우집(虞集)[28]이 말하였다.

"지원(至元) 12년(1275)에 이미 남송을 평정함에 따라 강남의 세량(양

곡)을 운송하기 시작하였으나 하운(河運: 운하로 조운하는 것)이 편리하

지 않았기 때문에, 지원(至元) 29년(1292)에는 파연(巴延: 원나라의 칸을 지

칭)의 말에 따라 처음으로 바닷길을 개통하여 조운이 직고(直沽: 일명 潞

라고도 하고, 지금의 북운하이다.) 운하에 이르러 경성으로 도달하는 한

편, 운량만호부(運糧萬戶府) 세 곳을 설치하여 남인(南人: 몽고에서 남방 출

신의 한인을 지칭하는 말이다.)인 주청(朱淸)·장선(張瑄)·나벽(羅璧)[29]이 이

를 담당하였다. 처음에는 한 해에 4만여 섬을 운송하였고, 이후에는

점점 증가하여 3백만여 섬에 달하게 되자 봄과 가을 두 분기로 나누

어 운송하였다. 이때 배가 운행할 때 바람에 순조롭게 의지하게 되

---

28 우집(虞集, 1272~1348): 원나라의 문학자로 인수(仁壽: 지금의 사천성에 위치) 출신이다. 자는
백생(伯生), 호는 한정노리(漢廷老吏)이며, 소암선생(邵庵先生)으로 불린다. 남송의 승상 우윤
문(虞允文)의 5대 손으로, 송이 멸망하자 임천(臨川) 숭인(崇仁: 지금의 강서성)에 이주하여 살
았다. 어릴 때부터 모친에게 구전으로 《논어》, 《맹자》, 《좌전》 등을 배웠고, 원나라 성종
대덕(大德) 원년(1297)에 대도로(大都路) 유학교수(儒學敎授)를 거쳐 인종 시대에는 집현수찬
(集賢修撰), 문종 때에는 규장각시서학사(奎章閣侍書學士)를 지냈다. 특히 그는 시문에 능하여
유관(柳貫)·황진(黃溍)·게혜사(揭傒斯)와 더불어 '원시(元詩) 4대가(四大家)'로 불린다.

29 나벽(羅璧, ?~1279?): 남송 말 원나라 초기의 사람으로 평강(平江) 출신이다. 자는 지창(子蒼),
호는 묵경(默耕)으로, 남송이 멸망하자 출사하지 않고 은거하였다. 저서로는 《나씨식유(羅
氏識遺)》[일명 《식유(識遺)》]가 있다.

면, 때로는 절서(浙西)에서부터 열흘도 채 되지 않아 경사에 도달할 수 있었기 때문에, 내외의 관아와 대소 관원들과 선비들, 그리고 백성들에게 이르기까지 이(해운)에 의한 물자 공급에 의지하지(쳐다보지) 않는 것이 없게 되었다."

虞集曰: "至元十二年旣平宋, 始運江南糧, 以河運弗便, 至元二十九年用巴延言, 初通海道, 漕運抵直沽以達京城, 立運糧萬戶府三, 以南人朱淸·張瑄·羅璧爲之. 初歲運四萬餘石, 後累增及三百餘萬石, 春夏分二運至. 舟行風信, 有時自浙西不旬日而達於京師, 內外官府·大小吏士至於細民無不仰給於此."

신은 이렇게 생각합니다. 해운 방법은 진(秦)나라 때에 이미 있었고, 당나라 사람들도 또한 동오[東吳: 지금의 강소(江蘇)성 동남 일대] 지역의 메벼를 (해운으로) 운송하여 유연[幽燕: 지금의 하북(河北)성 북부 일대]지방에 공급하였지만【이는 당나라 두보(杜甫)의 시에 보입니다.】, 단지 변방지방에 (물자를) 공급하는 데 사용할 뿐이고, 해운을 사용하여 나라를 풍족하게 한 것은 원나라에서 시작되었습니다. 원나라 초에 칸[巴延]이 남송을 평정하고 장선(張瑄) 등에게 명하여 송나라 지도를 통해 숭명[崇明: 양자강 하구의 사주(沙洲) 섬으로 지금의 상해에 소속되어 있다.]에서 해로를 거쳐 경사에 들어오도록 하는 한편, 지원(至元) 19년(1282)에는 해운법을 처음으로 건의함으로써, 나벽(羅璧) 등에게 밑이 평평한 바다용 선박을 만들어 세량(양곡)을 운송하게 함으로써, 바닷길을 따라 직고(直沽) 운하에 도달하였습니다. 그런데 이때에는 이 가운데 여전히 난하

(灤河)[30] 운하 운송도 있어서 전적으로 바닷길만은 아니었습니다.【원나라 초의 양곡 운송 길은 양자강에서 회수로 들어가고, 또한 황하에서 봉구현(封丘縣) 중한한참[中灤站: 지금의 하북(河北)성 승덕시(承德市)에 위치함.]에 이르면 육운으로 준현[濬縣: 지금의 하북성 북부의 학벽시(鶴壁市)에 위치함.]과 기문(淇門)에 도달하기까지 모두 180리이고, 그리고 어하[御河: 지금의 산서(山西)성 대동시(大同市) 부근에 위치한 큰 강으로 들어갑니다.】 그리고 지원 28년(1291)에는 도조운만호부(都漕運萬戶府)를 세워 한 해의 조운을 감독하게 하여, 대중(大中)에 이르면 강회(江淮)와 절강(浙江) 지방의 재정과 조세를 담당하는 관청[財賦府]에서 해마다 거둬들인 세량을 운송선에 채우고, 이곳에서부터는 연말까지 전적으로 해운에 의지합니다.

해운 길은 원나라 초에는 평강(平江) 유가항(柳家港)【오늘날의 소주(蘇州府) 곤산현(崑山縣)에 있는 태창(太倉)이다.】에서부터 바다로 들어가 해문현[海門縣: 양주부(揚州府: 지금의 강소성에 위치)에 속한 현]의 경계에 이르면 바다가 열리고 여기서 한 달여 항해해 가면 비로소 성산[成山: 지금의 산동성 청도시(靑島市) 부근 교주만(膠州灣)의 끝자락을 지칭함.]에 도달하는데, 그 물길의 여정을 계산해 보면 상해(上海)에서부터 양촌[楊村: 지금의 천진시(天津市) 무청(武淸區)에 위치] 부두까지 모두 1만 3천 350리에 달합니다. 또한 (원나라) 마지막 천호(千戶)인 은명략(殷明略)이란 사람은 또한 새로운 길을 열어 유가항에서 숭명주(崇明州) 삼사(三沙)에 이르러 바다로 나가고,

---

30 난하(灤河): 화북 지방에서 바다로 직접 들어가는 강이다. 이 강은 하북성의 북부에서 발원하여 일명 열하로 칭하는 승덕시(承德市) 경내의 만주족 자치지역을 지나 북으로 내몽고 자치구를 흐르는 섬전하(閃電河)와 동남쪽을 급하게 돌아 하북성의 동북부로 흘러 이곳에서 다시 동남쪽으로 계속 흘러 발해로 들어간다. 이 강의 지류로는 무열하(武烈河), 청룡하(靑龍河)가 있다.

동쪽으로 가서 흑수(黑水)의 큰 바다로 들어가 성산(成山)에 들러 여기서 다시 돌아서 서쪽으로 유가도[劉家島: 지금의 산동성 위해(威海) 부근이다.]에 이르고, 또한 등주(登州: 지금의 산동반도의 동쪽 끝에 위치)의 사문도에 이르러 내주(萊州: 지금의 산동성에 있고 발해 내주만 동쪽 연안에 위치) 큰 바다에서 황하의 경계에 들어갑니다. 이때 배들이 바람을 잘 타고 가면, 때로는 절서(浙西)에서 경사까지 도달하는데 불과 열흘이 걸릴 뿐입니다. 따라서 이(해운)를 주장(말)하는 사람은, 해운은 비록 바람과 파도로 인해 물에 표류하거나 빠지는 우려가 있기는 하지만, 운하에 의한 조운 비용과 (비교하여) 살펴볼 때, 대체로 그 얻는 바가 많다고 하였던 것입니다. 따라서 원나라가 끝날 때까지 해운은 폐지하지 않았습니다.

우리 명나라에서는 홍무 30년(1397)에 세량(양곡) 70만 섬을 해운으로 운송하여 요동의 군비로 공급하였고, 영락 초에는 70만 섬을 해운으로 운송하여 경사에 이르게 하였으며, 또한 영락 13년(1415)에 이르러서는 회통하(會通河)[31]가 편리하게 개통됨에 따라 비로소 해운이 폐지되었다.

신이 《원사(元史) 식화지(食貨志)》을 고찰해 보면, 해운을 주장하는 사람들이 이르기를, "백성들이 수레를 끌어 운송하는 수고가 없게 되

---

31 회통하(會通河): 원나라가 수도를 북경에 정함에 따라 남방 지역의 양곡을 수도로 편리하게 운송하기 위해, 종전의 운하 길의 불편함을 보완하여 산동성의 임청(臨淸)의 회통현과 어하(御河, 일명 衛河)를 잇는 운하를 만들었는데, 이를 회통하라고 한다. 이후 영락제는 북경 천도를 계획하여 북경으로의 원활한 물자 수송과 양곡 공급을 위해 공부상서인 송례(宋禮)에 명하여 이 운하를 대대적으로 준설하고 수리함으로써, 회통하는 경항(京杭) 대운하의 핵심적인 동맥으로 자리하게 되었다. 이처럼 회통하의 개통으로 인해 남북의 물자 유통이 원활하게 됨에 따라, 지금까지 시행되었던 해운은 폐지되기에 이르렀다.

고, 또한 나라에는 쌓인 양곡이 풍요롭다."고 하면서, 이를 한 시대의
좋은 방안이라고 하였습니다. 또한 말하기를, "해운은 운하로 조운하
는 수량과 (비교하여) 살펴볼 때, 해운에서 실을 수 있는 수량이 대체
로 더 많다."라고도 합니다. 그런데 《원사》를 지은 사람은 모두 명나
라 초기의 사신(史臣)들입니다. 이 사람들은 모두 나라가 (전쟁에서) 승
리할 때 태어나 성장하였고, 또한 해운의 장점(이로움)을 익숙하게 보
아왔기 때문이지만, 그 주장하는 바에 근거가 있는 것은 아닙니다.

　신이 감히 말씀드리면, 예부터 조운이 이루어지는 길은 세 가지 방
법이 있으니, 육로와 강, 그리고 바다입니다. 육운은 수레로, 수운은
배로 운송하여, 이 모두는 사람들의 힘에 의존하기 때문에 운송량의
많고 적음에 따라 그 비용이 많거나 줄일 수 있습니다. 그런데 강으
로 조운하는 것을 육운의 경비와 (비교해) 살펴보면, 10분의 3~4가 절
약되고, 또한 해운을 육운의 경비와 비교해 살펴보면, 10분의 7~8이
절약됩니다. 대개 운하로 조운하는 것은 비록 육지로 가는 것을 면할
수 있지만, 사람이 배를 끌어야 한다는 것은 옛날과 같고, 해운은 비
록 바다에 표류하고 빠질 위험이 있지만, 배를 끄는 수고를 줄일 수
있을 뿐 아니라, 또한 그 이로움과 손해를 비교해 보면 해운이 대체
로 역시 괜찮은 편입니다. 그런데 오늘날에는 운하로 조운하는 것이
(막힘이 없이) 잘 통하게 되어 해마다 운송한 양곡이 충분히 쌓였기 때
문에, 실제로는 해운에 의지하지 않게 되었습니다. 그러나 나라를 잘
도모(관리)하고자 하는 사람은 늘 일이 일어나기 전에 만일의 일을 근
심하여, 차라리 지나치게 근심하는 한이 있더라도 (막상) 일이 닥칠
때 이에 대비하지 못해서 후회하지 않도록 해야 합니다.

　오늘날 명나라의 수도는 북경[燕]으로 이곳은 대체로 아주 북쪽에

있는 지역이고, 조세의 수입은 모두 동남지역에서 들어옵니다. 이때 회통(會通) 운하는 인체에 비유하자면 목구멍에 해당되기 때문에, 하루라도 먹을 것이 목구멍으로 내려가지 않으면 사망하게 되는 화가 있게 됩니다. 하물며 옛날부터 (이곳의) 조운은 모두 전반(轉般: 목적지까지 직접 운송하는 것이 아니라 일정한 거리만을 운송하는 것을 말함.)으로 운송하고 소금을 인부의 고용 경비로 삼았는데, 오늘날에는 전적으로 병졸에게 조운 역을 담당하게 하여 장운(長運: 직접 조운의 목적지까지 운송하는 것을 말함.)하게 하는 동시에, 게다가 물자를 교환하는 데 소모되는 비용까지 부가하였으니, 비록 해마다 늘 운송하여 비축하는 양곡은 많았지만 징발된 병졸은 날로 적어지게 되니, 실제로 식량은 풍족하지만 병졸이 부족한 것은 어찌된 일이겠습니까?

어리석은 선비인 저는 지나칠 정도로 멀리 근심하여 청하오니, 아무 일이 없는 가을에 원나라 시기의 해운의 옛길을 찾아 별도의 해운 길을 하나 더 개통하여, 이를 운하의 조운과 병행하도록 하십시오. 이로써 강서(江西)·호광(湖廣)·강동(江東)의 양곡[稅糧]은 옛날 운하를 통해 조운하고, 절서(浙西)의 동쪽 바닷가 일대【절강포정사와 상주(常州)·소주(蘇州)·송강(松江)이다.】는 바다를 통해 운송하게 함으로써, 사람들에게 (이곳의) 바닷길을 익히게 하여 일단 운하 길이 조금이라도 정체되고 막히게 되면, 이곳으로 오지 못하면 다른 바닷길로 올 수 있게 되니, 이 역시 어려움을 예방하는 선수[先計]일 것입니다.

신은 집안이 바닷가에 살아 바다를 항해하는 선박의 편리함을 상당히 잘 알아서, 배가 바다를 항해할 때는 바다가 깊은 것을 무서워하는 것이 아니라 얕은 것을 두려워하고, 또한 바람을 염려하는 것이 아니라 암초를 염려합니다. 그러므로 선박을 제조할 때에는 반드시 선박 밑을 뾰족하게 만들고 배의 머리와 꼬리에는 모두 키를 설치하여, 설사 폭풍을 만나서 돛이 휘어져 어렵게 되더라도 급히 배의 꼬리 키를 뱃머리 방향으로 돌려 배가 가는 방향대로 나아가게 합니다. 또한 폭풍이 일어나는 것은 한여름에 많기 때문에 이제부터는 모두 정월 이후에 배를 띄우되, 긴 장대를 두어 배의 바닥을 살피고[料角] 나침판으로 방향을 정하는데, 이는 하나같이 오랑캐의 배[蕃船]의 방법과 같이 합니다.

무릇 해운의 이로움[海運之制]³²은 바다로 나가는 데 있지만, 그 위험 역시 바다로 나가는 것에 있습니다. 따라서 오늘날에는 바다로 나가는 위험을 없애고자 마땅히 바닷길을 익히 알고 있는 사람을 파견하는데, 소주의 유가항에서 출발하여 그 인근 바다의 주민들과 고기를 잡는 어호(漁戶), 그리고 소금을 굽는 조정(竈丁) 등을 방문하여 이들을 징발하여 보내 일차적으로 바다에 있는 절벽을 답사하여 살피는 한편, 배가 다니는 길에 갑자기 움푹 들어가는 곳[瀆道]이 있는지의 유무, 그리고 배가 정박하는 항구의 닻과 그곳에 모래가 많은지 적은지 여부, 물가가 멀리 있는지 가까이 있는지 등에 대해 직접 체험하게 함으로써, 그 상세한 사정을 통해 방안을 만들되, 통할 수 있는 것은 통하게 하고 막을 수 있는 것은 막으며, 피할 수 있는 것은 피하게 하여 이를 지도에 그려 책자로 만들어 이를 바다를 통해 운송하는 근거로 삼되, 만약 이것이 시행할 만한 것이라면, 이 또한 아주 편리할 것입니다.

---

32 해운의 이로움[海運之制]: 저본의 해운지제(海運之制)는 해운지리(海運之利)로, 제(制)는 이후 수정 판본과 해석을 고려해 볼 때, 이(利)의 오자로 보인다.

한편, 바람에 대해 점을 쳐서 살핀다는 견해는 심씨의 《필담(筆談)》에서 보입니다. (여기에서는) 매일 북이 다섯 번 울리는 새벽에 일어나 별과 달이 밝고 깨끗하여 사방이 땅에 이르기까지 모두 구름 기운이 전혀 없으면 곧 배가 항해할 수 있고, 사시(巳時: 오전 9~11시이다.)에 이르러 항해를 중단하게 되면, 곧 폭풍을 만나지 않게 된다는 것입니다. 그런데 중도에 갑자기 구름 기운이 보이면 즉시 배의 키를 돌려 회항하여, 이전처럼 그 장소에 그대로 정박하는데, 이렇게 하면 만전을 기할 수 있을 뿐만 아니라 영원히 물(바다)에 빠지는 위험이 없을 것이라는 것입니다.

신이 말씀드리는 것이 채택할 만하다고 생각하신다면, 비옵건대 이를 먼저 복건과 광동[閩廣]의 두 울타리 지방[二藩]에 시행하되, 이곳에서 이전의 회통 운하와 외국인과 교통하며 항해한 사람【자수하는 것을 허락하고 그의 원래의 죄를 면하도록 합니다.】을 탐문하여 찾아내는 한편, 또한 광동염과제거사(廣東鹽課提擧司: 광동에 설치된 염세를 징수하고 관리하는 관청)의 귀덕(歸德) 등의 염장에서는 허가증을 받아 선박을 운항할 수 있는 조정(竈丁)을 징발하여 각 유사에게 명하여 이들에게 우선적으로 나루터에 파견하도록 합니다. 그리고 이들이 이곳에 도달하면, 그중에서 바닷길의 사정을 잘 아는 사람을 탐문하여 바닷길에 관한 일을 맡겨 이 일을 달성하면 관에서는 상을 내리고 그 일을 담당하게 합니다. 그리고 또한 이들에게 바다를 항해하는 선박의 모양대로 운송선을 만들게 하는 한편, 그 용기들이 선박을 사용하는 데 부합되면 곧바로 관아에게 맡겨 이들을 감독하여 거느리고, 소주에서 출발하여 양주(揚州)·회주(淮州)·청주(靑州)·등주(登州) 등의 부(府)를 거쳐 직고(直沽)에 도달하여 이곳 해변의 바다로 가서 그곳이 항해할 수 있는

지의 여부를 답사하게 합니다. 이때 먼저 운송선 10여 척을 완성하여 항해사를 함께 붙여 주고 월량(月糧: 월급과 같이 매달 지급하는 식량)을 지급하여 파견하되, 바다를 따라 항해하면서 경과하는 정박처와 배가 이르게 되는 곳을 살펴서, 산으로 된 섬과 항구로 들어가는 길[港汊] 등을 표지로 삼아 이곳을 방문하여 어느 주와 현인지를 일일이 기록하여 도책(圖冊)으로 만들고, 이를 따라 십여 차례 왕래하게 하면 이미 다니는 데 익숙하게 됨으로써, 이 길을 따라 확실하게 운행해도 의심할 것이 없게 될 것입니다. 이렇게 한 후에 곤산(崑山)과 태창(太倉)에서 조선창고를 열되, 공부(工部)에서는 원래대로 기본적인 재료를 보내면 차관(差官)은 이를 받아 (조선창고에) 보관해 두었다가, 배의 견본에 따라 해운을 위한 배 밑이 뾰족한 선박을 만들되, 한 척의 선박에 필요한 병졸 인부 수와 적재량을 정합니다.

대체로 바다용 선박과 운하용(강의) 배는 같지 않는데, 운하용 배는 (바닥이) 얕은 것은 안 되고 또한 가벼워야 하는 데 비해, 바다용 선박은 표주박처럼 둥근 것은 안 되고 또한 무거워야 합니다.

그리고 만약 선박 한 척당 800섬을 싣는다고 한다면, 1천 섬을 적재할 수 있는 선박을 만들어 그 나머지 200섬을 사적인 화물을 실을 수 있되, 3년 뒤에 이를 운송하는 병졸에게는 자신이 적재한 물품의 30분의 1세를, 그리고 객상(客商: 한 곳에 머물지 않고 생산지와 소비지를 왕래하는 상인을 말한다.)이 덧붙여 적재한 화물의 경우는 상세의 상례(常例)에 따라 부과하도록 합니다. 이때 직고(直沽)에는 선과사[宣課司: 명청시대 세과(稅課)를 관장하는 관청]를 두어 여기서 거둔 세를 받아 비축하였다가 해마다 조선(造船)에 필요한 재료의 경비로 삼게 합니다. 뿐만 아니라, 양곡(세량)은 이미 해운을 통해 운송되었기 때문에 각비(脚費: 운송비를 뜻함.)는 운하 조운에 비해 절약되고, 물자를 바꾸는 데 필요한 소모 경비도 마땅히 적재량에 따라 감축될 것입니다. 즉 바다용 선박에는 한 번에 1천 섬을 적재할 수 있는데, 이는 하운의 배가 적재하는 양의 대략 3배에 달하고, 또한 하운의 배가 운송 병졸 10명을 사용한 다면, 해운 선박은 여기에서 5명이 더 필요하거나(즉 15명) 또는 두 배 (20명)가 필요하게 됨으로써, 조운하는 병졸 또한 옛날에 비해 절약되는 셈입니다. 그러므로 이는 비단 나라의 경비를 풍족하게 하는 것뿐만 아니라, 이로써 경성(京城)에 여러 물자가 풍부하게 모여들어 관청이나 개인을 모두 풍족하게 할 것입니다.

송나라 《주자문집(朱子文集)》을 고찰해 보면, 그의 상소문[奏箚]에서 말하기를, "광동의 해로는 절동에 이르러 가까워지는데 , 이로 인해 마땅히 복건과 광동 연해에서는 가는 곳마다 쌀을 파는 객상을 불러 모으고 있다."고 하였다. 또한 《원사(元史)》에는 "원나라 순제(順帝) 말년에 산동과 하남의 조운 길이 잘 통하지 않자 나라의 경비가 여의치 않음에 따라, 지정(至正) 19년(1359)에 이를 논의하여 호부상서 공사태 (貢師泰)³³를 복건 지방으로 파견하여 이곳의 민염(閩鹽: 복건에서 생산되는 소금)으로써 양곡을 바꾸어 경사에 공급하도록 하였는데, 이로써 수십 만 섬을 얻을 수 있게 되어 경사(京師)가 이에 의지하게 되었다."

---

33 공사태(貢師泰, 1298~1362): 원나라 영국부(寧國府) 선성(宣城) 사람으로, 자는 태보(泰甫), 호는 완재(玩齋)이다. 순종(順宗) 지정(至正) 14년(1354) 이부시랑(吏部侍郎)에 올라, 당시 강회(江淮) 지역의 전란으로 경사(京師)에 식량이 부족해지자, 그는 절서(浙西)로 가 곡식 백만 석을 구입해 경사에 공급하는 조운에 공로를 세웠다. 또한 지정 20년(1360)에는 호부상서(戶部尙書) 가 되어 민(閩) 지방의 소금을 식량으로 교환해 해로를 통해 경사에 공급하기도 했다. 또한 그는 당시의 저명한 학자 오징(吳澄, 1249~1333)에게 수학하여 오징의 학문을 전파하는 데 촉진제 역할을 했다. 대표적인 저서로는 《완재집(玩齋集)》이 있다.

고 하였습니다. 그 이후에 진우정(陳友定)[34] 역시 "복건 지역에서 해운으로 공물을 바치는 것이 끊이지 않았다."고 하였습니다. 따라서 이 길을 개통하면 복건과 광동지역의 강운(綱運) 역시 들어올 수 있기 때문에, 비단 양절(兩浙) 지역뿐만이 아닙니다.

하물며 오늘날 경사에서 소용되는 공적·사적인 경비는 대부분 남방지역의 물자에 의존하고 있는데, 이를 수송하여 올 때 만약 운하가 좁고 얕은 곳에서는 배의 축로(舳艫: 배의 꼬리인 고물을 말한다.)가 막히고 운송비도 물자의 가치보다 두 배가 되기 때문에, 물품 가격이 앙등하고 그 용도가 어렵게 되는 원인이 됩니다. 그러므로 앞으로 이러한 방책(해운)을 시행하면 남방의 물자가 북쪽으로 모이게 될 뿐만 아니라, 또한 빈 선박이 남쪽으로 돌아갈 때에는 반드시 배에 물품을 채우기 때문에 북방지역의 물자 또한 남방지역에 유통될 것입니다.

따라서 오늘날 나라를 풍요롭게 하고 그 쓰임을 풍족하게 할 수 있는 방책은 이(해운)보다 더 큰 것이 없습니다. 그럼에도 만약 어떤 사람이 "바닷길은 험하고 멀어서 사람들을 손상하게 하고 재물을 없애게 할지도 모른다."고 주장한다면, 바라옵건대 《원사》를 대조해 보시면 당시 해운은 지원(至元) 20년(1283)에 시작하여 천력(天曆) 2년(1329)에 중단하였는데, 여기에는 해마다 (해운을 통해) 운송한 세량의 통계를 기재하고 있기 때문에, 그 손실된 것이 생각과 같지 않게 없다는 사실을 볼 수 있을 것입니다.【해마다 (해운으로) 운송하여 도달한 세량 통계는 뒤에서 갖추도록 합니다.】 신이 생각하건대, 오늘날 하운의 양곡(세량)

---

34 진우정(陳友定): 원나라 말 타이완과 복건을 지키고 있던 원나라 관료로, 이후 주원장에 의해 체포되어 남경에서 처형되었다.

에서 매년 소실되는 것은 아마도 이 숫자에만 그치지 않을 것입니다. 하물며 해운에서는 강바닥이 얕은 곳을 파내는 비용이 없고 (배가 다니는) 순서[挨次]를 지킬 필요도 없을 뿐 아니라, 물자를 교환하는 데 지불하는 소모비도 매 섬마다 반드시 줄어들기 때문에, 아마도 이(해운에서 절약되는 여러 경비) 역시 (하운에서) 손실되는 액수를 초과할 것입니다. 그러므로 해운의 방책을 앞으로 시행하면 그 결과는 이로움이 많고 해로움이 적을 것입니다. 또한 신이 짐작하건대, 강회(江淮)와 형하(荆河)지역의 세량 중에서 그 절반을 해운으로 수송하게 하면, 운송병졸을 절감하여 이들을 원래의 대오로 돌려보내게 되니, 곧 병사와 양식 두 가지 모두가 풍족하게 될 뿐 아니라, 나라에서도 해전에 대비하여 조선·안남 해변의 오랑캐를 제압할 수 있을 것이니, 이야말로 진실로 만세토록 이득이 되는 것입니다.

신은 비록 경전의 구절만 읊을 줄 아는 하찮은 선비이지만, 억측하는 주장을 보면서, 저는 감히 결연하게 "해운이 만 가지 폐단조차 없는 것이기 때문에 시행할 만하다."고 하는 것이 결코 아니지만, 해운을 염두에 두는 것은 나라의 천만 년 동안의 먼 장래를 깊이 생각하여 이를 한번 시행해 보는 방안으로 서술하였습니다. 따라서 청하옵건대, 해운을 시험적으로 해 보고 이것이 괜찮으면 시행하고, 그렇지 않으면 중단하십시오.

[지원(至元) 20년(1283)의 (조운 세량은) 4만 6천 50섬, (이 가운데) 도착분 4만 2천 172섬, 소실분 3천 878섬으로, 이를 자세히 나누어[細分]보면, 한 섬당 8되 4홉 남짓이 빠진 셈입니다. 21년(1284)에는 세량 29만 500섬, 도착분 27만 5천 610섬, 소실분 1만 4천 890섬으로, 1섬당 5되 1홉 남짓이 빠진 셈입니다. 22년(1285)에는 세량 10만 섬, 도착분 9만 771섬, 소실분 9천 229섬으로, 1섬당 9되 2홉 남

짓이 빠진 셈입니다. 23년(1286)에는 세량 57만 8천 520섬, 도착분 43만 3천 950섬, 소실분 14만 4천 570섬으로, 1섬당 2말 4되 9홉 남짓이 빠진 셈입니다. 24년(1287)에는 세량 30만 섬, 도착분은 29만 7천 546섬, 손실분 2천 454섬으로, 1섬당 8홉 남짓이 빠진 셈입니다. 25년(1288)에는 세량 40만 섬, 도착분 39만 7천 655섬, 손실분 2천 345섬으로, 1섬당 5홉 남짓이 빠지는 셈입니다. 26년(1289)에는 세량 93만 5천 섬, 도착분 91만 9천 943섬, 손실분 1만 5천 57섬으로, 1섬당 1되 6홉 남짓이 빠지는 셈입니다. 27년(1290)에는 세량 159만 5천 섬, 도착분 151만 3천 856섬, 손실분 8만 3천 144섬으로, 1섬당 5되 남짓이 빠지는 셈입니다. 28년(1291)에는 세량 152만 7천 250섬, 도착분 128만 1천 615섬, 손실분 24만 5천 635섬으로, 1섬당 1말 6되 남짓이 빠진 셈입니다. 29년(1292)에는 세량 140만 7천 400섬, 도착분 136만 1천 513섬, 손실분 4만 5천 808섬 7말로, 1섬당 3되 2홉 남짓이 빠진 셈입니다. 30년(1293)에는 90만 8천 섬, 도착분 88만 7천 591섬, 손실분 2만 409섬으로, 1섬당 2되 2홉 남짓 빠진 셈입니다. 31년(1294)에는 세량 51만 4천 533섬, 도착분 50만 3천 534섬, 소실분 1만 999섬으로, 1섬당 2되 1홉이 빠진 셈입니다.

원정(元貞) 원년(1295)에는 세량 34만 500섬입니다. 2년(1296)에는 34만 500섬, 도착분 33만 7천 26섬, 소실분 3천 474섬으로, 1섬당 1되 남짓이 빠진 셈입니다.

대덕(大德) 원년(1297)에는 세량 65만 8천 300섬, 도착분 64만 8천 136섬, 소실분 1만 164섬으로, 1섬당 1되 5홉 남짓이 빠진 셈입니다. 2년(1298)에는 세량 174만 2천 751섬, 도착분 70만 5천 954섬, 손실분 3만 6천 797섬으로, 1섬당 4되 9홉 남짓이 빠진 셈입니다. 3년(1299)에는 세량 79만 4천 500섬입니다. 4년(1300)에는 79만 5천 500섬, 도착분 78만 8천 918섬, 손실분 6천 582섬으로, 1섬당 8홉 남짓이 빠진 셈입니다. 5년(1301)에는 세량 79만 6천 528섬, 도착분 76만 9천 650섬, 손실분 2만 6천 878섬으로, 1섬당 3되 3홉 남짓이 빠진 셈입니다. 6년

(1302)에는 세량 138만 3천 883섬, 도착분 122만 9천 148섬, 손실분 5만 4천 735섬으로, 1섬당 3되 9홉 남짓이 빠진 셈입니다. 7년(1303)에는 세량 165만 9천 491섬, 도착분 162만 8천 508섬, 소실분 3만 983섬으로, 1섬당 1되 8홉 남짓이 빠진 셈입니다. 8년(1304)에는 세량 167만 2천 909섬, 도착분 166만 3천 313섬, 손실분 9천 596섬으로, 1섬당 5홉 남짓이 빠진 셈입니다. 9년(1305)에는 세량 184만 3천 3섬, 도착분 179만 5천 347섬, 소실분 4만 7천 656섬으로, 1섬당 2되 5홉 남짓이 빠진 셈입니다. 10년(1306)에는 세량 180만 8천 199섬, 도착분 179만 7천 78섬, 소실분 9만 491섬으로, 1섬당 5되 남짓이 빠진 셈입니다. 11년(1307)에는 세량 166만 5천 422섬, 도착분 164만 4천 679섬, 소실분 2만 743섬으로, 1섬당 1되 2홉 남짓이 빠진 셈입니다.

지대(至大) 원년(1308)에는 세량 124만 148섬, 도착분 120만 2천 503섬, 소실분 3만 7천 645섬으로, 1섬당 3되 남짓이 빠진 셈입니다. 2년(1309)에는 세량 246만 4천 204섬, 도착분 238만 6천 300섬, 소실분 7만 7천 904섬으로, 1섬당 3되 1홉 남짓이 빠진 셈입니다. 3년(1310)에는 292만 6천 532섬, 도착분 271만 6천 913섬, 소실분 20만 9천 619섬으로, 1섬당 7되 1홉 남짓이 빠진 셈입니다. 4년(1311)에는 세량 287만 3천 212섬, 도착분 277만 3천 266섬, 소실분 9만 9천 946섬으로, 1섬당 3되 4홉이 빠진 셈입니다.

황경(皇慶) 원년(1312)에는 세량 208만 3천 305섬, 도착분 206만 7천 672섬, 소실분 1만 5천 833섬으로, 1섬당 7홉 남짓이 빠진 셈입니다. 2년(1313)에는 세량 231만 7천 228섬, 도착분 215만 8천 685섬, 소실분 15만 833섬으로, 1섬당 6되 8홉이 빠진 셈입니다.

연우(延祐) 원년(1314)에는 세량 240만 3천 264섬, 도착분 235만 6천 606섬, 소실분 4만 6천 658섬으로, 1섬당 1되 9홉이 빠진 셈입니다. 2년(1315)에는 세량 243만 5천 685섬, 도착분 242만 2천 505섬, 소실분 1만 3천 180섬으로, 1섬당

5홉 남짓이 빠진 셈입니다. 3년(1316)에는 세량 245만 8천 514섬, 도착분 243만 7천 741섬, 소실분 2만 773섬으로, 1섬당 8홉 남짓이 빠진 셈입니다. 4년(1317) 에는 세량 237만 5천 345섬, 도착분 236만 8천 119섬, 소실분 7천 226섬으로, 1섬당 3작(勺) 남짓이 빠진 셈입니다. 5년(1318)에는 세량 255만 3천 714섬, 도착 분 254만 3천 611섬, 소실분 1만 103섬으로, 1섬당 3홉 남짓이 빠진 셈입니다. 6년(1319)에는 세량 302만 1천 585섬, 도착분 298만 6천 17섬, 소실분 3만 5천 568섬으로, 1섬당 1되 1홉 남짓이 빠진 셈입니다. 7년(1320)에는 세량 326만 4천 6섬, 도착분 324만 7천 928섬, 소실분 1만 6천 78섬으로, 1섬당 4홉 남짓이 빠진 셈입니다.

지치(至治) 원년(1321)에는 세량 326만 8천 765섬, 도착분 323만 8천 765섬, 소 실분 3만 섬으로, 1섬당 9홉 남짓이 빠진 셈입니다. 2년(1322)에는 세량 325만 1천 140섬, 도착분 324만 6천 483섬, 소실분 4천 657섬으로, 1섬당 1홉 남짓이 빠진 셈입니다. 3년(1223)에는 세량 281만 1천 786섬, 도착분 279만 8천 613섬, 소실분 1만 3천 173섬으로, 1섬당 4홉 남짓이 빠진 셈입니다.

태정(泰定) 원년(1324)에는 세량 208만 7천 231섬, 도착분 207만 7천 278섬, 소실분 9천 953섬으로, 1섬당 4홉 남짓이 빠진 셈입니다. 2년(1325)에는 세량 267만 1천 184섬, 도착분 263만 7천 51섬, 소실분 3만 4천 133섬으로, 1섬당 1되 2홉 남짓이 빠진 셈입니다. 3년(1326)에는 세량 337만 5천 784섬, 도착분 325만 1천 362섬, 소실분 12만 4천 432섬으로, 1섬당 3되 6홉 남짓이 빠진 셈입니다. 4년(1327)에는 세량 315만 2천 820섬, 도착분 313만 7천 532섬, 소실분 1만 5천 288섬으로, 1섬당 4홉 남짓이 빠진 셈입니다.

천력(天曆) 원년(1328)에는 세량 325만 5천 220섬, 도착분 321만 5천 424섬, 소 실분 3만 9천 796섬으로, 1섬당 1되 2홉 남짓이 빠진 셈입니다. 2년(1329)에는 세량 352만 2천 163섬, 도착분 334만 306섬, 소실분 18만 1천 857섬으로, 1섬당

5되 1홉이 빠진 셈입니다.

이상은 《원사(元史)》에 실린 한 해의 조운량 가운데 도착분과 소실분에 관한 숫자입니다. 사서(《원사(元史)》)에서는 또한 이르기를, "바람과 파도를 예측할 수 없어서 양곡 선박이 표류하여 침몰되는 경우가 없는 해가 없기도 하고, 또한 간혹 선박이 파괴되어 여기에 싣고 있는 미곡을 버리게 되는 수도 있었다. 지원 23년 (1286)에는 비로소 운송 담당 관리에게 배상을 책임지게 하되, 사람과 선박이 모두 침몰된 경우에는 배상책임을 면하게 하였다. 그러나 운하에 의한 조운의 물량과 비교해 볼 때, (해운에서) 얻는 바가 대체로 많았다."고 하였습니다.]

臣按: 海運之法自秦已有之, 而唐人亦轉東吳粳稻以給幽燕【見唐杜甫詩】, 然以給邊方之用而已, 用之以足國則始於元焉. 初, 巴延平宋, 命張瑄等以宋圖籍自崇明由海道入京師, 至至元十九年, 始建海運之策, 命羅璧等造平底海船運糧, 從海道抵直沽. 是時猶有中灤之運, 不專於海道也【元初糧道自江入淮, 由黃河至封丘縣中灤旱站, 陸運至淇縣·淇門一百八十里, 入御河】. 二十八年立都漕運萬戶府以督歲運, 至大中以江淮·江浙財賦府每歲所辦糧充運, 自此以至末年專仰海運矣. 海運之道, 其初也自平江劉家港【今在蘇州府昆山縣太倉】入海, 至海門縣界開洋, 月餘始抵成山, 計其水程, 自上海至楊村馬頭凡一萬三千三百五十里, 最後千戶殷明略者又開新道, 從劉家港至崇明州三沙放洋, 向東行入黑水大洋, 取成山轉西至劉家島, 又至登州沙門島, 於萊州大洋入界河. 當舟行風信, 有時自浙西至京師不過旬日而已, 說者謂其雖有風濤漂溺之虞, 然視河漕之費所得蓋多. 故終元之世海運不廢. 我朝洪武三十年海運糧七十萬石給遼東軍餉, 永樂初海運七十萬石至北京, 至十三年會通河通利, 始罷海運. 臣考《元史·食貨志》論海運有云: "民無挽輸之勞, 國有儲蓄之富", 以爲一代良法, 又云海運視河漕之數所得蓋多. 作《元史》者皆國初史臣, 其人皆生長勝國時, 習見海運之利, 所言非無徵者. 臣竊以謂, 自古漕運所從之道有三, 曰陸·曰河·曰海, 陸運以車, 水運以舟, 而皆資乎人力, 所運有多寡, 所費有繁省, 河漕視陸運之費省什三四, 海運視陸運之費省什七八. 蓋河漕雖免陸行而人挽如故, 海運雖有漂溺之患而省牽率之勞, 較其利害, 蓋亦相當. 今漕河通利, 歲運充積, 固無資於海運也, 然善謀國者恒於未事之先而爲意外之慮, 寧過慮而無不臨事而悔. 今國朝都燕, 蓋極北之地, 而財賦之入皆自東南而來, 會通一河譬則人身之咽喉也, 一日食不下咽立有死亡之禍. 況自古皆是轉般而以鹽爲傭直, 今則專役軍夫長運而加以兌支之費, 歲歲常運, 儲積之糧雖多, 而征戍之卒日少, 食固足矣, 如兵之不足何? 迂儒過爲遠慮, 請於無事之秋, 尋元人海運之故道, 別通海運一路, 與河漕並行. 江西·湖廣·江東之粟照舊河運, 而以浙西東瀕海一帶【浙江布政司及常州·蘇州·松江三府】由海通運, 使人習知海道, 一旦漕渠少有滯塞, 此不來而彼來, 是亦思患豫防之先計也. 臣家居海隅, 頗知海舟之便, 舟行海洋不畏深而畏淺, 不慮風而慮礁, 故製海舟者必爲尖底, 首尾必俱置柁, 卒遇暴風轉帆爲難, 亟以尾爲首, 縱其所如, 且暴風之作多在盛夏, 今後率以正月以後開船, 置長篙以料角·定盤針以取向, 一如蕃舶之制. 夫海運之利以其放洋, 而其險也亦以其放洋, 今欲免放洋之害, 宜豫遣習知海道者, 起自蘇州劉家港, 訪問傍海居民·捕魚漁戶·煎鹽竈丁, 逐一次第踏視海涯, 有無行舟潢道·泊舟港汊·沙石多寡·洲渚遠近, 親行試驗, 委曲爲之設法, 可通則通, 可塞則塞, 可回避則回避, 畫圖具本以爲傍海通運之法, 萬一可行, 是亦良便. 若夫占視風候之說, 見於沈氏《筆談》, 每日五鼓初起, 視星月明潔, 四際至地皆無雲氣, 便可行舟, 至於巳時卽止, 則不與暴風遇矣. 中道忽見雲起則便易柁回舟, 仍泊舊處, 如此可保萬全, 永無沈溺之患. 萬一臣言可采, 乞先行下閩廣二藩, 訪尋舊會通蕃航海之人【許其自首, 免其本罪】, 及行廣東鹽課提擧司歸德等場起取貫駕海舟竈丁, 令有司優給津遣. 旣至, 訪詢其中知海道曲折者, 以海道事宜, 許以事成加以官賞, 俾其監工, 照依海舶式樣造爲運舟及一應合用器物, 就行委官督領其人, 起自蘇州, 歷揚‧淮‧靑‧登等府直抵直沽濱海去處, 踏看可行與否, 先成運舟十數艘付與駕使, 給以月糧, 俾其沿海按視經行停泊去處, 所至以山島‧港汊爲標識, 詢看是何州縣地方, 一一紀錄, 造成圖冊, 縱其往來十數次, 旣已通習, 保其決然可行無疑. 然後於堀山‧太倉起蓋船廠, 將工部原派船料差官於此收貯, 照依見式造爲海運尖底船隻, 每船量定軍夫若幹‧裝載若幹. 大抵海舟與河舟不同, 河舟畏淺故宜輕, 海舟畏飄故宜重. 假如每艘載八百石則爲造一千石舟, 許其以二百石載私貨, 三年之後, 軍夫自載者三十稅一, 客商附載者照依稅課常例, 就於直沽立一宣課司收貯, 以爲歲造船料之費. 其糧旣從海運, 腳費比漕河爲省, 其兌支之加耗宜量爲減殺, 大約海舟一載千石則可當河舟所載之三, 河舟用卒十人, 海舟加五或倍之, 則漕卒亦比舊省矣. 此非獨可以足國用, 自此京城百貨駢集而公私俱足矣. 考宋《朱子文集》, 其奏箚言廣東海路至浙東爲近, 宜於福建‧廣東沿海去處招邀米客;《元史》載順帝末年山東河南之路不通, 國用不繼, 至正十九年議遣戶部尙書貢師泰往福建, 以閩鹽易糧給京師, 得數十萬石, 京師賴焉; 其後陳友定亦自閩中海運, 進奉不絕. 然則此道若通, 閩廣之綱運亦可以來, 不但兩浙也, 況今京師公私所用多資南方貨物, 而貨物之來, 若於運河窄淺, 舳艫擠塞, 腳費倍於物直, 貨物所以益貴而用度爲艱. 此策既行, 則南貨日集於北, 空船南回者必須物實, 而北貨亦日流於南矣, 今日富國足用之策莫大於此. 說者若謂海道險遠, 恐其損人廢財, 請以《元史》質之, 其海運自至元二十年始至天曆二年止, 備載逐年所至之數, 以見其所失不無意也【歲運所至之數備具於後】, 竊恐今日河運之糧每年所失不止此數, 況海運無剝淺之費·無挨次之守, 而其支兌之加耗每石須有所減, 恐亦浮於所失之數矣. 此策既行, 果利多而害少, 又量將江·淮·荊·河之漕折半入海運, 除減軍卒以還隊伍, 則兵食兩足, 而國家亦有水戰之備, 可以制伏朝鮮·安南邊海之夷, 此誠萬世之利也. 臣章句末儒, 偶有臆見, 非敢以爲決然可行萬無弊也, 念此乃國家千萬年深遠之慮, 姑述此嘗試之策, 請試用之, 試之而可則行, 不可則止(至元二十年四萬六千五十石, 至者四萬二千一百七十二石, 所失者三千八百七十八石, 細分之每石欠八升四合餘. 二十一年二十九萬五百石, 至者二十七萬五千六百一十石, 所失者一萬四千八百九十石, 細分之每石欠五升一合餘. 二十二年一十萬石, 至者九萬七百七十一石, 所失者九千二百二十九石, 細分之每石欠九升二合餘. 二十三年五十七萬八千五百二十石, 至者四十三萬三千九百五十石, 所失者一十四萬四千五百七十石, 細分之每石欠二鬥四升九合餘. 二十四年三十萬石, 至者二十九萬七千五百四十六石, 所失者二千四百五十四石, 細分之每石欠八合餘. 二十五年四十萬石, 至者三十九萬七千六百五十五石, 所失者二千三百四十五石, 細分之每石欠九合餘. 二十六年九十三萬五千石, 至者九十一萬九千九百四十三石, 所失者一萬五千五十七石, 細分之每石欠一升六合餘. 二十七年一百五十九萬五千石, 至者一百五十一萬三千八百五十六石, 所失者八萬三千一百四十四石, 細分之每石欠五升餘. 二十八年一百五十二萬七千二百五十石, 至者一百二十八萬一千六百一十五石, 所失者二十四萬五千六百三十五石, 細分之每石欠一鬥六升餘. 二十九年一百四十萬七千四百石, 至者一百三十六萬一千五百一十三石, 所失者四萬五千八百八石七鬥, 細分之每石欠三升二合餘. 三十年九十萬八千石, 至者八十八萬七千五百九十一石, 所失者二萬四百九石, 細分之每石欠二升二合餘. 三十一年五十一萬四千五百三十三石, 至者五十萬三千五百三十四石, 所失者一萬九百九十九石, 細分之每石欠二升一合餘. 元貞元年三十四萬五百石. 二年三十四萬五百石, 至者三十三萬七千二十六石, 所失者三千四百七十四石, 細分之每石欠一升餘. 大德元年六十五萬八千三百石, 至者六十四萬八千一百三十六石, 所失者一萬一百六十四石, 細分之每石欠一升五合餘. 二年七十四萬二千七百五十一石, 至者七十萬五千九百五十四石, 所失者三萬六千七百九十七石, 細分之每石欠四升九合餘. 三年七十九萬四千五百石. 四年七十九萬五千五百石, 至者七十八萬八千九百一十八石, 所失者六千五百八十二石, 細分之每石欠八合餘. 五年七十九萬六千五百二十八石, 至者七十六萬九千六百五十石, 所失者二萬六千八百七十八石, 細分之每石欠三升三合餘. 六年一百三十八萬三千八百八十三石, 至者一百二十二萬九千一百四十八石, 所失者五萬四千七百三十五石, 細分之每石欠三升九合餘. 七年一百六十五萬九千四百九十一石, 至者一百六十二萬八千五百八石, 所失者三萬九百八十三石, 細分之每石欠一升八合餘. 八年一百六十七萬二千九百九石, 至者一百六十六萬三千三百一十三石, 所失者九千五百九十六石, 細分之每石欠五合餘. 九年一百八十四萬三千石, 至者一百七十九萬五千三百四十七石, 所失者四萬七千六百五十六石, 細分之每石欠二升五合餘. 十年一百八十萬八千一百九十九石, 至者一百七十九萬七千七十八石, 所失者九萬四百九十一石, 細分之每石欠五升餘. 十一年一百六十六萬五千四百二十二石, 至者一百六十四萬四千六百七十九石, 所失者二萬七百四十三石, 細分之每石欠一升二合餘. 至大元年一百二十四萬一百四十八石, 至者一百二十萬二千五百三石, 所失者三萬七千六百四十五石, 細分之每石欠三升餘. 二年二百四十六萬四千二百四石, 至者二百三十八萬六千三百石, 所失者七萬七千九百四石, 細分之每石欠三升一合餘. 三年二百九十二萬六千五百三十二石, 至者二百七十一萬六千九百十三石, 所失者二十萬九千六百一十九石, 細分之每石欠七升一合餘. 四年二百八十七萬三千二百一十二石, 至者二百七十七萬三千二百六十六石, 所失者九萬九千九百四十六石, 細分之每石欠三升四合餘. 皇慶元年二百八萬三千三百五石, 至者二百六萬七千六百七十二石, 所失者一萬五千八百八十三石, 細分之每石欠七合餘. 二年二百三十一萬七千二百二十八石, 至者二百一十五萬八千六百八十五石, 所失者一十五萬八百三十三石, 細分之每石欠六升八合餘. 延祐元年二百四十萬三千二百六十四石, 至者二百三十五萬六千六百六石, 所失者四萬六千六百五十八石, 細分之每石欠一升九合餘. 二年二百四十三萬五千六百八十五石, 至者二百四十二萬二千五百五石, 所失者一萬三千一百八十石, 細分之每石欠五合餘. 三年二百四十五萬八千五百一十四石, 至者二百四十三萬七千七百四十一石, 所失者二萬七百七十三石, 細分之每石欠八合餘. 四年二百三十七萬五千三百四十五石, 至者二百三十六萬八千一百一十九石, 所失者七千二百二十六石, 細分之每石欠三勺餘. 五年二百五十五萬三千七百一十四石, 至者二百五十四萬三千六百一十一石, 所失者一萬一百三石, 細分之每石欠三合餘. 六年三百二萬一千五百八十五石, 至者二百九十八萬六千一百一十七石, 所失者三萬五千五百六十八石, 細分之每石欠一升一合餘. 七年三百二十六萬四千六石, 至者三百二十四萬七千九百二十八石, 所失者一萬六千七十八石, 細分之每石欠四合餘. 至治元年三百二十六萬八千七百六十五石, 至者三百二十三萬八千七百六十五石, 所失者三萬六百八十六石, 細分之每石欠九合餘. 二年三百二十五萬一千一百四十石, 至者三百二十四萬六千四百八十三石, 所失者四千六百五十七石, 細分之每石欠一合餘. 三年二百八十一萬一千七百八十六石, 至者二百七十九萬八千六百一十三石, 所失者一萬二千一百七十三石, 細分之每石欠四合餘. 泰定元年二百八萬七千二百三十一石, 至者二百七萬七千二百七十八石, 所失者九千九百五十三石, 細分之每石欠四合餘. 二年二百六十七萬一千一百八十四石, 至者二百六十三萬七千五十一石, 所失者三萬四千一百三十三石, 細分之每石欠一升二合餘. 三年三百三十七萬五千七百八十四石, 至者三百二十五萬一千三百六十二石, 所失者一十二萬四千四百三十二石, 細分之每石欠三升六合餘. 四年三百一十五萬二千八百二十石, 至者三百一十二萬七千五百三十二石, 所失者一萬五千二百八十八石, 細分之每石欠四合餘. 天曆元年三百二十五萬五千二百二十石, 至者三百二十一萬五千四百二十四石, 所失者三萬九千七百九十六石, 細分之每石欠一升二合餘. 二年三百五十二萬二千一百六十三石, 至者三百三十四萬三百六石, 所失者一十八萬一千八百五十七石, 細分之每石欠五升一合餘. 以上《元史》所載歲運所至及所失之數. 史又云, 風濤不測, 糧船漂溺, 無歲無之, 間亦船壞而棄其米者, 至元二十三年始責償於運官, 人船俱溺者乃免, 然視河漕之數所得益多矣).

원나라 순제(順帝) 지정(至正) 19년(1282)에 이전에 여하[汝河: 하남(河南)성 남부에 위치한 홍하(洪河)의 지류로, 일명 남녀하(南汝河)라고도 한다.] 와 영하[潁河: 하남성에서 발원, 안휘(安輝)성 수현(壽縣)을 거쳐 회하로 들어가는 강] 지역에서 도적이 일어나 방국진(方國珍)[35]과 장사성(張士誠)[36]이 절동과 절서 지방에 근거지로 삼게 됨에 따라 해운의 선박이 오지 않게 되었다. 이에 백안첩목아[伯顏帖木兒: 원나라 순제시대 오왕(吳王)으로 봉해진 왕자이다.]를 파견하여 강절[江浙: 강소(江蘇)성과 절강(浙江)성으로 양자강 하구에 위치함.] 지방에서 해운지역을 점령하고, 조서를 내려 장사성에게는 양곡을 운송하게 하는 동시에 방국진에게는 선박을 바치게 하자, 이 두 사람은 서로 시기하고 의심하였다. 이에 파연특목이(巴延特穆爾)는 행성(行省)의 승상과 함께 다방면으로 이들을 타이르자 처음으로 그 명을 따름에 따라, 마침내 양곡 11만 섬을 받을 수 있었다. 23년(1286)에는 관리를 파견하여 양곡을 징발하고자 하였으나, 명을 거역하여 이를 내지 않았다.

順帝至正十九年, 先是汝潁盜起, 方國珍·張士誠據浙東西之地, 海運之舟不至. 至是遣伯顏帖木兒征海運於江浙, 詔士誠輸粟·國珍具舟, 二賊互相猜疑, 巴延特穆爾與行省丞相多方開諭之始從命, 得粟十有一萬石. 二十三年遣官往徵, 拒命不與.

---

35 방국진(方國珍, 1319~1374): 원나라 말기에 각지에서 일어난 반란군의 우두머리 중의 한 사람으로, 절강(浙江)성 태주(台州) 출신이다. 자는 국진(國珍)으로 이후에는 곡정(谷貞) 또는 곡진(谷眞)이라고 하였다. 《명사(明史)》〈방국진전〉 참조.

36 장사성(張士誠, 1321~1367): 《대학연의보》 권28 주) 25 참조.

신은 이렇게 생각합니다. 원나라가 평안할 때에는 해마다 세량 운송량이 거의 4백만 섬에 달했지만, 말년에는 반역한 신하들(방국진과 장사성을 지칭)에게까지 구걸해서 겨우 10만여 섬을 운송할 수 있었고, (그나마) 마지막에는 한 되나 한 말조차도 없게 되었습니다. 따라서 이 시기에는 한 말의 미곡은 은 6냥으로, 일시적이나마 훈척(勳戚)과 권귀(權貴)들은 (화려하게) 수놓은 비단옷을 입고 주옥을 끼고 있지만, 굶주린 배로 배고픔을 참음으로써 굶어 죽는 사람이 얼마나 많겠습니까? 오호라! 이야말로 한탄할 만한 것이겠지요. 이로써 나라를 위해 멀리 도모하는 군주는 아직 나타나지 않는 환난을 잘 살펴서 일이 일어나기 전에 미리 이를 대비하여 늘 이를 마음에 두고 생각하여 이르기를, "나의 집안과 나라가 지금은 비록 풍성하다고 하더라도, 다른 날(후일)에는 우리 자손들이 어찌 이렇게 되지 않는다."고 알 수가 있겠습니까?"

하물며 오늘날에는 북경[燕]에서 나라를 세워 또한 이를 그 뒤에도 이으니, 비록 하늘이 준 나라이고 조종의 기틀이 융성하여 비록 원나라와는 비교할 수 없다고 하더라도, 생각지 않는 일을 깊고 멀리 생각하지 않을 수 없으니, 그러기에 《시경 대아》에서, "은나라가 거울로 삼을 것은 멀리 있지 않고, 바로 하나라[夏后: 우(禹)임금을 말한다.]의 마지막에 있다네."[37]고 말하지 않았습니까?

臣按: 元朝承平之時歲運幾至四百萬石, 至其末年也哀丐於叛臣, 僅得

---

37 은나라가 … 있다네: 《시경 대아》에 나온다. 이 내용은 은나라의 마지막 왕인 주(紂)왕이 하나라의 마지막 왕인 걸(桀)왕의 폭정을 거울삼지 않고, 폭정을 일삼은 것을 지적한 것이다.

十有餘萬石, 最後升斗皆無焉. 是時也, 斗米至銀六兩, 一時勳戚權貴
衣錦繡・抱珠玉而枵腹忍饑以爲餓殍者何限, 嗚呼, 可歎也哉. 是以爲
國遠圖者, 睹未形之患爲先事之謀, 恒思於心, 曰吾之家國今雖富盛,
異日吾之子孫安知其不馴致於此乎? 矧今建國於燕, 而又承其後, 雖
天祚國家, 祖宗基業隆厚, 非元可比, 然意外之事亦不可不深長思也,
《詩》不云乎? "殷鑒不遠, 在夏后之世".

원나라 초에 세량을 운송하는 길은 절서에서 양자강을 따라 회수로 들어가고, 황하에서 거슬러 올라가 중란한참(中灤旱站)【봉구현(封丘縣) 서남쪽으로 황하의 북쪽 연안에 있다.】에 이르고, 다시 육운으로 기문(淇門)【준현(浚縣)의 서남쪽, 즉 고방두(古枋頭)이다.】에 이르는데, (여기까지 모두) 180여 리이고, 그리고 어하(御河) 운하로 들어가 북경에 도달한다. 그 후에는 또한 임성(任城)【지금의 제녕주(濟寧州)이다.】에서부터 (물길이) 나누어져 문수(汶水)의 서북쪽으로 흘러 수성(須城)【지금의 동평주(東平州)이다.】의 안민산(安民山)에 이르러 옛 하천인 청제[靑濟: 지금의 산동(山東)성에 위치함.]로 들어가 양자강과 회수의 조운 운하와 통하고 동아(東亞)를 거쳐 이진하(利進河)에 이르러 바다로 들어가고, 여기서 바닷길을 거쳐 직고 운하에 들어간다. 그런데 그 이후에는 해구가 모래로 막힘에 따라, 또 다시 동아에서 육운으로 200리를 돌아 임청(臨淸)에 도달하고 아래로 흘러 장어(漳御)로 내려가 수도에 이른다.

元初, 糧道自浙西涉江入淮, 由黃河逆水至中灤旱站【在封丘縣西南舊黃河北
岸】, 陸運至淇門【在浚縣西南卽古枋頭】, 一百八十餘里, 入御河以達於京. 後又

自任城【今濟寧州】分汶水西北流, 至須城【今東平州】之安民山入淸濟故瀆, 通江淮漕, 經東阿至利津河入海, 由海道至直沽. 後因海口沙壅, 又從東阿陸轉二百里抵臨淸, 下漳御至京.

원나라 지원(至元) 26년(1289)에 수장현[壽張縣: 지금의 산동성 동평현(東平縣) 서남지역] 현윤(縣尹)인 한중휘(韓仲暉) 등의 건의에 따라, 안민산에서 운하를 개통하여 임청에 이르렀는데, 모두 250리에 달했고, 문수[汶水: 산동성의 태산 내무(萊蕪)에서 발원하여 서남쪽으로 제수로 흘러 들어가는 강]를 끌어들여 제수(濟水)[38]를 막아 직접적으로 장어 운하에 속하게 하는 한편, 갑문 31개를 설치하여 물의 높낮이를 헤아리고 멀고 가까운 것으로 나누어 물을 가두거나 방류하였는데, 이것이 황제가 하사한 이름인 회통하(會通河)이다.

至元二十六年, 以壽張縣尹韓仲暉等言, 自安民山開河北至臨淸, 凡二百五十里, 引汶絶濟, 直屬漳御, 建牐三十有一, 度高低·分遠近以節蓄泄, 賜名會通河.

---

38 제수(濟水): 하남성에서 제원시(濟源市) 서북쪽에서 발원하여 산동 지방을 거쳐 황하로 흘러 들어가는 강이다. 제수는 바로 발원지인 제원(濟源)에서 따온 명칭이고, 산동지방에서는 이를 대청하(大淸河)라고 부른다. 제수는 직접 바다로 흘러 들어가기 때문에, 이렇게 흐르는 강수(江水: 장강)·하수(河水: 황하)·회수(淮水: 회하)와 더불어 고대 중국의 "사독(四瀆)"이라고 칭한다.

신은 이렇게 생각합니다. 회통하의 이름은 여기에서 처음으로 보이는데, 당시에는 이 운하 길을 처음으로 개통하여 강폭이 좁고 물도 얕아서 무거운 것을 감당할 수 없었기 때문에, 한 해의 운송량은 수십만 섬을 넘지 않아 해운을 통한 운송량처럼 많지 않았습니다. 바로 이런 까닭으로, 원나라가 끝나기까지 해운을 폐지하지 않았던 것입니다.

명나라 초기에도 회통하의 옛길은 여전히 남아 있어서, 오늘날 제 녕(濟寧)의 성(城) 갑문에는 홍무(洪武) 3년(1370)에 왕래하는 선박이 막히는 것을 불허한다는 황제의 유지 내용을 밝히는 비석이 있어서, (옛 운하 길이) 북쪽 연안에 있었음을 고찰할 수 있습니다. 홍무 24년(1391)에는 황하가 원무(原武)에서 범람하여 안산호를 뒤덮게 되자 회통하가 마침내 진흙으로 막히게 됨에 따라, 왕래하는 선박이 모두 육운을 거쳐 덕주(德州: 지금의 산동성 덕주시)에 이르러 다시 황하로 내려갔습니다. 우리 명나라 태종(1403~1424, 영락제이다.)이 북경에 나라의 수도를 정함에 따라, 영락 초의 세량 운송 길은 양자강에서 회수로 들어가고, 또한 회수에서 황하로 들어가 양무[陽武: 지금의 하남(河南)성 신향(新鄉)시에 속해 있다.]에 이르면, 산서(山西)와 하남(河南) 두 지방에서 인부를 징발하여 육운으로 위휘[衛輝: 지금의 하남(河南)성 신향(新鄉)시에 속해 있다.]에 이르고 나면, 다시 어하(御河)로 내려가서 여기서 수운으로 북경에 도달합니다. 이로부터 얼마 뒤에 제녕주(濟寧州) 동지(同知) 반숙정(潘叔正)이 이곳에서 육운으로 전송하는 인부들의 어려움을 들어 회통하의 옛 운하를 개통할 것을 요청함에 따라, 조정에서는 공부상서 송례(宋禮)[39]에게 명하여 인부 10만여 명을 징발하여 이를 개착함으로써 옛

---

39 송례(宋禮, 1358~1422): 명나라 사람으로 하남부로(河南府路) 영녕현[永寧縣: 지금의 하남성 낙녕

길이 복원되었습니다. 또한 형부시랑 김순(金純)[40]에게 명하여 변성(汴城: 지금의 개봉이다.)의 북쪽 금룡구(金龍口)에서부터 황하의 옛길을 개통하여 여기서 물줄기를 나누어 아래로 어대현[魚臺縣: 지금의 산동성 제녕(濟寧)시에 속함.]의 탑장구(塌場口)에 도달하게 함으로써, 운하(조운)에 이롭게 되었습니다. 이로써 영락 10년(1412)에 송 상서(宋尚書: 송례를 말함.)가 회통하를 통해 조운하자고 요청한 이래, 영락 13년에 해운을 폐지하기 시작하면서부터 전적으로 하운에만 의지하게 되었습니다. 그리고 그 다음 해에 평강백(平江伯) 진선(陳瑄)이 또한 회안(淮安)과 안장(安莊) 갑문 일대의 사하(沙河: 지금의 하북성 사하시에 위치)를 준설하자고 요청하여, 회수 북쪽에서부터 황하 강변을 따라 천포(淺鋪: 얕게 다져 만든 길)를 세우고 견로(牽路)를 축조하는 한편, 버드나무를 심고 우물과 샘을 파는 등 이로부터 조운이 교통하기에 편리하게 됨으로써, 100년을 거쳐 지금까지 이르렀습니다.

신이 생각하기에, 동남 지역의 양곡(세량)을 운송하여 경사를 채우는 것은 한·당·송나라 등에서 모두 그렇게 하였습니다. 그런데 한과 당나라의 수도는 관중이지만, 송나라의 수도는 변량(汴梁: 지금의 개봉이다.)이였기 때문에, 조운을 하는 운하는 모두 천지와 자연의 형세로

현(洛寧縣)이다.] 출신이다. 자는 대본(大本)으로, 공부상서를 역임하였다. 당시 회통하가 강물이 얕아서 조운하기에 불편했기 때문에 제녕주(濟寧州)의 동지(同知) 반숙정(潘叔正)의 건의를 수용하여, 영락제는 마침내 9년에 회통하의 대대적인 준설과 수리를 명하였다. 이때 당시 공부상서였던 송례는 그 책임을 맡아 회통하의 준설과 수리를 완성함으로써, 경항운하의 조운이 원활하게 되었다.

40 김순(金純, ?~1440): 명나라 사람으로 남경 봉양부(鳳陽府) 사주[泗州: 지금의 강소성 사홍(泗洪縣)이다.] 출신이다. 자는 덕수(德修)이고, 영락 연간에 예부상서·공부상서·형부상서 등을 역임하였다.

인한 것이었습니다. 그 가운데는 드물기는 하지만 간혹 사람의 힘을 빌리는 경우도 있었지만, 대부분은 자연의 형세 때문에 쓸 사람을 아주 적게 징발하여 운하를 관리하게 하였으니, 이는 비단 회통하(會通河) 운하 한 곳만이 아니었습니다. 그런데 원나라 사람들은 전대에는 있은 적이 없었던 것을 처음으로 만들어 해운을 시행하였습니다. 여기에는 (이렇게 한) 이유가 있었던 것이 아니었고, 또한 원나라 사람들이 이를 시행한 것은 크게 성과를 거두지 못했을 뿐만 아니라, 큰 이익도 거두지 못했습니다. 이런 까닭에 (해운을) 개창한 공로는 비록 바로 앞의 나라[勝國]인 원나라에 있지만, 이를 수리하여 크게 개척한 것은 곧 (그 뒤인) 명나라에 와서입니다.

전대인 원나라에서 한 해에 조운한 물량은 겨우 수십만 섬이었지만, 오늘날에는 그 물량이 지극히 커서 4백만 섬을 넘었으니, 대체로 10배에 달했습니다. 송나라 사람들은 변수(汴水)에 대해 논하여 이르기를, "우임금이 이를 개척하고, 수나라 양제가 하천을 개통하여 마침내는 송나라 사람들이 이를 사용하게 되었으니, 이를 하늘의 뜻으로 삼았다."고 하였습니다. 오호라! 하나라에서 수나라에 이르고 수나라에서 송나라에 이르는 동안 거친 왕조가 결코 한 개의 나라만이 아님에도, 하늘의 뜻이 오직 송나라에 있다고 말하고 있습니다.

신은 감히 그렇지 않다고 생각합니다. 원나라와 같이 이 운하를 만들었지만 운하가 완성되자 이를 통해 최대한 조운을 잘 통하게 하지 않았습니다. 대개 하늘이 원나라 사람들의 힘을 빌려 우리 명나라가 이를 사용하게 하였으니, 하늘의 뜻이 크게 빛나고 분명하다고 하겠습니다. 【근자에 조운 길이 가을 이후나 이른 봄에 자주 물이 말라 막혀서 배가 다니기가 어려워 한 해의 재정(예산)에 지장을 초래합니다. 따라서 9월 이후에는 마땅히 청구(淸口)에서 회수로 들어가는 곳에 잠시 점토로 방죽[壩: 강물의 높이가 서로 다른 곳에 방죽을 세워 수위를 같게 하는 방죽]을 쌓고 그 높이를 2~3장(丈: 약 3m이다.)으로 하여 물을 가두어 배가 다닐 수 있게 합니다. 또한 직고(直沽)에서 황하가 돌아서 바다로 내려가는 곳에는 마땅히 나무 갑문을 가로로 세워 물을 막고, (강바닥이) 얕은 곳의 양편 가장자리에는 각기 7~8리 간격으로 목책(木柵: 나무로 된 울타리)을 세워 드나드는 배를 통제(제한)합니다. 그리고 이 목책에는 문을 열어 두고 이곳을 깊게 준설하면 황하의 양편에서 오가는 배를 드나들게 하되, 뱃길을 상하로 나누어 배가 다니게 합니다. 이때 파견된 관리는 이곳에서 배를 나누어 대기하게 하고 차례로 지나가게 하는 한편, 물이 차면 이를 모두 없앱니다. 이렇게 하면 황하의 흐름도 조절되고 배의 뒤쪽과 앞머리[舳艫]도 뒤엉켜 정체되는 것이 없어서, 운하 길도 어떤 계절이라 하더라도 잘 통하게 될 것입니다.】

臣按: 會通河之名始見於此, 然當時河道初開, 岸狹水淺, 不能負重, 每歲之運不過數十萬石, 非若海運之多也. 是故終元之世海運不罷. 國初, 會通河故道猶在, 今濟寧在城牐, 洪武三年曉諭往來船隻不許擠塞, 碑石故在北岸可考也. 二十四年, 河決原武, 漫過安山湖而會通河遂淤, 而往來者悉由陸以至德州下河. 我太宗皇帝肇造北京, 永樂初糧道由江入淮, 由淮入黃河運至陽武, 發山西·河南二處丁夫由陸運至衛輝, 下御河水運至北京. 厥後濟寧州同知潘叔正因州夫遞運之難, 請開會通舊河, 朝命工部尙書宋禮發丁夫十餘萬疏鑿以複故道. 又命刑部侍郎金純, 自汴城北金龍口開黃河故道分水, 下達魚臺縣塌場口以益漕河. 十年宋尙書請從會通河通運, 十三年始罷海運而專事河運矣. 明年, 平江伯陳瑄又請浚淮安安莊牐一帶沙河, 自淮以北沿河立淺鋪·築牽路·樹柳木·穿井泉, 自是漕法通便, 將百年於茲矣. 臣惟運東南粟以實京師,

在漢·唐·宋皆然, 然漢·唐都關中, 宋都汴梁, 所漕之河皆因天地自然
之勢. 中間雖或少假人力, 然多因其勢而微用人爲以濟之, 非若會通一
河. 前代所未有而元人始刱爲之, 非有所因也, 元人爲之而未至於大成,
用之而未得其大利. 是故開創之功雖在勝國, 而所以修理而拓大之者則
有待於聖朝焉. 前元所運歲僅數十萬, 而今日極盛之數則逾四百萬焉,
蓋十倍之矣. 宋人論汴水謂大禹疏鑿·隋煬開川, 終爲宋人之用, 以爲
上天之意. 嗚呼, 夏至隋·隋至宋, 中經朝代非一, 而謂天意顯在於宋,
臣不敢以爲然, 若夫元之爲此河, 河成而不盡以通漕. 蓋天假元人之力
以爲我朝之用, 其意彰彰然明矣【近年運道秋後春初往往乾澁, 舟行艱阻, 有妨歲
計, 九月以後宜於淸口入淮處暫築小壩, 高二三尺許, 截水以過舟. 又於直沽河流轉下海
處, 橫作木閘以遏水, 其有淺處兩際, 宜各去七八里, 許橫立木柵以限舟. 柵中開門, 當
中浚深, 黃河可容兩舟許, 分道上下行舟, 差官於此分籌授舟, 次第放行, 俟有水各罷之.
如此, 則河流有所限制, 舳艫不至擠塞, 而運道四時通利矣】.

원나라 지원(至元) 28년(1291)에 도수감(都水監) 곽수경(郭守敬)[41]이 통주(通
州: 지금의 북경시의 동쪽에 위치하고, 경항 운하의 북단이다.)를 개착하여 대도
(大都)에 이르는 운하 길을 파서 개통하자고 건의함에 따라, 창평현(昌平縣:

---

41 곽수경(郭守敬, 121~1316): 원나라 천문학과 수리학자로, 형태[邢臺: 지금의 하북성(河北省)에 속
함.] 출신이다. 자는 약사(若思)로, 운하를 총과하는 도수감(都水監)을 맡아 대도에서 통주(通
州)에 이르는 운하를 준설하여 개착하였다. 또한 지원 13년(1276)에는 왕순(王恂) 등과 4년
간의 노력 끝에 중국 고대에서 가장 정밀하고 우수한 역법인 '수시력'을 만들었는데, 이
역법은 360여 년간 사용되었다.

지금의 북경시 서북쪽 근교에 위치) 백부촌(白浮村)에 있는 신산천(神山泉)을 끌어들여 쌍탑(雙塔)[42]의 유하(楡河: 지금의 산서성에서 발원하여 장성을 넘어 북경의 통하(通河)로 들어오는 강)를 지나게 하였다. 또한 일무(一畝)의 옥천(玉泉)의 샘물을 끌어들여 서문에 이르게 하여 도성에 들어가게 하는 동시에, 남휘(南彙)에 물을 저장하는 해자를 만들고 여기에서 다시 문명문(文明門)【지금의 숭문문(崇文門)이다.】에서 흘러나와 통주의 고려장(高麗莊)에 이르러 백하(白河: 지금의 하북성을 관통하여 북경 근교의 통하로 흘러 들어간다.)로 들어가는데, 그 길이는 모두 164리이다. 그리고 청수(淸水) 입구 12곳을 막아 방죽과 갑문 20개를 설치하여 물을 절약하니 조운이 통하는 데 편리하였다. 그 이듬해에 운하가 완성되자, 황제가 이름을 하사하여 이를 통혜(通惠)운하[43]라 하였다. 그 이전에는 통주에서 대도(大都)까지 50리는 육운으로 관량(官糧: 관아에 납부하는 세량)을 운송하였기 때문에 백성은 그 어려움을 견디지 못해 모두 폐지하였다.

> 至元二十八年, 都水監郭守敬言疏鑿通州至大都河道, 導昌平縣白浮村神
> 山泉過雙塔楡河. 引一畝玉泉至西門入都城, 南彙爲積水潭, 出文明門【今
> 崇文門】至通州高麗莊, 入白河, 長一百六十四里. 塞淸水口十二處, 置壩閘
> 二十座節水, 通漕爲便. 明年, 河成, 賜名通惠. 先時通州至大都五十里, 陸
> 挽官糧, 民不勝其悴, 至是皆罷之.

---

42 쌍탑(雙塔): 지금의 산서(山西)성 태원(太原)시의 '8경(八景)' 중의 하나로, '문봉탑(文峰塔)'과 '선문탑(宣文塔)'을 일러 쌍탑이라 하였다.

43 통혜(通惠) 운하: 항주(杭州)에서 북경에 이르는 경항(京杭) 대운하의 7개 소운하의 하나로, 북경에서 근교인 통현(通縣)까지의 운하를 말한다.

신은 이렇게 생각합니다. 통주에서 육운을 통해 도성에 이르는 길은 겨우 50리에 불과하지만, 원나라 사람들이 (이곳에) 개통한 운하의 총 길이는 164리로, 그 사이에는 20곳에 갑문과 방죽을 설치하여 대체로 그 경비 또한 적지 않았습니다. 하물며 오늘날에는 이를 폐지한 지가 오래되었지만, 경풍(慶豊: 지금의 북경시내에 위치) 동쪽에는 여전히 여러 개의 갑문이 남아 있습니다. (이로써 미루어 볼 때) 황하의 물길은 진흙이 쌓여 얕아져서 운송을 하기가 상당히 어려웠을 뿐만 아니라, 또한 오늘날 해자【적수담(積水潭)은 오늘날의 해자이다.】는 도성의 금성(禁城: 궁궐을 말한다.) 북쪽에 있어서 조운 선박이 모인다고 해도 정박할 장소가 없었던 것으로 보입니다. 또한 여기서 갈라져 흘러 대내(大內)로 흘러 들어간 후에는 다시 남쪽으로 흘러나와서, 물을 가두거나 방출하고 (수문을) 열고 닫는다고 하더라도 바깥에 있는 사람이 전적으로 이용할 수 있는 것이 결코 아니었습니다.

이에 대해 혹자는 흔히 원나라의 옛날 방법을 복원하자고 건의하곤 하지만, 이 또한 편리한 것 같지만 신의 어리석은 견해에 따르면, 육운과 하운의 이로움과 손해 역시 대체로 거의 같다고 생각합니다. 따라서 옛 운하를 반드시 복원하고자 한다면, 도성의 동쪽을 개착하여 큰 해자를 만들고 이를 정박하는 곳으로 삼는 동시에, 물을 끌어들여 도성의 서쪽에서 해자의 도랑으로 흘러 들어가게 하고 여기서 북쪽으로 돌아 동쪽으로 웅덩이를 거쳐 이 해자에 이르도록 해야 합니다. 또한 물길이 나누어져 도성으로 흘러 들어오는 곳에는 갑문을 설치하여 물길을 열고 닫는 것을 관리해야 합니다. 그리고 어하(御河)의 남쪽에서 흘러나오는 도성의 해자 길에는 여전히 큰 갑문을 세워 궁궐에 흐르는 물을 가둬두고, 물이 (해자를) 가득차서 넘치지 않으면 갑문을 열지 않도록 하고, 또한 경풍(慶豊) 갑문에서 동쪽에 있는 모든 갑문의 옆을 모두 월하(月河: 부두를 뜻한다.)로 삼아 차례로 배가 갑문을 지나가도록 해야 할 것입니다. 이렇게 하면 대체로 아주 편리하겠지만, 만약에라도 백성을 수고롭게 하거나 많은 사람을 동원하게 된다면, 이 또한 옛날처럼 육운의 편리함을 따르는 것만 못할 것입니다.

그렇지만 (육운의 경우에는) 도중에 장맛비를 만날 때마다 수레바퀴가 진흙에 빠져 소와 나귀가 쓰러져 죽게 될 뿐 아니라 운송비 또한 앙등하게 되고, 또한 조운 병졸 역시 배를 운항하여 몇 달이 지나서야 비로소 육지에 도달함으로써 오랫동안 머무르는 데 많은 비용이 들기 때문에, 그 어려움을 견딜 수 없게 될 것입니다. 따라서 이를 건의한 사람들은 이를 불쌍히 여겨, 모두 다 옛날 운하 길을 복구하고자 하였던 것입니다. 그러므로 영락 을미년(13년, 1415)부터 운하를 개통한 이래 오늘날까지 60여 년이 지났음에도, 모두 이 운하 길을 따랐습니다. 하물며 그 운송비와 물자를 교환했던 초기에도 이미 가모(加耗)[44]가 있었는데, 이는 날씨가 맑고 건조할 때에는 소모되는 비용이 양호하고 또한 많지 않았기 때문에, 이 운하를 오늘날의 방안으로 삼았던 것입니다.

청하옵건대, 동관로(東官路)의 옆에 편리한 곳을 택하여 다시 한 개

---

44 가모(加耗): 정액의 세금 이외에 손실분을 보충한다는 명분으로 덧붙이는 비용을 뜻한다. 이는 오대 후당의 명종(明宗) 시대에 시작되었는데, 민간에서 미곡을 납부할 때 한 섬당 2되의 가모를 징수하여, 이를 쥐꼬리에 비유하여 "서미모(鼠尾耗)"라 하였고, 북한의 은제(隱帝) 때에는 이를 "성모(省耗)"라 하였다. 이후에는 양곡 운송 시에 발생하는 "승두모(升斗耗)", 창고에 양곡을 적재할 때 발생하는 "창장모(倉場耗)", 심지어는 화폐를 주조할 때 손실되는 은량(銀兩)에 대한 "화모(火耗)" 등 각종 명분의 가모가 징수되었다.

또는 두 개의 새로운 길을 파고 그 넓이를 약 10장(약 30m) 이상으로 하되, 옛길은 전적으로 관과 민이 왕래하는 길로 삼고 작은 수레는 지나지 않도록 하는 한편, 새로 개통한 길은 전적으로 운송용 큰 수레만 다니게 하되, 아래로 내려가는 수레는 왼쪽 길을 따라가고, 위에서 내려오는 수레는 오른쪽 길로 다니게 함으로써 서로 한꺼번에 오고 가지 못하도록 하십시오. 또한 그 운송 길의 옆에 사는 주민들은 길을 끼고 서로 마주하며 살지 못하도록 하여, 이곳에 살고자 하는 사람에게는 모두 그 길의 옆에서 백 보 바깥의 동쪽과 서쪽에서 거주하도록 하며, 또한 길 가까이에서 술이나 먹을 것을 팔고자 하는 경우는 오직 부포(浮鋪: 물위에 지은 점포)만 허락하도록 합니다. 이렇게 하면 주민이 앞으로 멀리 가고자 하여도 (운송용 수레의) 바퀴 자국이 서로 엇갈리게 흩어지고, 강물이 마르고 진흙이 건조해져도 운송 길은 자연히 깊이 빠지지 않게 될 것입니다.

또한 운송 길에는 각기 제거사(提擧司: 관청명) 하나씩을 설치하여 운하를 지키는 실제 상황을 살펴보아 관원 1~2명을 두되, 매년 공부(工部)에게 맡게 여기의 관원 한 사람을 제조(提調: 감독의 책임자)로 삼아, 경풍(慶豊) 등의 갑문에 원래부터 두었던 삽부(牐夫: 갑문 일을 담당하는 인부)를 갑과 을로 편성하여 육운 길을 전적으로 수리(修理)하도록 합니다. 이때 큰 수레가 갑문으로 들어오면 초(鈔)를 납부하는 것을 면제하는 대신에 제거사에서는 도로를 수리하는 비용 약간을 내게 하여, 이를 관에 저장하여 두었다가 벽돌을 구입하거나 인부를 고용하여 도로 공사를 하는 비용으로 사용합니다. 또한 유사(有司)에서 징집하여 수레를 끄는 사람[車戶]과 아행(牙行: 상거래를 중개하는 사람) 등에게는 공적인 운송 물량에 따라 운송비를 3등급으로 정하는데, 즉 날이 개어 맑을 때는 한 섬당 얼마, 그리고 흐리고 비가 올 때는 얼마, 땅이 질퍽할 경우는 얼마 등으로 구분하여, 서로가 손해 보지 않도록 그 숫자를 갖추어 보고하게 함으로써, 이를 변하지 않는 규정으로 삼습니다.

이렇게 하면 수송용 수레가 원활하게 잘 통하게 되고 그 소모되는 비용 또한 민전(民田) 수십 경(頃)을 넘지 않게 되니, 관전으로 이를 보상하거나 그 가격을 지급하고, 또는 세량과 지대를 (유연하게) 면제할 수 있을 것입니다. 따라서 운하를 개통하는 비용과 비교해 볼 때, 이는 수십 배를 절감하는 것입니다. 하물며 운하 길이 좁고 운송하는 배가 많을 경우에는 일단 강물이 적은 곳을 만나게 되면 갑문을 열고 닫는 것을 기다리는 데 10일이 경과하기 때문에, 다음 해의 재정(회계)에 지장을 초래할 뿐 아니라, 매 갑문마다 관원을 두어 인부를 불러 모아야 하기 때문에 (이에 필요한) 관봉(官俸)과 민량(民糧)에서 날마다 쓰는 비용이 발생하게 됩니다. 그런데 해마다 관리를 파견하여 민정(民丁)을 동원하여 상류의 수원지의 (밑바닥을) 파서 올리고 막힌 곳을 준설하여 (물길이) 통하게 하는 한편, 또한 무너진 곳을 중수하는 동시에 백성들이 이 물을 끌어들여 경작지에 관개하는 것을 금하되, 백성들이 경작하는 시기를 방해하지 않게 공문을 보내 이러한 공사를 시행하면, 해마다 노는(쉬는) 날이 없을 것입니다.

만약 어리석은 신의 말에서 만의 하나라도 받아들일 만한 것이 있다면, 청하옵건대 유사에게 명하여 나라의 방책을 위해 이것(해운)을 논의하도록 하시면, 반드시 도움이 없지는 않을 것입니다.

臣按: 通州陸挽至都城僅五十里耳, 而元人所開之河總長一百六十四里, 其間置牐壩凡二十處, 所費蓋亦不貲. 況今廢墜已久, 慶豐以東諸牐雖存, 然河流淤淺, 通運頗難, 且今積水潭【即今海子】在都城中禁城之北, 漕舟旣集, 無停泊之所, 而又分流入大內, 然後南出, 其啟閉蓄泄, 非外人所得專者. 言者往往建請欲複元人舊規, 似亦便利, 然以臣愚見, 陸挽與河運利害略亦相當. 必欲複舊, 須於城東鑿爲大潭如積水, 此以爲停泊之處, 引水自城西入壕, 由北轉東瀦於此潭. 又於分水入城處築牐以司啟閉, 仍於御河南出城壕之道建爲巨牐閘, 蓄禁中水, 非滿溢不啟, 自慶豐牐之東, 每之牐旁皆爲月河以容挨牐之舟. 如此庶幾良便, 若恐勞民動衆, 又不若依舊陸挽之爲便. 但道路之間, 每遇霖雨泥淖, 車輪陷沒, 牛騾蹄斃, 腳價踴貴, 漕卒舟行數月始得抵陸, 而久留多費, 艱苦不勝, 此建議者憫之, 所以咸欲複舊河道. 然自永樂乙未開運以來, 經今六十餘年, 率由此路. 況其腳費支兌之初已有加耗, 晴乾之時所費良亦不多, 爲今之計. 請於都城之東官路之旁, 擇便利處再辟新路一道或二道, 每道約廣十丈以上, 其舊道專以爲官民往來之路止行小車, 其新開者一道專以通行輦運大車, 下而往者從左道, 上而來者從右, 不許互行. 其道旁民居不許夾道相向, 有欲居者皆許於道旁百步之外面東西以居, 近道賣酒食者惟許作浮鋪. 如此, 則民居旣遠, 軌轍散行, 水易涸而泥易乾, 運道自然不至深陷. 又於中道設一提擧司, 視衛河例, 置官一二員, 每年委工部官一員提調, 將慶豐等牐原設牐夫編爲甲乙, 專一修理道途, 大車入門免其納鈔, 就俾於提擧司出修路錢若幹, 收貯在官, 以爲買磚石·備工作之費. 又俾有司拘集車戶及牙行人等, 從公量定腳價, 分爲三等, 晴乾每石若幹·陰雨若幹·泥濘若幹, 必使兩不相虧, 具數奏聞, 永爲定例. 如此, 則輪挽通利, 所費者不過民田數十頃, 可將官

> 地償之, 或給以價或爲之開豁糧租, 其視開河之費減數十倍. 況河道狹
> 而運舟多, 一遇水少伺候啟閉, 動經旬日, 有妨嗣歲之計, 且又每牐設
> 官聚夫, 官俸民糧日有所費. 歲歲遣官吏起民丁, 開挑上源, 疏滌壅塞,
> 修築坍塌, 禁民引水灌田, 妨民及時耕獲, 文移工作, 歲無寧月. 愚言萬
> 一有可采者, 乞下有司計議, 其於國計未必無補.

원나라 지정 16년(1356)에 동박소(董搏霄)[45]가 건의하여 말하였다.

해녕(海寧) 일대는 배들이 통행하지 못하기 때문에 오직 육운만 가능하였다. 육운의 방법은 한 사람이 10보(步)를 가면 36명은 1리를 갈 수 있으며, 3천 6백 명은 100리를 가게 된다. 이때 한 사람은 쌀 4말을 지고 운송하게 되는데, 옆에 끼어 있는 포대(자루)에 이를 담아 봉인한다. 그리고 사람들은 쉬지 않고 쌀을 지고 땅에 닿지 않게 줄을 지어 운송하는데, 이 것을 하루에 5백 회를 한다. 이를 길로 계산하면 28리이고 하루에 운송할 수 있는 쌀은 200섬으로, 이는 한 사람당 쌀 한 되를 2만 명에게 지급할 수 있다. 이것이 100리에 걸쳐 하루 동안 세량을 운송하는 방법이다.

> 至正十六年, 董搏霄建議, 海寧一境不通舟楫, 惟可陸運. 陸運之方, 每人
> 行十步, 三十六人可行一里, 三千六百人可行百里, 每人負米四斗以夾布袋

---

45 동박소(董搏霄): 원나라 사람이다. 그는 원나라 말 하남(河南) 우승(右丞)으로 반란군을 대항하여 군사를 이끌고 산동의 장려(長廬)를 지키다가 위가장[魏家莊: 지금의 박두(泊頭)시에 속한다.]에서 반란군 모귀(毛貴)의 부하들에 의해 포위되어 끝까지 항전하다가 대패하고, 그의 아우인 동앙소(董昻霄)와 함께 피살되었다.

盛之, 用印封識. 人不息·負米不著地, 排列成行, 日行五百回, 計路二十八里, 日可運米二百石, 人米一升, 可給二萬人. 此百里一日運糧之術也.

호수중(胡粹中)[46]이 말하였다.

"이 방법은 가까운 (운송) 길에서는 시행할 만하지만, 병사가 적고 적(敵)의 규모가 작을 때에 (이의 시행을) 재촉할 만한 것일 뿐이다. 그런데 (만약) 큰 적이 앞에 있을 때에는 보유하고 있는 수십만의 군사가 양식을 천 리에 운송하게 되기 때문에, (군사를) 비우는 날이 오래 지속되어 시행하기가 쉽지 않다."

胡粹中曰: "此法可施之近路, 而兵少·敵小而期促者耳. 大敵在前, 擁兵數十萬, 千里饋糧, 曠日持久, 未易行也."

신은 이렇게 생각합니다. 동박소가 말하는 사람이 운송하는 방법은 진실로 호수중이 비판한 것처럼, 병졸을 먼 길(운송)에 사용하는 것은 결코 시행할 수 없는 것입니다. 오직 구황(救荒)을 위해 이를 시행한다면, 굶주린 백성을 이용하여 운송하게 함으로써 이들을 먹일 뿐 아니라, 이들의 힘을 빌러 양곡(세량)을 양식이 없는 지역에 전달하게

---

46 호수중(胡粹中): 명나라 절강(浙江) 사람으로, 이름은 유(由)이다. 경전과 사서에 능통하였다. 저서로는 《원사속편(元史續編)》 등이 있다.

할 수 있기 때문에, 대체로 이 또한 두 가지[기민(饑民)과 양식이 없는 지역에 양식을 운송하는 것]를 모두 구할 수 있습니다. 그러므로 무릇 황하를 통해 조운하는 것에서는 삼문(三門)과 저주(底柱)[47] 사이에 있는 험한 지역 일대에서나 이 방법을 사용할 수 있을 것 같습니다. 그렇지만 이역시 잠시 동안은 가능하지만 늘 이행할 수는 없습니다.

> 臣按: 董搏霄人運之法誠有如胡粹中所評者, 用兵遠道決不可行, 惟施於救荒, 就用饑民接運, 因以哺之, 借其力以達粟於無食之地, 蓋亦兩得其濟. 與夫漕黃河者, 其於三門底柱之險其間一帶, 似可用此法. 然亦可暫而不可常.

이상은 조운과 수레 운송(육운)의 편리함(하)을 논한 것입니다.

> 以上論漕挽之宜(下)

　　신은 이렇게 생각합니다. 역대로 수도를 서북 지방에 세운 나라는 모두 동남 지역의 조운에서 제공하는 것에 의존하였습니다. 그러므로 장안(長安)을 수도로 삼은 나라는 관중과 섬서[關陝]지방의 험난함에 가로막혀 조운은 매우 어려웠기 때문에, 그 의존하는 것은 양자강·

---

47 삼문(三門)과 저주(底柱): 지금의 하남성에 위치한 황하 중류의 삼문협과 저주산을 말하는데, 이곳은 지세가 험하기로 유명한 지역이다.

회수·황하·위수였으며, 한편 수도가 낙양(洛陽)과 변량(汴梁)이었던 나라는 위의 강과 더불어 변수(汴水)·낙수(洛水)·여수(汝水)·채수(蔡水)를 겸하였을 뿐입니다. 오직 우리 명나라만은 유연(幽燕: 지금의 북경)에 수도를 세움으로써 동쪽으로는 바다에 이르고 서쪽으로는 황하, 남쪽으로는 양자강, 북쪽으로는 큰 사막[大漠: 몽고고원의 사막]에 이르게 되어 물방울 하나까지라도 모두 우리 나라에 의해 사용될 수 있는데, 그 쓰임이 가장 크고 그 효과가 가장 거대한 것은 운하였습니다. 이 운하는 양자강에서 한구(邗溝)[48]로 들어가고, 다시 한구에서 회수로 거슬러 흘러 들어가 위로 청구(青口)를 건너 서수(徐水)와 여수(呂水) 두 개의 큰 강을 거쳐, 기수(沂水)·심수(沁水)·사수(泗水) 등의 지류로 갈라져 제녕(濟寧)에 이릅니다. 제녕은 운하 길 가운데 위치하고, 이른바 가장 높은 우물에서 나오는 물길에 세운 갑문[天井閘]으로, 이는《원사(元史)》에서 말하는 회원(會源) 갑문입니다. 여기에는 사수(泗水)【사수현에서 흘러나온다.】·기수(沂水)【곡부(曲阜)현에서 흘러나온다.】·광수(洸水)【양녕(陽寧)현에서 흘러나온다.】·문수(汶水)【수원은 세 개가 있는데, 두 개는 내무(萊蕪)현에서, 하나는 태산의 남쪽에서 흘러나온다.】 등의 모든 강물이 최종적으로는 이곳에 모이게 됩니다. 그리고 이후에는 물줄기가 남과 북으로 갈라져 흘러서, 북으로는 안민산(安民山)에 이르러 신하(新河)로 흘어 들어가 땅에서 90척 높이로 떨어지고 (여기에 세워진) 17개의 갑문을 지나 장어[漳御: 장하(漳河)와 어수(御河)를 말한다.] 운하에 도달하고, 남쪽으로 흘러 고두(沽頭)에 이르며, 또다시 땅에서 116척 높이로 떨어져 이곳에 세워진 21개의 갑문을 거쳐 마침내 황하와 회수에 들어갑니다.

---

48 한구(邗溝):《대학연의보》권33 주) 3 참조.

이 운하는 대개 양경(兩京: 북경과 남경)의 사이에 있고, (운하의 물길이) 남쪽과 북쪽으로 갈라지는 가운데 있는 곳으로, 여기서 남으로 흘러 황하와 회수에 이르는데, 이는 순방향으로 흐르는 물줄기[順流]이고, 또한 황하와 회수의 동쪽으로 흘러 청구(淸口)에 이르러 바다로 들어가면 난류(亂流: 물이 뒤섞여 흐르는 것을 말함.)로 흘러서 바다를 건너 한구(邗溝)에서 양자강을 건너 남경에 도달합니다. 그리고 이곳에서부터 북쪽으로 흘러 장어에 이르는데 이는 순류(順流)로 흐르고, 한편 어하는 북쪽으로 흘러 직고(直沽)에 이르러 바다로 흘러 들어가는데, 여기서 거슬러 흘러 위로 가서 백하(白河)에서 노하(潞河: 지금의 북경의 노하구에 위치함.)에 이르러 북경에 도달합니다. 또한 남쪽으로 흘러 제수의 물과 만나는데, 여기에는 무척(武陟)에서 온 심수(沁水), 낭야(琅琊)에서 온 기수(沂水), 북쪽으로 흘러 제수의 물과 만나는데, 금룡구(金龍口)로부터 온 황하, 갈려져 흐르는 호타하(滹沱河)[49] 등이 있습니다.

여러 갑문에 대해 종합하여 논해 보면, 그 가운데 천정(天井)이 자리하고 있고 임청(臨淸)에서 이들 물길이 종합하여 모이는데, 그 가운데 자리하는 것은 마치 사람의 몸에서 허리와 척추와 같고, 종합적으로 모으는 것은 사람의 몸에서 목구멍과 같아서, 만약 허리와 척추가 손상되게 되면 사지가 움직이지 못하고 목구멍이 막히면 곧 오장(五臟)이 통하지 않게 됩니다.

나라의 수도가 북쪽에 있으면 남쪽 지방으로부터 물자가 공급되는

---

49 호타하(滹沱河): 산서성(山西省) 번치현(繁峙縣) 태희산(泰戲山) 일대에서 발원하여 동쪽으로 하북성 헌현(獻縣)으로 흘러 자아하(子牙河)의 한 지류인 부양하(滏陽河)와 만나 발해로 흘러 들어간다. 이 지역에서는 일명 포토하(葡萄河)라고도 칭하는데, 길이는 약 587km에 이른다.

것에 의지하기 때문에 운하를 나라의 명맥으로 삼는데, 제녕(濟寧)은 내지에 위치하고 이 지역의 주와 현이 즐비하게 많을 뿐만 아니라, 이곳에 사는 백성들은 생선 비늘처럼 빽빽하게[鱗次] 많이 살고 있고, 또한 여기서 부근(옆)으로 나가는 길도 많지만, 오직 임청(臨淸)만 회통하(會通河)의 맨 끝[極處]에 위치하고 있기 때문에 모든 갑문도 여기에서 끝이 나고, 여러 강물도 여기에서 모이게 됩니다. 그리고 운하는 고우(高郵)와 임청의 아래로 흘러가면 물길은 쉽게 흩어져서 빨리 마르게 되기 때문에, 전체 3천 700리의 조운 길 중에서 이것이 가장 큰 장애입니다. 여기에서 다시 동으로는 청제(靑齊: 지금의 산동성 중부 일대)를 에워싸고 북으로는 연조(燕趙: 북경과 산동성의 임청 일대) 지역으로 흐르고, 또한 변방의 관문[邊關: 지금의 산해관]과 멀지 않은 곳으로 흘러나가는데, 그 유속이 질주하는 말로도 미치지 못할 정도로 빨라서 열흘이면 이곳에 도달하게 됩니다. 그러므로 나라를 위해 깊고도 멀리 생각하는 사람(군주)이라면, 어찌 이를 포기하여 아무것도 하지 않고 후회만 할 수 있겠습니까?

일부 서생(유생)들은 지나치게 염려하여, 황하를 넘어 성을 둘러쌓고 강의 양편에 각기 수문을 만들어 배를 지나가게 하는 동시에, 또한 큰 갑문을 둘러싸서 운하 가운데 세우고 관리를 두어 문을 열고 닫는 것을 관리하게 하는 동시에, 여기에 주둔하고 있는 병사로써 이를 지키게 하자고 청하기도 했는데, 이 또한 재난을 생각하여 예방하는 한 가지 방법일 것입니다. 신은 어리석게도 미리 염려하고 대비하는 지혜[杞人之智][50]가 하늘(자연)이 내리는 근심거리를 극복할 수 있으리라 생

---

50 기인지지(杞人之智): 이는 원래 불필요하거나 근거가 없이 미리 걱정한다는 의미인 기인지

각합니다. 바라옵건대, 황제께서는 저의 우둔함을 긍휼히 여기셔서 그 마음을 살펴 주신다면, 더 큰 바람(소원)이 없겠습니다.

臣按: 歷代建都於西北者, 皆仰給東南之漕; 都長安者阻關陝之險, 漕運極難, 所資者江·淮·河·渭, 都洛陽·汴梁者兼資汴·洛·汝·蔡而已. 惟我朝建都幽燕, 東至於海·西暨於河·南盡於江·北至大漠, 水涓滴皆爲我國家用, 其用最大·其功最巨者其運河. 由江而入邗溝, 由邗溝亂淮而渡上淸口, 經徐·呂二洪, 泝沁·泗水至濟寧. 濟寧居運道之中, 所謂天井牐者, 卽《元史》所謂會源牐也. 泗【出泗水縣】·沂【出曲阜縣】·洸【出陽寧縣】·汶【源有三, 二出萊蕪縣, 一出泰山南】諸水畢會於此, 而分流於南北, 北至安民山入於新河, 地降九十尺·爲牐十有七而達於漳御, 南至沽頭, 地降百十有六尺·爲牐二十有一而達於河淮. 此蓋居兩京之間·南北分中之處, 自是而南至於河·淮, 順流也, 河淮東流至淸口而入於海, 亂流而渡, 由邗溝渡江而達於南京; 自是而北至於漳御, 順流也, 御河北流至直沽而入於海, 泝流而上, 由白河抵潞而達於北京. 迤南接濟之水, 有自武陟來之沁·有自郞邪來之沂, 迤北接濟之水, 有自金龍口之河·有分滹沱河之水. 通論諸牐, 天井居其中, 臨淸總其會, 居中者如人身之有腰瘠, 總會者如人身之有咽喉, 腰瘠損則四肢莫運, 咽喉閉則五臟不通. 國家都北而仰給於南, 恃此運河以爲命脈, 濟寧居腹裏之地, 州縣櫛比, 居民鱗次, 而又多有旁出之途, 惟臨淸乃會通河之極處, 諸牐於此乎盡, 衆流於此乎會. 且居高臨下, 水勢泄易而涸速, 是凡

우(杞人之憂)에서 비롯된 말로, 이 책의 저자인 구준은 기인들의 불필요한 걱정을 오히려 미리 걱정하며 대비한다는 면에서 지혜라고 함으로써, 긍정적으로 이해하고 있다.

376

三千七百里之漕路, 此其要害也. 東控青齊‧北臨燕趙, 且去邊關不遠, 疾馳之騎不浹旬可到, 爲國家深長之思者, 寧有而棄, 毋無而悔. 書生過慮, 請跨河爲城, 兩際各爲水門以通舟楫, 而包圍巨牏在於其中, 設官以司啟閉, 屯兵以爲防守, 是亦思患豫防之一事也. 臣愚以杞人之智, 過爲天慮, 惟聖朝矜其愚而察其心, 不勝大願.

대학연의보

(大學衍義補)

—

권35

나라의 경비를 관리함[制國用]

둔영의 토지[屯營之田]

한나라 문제(文帝, 기원전 179~기원전 157)는 조조(鼂錯)[1]의【錯는 음이 조(措)이다.】 말을 따라, 백성을 모집하여 북방 변경[塞下]으로 이주하게 하였다. 조조는 다시 〈모민상사이실새하소(募民相徙以實塞下疏)〉에서 말하였다.

"바라건대 폐하께서는 백성들을 모집하여 이주케 하여 북방 변경지역을 건실하게 하시면, 변방을 지키는 군사의 일을 더욱 줄일 수 있을 뿐 아니라, 또한 변방으로 (군량을) 수송하는【장(將)은 보내는 것[送也]이다.】 비용을 더욱 적게 할 수 있으니, 그 혜택이 심히 큽니다."라고 하였다.[2]

> 漢文帝從鼂錯【音措】言, 募民徙塞下, 錯複言: "陛下幸募民相徙以實塞下,
> 使屯戍之事益省, 輸將【送也】之費益寡, 甚大惠也."

1　조조(鼂錯, 기원전 200~기원전 154): 《대학연의보》 권32 주) 3 참조.
2　바라건대 … 하였다: 이 내용은 한 문제 시기에 조조(鼂錯)가 둔전 경작을 요청하기 위해, 두 차례에 걸쳐 올린 상소문인 〈상서언병사(上書言兵事)〉와 〈모민상사이실새하소(募民相徙以實塞下疏)〉를 뜻하는 것으로, 《한서(漢書)》 〈식화지(食貨志)〉에 나온다.

신은 이렇게 생각합니다. 이 이후로 세상에서는 이것이 변방 지역에서 이루어진 둔경(屯耕: 군대가 토지를 경작함.)의 시작이라고 합니다. 대개 중국이 편안하지 않은 까닭은 바깥에 있는 변방이 시끄럽기 때문이며, 한편 변방이 시끄럽지 않는 것은 (이곳을) 지킬 수 있는 사람들을 얻을 수 있기 때문인데, 지키는 사람들이 있어도 그들에게 먹을 것을 지급하지 못하면 (지킬) 사람이 없는 것과 같습니다. 그런데 변방에서 필요한 양식은 쉽게 공급하기 어려우니, 길이 멀고 수송하는 어려움으로 인해 수십 배를 수송하여도 그중에 하나만 도달하게 됩니다. (따라서) 조조가 변방을 지키고 변방을 튼실하게 갖추고 경작을 권장하여 근본에 힘쓰는 일이 그 시대에 있어서 급선무라고 말한 것은 바로 이것(둔경)입니다.

> 臣按: 此後世言屯耕邊塞之始. 蓋中國所以不得其安者, 以外有邊防之擾, 而邊防所以無擾者, 以守禦得人, 有其人而食不給與無人同. 然邊防之食未易給也, 道路之遠·輸將之難, 率數十倍而致其一. 錯謂守邊備塞·勸農力本爲當世之急務者, 此也.

한나라 무제(武帝, 기원전 157~기원전 87) 시대에는 돈황(敦煌)에서 염택(鹽澤)까지 군데군데 정(亭: 한나라의 지방 단위)을 세우는 한편, 윤태(輪台)[3]와 거리(渠犁)[4]에는 모두 토지를 경작하는 군졸 수백 명을 두고 파견한 사자

---

3 윤태(輪台): 실크로드의 차사(車師)국에서 서쪽으로 천 리 가량 떨어진 곳으로, 한 무제는 이곳에 군사를 보내 이곳의 토지를 경작하게 하여 변경의 군비로 충당하였다.

교위(使者校尉)[5]를 두어 이들을 통솔하게 함으로써, 외국으로 가는 사신들에게 (경비를) 공급하게 하였다. 소제 시원(始元) 2년(기원전 85)에는 전투 궁병을 징발하고 옛날 관리(서리)들을 파견하여 장액군(張掖郡: 한 무제 시대에 실크로드에 설치한 군)에 둔전을 개척하게 하였다.

> 武帝時, 自敦煌至鹽澤, 往往起亭, 而輪台・渠犂皆有田卒數百人, 置使者校尉領護, 以給使外國者. 昭帝始元二年, 發習戰射士, 調故吏將屯田張掖郡.

한나라 선제(宣帝) 신작(神爵) 원년(기원전 61)에 후장군 조충국(趙充國)[6]은 병사를 이끌고 선령강(先零羌)[7]을 공격하였는데, 이때 조충국이 말하기를,

---

4 거리(渠犂): 실크로드에 위치한 거리국(渠犂國)으로, 거리(渠梨)라고도 한다. 지금의 신장(新疆) 고이륵시(庫爾勒市)의 남쪽에 위치한 곳으로, 한 무제는 서역과의 교류를 위해 교위(校尉)를 두어 군사를 파견하여 둔전을 경작하게 하였는데, 이곳의 둔전은 윤대둔전과 인접하게 되었다.

5 사자교위(使者校尉): 대상(隊商)과 통상로(通商路)의 보호를 관장한 군관으로, 이후에는 서역도호부(西域都護府)로 승격하여 둔전을 경작하면서 실크로드 지역의 대상무역과 통상로 등이 지역을 관리하였다.

6 조충국(趙充國, 기원전 137~기원전 52): 《대학연의보》 권33 주) 30 참조.

7 선령강(先零羌): 강족(羌族)의 한 부족으로, 전한 시대 계연종강(繼研種羌) 이후 가장 강대한 부락연맹이다. 이들은 한나라 무제 원정(元鼎) 5년(기원전 112) 봉양강(封養羌)과 결맹하여 흉노와 함께 10만여의 병력으로 한나라의 영거(令居)와 안고(安故) 등지를 공격하였다. 따라서 한 무제는 그 이듬해에 장군 이식(李息)에게 10만 대군을 이끌고 화황(河湟)으로 진격하게 함으로써, 서쪽에 있는 여러 강족을 몰아냈다. 이후 선제 원강(元康) 3년(기원전 63)에는 선령강(先零羌)과 강족의 제 부족이 연맹하여 한나라의 변방 지역을 진공하자 광록대부(光祿大夫) 의거안국(義渠安國)을 파견하여 선령강(先零羌)의 호족 50여 인을 살해하고 수천 명의 강족 사람을 참살하였다.

"오랑캐를 공격하여 섬멸하는 것을 계기로 기병들의 둔전을 폐지하되, 이곳 오랑캐 강족들의 옛 토지와 아직까지 백성들이 개간하지 않은 공전을 계산하면 2천 경(頃)에 달하는데【이상전사출(以上田事出)은 봄에 사람들이 나와 경작하는 것을 뜻한다.】, 상전(上田)에 경작하는 사람들에게는 한 사람마다 20무의 세를 거두며, 사월에 풀이 나게 되면 기병을 징발하여 초장에 가서 이를 경작하는 사람을 병사로 삼아 금성군(金城郡)에 충당하면, (양곡) 비축에 도움이 될 뿐 아니라 많은 경비를 절약할 수 있을 것입니다."라고 하였다. 또한 토지의 편리함에 대해 12가지 사항을 조목조목 올렸다.

宣帝神爵元年, 後將軍趙充國將兵擊先零羌, 充國言: "擊虜以殄滅爲期, 願罷騎兵屯田, 計度羌虜故田及公田民所未墾者, 可二千頃, 以上田事出【謂春人出耕也】, 賦人二十畝, 至四月草生, 發騎就草爲田者遊兵, 以充入金城郡, 益積蓄, 省大費." 且條上留田便宜十二事.

신은 이렇게 생각합니다. 조충국이 둔전을 만드는 방안은 비용을 줄이는 이익이 있고, 밖으로는 변방을 지키는 대비가 되니, 이야말로 변방을 지키고 대비하는 고금의 좋은 방안으로서, 이보다 더 나은 것은 없습니다. 대개 땅은 만물을 생기게 하는 것을 일(공로)로 삼으므로, 모든 땅에는 사람이 거처하는 곳이 있게 마련입니다. 또한 사람이 있는 곳에는 하늘이 만물을 생기게 하여 이들을 먹게 하지만, 그 토지는 (경작에) 적합한지 아닌지가 있을 뿐입니다. 그러므로 땅이 적합한 곳에는 사람들이 먹을 수 있는 것(곡식)을 심어서 토지가 있는 곳에 따라 먹을 것이 있지만, 이것이 부족하게 되면 이를 보충하여 다른 곳에서 취하여 공급할 수 있습니다.

따라서 나라의 경비(회계)를 잘 관리하는 사람은 반드시 천시(天時)에 따라 토지의 생산력[地力]을 최대한 다하도록 함으로써, 변경 지방의 땅이나 아주 추워 얼어붙는 날씨라 하더라도 사람이 하는 노력을 그만두지는 않습니다. 이것이 바로 조조와 조충국 등과 같은 사람들이 변경 지방에서 둔전을 경작하자는 견해인 것입니다. 비록 변방을 지키자는 의견은 마땅히 둔전의 이익을 최대한 꾀하자는 데 있지만, 경작지로 일구는 데 방해가 있음을 또한 알지 않으면 안 됩니다.

한나라 선제가 조충국에게 물어 말하기를, "장군은 오직 오랑캐가 싸움을 그쳤다고 소식을 듣는 것만 생각지 말고, (만약) 저들 장정들이 서로 모여 토지를 일구는 사람과 길에 있는 둔병을 공격하고 다시 백성들을 죽이고 약탈한다면, 어떻게 이를 그치게 할 수 있겠는가?"라 하였습니다. 이에 조충국이 다시 상주하여 말하기를, "북방 변경 지역은 돈황에서 요동까지 요새를 등지고 이어지는 참호를 파서 관졸[吏卒] 수천 명을 두면, 아주 많은 수의 오랑캐가 이를 공격한다고 하더라도 해칠 수가 없습니다. 오늘날에는 보병 1만 명을 남겨 두어 둔전을 경작하게 하였는데, 지세가 평평하여 대부분의 높은 산을 멀리 바라볼 수 있기에 편리하고, 또한 부곡(部曲)[8]이 서로 이어져 있고 참호로 된 성채[塹壘]와 나무로 된 전망대【초(樵)는 초(譙)와 같고, 망루[樓]이다.】가 서로 끝없이 이어져 있기 때문에【교련불절(校聯不絕)은 나무를 서로 이어 묶은 것이다.】, 전투와 활쏘기, 전투 장비를 정비하기에 편리합니다. 또한 봉화도 잘 전달되고 그 세력도 서로 힘을 합쳐 수고로움을 덜게 되

---

8 부곡(部曲): 치안을 위해 장군이나 호족들이 사적으로 조직한 군대를 말한다.

니, 이야말로 군사의 이로운 점입니다."라고 하였습니다.

어리석은 신이 생각하기에는, 먼저 경작지로 일구는 데 방해되는 것을 반드시 없애고 난 후에야, 비로소 토지를 경작하는 이로움을 거둘 수 있습니다. 오늘날 변방의 요새 지역에서 경작할 수 있는 토지는 실제로 성채 가까이 있는 것이 일하기가 쉽습니다. 만약에 멀리 떨어져 있는 경우는 토지가 멀리 있으면서도 형세 또한 고립되어 있기 때문에, 조충국이 말하는 것과 같이 변경을 따라 굴을 파면, 오랑캐가 크게 침범하여도 해를 입지 않을 것입니다. 또한 산언덕에서 먼 곳을 순찰할 수 있고, 참호를 파서 (적과) 거리를 두고 (떨어져) 영루에서 휴식할 수 있으며, 나무를 세워 망루를 만들고 나무를 이어 목책을 만들어 때때로 유격병을 출병시켜 오랑캐의 노략질을 방지할 수 있습니다. 이렇게 하면, 둔경(屯耕)하는 병졸들의 몸을 감출 수 있어서 바깥의 (외침당하는) 근심이 없게 되고, 마음에 의지하는 바가 있게 되어 안으로는 두려움이 없게 되며, 경작하는 토지에 힘을 다 쏟게 되어 수확의 이익을 누릴 수 있을 것입니다.

바라옵건대, 변경에 특별한 일이 없을 때에는 관리를 파견하여 이곳을 순시하여 적합한 토지가 있는지를 자세히 살펴보게 하시되, 조충국이 말한 바처럼 방호를 조치하고 병사를 나누어 둔종(屯種)하게 하여 한편으로는 경작도 하고 또 한편으로는 지키게도 하면, 조충국의 말은 비단 당시에만 이로울 뿐만 아니라, 오늘날에도 이롭게 될 것입니다. 당시 조충국이 의견을 올릴 때, "바라옵건대 공경(公卿)들에게 명하시어 이를 상세히 논의하게 하시고, 신의 말을 채택하게 하옵소서."라고 하였는데, 여기서 신 또한 이렇게 말씀드립니다.

臣按: 充國爲屯田, 內有亡費之利, 外有守禦之備, 古今守邊備塞之良法, 莫有過焉者也. 蓋地以生物爲功, 凡有土地斯有人民, 有人之處, 天皆生物以食之, 但地有宜不宜耳. 因其地之所宜而種人之所食, 隨在而有, 有所不足而補助之, 取給於他所可也. 是故善爲國計者, 必因天時盡地力, 不以其邊塞之地·沍寒之天而較其人爲之功, 此晁錯·趙充國輩所以有塞下屯田之議也. 雖然, 守邊之議固當盡屯田之利, 亦不可不知擾田之害. 宣帝問充國曰: "將軍獨不計虜聞兵罷, 丁壯相聚, 攻擾田者及道上屯兵, 復殺掠人民, 將何以止之?" 充國復奏: "北邊自敦煌至遼東, 乘塞列隧有吏卒數千人, 虜數大衆攻之不能害. 今留步士萬人屯田, 地勢平易, 多高山遠望之便, 部曲相保, 塹壘木樵【與譙同樓也】校聯不絕【用木相聯貫】, 便兵弩, 飭鬥具, 烽火幸通, 勢及並力, 以逸待勞, 兵之利者也." 臣愚以爲必先無擾田之害, 然後收耕田之利, 今邊塞可耕之地近城堡者固易爲力. 若夫遠外之地, 地遠而勢孤, 必如充國所謂乘塞列隧, 虜大攻不能爲害, 而又有山阜可以望遠, 有溝塹可以限隔, 有營壘可以休息, 架木以爲譙望, 聯木以爲沴棚, 時出遊兵以防寇鈔. 如是則屯耕之卒身有所蔽而無外虞, 心有所恃而無內怨, 得以盡力於畎畝之中, 而享收獲之利矣. 請當邊境無事之時, 遣官循行邊境, 相視土宜, 一如充國所言者, 處置防護, 分兵屯種, 且耕且守, 則充國之言, 不徒利於當時, 而且利於今日矣. 充國上議時, 有云, "惟明詔博詳公卿議臣採擇", 臣於是亦云.

한나라 말기에는 천하가 어지럽게 됨에 따라, 백성들은 농사를 버리고 여러 군웅들이 함께 난을 일으키자 마침내 양곡이 부족하게 되어 한 해를 보낼 방책도 없기 때문에, 배고프면 노략질을 하고 배가 부르면 남은 것조차 버리면서, 백성들은 대부분 서로 잡아먹으니 주(州)와 향촌 마을이 텅텅 비게 되었다. 그러므로 조조(曹操)[9]는 조기(棗祗)[10]가 둔전을 설치하자는 요청을 따라, 조기를 둔전도위(屯田都尉 둔전을 관리하는 관직)로, 임준(任峻)[11]을 전농중랑장(典農中郎將: 토지를 관리하는 관직)으로 삼아 백성을 모집하여 허하[許下: 지금의 하남(河南)성 허창(許昌)시에 둔전을 설치하여 양곡 100만 곡(斛: 10말의 용량을 뜻함.)을 얻을 수 있었다. 이에 전국의 주와 군에 전관(田官)을 설치하고 둔전이 있는 곳에 양곡을 쌓으니, 창고가 모두 가득 찼다. 이 때문에 사방을 정벌할 때 양곡을 운송하는 수고가 없게 되었다.

漢末天下亂離, 民棄農業, 諸軍並起, 率乏糧穀, 無終歲之計, 餓則寇掠, 飽

9　조조(曹操, 155~220): 삼국의 위나라를 창건한 사람으로, 패국 초[沛國 誰: 지금의 안휘(安徽)성 박주(亳州)시] 출신이다. 자는 맹덕(孟德), 어릴 때 이름은 길리(吉利)이다. 그는 위나라를 세웠지만 생존 시에는 승상에 그쳤고, 그의 아들 조비(曹丕)가 한 고조로 등극한 이후에 무황제(武皇帝)로 추존되었고, 묘호(廟號)는 태조(太祖)이다.

10　조기(棗祗, ?~?): 후한 말기의 사람으로, 각지에서 황건군이 일어나자 그는 조조를 도와 반란군을 진압하는 데 공로를 세웠다. 특히 그는 영천(潁川) 여남(汝南)의 황건군을 진압하여 많은 경작지와 농기구를 확보하고 이곳에 둔전을 시행할 것을 건의하자, 조조는 그를 둔전도위(屯田都尉)에 임명하여 둔전 관련 일에 대한 전권을 맡겼다. 처음 실시한 둔전으로 양곡 백만 섬을 얻게 되자 , 조조는 전국의 군에 둔전관을 설치하고 둔전을 시행하도록 함으로써, 둔전이 전국적으로 확대되게 되었다.

11　임준(任峻, ?~204): 하남군(河南郡) 중모현[中牟縣: 지금의 하남성 정주시(鄭州市)가 관할하는 현] 출신으로, 자는 백달(伯達)이다. 동한 말에 군웅이 난을 일으키자 조조(曹操)에게 귀부하였다. 이후 기근이 발생하자 조기(棗祗)의 건의로 둔전을 실시함에 따라 그는 전농중랑장(典農中郎將)에 임명되어 백성을 모집하여 허(許)지방에 둔전을 실시하였다. 이후에 도정후(都亭侯)에 봉해졌다.

則棄餘, 民多相食, 州里蕭條. 曹操從棗祗請, 建置屯田, 以祗爲屯田都尉·任峻爲典農中郞將, 募民屯田許下, 得穀百萬斛. 於是州郡例置田官, 所在積穀, 倉廩皆滿, 故操征伐四方無運糧之勞.

신은 이렇게 생각합니다. 조조가 조기의 말을 따라 백성을 모집하여 허하에서 둔전을 실시함으로써, 난리를 당하고 있는 끝에도 오히려 곡창이 모두 가득 찰 수 있었습니다. 그러므로 차라리 (나라가) 태평하고 아무 일이 없을 때에 관리를 파견하여 전국의 주와 현을 두루 답사하여 노는 땅을 찾아 여기에 토지를 관리하는 관리[田官]를 추가로 설치하고 백성을 모집하여 경작하게 하는 동시에, 각 지역에서 요충지[要害處]에 양곡을 쌓아두어 나라의 경비로 충당케 하면, 백성의 세금 징수를 적게 할 수 있을 뿐만 아니라, 또한 나라의 경비를 풍족케 하는 한 방안(실마리)이 될 것입니다.

臣按: 曹操從棗祗言, 募民屯田許下, 當亂離之餘尙能致倉廩皆滿. 苟於太平無事之時, 遣官遍踏州縣以求閑田, 添置官田, 募民耕種, 於各方最要害處積穀以助國計, 少寬民租, 是亦足國用之一端也.

제갈량(諸葛亮)**12**이 야곡(斜谷)**13**에서 위나라를 정벌할 때, 이전에는 여러

---

12 제갈량(諸葛亮, 181~234): 《대학연의보》 권33 주) 44 참조.

차례 출병하여도 모두 양곡 운송이 이어지지 않아서 그 뜻을 펼칠 수가 없었다. 이에 병사를 나누어 둔전을 시행하는 것으로 오랫동안 (군사가) 주둔하는 방책으로 삼았다. (이로써) 경작하는 군사들이 위수(渭水) 강가에 있는 주민들 사이에 섞이게 되어, 백성들은 안도하게 되고 군사들도 사사로움이 없게 되었다.

諸葛亮由斜穀伐魏, 以前者數出皆以運糧不繼使己志不伸. 乃分兵屯田爲久駐之計, 耕者雜於渭濱居民之間, 而百姓按堵, 軍無私焉.

신은 이렇게 생각합니다. 병사는 먹을 것이 없으면 싸우지 못하기 때문에, 나라를 잘 도모하는 사람은 병사를 활용하여 경작하게 함으로써, 그들이 먹는 것은 그들이 스스로 경작한 것입니다. 따라서 병사들은 자신들의 노력으로 먹고 남에게 이를 공급하는 것을 바라보지 않게 되니, 군량이 있으면서 대적하기 때문에 성공에 이르게 됩니다. 따라서 조충국과 제갈량 두 사람이 이를(둔전을) 처리한 곳은 비록 달랐지만, 여기서 보여 준 지혜는 동일합니다.

---

13 야곡(斜穀): 험준하기로 유명한 섬서성(陝西省) 종남산(終南山)에 있는 협곡으로, 그 입구는 남쪽의 포(褒), 북쪽의 야(斜)라 하여 포야곡(褒斜谷)이라고 불렀다. 이곳은 양쪽이 험준한 산으로 둘러싸여 있고, 그 길이가 무려 470리에 달한다. 특히 북쪽의 야곡을 지나면 촉나라로 통하고, 또한 이곳의 북쪽은 중원지역과 맞닿아 있어서 전략적으로 매우 중요한 지역이었다. 따라서 삼국시대 제갈량은 위나라를 정벌하기 위해 다섯 차례에 걸쳐 출병하여 이곳에서 전투를 벌였지만 실패하고 일곱 번째의 전투에서 이곳을 지나 오장원(五丈原)에서 전사하였다.

臣按: 兵無食則不成兵, 善謀國者, 用兵以耕, 其所食者, 卽其所耕者
也. 自食其力, 而不仰給於人, 因糧於敵, 是以所至成功. 趙充國·諸葛
亮二人者, 所處之地雖異, 而所見之智則同.

위나라 정시[正始: 제왕(齊王)의 연호] 4년(243) 사마의(司馬懿)[14]가 군대를 독
려하여 오나라를 정벌할 때, 토지를 (개간하여) 넓히고 양곡을 쌓아 두어
적을 멸망시킬 밑천으로 삼고자 하였다. 이에 등애(鄧艾)[15]에게 진[陳: 지금
의 하남(河南)성 회양(淮陽)]과 항(項)지방에 둔전을 시행함으로써 동쪽으로 수
춘(壽春)에 이르게 되었다. 이에 등애가 생각하기를, "옛날에는 황건적을
격파하여 이곳을 둔전으로 삼아 (여기서 나는) 양곡을 허도(許都)[16]에 쌓아
둠으로로써, 사방을 통제하였습니다. 오늘날에는 이곳의 세 변이 이미 둔
전이 정해져서 이 일(둔전을 시행하는)은 회남[淮南: 지금의 안휘성(安徽省) 중부
지역]에서 시행하게 되었습니다. 이에 따라 회북[淮北: 회수 북쪽이고 지금의
안휘(安徽)]에 군사 2만 명을, 회남에는 3만 명을 주둔시키고, 이들에게 경
작도 하고 또한 지키게도 함으로써, 한 해에 500만 섬을 거두어 군비로

---

14 사마의(司馬懿, 179~251): 중국 삼국시대 위나라의 정치인이자 군사 전략가로, 훗날 그의 손
자인 사마염(司馬炎)이 세운 서진(西晉)의 기초를 세운 인물이다. 자는 중달(仲達)이며, 묘호
는 고조(高祖), 시호는 선황제(宣皇帝)이다.

15 등애(鄧艾, 197~264): 《대학연의보》 권33 주) 49 참조.

16 허도(許都): 허나라의 수도이다. 허나라는 요임금 때 지방장관을 감찰하던 관직인 사악(四
岳) 혹은 태악(太岳)을 지냈던 허유(許由)가 지금의 하남성 등봉시(登封市) 남쪽의 영수(潁水)
남안에 봉해진 제후국으로, 지금의 하남성 허창시(許昌市)이다. 허나라는 전국시대 초에 초
나라에 의해 멸망당했다.

삼았습니다. 이로써 6~7년 동안에 10만에 달하는 군사가 5년간의 식량을 얻을 수 있게 됨에 따라, 오나라를 뛰어넘어 가서 정복하지 않을 곳이 없게 될 것입니다."라고 하였다.

　사마의는 등애의 계책(방안)을 따라, 마침내 북으로는 회수에 이르러 종리(種離)에서 서남쪽으로 횡석(橫石), 서쪽으로는 지수(泚水: 위수의 지류)【자(泚)는 음이 지(脂)이다.】에 닿기까지 400여 리에 한 개의 군영을 설치하고 60인에게 경작하면서 또한 지키게 하는 한편, 회양(淮陽)을 수축하고 넓혀 100척(尺)에 달하는 수로 2개를 만들고 위에서 황하를 끌어들여 아래로는 회수와 영수(潁水)[17]와 통하게 하였다. 또한 영수의 남·북쪽에 여러 제방을 대대적으로 만들고 수로 300여 리를 파서 토지 2만 경에 물을 대서 회북과 회남의 둔전이 모두 서로 맞닿게 되었다. 이로써 농관과 병사들의 토지는 그 경계[阡陌]가 서로 이어져 동남 지역에서 일이 일어날 때마다 대군이 무리들을 일으켜서 배를 타고 내려오니, 먹을 양식이 비축되고 수해를 입는 것도 없게 되었다.

魏正始四年, 司馬懿督軍伐吳, 欲廣田蓄穀爲滅賊資, 乃使鄧艾行陳·項以
東至壽春. 艾以爲: "昔破黃巾, 爲屯田積穀於許都以制四方, 今三隅已定,
事在淮南. 令淮北屯二萬人·淮南三萬人, 且佃且守, 歲完五百萬斛以爲軍
資, 六七年間可得十萬之衆五年之食, 以此乘吳無往不克." 懿從艾計, 遂北
臨淮水, 自鍾離西南橫石, 以西盡泚【音脂】水, 四百餘里置一營, 六十人且佃

17 　영수(潁水): 지금의 영하(潁河)를 말한다. 하남성(河南省) 등봉현(登封縣) 서남쪽 양건산(陽乾山)
　에서 발원하여, 동남쪽으로 흘러 안휘성(安徽省) 영상현(潁上縣) 동남쪽을 지나 회하(淮河)로
　유입된다.

且守, 兼修廣淮陽·百尺二渠, 上引河流, 下通淮·潁. 大理諸陂於潁南北,

穿渠三百餘里, 漑田二萬頃, 淮南·淮北皆相連接, 農官兵田阡陌相屬, 每

東南有事, 大軍興衆泛舟而下, 資食有儲而無水害.

송나라 진요수(陳堯叟)[18]가 《청맹록(請盟錄)》에서 말하였다.

"육전(陸田: 천수답을 뜻함.)은 그 운명이 하늘(날씨나 비 등)에 달려 있
기 때문에 인력으로 이를 정비하고자 하여도 홍수와 가뭄이 일정하
지 않아서, 일 년 동안의 노력한 것을 버리게 된다. 그런데 수전의 제
도는 사람의 힘으로 조금만 정비하면 곧 땅에서 나오는 이익을 다할
수 있을 뿐만 아니라, 벌레와 재해로 인한 손해 또한 육전(밭)에 비해
적다. 그러므로 수전을 앞으로 정비하면 그 이익은 갑절이나 되니 육
전과는 같을 수 없다."

陳堯叟曰: "陸田命懸於天, 人力雖修, 苟水旱不時, 則一年之功棄矣.
水田之制由人力, 人力苟修, 則地利可盡也, 且蟲蕾之害又少於陸. 水
田旣修, 其利兼倍, 與陸田不侔矣."

---

18 진요수(陳堯叟, 961~1017): 북송 사람으로 낭주(閬州) 신정현[新井縣: 지금의 사천(四川)성 남충시
(南充市) 남부현] 출신이다. 자는 당부(唐夫)이고, 시호는 문혜(文惠)이다. 그는 태종 단공(端拱)
2년(989)에 장원급제하여 관직은 동중서문하평장사(同中書門下平章事)·집현전 대학사 등을
지냈다. 특히 그는 천도를 주장하여 당시 권세가인 구준(寇準)에 의해 탄핵되었다. 저서로
는 《청맹록(請盟錄)》이 있다.

신은 이렇게 생각합니다. 오늘날에는 평안한 세월이 오래되고 인구도 날로 번성하게 됨에 따라, 천하의 토지 가격은 여러 왕조의 초기보다 수십 배에 달하게 되었습니다. 수전의 경우는 오직 양주지역이 가장 싸고, 육전의 경우는 영주(穎州)와 수주[壽州: 오늘날 하북(河北)성의 경계지역가 가장 싸고, 그 위치 또한 북경과 남경 사이에 있어서 서로의 거리도 대체로 같습니다. 오늘날 천하는 (통일된) 일가를 이루어서 비록 위나라 사람들이 남정(南征)을 하는 일 없어도 그 법제를 오늘날에도 시행한다면, 이에 의지하여 백성들의 노력을 조금 덜 수 있고 해마다 조운 양곡을 절약하게 되어 나라의 경비에 도움이 없다고는 할 수 없을 것입니다.

신이 청하옵건대, 회남(淮南) 일대의 호수와 평지 사이에 있는 늪지와 갈대밭 등을 거의 다 둔전으로 만들고, 관리를 파견하여 그 땅을 답사하여 지세의 높낮이를 살피고 진흙의 깊이를 측량하게 하는 동시에, 강남(江南: 양자강 이남 지역)에서 토지가 없는 백성을 불러 모아 먼저 지세를 헤아려서 이에 따라 적절하고 편리하게 하되, 우선 넓이가 2~3장에 달하는 큰 강을 파서 바다로 통하게 합니다. 또한 넓이가 8~9척에 달하는 중간 크기의 강을 파서 이를 큰 강에 도달하도록 만들고, 이 강이 흐르는 곳마다 4~5척에 달하는 작은 강을 파서 중간 크기의 강에 도달하도록 하는 한편, 이들 강물에는 물이 빠질 수 있는 곳이 있도록 합니다. 이렇게 한 후에는 그 땅이 질퍽하게 파여서 경작할 수 없는 곳은 깊게 준설하여 호수로 만들고, 원래 예부터 호수인 곳 가까이 있는 곳은 물을 빼내서 물이 고이는 담수지로 하되, 때로는 (여기에) 제방을 만들어 물을 막기도 하고 방죽을 만들어 물을 저장하기고 하며, 또한 때로는 갑문을 만들어 물을 방출하기도 합니다.

이 모두는 강남지방에서 행하는 방법과 같습니다. 이로써 노동력이 없는 백성에게는 먹고살 수 있는 토지를 지급하되, 경작이 이루어진 후에는 관전에 의거하여 세금을 징수하고, 또한 노동력이 있는 자에게는 토지를 빌려주어 경작이 이루어진 후에는 민전에 의거하여 세금을 내게 합니다. 이렇게 하면, 6~7년 동안 여기서 얻는 것은 아마도 위나라 사람들 (둔전 소득)보다 적지 않을 것입니다.

무릇 위나라는 편안지국(偏安之國)[19]으로 외적의 침입이 있었는데도 회수와 영수(潁水)를 아우르는 곳을 거의 다 토지로 만들 수 있었고 그 후로는 과연 나라의 씀씀이를 기댈 수 있어서 그 성과를 이룰 수 있었습니다. 하물며 오늘날에는 사해에 이르는 곳을 강역으로 삼고 있으니, 이들 토지는 양경(兩京: 북경과 남경) 사이에 끼어 있으며, 또한 운송을 위해 경과하는 도중에는 생선과 소금의 이익이 있을 뿐만 아니라, 왕골[莞浦]의 이익도 얻을 수 있어서, 옛사람들이 말하는 천하에서 가장 풍요로운 양주지역[揚一之地][20]입니다.

또한 양자강에서 겨우 100리 떨어져 있고, 양자강의 남쪽에는 백성은 많지만 토지는 적어서 이곳에 거주하는 사람들은 부자들의 토지를 소작하여 노예와 같았기 때문에, 지대를 내는 것이 십분의 일의 세금보다 가벼우면 쫓겨나서 고향을 떠나게 됩니다. 무릇 이와 같은 사람들이 어찌 바라는 바가 있겠습니까? 따라서 위로는 부모를 섬길 수

---

19 편안지국(偏安之國): 중원을 잃고 작은 영토에 일시적으로 평안을 꾀하는 나라를 뜻한다.

20 양일지지(揚一之地): 양자강 북안과 운하에 인접한 지금의 강소성(江蘇省)에 위치한 양주(揚州)의 경제적 중요성을 나타내는 말로, 대운하가 개통되면서 특히 당나라 말에는 양주의 부가 천하의 제일(揚州富庶天下甲)이기 때문에, 당시 사람들은 "양일익이(揚一益二)"라고 하였다는 것에서 비롯된 말이다. 즉 양주가 천하 제일의 풍요로운 곳이라는 의미이다.

가 없고 아래로는 자식을 부양할 수 있는 밑천이 없으니, 어찌할 수가 없게 됩니다.

그런데 백성들은 어리석어서 옛날의 일상에 안주하고 마음은 여러 가지이지만 일정한 의견이 없기 때문에, 이에 만일 조정에서는 한 자 크기의 네모난 모양[方尺]의 조서를 반포하는 한편, 또한 일개 신하라도 파견하여 이들을 격려하고 초무하면 성과를 이루지 않을 것이 없게 됩니다. 이렇게 이미 효과를 거둔 후에는 또한 영수(潁水)와 수춘(壽春) 사이에서 백성을 소집하여 육전을 개간하는 한편, 땅의 형세에 따라 토지를 나누고 백성들의 노동력에 따라 세금을 정하였으니, 그 공력 또한 수전보다 쉬웠습니다. 당나라 역사를 살펴볼 때, 상원(上元, 674~676 ; 760~762) 연간에 초주[楚州: 지금의 강소(江蘇)성 회안(淮安)시]【초주(楚州)는 오늘날의 회안(淮安)이다.】의 옛날 사양호(射陽湖)가 있던 곳에 홍택(洪澤: 넓은 저수지)둔전을 설치하였고, 수주(壽州)에는 작피[芍陂: 연못으로, 지금의 안휘(安徽)성 수현(壽縣) 일대]둔전을 설치하여, 그 밭을 갈아 기름진 토양을 만들어 크게 이익을 거두었으니, 모두 이곳에서 그 유적을 찾아볼 수 있습니다.

臣按: 今承平日久, 生齒日繁, 天下田價比諸國初加數十倍. 水田惟揚州最賤, 陸田惟潁·壽爲輕, 且地在兩京之間, 相距略等. 今天下一家, 雖無魏人南征之役, 然用其法以行於今日, 亦可賴以少寬民力, 省歲漕, 其於國用不爲無助. 臣請於淮南一帶, 湖蕩之間·沮洳之地·蘆葦之場盡數以爲屯田, 遣官循行其地, 度地勢高下, 測泥塗淺深, 召江南無田之民, 先度地勢, 因宜制便, 先開爲大河闊二三丈者以通於海. 又各開中河八九尺者以達於大河, 又隨處各開小河四五尺者以達於中河, 使水

有所泄. 然後於其低窪不可耕作之處, 浚深以爲湖蕩, 及於原近舊湖之
處, 疏通其水, 使有所瀦, 或爲堤以限水, 或爲堰以蓄水, 或爲鬥門以放
水, 俱如江南之制. 民之無力者給以食, 田成之後依官田以起科; 民之
有力者計其庸, 田成之後依民田以出稅, 六七年間, 其所得者恐不減於
魏人也. 夫魏人以偏安之國, 有外敵之患, 猶能兼淮·穎而盡田之, 其
後果賴其用, 而有以成其功. 矧今盡四海以爲疆, 而此地介兩京間, 而
又爲運道經行之路, 有魚鹽之利, 有莞蒲之用, 古人所謂揚一之地者也.
且去大江僅百里許, 大江之南民多而田少, 居者佃富家之田爲之奴隷,
出者逐什一之利輕去田里, 夫若此者, 豈其所欲哉? 無可以爲仰事俯育
之資, 不得已也. 然民性愚而安故常, 心多而無定見, 儻朝廷頒方尺之
詔, 遣一介之臣, 鼓舞而招徠之, 無不成者. 旣成之後, 又於穎壽之間,
召民開墾陸田, 亦隨地勢以分田, 因民力而定稅, 其功又易於水田者.
考之唐史, 上元中於楚州【今淮安】古射陽湖置洪澤屯, 於壽州置芍陂屯,
厥田沃壤, 大獲其利, 俱在此地, 遺跡可考也.

진(晉)나라의 양호(羊祜)[21]가 양양[襄陽: 지금의 호북(湖北)성에 위치]에 주둔하
여 토지 800여 경(頃: 100무)을 개간하였다. 양호가 이곳에 처음으로 이르
렀을 때에는 군에는 1백일의 비축분조차 없었는데, 그가 물러날 때에는

---

21 양호(羊祜, 221~278): 중국 삼국시대 위나라와 진나라의 장수로 연주(兗州) 태산군(泰山郡) 남
성현(南城縣) 출신이다. 자는 숙자(叔子)이다. 그는 후한 말 채옹(蔡邕)의 외손자이자 촉에 항
복한 하후패(夏候覇)의 사위이기도 하다. 그의 누나 양휘유(羊徽瑜)가 사마사(司馬師)의 아내
가 되면서 진나라 건국에 적극 참여하였다.

10년간의 비축분이 있게 되었다. (진나라가) 오나라를 평정한 후에는 두예(杜預)[22]가 소신신(召信臣)[23]의 (둔전) 유적을 수축하는 한편, 치수(滍水)[24]와 육수(淯水)[25] 등의 모든 물을 확 터서 원래 둔전이었던 토지 1만여 경을 잠기게 하여 강역을 나누어 이를 돌에 새기고 각기 일정한 분량을 정하게 함으로써, 관이나 개인이 모두 이익을 같이하게 하니 많은 백성들이 이에 의지하게 되었다.

> 晉羊祜鎭襄陽, 墾田八百餘頃. 祜之始至也, 軍無百日之儲, 及其季年, 有十年之積. 平吳之後, 杜預修召信臣遺跡, 激用滍・淯諸水以浸原田萬餘頃, 分疆刊石, 使有定分, 公私同利, 衆庶賴之.

신은 이렇게 생각합니다. 양호와 두예 두 사람이 개간한 토지는 그 유적이 오늘날의 호광의 형양(荊襄)[26]과 하남(河南)의 당등(唐鄧)에 있었

---

22 두예(杜預, 222~284):《대학연의보》권33 주) 5 참조.

23 소신신(召信臣, ?~?): 전한 후기의 학자이자 관료로, 구강군 수춘현(壽春縣) 사람이다. 자는 옹경(翁卿)이다. 그는 백성을 자식과 같이 인애하여 선정을 베푼 지방관으로, 후한(後漢)의 두시(杜詩)와 함께 '소부두모(召父杜母)'라고 칭송되었다.

24 치수(滍水): 하남(河南)성 동남부를 흐르는 '사하(沙河)'를 말한다. 이 강의 명칭은 양자강과 회하(淮河)의 이 지류인 영하(潁河)가 이곳을 흐를 때, 강바닥에 황토가 많이 쌓였기 때문에 붙여진 것으로, 고대에는 치수(滍水)・지수(泜水)・치천(滍川)이라고 불렀다.

25 육수(淯水): 오늘날 하남성과 호북(湖北)성의 남소현(南召縣)과 남양시(南陽市) 일대와 호북(湖北)성 양양시(襄陽市) 교계를 흐르는 '백하(白河)'의 옛 명칭이다.

26 형양(荊襄): 오늘날 호북(湖北)성 일대를 말하고, 한나라 시대에 남양군(南陽郡)・남군(南郡)・강하군(江夏郡)・영릉군(零陵郡)・계양군(桂陽郡)・무릉군(武陵郡)・장사군(長沙郡)・양양군(襄陽郡)・남향군[南鄉郡, 또는 장릉군(章陵郡)] 등 9군이 있었다.

는데, 옛날에는 이곳 낙양을 천하의 중심이라고들 하였습니다. 신이 오늘날의 강역으로 살펴보니, 실제로 이 3군은 우리 명나라 천하의 중심입니다. 그런데 천하의 토지는 남쪽은 수전이 많고 북쪽은 육전이 많은데, 오늘날 이 3군은 대개 수전과 육전을 겸하고 있습니다. 남쪽 사람들은 수경에 유리하고 북쪽 사람들은 육전을 경작하는 데 유리하기 때문에, 남쪽과 북쪽의 유민들이 이곳에 머물러 사는 경우가 다른 군(郡)에 비해 많습니다.

신이 청하옵건대, 두 지역 경계의 가운데 관청을 설치하고 농사를 잘 아는 조정의 신하를 선택하여 이곳을 살피게 하되, 수경이 가능한 땅에는 물을 끌어들여 제방을 세우고 남방 사람들을 모집하여 이를 경작하며, 한편 육전(밭)에 경작하는 토지에는 강역을 나누어 경계를 정하고 북방 사람들을 모집하여 이곳을 경작하게 합니다. 그리고 곡식이 익고 난 뒤에는 무(畝)에 따라 지대를 나누어 내게 하고 그 지역에 따라 이를 비축하여, 긴급한 경비가 필요할 경우에는 한수(漢水)[27]에서 양자강으로 들어가고, 다시 양자강에서 금릉[金陵: 지금의 강소(江蘇)성 남경시]에 도달하게 됩니다. 이로써 한 해의 조운 수량을 절약할 수 있을 뿐 아니라, 많은 양곡을 군과 현에 비축하여 남겨 둘 수 있어서 혹시 황하와 낙수 지역, 관중과 섬서 지역에 흉년이 들어도 이를 사용하여 구제할 수 있습니다. 또한 한가한 날에는 무력으로 무관(武關)[28]에서 진(秦) 지역으로 들어오는 길과 상인들이 육로로 다니는 옛

---

27 한수(漢水): 한강(漢江)이라고도 하며, 장강(長江)의 지류이다. 지금의 섬서성 남부에서 발원해 동남쪽으로 흘러 호북성 양번(襄樊)에 이른 다음에 다시 남쪽으로 흘러 무한(武漢)에서 장강으로 들어간다. 양번 이하를 양강(襄江)이라고도 부른다. 전체 길이는 1,532km에 달한다.

28 무관(武關): 형주 남양군(南陽郡)에 있는 관문이다. 북쪽으로는 높은 산이 막고 있고 남쪽으

날 모습을 복구하도록 하되, 만일에 세 곳이 빠져 있다고 하더러도 이 역시 이에 의지하여 구제할 수 있습니다.

臣按: 羊·杜二人所墾之田, 其遺跡在今湖廣之荊襄·河南之唐鄧, 古稱
洛陽爲天下之中. 臣以今日疆域觀之, 則此三郡實爲我朝天下之中也.
天下之田, 南方多水, 北方多陸, 今此三郡蓋兼水陸而有之也. 南人利
於水耕, 北人利於陸種, 而南北流民僑寓於此者, 比他郡爲多. 臣請於
兩藩交界之中立一官司, 遴擇廷臣知稼穡者循行其地, 可水耕之地, 則
引水立堰, 募南人耕之; 可陸種之地則分疆定界, 募北人種之. 成熟之
後按畝分租, 隨地儲積, 遇有急用, 由漢入江, 由江而達於金陵, 稍省歲
漕之數, 多留郡縣之儲, 或遇河洛·關陝荒歉, 亦可用以救濟. 又於暇日
講求武關入秦之路·商於陸挽之故, 萬一三邊有缺, 亦或賴以濟焉.

당나라에서는 군부를 개설하여 요충지를 지키게 하는 동시에, 비어 있는 땅에는 영전(營田)을 설치하였다. 이로써 천하에 모두 992개의 둔전이 있었고, 사농시(司農寺)에는 한 개의 둔전을 3경으로, 주(州)와 진(鎭)의 모든 군사에는 한 개의 둔전을 50경으로 삼되, 수전과 육전·토지의 비척·토질에 맞는 곡물의 파종과 그 고용 인력의 다과·수확률의 많고 적음 등에 따라 모두를 상서성에서 결정한다.

로는 깊은 계곡이 놓여 있어 군사상 요충지였다. 지금의 섬서성 상현성(商縣城) 동남쪽에 있다.

唐開軍府以扞要衝, 因隙地置營田, 天下屯總九百九十二, 司農寺每屯三
頃, 州鎭諸軍每屯五十頃, 水陸腴瘠・播植地宜與其功庸煩省・收率之多少,
皆決於尙書省.

신은 이렇게 생각합니다. 예부터 군영의 토지는 병사를 사용하기도
하고 일반 백성을 사용하기도 하였는데, 이 모두는 군사훈련에 임하
는 군사[軍伍]와는 별도로 병사를 배치하고 여기에 관청을 두었습니
다. 오직 우리 명 왕조의 둔전제도는 위소(衛所)[29]군이 있는 곳의 비어
있는 넓은 땅에 군사를 나누어 둔보(屯堡)를 세우는 한편, 이들에게 이
곳을 경작하기도 하면서도 또한 (변경을) 수비하도록 하였습니다. 이
때 대개 (이들 군사 중에서) 10으로 나누어 그중의 7할은 성을 지키게
하고 그중의 3할은 둔전을 경작하게 하되, 긴급한 일이 생기게 되면
아침에 이들을 징발하여 저녁에 도달할 수 있게 하니 (변장을) 수비하
는 중에서도 여기서 수확을 얻는 이로움이 있으니, 이 제도야말로 예
전에 비하여 좋은 방안입니다. 근래에 와서는 또한 각 도에 이를 전
담하는 풍헌관(風憲官)[30] 한 명을 두어 둔전을 감독하도록 하는 동시에,
소와 (이에 필요한) 각종 장비・농기구 등은 둔전 부서에서 총괄하고 세
량(細糧)[31]과 둔전 자립(屯田子粒)[32]은 호부에서 관장하였습니다. 그리고

---

29 위소(衛所)제도:《대학연의보》권33 주) 58 참조.
30 풍헌관(風憲官): 관리의 규찰과 민정을 살피는 관리를 말하는데, 명대에는 13도에 감찰어사
를 두었다. 이들은 각지에 파견되어 그곳의 민정을 살피는 한편, 지방관의 근무 실정을 파
악하여 보고함으로써 관리들의 고과 평가 시에 근거로 삼기도 했다.

위소가 있는 곳에는 주둔군이 경영하는 토지가 있는데, 이는 당나라와 같이 전담하는 농시(農寺)를 설치하여 이를 관할하는 것이 아니라, 군사 한 사람이 20무의 토지를 지급받아 6섬을 지대로 내고, 그 나머지 여정(餘丁)이 받는 토지와 납부하는 세금의 경우는 이들 정군(正軍)[33]에 비해 등급에 따라 줄여 주었습니다.

신은 생각하기에, 민전칙례(民田則例) 가운데 가장 가벼운 것은 반드시 3섬을 거두었는데, 대개 이 토지는 대부분 비옥하지만 군사가 둔전으로 경작하는 것은 대부분 버려두고 경작하지 않는 토지이기 때문에, 여기서 거두는 지대는 이의 10배에 달합니다. 바라옵건대, 당나라 사람들과 같이 수전과 육전·토지의 비척·토질에 맞는 곡물의 파종과 그 고용 인력의 다과·수확률의 많고 적음 등 그 지세의 이로움과 토양의 적합도 등에 따라 징수칙례를 정하시어, 둔전을 경작하는 모든 군사들에게 즐겁게 달려와 이(경작)에 임하게 하십시오. 이렇게 하면 군사와 나라에 쌓이는 것이 족하여 부족한 것이 없게 될 뿐 아니라, 또한 마침내 이들 집안의 즐거움을 얻을 수 있고 재물을 갖게 되니, 공(公)과 사(私) 양쪽이 다 편리하게 되고, 상하가 모두 족하게 될 것입니다.

---

31 세량(細糧): 군호 중에서 군둔을 경작하는 군사인 정군 이외에, 나머지 여정(餘丁)이 둔전을 경작하여 나라에 바치는 세금이다.
32 둔전자립(屯田子粒): 군대가 경작하는 군둔(軍屯)에서 징수하는 세량을 의미한다. 군둔이 시행된 명 초기에는 하나의 군둔에서 수확하는 것 중에서 원칙적으로 약 절반에 해당하는 24섬을 해당 군사들의 경비로 삼고, 그 나머지 24섬을 둔전자립으로 삼아 재정에 충당하였다.
33 정군(正軍): 군호 중에서 일정한 연령이 되어 징발되어 위소군에 편입된 군사를 말하는데, 이를 기군(旗軍)이라고도 불렀다.

臣按: 自古屯營之田或用兵或用民, 皆是於軍伍之外各分兵置司. 惟我朝之制就於衛所所在, 有閑曠之土, 分軍以立屯堡, 俾其且耕且守. 蓋以十分爲率, 七分守城・三分屯耕, 遇有儆急, 朝發夕至, 是於守禦之中, 而收耕獲之利, 其法視古爲良. 近世又於各道專設風憲官一員以提督之, 其牛具・農器則總於屯曹, 細糧・子粒則司於戶部. 有衛所之處, 則有屯營之田, 非若唐人專設農寺以領之也. 每軍受田二十畝・納租六石, 而餘丁所受所納, 比之正軍, 則又降殺焉. 臣竊以爲, 民田則例, 最輕者須收三石, 其田率多膏腴, 軍所屯種者, 多其所棄不耕之田, 而所收之租乃十倍焉. 請如唐人, 較其水陸膄瘠・播植地宜與其功庸煩省・收率多少, 各因其地利土宜定爲征收則例, 使凡屯種之軍樂於趨赴, 旣得以足軍國之儲, 而無欠負, 又得以遂室家之樂, 而有蓋藏, 公私兩便, 上下俱足矣.

당나라 (헌종) 원화(元和, 806~819) 연간에 진무군(振武軍)[34]이 굶주리게 되자, 재상 이강(李絳)[35]이 영전(營田)[36]을 시작하여 탁지부의 조운을 절약하

34 진무군(振武軍): 당나라 관내도의 선우(單于) 대도호부(大都護府)에 속하는 군대로 그 치소는 오늘날의 몽골 후허하오터시[呼和浩特市] 대청산(大青山) 남쪽 기슭에 있었다. 이들은 회골(回鶻)을 방위하는 최전선 군사로, 안사의 난 이후에는 절도사가 거느리는 군진(軍鎮)이 되어, 오르도스[河套] 지역에 주둔하면서 회골을 방어하였다.

35 이강(李絳, 764~830): 당나라 관리이자 문학가로, 조군(趙郡) 찬황[지금의 허북(河北)성] 출신이다. 자는 심지(深之)이다. 한림학사와 중서시랑(中書侍郎), 예부 상서와 산남서도절도사(山南西道節度使) 등을 지냈고 조군공(趙郡公)에 봉해졌다. 저서로는 《군신성패(君臣成敗)》가 있고, 이후에 《이상국담사집(李相國談事集)》으로 편집되었다.

기를 청하였다. 이에 한중화(韓中華)를 영전사로 명하고 대주(代州)[37]지역에 300경의 토지를 개간하게 하고, 뇌물죄를 지은 관리 900여 명을 징발하여 이들에게 쟁기와 농우를 지급하는 동시에 농작물 씨앗을 빌려주고 이들에게 양곡을 내는 것으로 보상하도록 하니, 한 해 동안 크게 풍작이 되었다. 그리고 사람을 모집하여 15개 둔전을 만들고, 각 둔전마다 130명을 주둔하게 하고 한 사람당 100무를 경작하게 하여 높은 곳을 보루로 삼음으로써, 동쪽으로는 진무(振武: 지금의 몽골 오르도스 지방)에서부터 서로는 운주[雲州: 지금의 산서(山西)성 대동(大同)시]를 넘어 그 끝에는 중수항성[中受降城: 지금의 내몽골 자치구의 포두(包頭)시 서쪽 일대]에 이르기까지 무릇 6백리에 달했고 , 목책이 20개이고 개간한 토지가 3천 8백여 리로서 해마다 수확한 양곡이 20만 섬이었다. 이로써 탁지전 2천만여 민(緡: 꾸러미로 된 화폐 단위)을 절약할 수 있었다.

元和中, 振武軍饑, 宰相李絳請開營田, 可省度支漕運. 乃命韓重華爲營田使, 起代北墾田三百頃, 出贓罪吏九百餘人, 給以耒耜·耕牛, 假種糧, 使償所負粟, 一歲大熟. 因募人爲十五屯, 每屯百三十人, 人耕百畝, 就高爲堡, 東起振武, 西逾雲州, 極於中受降城, 凡六百餘里, 列柵二十·墾田三千八百餘里, 歲收粟二十萬石, 省度支錢二千餘萬緡.

신은 이렇게 생각합니다. 한중화(韓重華)는 대주(代州) 이북 지역 3천

---

36 영전(營田): 병영의 유지비를 충당하도록 설치한 둔전(屯田)으로, 병영을 단위로 집단적으로 경작하였다.

37 대주(代州): 지금의 산서(山西)성 운중산(雲中山) 이동(以東) 계주산(系舟山) 이북 지역이다.

8백여 리에 영전(營田)을 설치하여 양곡 20만 섬을 얻어 탁지부의 재정전 2천만여 민(緡)을 절약할 수 있었습니다. 이는 일찍이 둔전이 생긴 이래로 그 이익을 이와 같이 거둔 적이 없었습니다. 당시 변방에 연해 있는 토지는 모두 번진이 전적으로 관할하였음에도, 둔전을 시행하여 그 이익이 이와 같았습니다.

  (하물며) 오늘날과 같이 온 나라에는 백성들의 집들이 만 리에 달하고 위소(衛所)가 줄을 지어 갖추어 있을 뿐 아니라, 또한 (때마침) 서쪽과 북쪽 오랑캐가 쇠약한 때이기 때문에, 혹시라도 침범하는 경우가 있더라도 많은 무리들을 이끌고 깊숙한 지역으로 침입한 적은 없었습니다. 진실로 아무 일이 없을 때에 옛사람들의 흔적을 찾아 이전 사람들이 시행한 일을 살펴, 동쪽으로는 요동에서부터 서쪽으로는 감량(甘涼)[38]에 이르기까지 소금기가 없고 곡식을 재배할 수 있는 모든 변방의 토지에다 그 지세와 토질의 적합성에 따라 군영과 보루를 세우고, 토지를 개간하여 그 경계를 만들어 군사들에게 이를 나누어 경작하도록 합니다. 이때 땅을 갈고 김을 매며 수확할 때에는 성을 지키는 노인과 아이들을 제외하고는 모든 장정들과 온 가족이 다 이를 시행합니다. 또한 이들이 경작하는 110리 바깥에는 정장(亭障)[39]을 세우는 한편, 참호를 파고 봉화대를 만들어 멀리까지 파수하고 유격 기병을 내보내 이를 순찰하되, 만약에라도 오랑캐가 침범하여 들어오게 되더라도 이들이 오기 전에 미리 알아 경비하여, 그 세력이 대적할 만하면 싸워서 막고 대적할 수 없으면 이를 피합니다. 이와 같이

---

38 감량(甘涼): 지금의 감숙성(甘肅省) 영하(寧夏)와 장액(張掖)시 일대이다.

39 정장(亭障): 변방 요새에서 사람들의 통행을 검사하는 검문소이다.

하면 곳곳마다 모두 둔종(屯種) 하는 곳이 있을 뿐 아니라 또한 해마다 모두 거둬들이는 수입이 있게 됩니다. 이로써 자연히 변방에 쌓이는 것으로 경비를 지급하기에 족하게 될 뿐 아니라, 안으로는 군량을 수송하는 수고로움을 덜게 되고 밖으로는 외침에 철저하게 대비할 수 있을 것입니다.

臣按: 韓重華於代北開營田三千八百餘里, 得粟二十萬石, 省度支錢二千餘萬緡, 自有屯田以來, 未有得利如此者也. 彼時沿邊之地, 皆爲藩鎭所專, 而行之猶得其利若此. 今國家煙火萬里, 衛所列峙, 又値戎虜衰弱之時, 雖時或有侵軼, 未嚐擧大衆入深地. 誠於無事之時, 尋古人之故跡, 按前人之行事, 東起遼東, 西盡甘涼, 於凡邊塞無鹹鹵, 而宜裁種之地, 因其地勢, 相其土宜, 立爲營堡, 開墾田疇, 分軍耕種. 當夫耕耘收獲之時, 除老幼守城外, 凡有丁壯盡室而行. 仍於所耕百十里之外設立亭障, 開鑿溝塹, 爲烽堠以瞭望之, 出遊騎以巡哨之, 遇有寇盜入境, 未至之先豫知徼備, 勢可敵則拒之, 不可敵則避之. 如此, 則處處皆有屯種之所, 年年皆有收獲之入, 邊儲自然給足, 可以省內挽之勞, 可以嚴外侮之備.

송나라 태종 단공(端拱, 988~989) 연간에 진서(陳恕)[40]를 하북동로(河北東

---

40 진서(陳恕, 945?~1004): 송나라 사람으로 남창(南昌) 홍주(洪州: 지금의 강서성 남창) 출신이다. 자는 중언(仲言)이다. 태평흥국(太平興國) 2년(977)에 진사에 합격한 이후 풍주(澧州) 통판(通判)과 공부낭중(工部郞中)을 거쳐, 순화(淳化) 5년(994)에는 염철사(鹽鐵使)를 지냈다. 그는 관직생활 중에 청렴하고 공정하기로 유명하여 송 태종은 "진염철진서(眞鹽鐵陳恕)"라는 칭호를

路)의 영전사(營田使)로 삼아 하북 지역의 영전을 크게 일으켰다. 이전에는 웅주[雄州: 지금의 하북(河北)성 웅현(雄縣) 일대는 동쪽으로 바다에 면해 있고 물이 많이 고여 있어서 오랑캐들이 이를 꺼려 감히 이곳을 거쳐 침입하지 않았다. 그런데 순안군[順安軍: 순화(淳化) 3년(992)에 지금의 하북성에 설치한 군대]은 북평(北平: 지금의 북경)에 이르기까지 200리에 달하는 토지가 평평하고 넓고 막힌 데가 없기 때문에, 해마다 오랑캐의 기병들이 이곳을 통해 침입해 왔다. 따라서 이를 거론하는 사람이 이르기를, "마땅히 이곳 지형의 높낮이를 측량하여 수전과 육전이 편리한지에 따라 밭두둑[阡陌]을 만들고 도랑을 파서 오곡을 심는 데 이롭게 하면, 변방의 창고를 튼실하게 하고 오랑캐의 군대를 막을 수 있다."고 건의하였다. 이 때문에 진서 등을 파견하여 이를 시행하게 되었다.

이에 진서가 비밀리에 주를 올려, "변방을 지키는 병사들은 모두 빈둥대고 놀면서 지방관청의 경비만을 쳐다보고 있으니, 잠시 이들에게 겨울에는 갑옷을 입고 병기를 들게 하고, 봄에는 쟁기와 가래를 잡게 하면 예측할 수 없는 변란이 일어날까 두렵습니다."라고 말함에 따라, 이를 중단하였다.

> 宋太宗端拱中, 以陳恕爲河北東路招置營田使, 大興河北營田. 先是, 雄州
> 東際於海, 多積水, 戎人患之, 不敢由此路入寇. 順安軍至北平二百里地平
> 廣無隔閡, 每歲邊騎多由此而入, 議者謂"宜度地形高下, 因水陸之便, 建
> 阡陌·浚溝洫, 益樹五穀, 所以實邊廩而限戎馬, 故遣恕等經營之. 恕密奏:

내렸고, 이 때문에 후세에도 "염철판관(鹽鉄判官)"이라고 부르기도 했다. 지도(至道) 3년(997)에 진종이 즉위한 이후에는 호부시랑, 전운사(轉運使) 등을 역임하였다.

신은 이렇게 생각합니다. 천하의 일이란 이를 일으키는 것이 어려운 것이 아니라, 적절하게 처리하는 것이 어렵습니다. 한나라의 조충국이 변방 지역에 둔전을 시행하자고 건의한 이래, 위나라와 진(晉)나라에서부터 당나라에 이르기까지 모두 이를 시행하였는데, 이때는 병사를 이용하지 않은 적이 없었습니다. 뿐만 아니라, 둔전을 시행한 곳이 모두 최변방의 요새 지역이자 얼어붙을 정도로 춥고 자갈이 많은 거친 땅이었지만, 예측할 수 없는 변란이 생길 것을 염려하여 이를 시행하지 않았다는 사실을 듣지 못했습니다.

오늘날 송나라에서 말하는 변방은 곧 중국 안에 위치한 곳으로 결코 변방이 아님에도, 진서는 예측할 수 없는 변란이 일어날 수 있음을 두려워하여 비밀리에 상주하여 이를 중단하였습니다. 오호라! 천하를 도모하는 사람에게 모든 일을 일으키게 함에 있어서, 그 일의 근본이 가능한지 아닌지를 살펴보지 않고 오로지 인정에 따를 것인지 아닌지만을 좇았으니, 이러고서야 어찌 나라를 바로 세울 수 있겠습니까? 옛날 말씀에 "편안하게 해 주기 위한 방법으로 백성을 부리면, 비록 수고롭더라도 백성들이 원망하지 않는다."[41]고 말하지 않았습니까?

신은 청하옵건대, 모든 변방에 둔전을 설치하고 병사를 나누어 경

---

41 편안하게…않는다: 《맹자》의 〈진심장구 하(盡心章句下)〉에 나오는 말이다.

작하게 하면, 지대의 수입을 징발할 필요가 없게 됩니다. 또한 병졸들이 자신이 경작하는 토지 이외에 더 많이 경작하는 자에게는 상을 내리는 칙례를 정하도록 하되, 다만 사람마다 열심히 경작하여 집집마다 비축하는 것이 있게 하면, 변방의 성들도 자연히 풍족하게 될 것입니다. 이에 내지에서 변방 양곡을 운송해야 하는 주와 군으로 하여금 이 양곡 가격으로 (둔전에서 나온 양곡을) 사들이게 하면 집집마다 쌓아 둔 것이 남음이 있게 되고, 또한 양곡의 시장 가격도 저절로 고르게 되니, 비단 변방의 경비가 부족하지 않게 될 뿐만 아니라, 변방의 군사도 넉넉하게 되어 내지 군(郡)에 있는 백성들 역시 경비를 절약하게 됩니다.

臣按: 天下之事非興作之難, 而處置得宜之爲難也. 自漢趙充國於邊地建屯田之議, 魏晉至唐皆行之, 未嘗不用兵也. 且其所行皆在窮邊絶塞之所·沍寒磽鹵之地, 未聞慮其有不測之變而不爲也. 今宋之所謂邊者, 乃在中國, 非邊徼也, 而陳恕乃恐其變生不測, 而密奏止之. 嗚呼, 使爲天下者凡有興作, 不顧事體之可否, 一惟徇人情之從違, 何以立國哉? 古不云乎, "以佚道使民, 雖勞不怨". 臣請於凡邊塞置立屯田, 分軍耕種, 不必征其租入. 士卒能於本田之外多耕者, 立爲賞賚則例, 但使人人奮耕·家家有積, 邊城自然充足. 於是令內地該運邊糧州郡, 俾其齎價來糴, 家積有餘, 市價自平, 不獨邊用不虧, 邊軍皆贍, 而內郡之民亦省矣.

송나라 순화(淳化, 990~994) 연간에 임진(臨津) 지방의 수령인 황무(黃懋)가 상소를 올려 하북 지역의 모든 주에서 수전을 만들기를 청하는 한편, 그 스스로 말하기를, "복건 사람과 복건 지역은 수전을 경작하는데, 작은 땅에 샘물을 끌어들이기 때문에 노력이 두 배가 들지만, 오늘날 하북(河北)의 주군(州軍)의 경우는 제방이 아주 많아서 물을 끌어들여 관개할 수 있기 때문에 노력을 줄이고 쉽게 경작할 수 있습니다."고 하였다. 이에 하승구(何承矩)⁴²를 둔전사로 삼고 황무를 판관(判官)으로 충당하여 하북의 모든 주에서 물이 고인 곳을 대대적으로 개간하였는데, 이때 여러 주의 병사 1만 8천 명을 징발하여 이 역을 감당하게 하고 웅주[雄州: 지금의 하북성 보정(保定)시]·막주[莫州: 지금의 하북성 임구(任丘) 일대]·패주[覇州: 지금의 하북성 낭방(廊坊)시] 등의 주에 둑 600리를 쌓고 두문(斗門)⁴³을 설치하여 여기에 가두어 둔 물을 끌어 관개하였다. 초기에는 벼를 심었는데 이는 서리가 일찍 내리자 익지 않고 그다음 해에야 비로소 익었다. 당초 하승구의 건의에 대해서는 이를 저지하는 사람이 많았고, 무신들은 이(둔전)를 수축하는 일을 수치스럽게 여김에 따라, 여러 가지 의견이 더욱 심하게 일게 되자, 거의 역을 파하게 됨에 따라 이에 이르러 이를 논의하는 사람들이 수그러들었고, 부들자리와 조개가 풍부하여 백성들은 그 이익에 의지하게 되었다.

宋淳化中, 臨津令黃懋上書, 請於河北諸州作水利田, 自言: "閩人閩地種水

---

42 하승구(何承矩, 946~1006): 송나라 사람으로 하남(河南: 지금의 하남성 낙양) 출신이다. 자는 정칙(正則)이다. 그는 단공(端拱) 원년(988)에 창주(滄州) 절도부사(節度副使)와 하북제치연변둔전사(河北制置緣邊屯田使)를 지냈다. 순화(淳化) 4년(993)에는 지창주(知滄州)에 올랐다가 웅주(雄州)로 옮겨 10여 년간 이곳을 지키면서 거란과의 싸움에서 많은 전공을 세웠다. 《송사》권273, 〈하승구전(何承矩傳)〉 참조.

43 두문(斗門): 물이 들어가고 나가는 것을 막는 갑문을 뜻한다.

田, 緣小導泉, 倍費功力. 今河北州軍陂塘甚多, 引水漑田, 省功易就." 乃
以何承矩爲屯田使, 懋充判官, 於凡河北諸州水所積處大墾田, 發諸州兵萬
八千人給其役, 於雄·莫·霸等州興堰六百里, 置斗門, 引定水灌漑. 初年種
稻, 值霜早不成, 次年方熟. 初, 承矩建議, 沮之者衆, 武臣恥於營葺, 群議
益甚, 幾於罷役, 至是議者乃息, 莞蒲蜃蛤之饒, 民賴其利.

마단림(馬端臨)[44]이 《문헌통고》에서 말하였다.

"병사와 농민은 모두 우리들의 백성이기 때문에, 일이 없으면 이들
을 시켜 농사를 짓게 하여 힘껏 곡식을 심고 거두게 하며, 일이 있으
면 이들을 선발하여 전투에 임하게 합니다. 당나라 부병(府兵)제[45]도
비록 이와 같았지만, 둔전에 있어서는 노는 사람들을 시켜 넓고 거친
땅을 갈게 하는 동시에, 경작하면서 또한 (변방을) 지키게 하여 군향(軍
餉)을 절약하였으니 더욱 좋은 방안이었다. 그런데 부병제가 이미 무
너진 이후로는 병사와 농민이 각기 다른 신분(직업)으로 정해짐에 따
라, 유독 농민들만이 병사를 부양하느라 피곤한 것이 아니라, 병사들

---

44 마단림(馬端臨, 1254~1323): 《대학연의보》 권28 주) 8 참조.

45 부병(府兵)제: 서위(西魏)의 우문태(宇文泰)가 대통(大統, 535~551) 연간에 처음으로 시행하여
약 200년간 지속된 병제로, 가장 큰 특징은 병농합일(兵農合一)에 있다. 부병은 평상시에는
토지를 경작하는 농민이지만, 농사를 짓지 않는 시간에는 군사 훈련을 시행함으로써 유
사시에는 전투에 참가하도록 하였다. 또한 이들의 선발과 훈련은 절충부(折衝府)에서 담당
하고 전마와 무기는 스스로 구비하도록 하였다. 이러한 부병제는 서위·북주(北周)를 거쳐
수나라에 이르러 완비되어 당나라 태종(太宗, 627~649)때 가장 번성하다가, 현종(玄宗) 천보
연간(742~755)에 폐지되었다.

또한 농사를 짓는 것을 수치스럽게 생각하게 되었는데, 이는 진서가 상소에서 하승구의 둔전을 저지하는 논의를 언급한 것에서 알 수 있다. 이런즉 군사를 먹이는 일에 국력이 어떻게 지치지 않겠는가?"

馬端臨曰: "兵與農共此民也, 故無事, 則驅之爲農, 而力稼穡; 有事, 則調之爲兵, 而任征戰. 雖唐府兵之法猶然, 至於屯田, 則驅遊民辟曠土, 且耕且戍, 以省饋餉, 尤爲良法. 自府兵之法旣壞, 然後兵農判而爲二, 不獨農疲於養兵, 而兵且恥於爲農, 觀陳恕所奏及沮何承矩屯田之議者可見. 然則國力如之何, 而不弊於餉軍也哉?"

신은 이렇게 생각합니다. 송나라는 수도를 변량(汴梁, 지금의 개봉)에 정하여 이곳은 웅주·패주 등의 주와 거의 3천 리가 떨어져 있고, 또한 거란과 경계를 이루고 있습니다. 오늘날 이 지역은 수도 부근 지역[畿甸]으로, (때마침) 사방에서 아무런 일이 없고 백성들이 번성할 때에, 하승구의 옛 흔적을 조사하여 폐지되어 없어진 둔전을 일으키는 일은 진실로 어렵지 않습니다. 만일 이 말을 군주께서 받아들이시게 된다면, 이 또한 국용을 풍족하게 하고 조운하는 병졸을 줄일 수 있는데 일조할 것입니다.

臣按: 宋都汴梁, 去雄·霸等州幾三千里, 而又與契丹爲界. 今此地乃在畿甸近地, 當四方無事之時·人民繁庶之際, 按承矩之故跡而擧其廢墜, 誠無難者. 萬一此言見取於九重, 是亦足國用·省漕卒之一助也.

송나라 신종 희녕(熙寧) 원년(1068)에 조서를 내려 목마를 관리하는 방(坊)에서 남은 땅에는 전관(田官)을 두어 농사 관련 정사를 전담하게 함으로써, 말을 기르는 경비의 밑천으로 삼았다.

神宗熙寧元年, 詔以坊監牧馬餘地立田官, 令專稼政, 以資牧養之用.

신은 이렇게 생각합니다. 오늘날 수도 인근 지역[京畿]의 땅에는 국초에 태복시를 설치하여 6감(監) 24원(苑)으로 나누어 말을 기르도록 하였습니다. 오늘날에는 비록 태복시를 폐지하였지만 감과 원의 땅은 여전히 남아 있었는데, 이의 대부분은 황제가 직접 행차할 때 사정을 고하고 애걸하여 개인 장원이 되었습니다.

엎드려 비옵건대, (황제께서는) 영단을 내리시어 억지로 귀속시킨 모든 땅에다 송나라 사람들처럼 전관을 두어 농정을 전담하게 하시면, 비단 목마의 경비에 밑천이 될 뿐 아니라, 또한 이로 인해 군을 보조하게 됨으로써 군량을 보내는 것을 절약할 수 있을 것입니다.

臣按: 今京畿之地, 在國初, 設行太僕寺, 轄六監二十四苑以牧馬. 今其寺雖廢, 而其監苑之地固在, 多爲親幸陳乞以爲私莊. 伏乞英斷, 一節勒歸, 亦如宋人設田官專稼政, 非但可以資牧馬之用, 亦因之補助軍糧, 以省饋餉.

남송의 효종 융흥(隆興) 원년(1163)에 장천(張闡)[46]이 말하였다.

"형양(荊襄) 지역 둔전의 장애(방해)는 토지가 경작할 수 없는 데 있는 것이 아니라, 토지를 경작할 백성이 없다는 것입니다. 관청에서는 이를 노력하고자 하여도 이루지 못할 것을 염려하여 유민(遊民)에게 부과하는 것도 면치 못했지만, 유민이 부족하였기 때문에 백성들을 강제로 징발하는 것도 면치 못했습니다. 백성들은 자신의 숙전(熟田)을 포기하고 관의 생전(生田)을 경작해야 했기 때문에 이들의 사전은 이미 황폐하게 되었지만, 이에 대한 세금은 여전히 남아 있었습니다. (심지어는) 백성들의 토지를 점령하여 관전으로 삼기도 하고 백성들이 심은 곡식을 관의 곡식으로 삼기도 함에 따라, 노인과 어린이들을 부양할 것이 없게 되자 지방 전체가 소란하게 되었습니다. 이에 유사에서는 이들의 불편함을 알고 조정에 고하여 이를 폐지하였습니다.

신이 생각하기에 이것을 포기하기보다는 차라리 누구라도 본업에 돌아온 양회[兩淮: 지금의 강소(江蘇)·하남(河南) 성 일대] 지역의 백성들에게 경작하도록 하는 것이 나을 것입니다. 이는 비단 백성들이 떠도는 것을 면할 수 있을 뿐만 아니라, 또한 훗날에 토지를 넓게 개간하고 밭두둑을 이루고 난 다음에는 여기서 남는 것(양곡)을 관에 보내도록 하면, 실로 백성과 관 모두가 편리하게 될 것입니다."

孝宗隆興元年, 張闡言: "荊襄屯田之害, 非田之不可耕也, 無耕田之民也. 官司慮其功之不就, 不免課之遊民, 遊民不足, 不免抑勒百姓, 舍己

---

46 장천(張闡, 1092~1165): 자는 대유(大猷)이고 영가인(永嘉人)이다. 지천주(知泉州), 공부시랑 등을 역임하였다. 후대에 높은 평가를 받았으며, 저서로는 《주의(奏議)》, 《번저성덕사적(藩邸聖德事蹟)》 등이 있다.

熟田, 耕官生田, 私田既荒, 賦稅猶在, 占百姓之田, 以爲官田; 奪民種
之穀, 以爲官穀, 老稚無養, 一方騷然. 有司知其不便, 申言於朝罷之.
臣以爲, 與其棄之, 孰若使兩淮歸正之民就耕. 非惟可免流離, 異日墾
辟既廣, 田疇既成, 然後取其餘者而輸之官, 實爲兩便."

신은 이렇게 생각합니다. 무릇 앞에서 언급한 둔영(屯營)의 방안은 토
지를 경작할 수 없는 것에 대한 것이 아니라, 실제로는 토지를 경작할
사람이 없을 것을 염려한 데 있습니다. 이에 따라 전적으로 군사를
활용하고자 하면 병사 수가 제한되어 있고, 또한 전적으로 백성을 활
용하고자 하면 백성들이 각자 토지를 소유하고 있기 때문에, 그 폐단
은 진실로 장천이 말한 것과 같습니다.

신이 감히 생각하기에는, 송나라는 한쪽 구석에 치우쳐 자리하고
있었기 때문에[47] 형양 지역까지도 변경으로 삼아 해마다 군대를 (그곳
으로) 움직여 방어에 대비하였습니다. (따라서) 오랑캐가 침입하여 짓
밟게 되면 토지의 대부분이 황폐하게 되어, 오늘날처럼 태평한 날이
지속되어 인구가 날로 번성하지 않고서는 땅에서 나는 것으로는 백
성들이 먹을 것을 공급하기에 부족하였습니다. 이 때문에 남북 지역
의 백성들은 각지에서 떠돌며 유식(遊食)하였는데, 특히 강우(江右: 지금
의 양자강 하류) 지역이 많았습니다.

---

47 송나라는 … 때문에: 송나라가 금나라의 침입으로 1276년 여항[余杭: 지금의 항주시(杭州市)를
말함.]에 도읍지를 정하고 양자강 일대로 남하한 남송(南宋)을 말한다.

나라에서는 진실로 힘 있는 대신들을 택하여 보내어 이들을 불러 들이는 소임을 맡기시되, 관에서 내탕금 수만 냥을 빌려 양곡을 빌려 주는 밑천으로 삼고, 그 스스로 관리할 관원을 선택하여 천하를 두루 다녀 살피게 합니다. 이때 노는 땅[閒田]이 있으면 그 땅을 살피고 지세 를 헤아려서 둔보(屯堡: 둔전 둑)를 세워서, 놀고먹는 사람들을 불러 모 아 웅덩이와 쑥밭을 갈아 밭으로 만들고 도랑과 제방을 터서 이곳에 물을 대면, 후일에도 효과가 있어서 도움이 적지 않을 것입니다. 그 렇지만 땅을 가는 노력이 본디 쉽지는 않고, 또한 일을 처리하는 지혜 가 사람에게는 특히 어려운 일입니다. 따라서 이를 막 시행하는 초기 에는 이를 측정하고 헤아리는 것이 반드시 합당하지 않을 수 있거나 또한 이를 시행할 때에는 그 병폐가 없을 수는 없습니다. 그러므로 스스로 잘못된 것과 적합한 것을 깨달아 이를 사실대로 알리는 것을 허락하되, 이를 가짜로 꾸며 공로가 없는 자에게는 그 후에 벌을 가합 니다. 이렇게 하면 송나라와 같이 백성을 억지로 징발하는 일이 없게 되고, 이미 경작하던 숙전을 버리고 거친 땅을 경작하는 폐단이 없을 것입니다. 이는 비단 둔전 한 가지 일만 이런 것이 아니라, 모든 천하 의 일이 이와 같지 않는 것이 없습니다.

臣按: 凡前所陳屯營之策, 非田不可耕, 實恐耕田無其人, 專用乎軍, 則 軍伍有限; 專用乎民, 則民各有田, 其弊誠有如張闓所云云者. 臣竊以 爲, 宋朝偏安一隅, 以荊襄爲邊境, 歲有軍旅之興 · 防禦之備. 戎馬蹂 踐, 地多荒田, 非若我今日承平日久, 生齒日繁, 地力不足以給其人之 食. 是以南北之民隨處遊食, 而江右尤衆. 國家誠擇任有風力大臣, 付 以招徠之, 任借以官帑銀數萬兩以爲糴本, 俾自擇其屬, 遍行天下. 有

416

間田處, 相地度勢, 立屯堡以聚遊食, 辟汙萊以爲畎畝, 開渠堰以資灌漑, 異時成效, 補助非少. 雖然, 辟土之功固爲不易, 而料事之智尤人所難, 方其舉事之初, 量度或未必當, 及其施爲之際, 弊病或不能無, 自覺失宜, 許其陳首, 飾非要功者, 然後加以責罰. 如是, 則無宋人抑勒百姓·舍熟耕生之弊矣. 然此非獨屯田一事爲然, 凡天下事無不然者.

원나라 태정(泰定, 1324~1327) 연간에 우집(虞集)[48]을 한림직학사로 삼자 그가 진언하여 말하였다.

"경사(京師)의 동쪽 바닷가 수천 리는 북쪽 끝으로는 요동, 남쪽으로는 바닷가인 청주[靑州: 지금의 산동(山東)성 청주]·제주[齊州: 지금의 산동성 제남(濟南)시] 등지에는 갈대밭이 있습니다. 이곳은 바닷물이 날마다 들어와 진흙이 쌓여 비옥한 토양으로, (이곳 사람들은) 절강 사람들의 방법을 이용하여 제방을 쌓고 바닷물을 막아 경작지로 만드는 한편, 부유한 사람들 가운데 관직을 얻고자 하는 사람들을 받아들여 무리를 모아 토지를 각기 나누어 지급하도록 하고, 관에서는 그 토지의 둑을 경계로 삼아 1만 명의 인부를 써서 경작할 수 있는 사람에게는 만 명에 해당하는 토지를 주고 만부(萬夫: 만여 명의 인부)의 장(長)으로 삼습니다. 천 명의 인부, 백 명의 인부도 이와 같이 하되, 이를 게으르게 하는 장에 대해서는 살펴서 바꿉니다. 3년 후에는 그 성과를 봐서 토지의 높고 낮음에 따라 그 징수액을 정하여 등급에 따라 징수하여 5년 동안 쌓아 두고, 관에게 명하여 그

---

48 우집(虞集, 1272~1348): 《대학연의보》 권34 주) 28 참조.

비축된 양곡을 녹봉으로 지급하도록 합니다. 이렇게 10년 동안 이를 버려지지 않고 대대로 계승하게 하면, 군관의 법처럼 이어질 수 있을 것입니다."

元泰定中, 虞集爲翰林直學士, 進言曰: "京師之東瀕海數千里, 北極遼東, 南濱靑·齊, 崔葦之場也. 海潮日至, 淤爲沃壤, 用浙人之法, 築堤捍水爲田, 聽富民欲得官者, 合其衆分受以地, 官定其畔以爲限, 能以萬夫耕者授以萬夫之田, 爲萬夫之長. 千夫·百夫亦如之, 察其惰者而易之. 三年後視其成, 以地之高下定額, 以次漸征之. 五年有積蓄, 命以官就所儲給以祿, 十年不廢, 得以世襲如軍官之法."

신은 이렇게 생각합니다. 우집의 이 방안은 당시에는 시행하지 않았지만, 원나라가 끝날 무렵에 이르러서 해운이 잘 이르지 않아서 나라의 경비가 공급되지 않자, 나라를 도모하는 사람이(군주가) 비로소 우집의 말을 생각하게 되었습니다. 이에 바다 입구에 만호(萬戶)[49]를 두어 대략 이 방법을 받들어 삼아 매년 수십만 섬을 거두어 나라의 경비에 도움이 되었지만, 아아 이 또한 이미 너무 늦었던 것입니다. 오늘날 명나라는 수도를 연(燕: 지금의 북경)에 정함으로써 경사의 동쪽은 모두 큰 바다에 연해 있고 인가(人家)가 수천 리에 달하고 여기에 사는 주민들도 아주 빽빽하게 많았으니, 이와 같이 아주 평안하고 전성할

---

49 만호(萬戶): 무관직(武官職)의 하나이다. 만호(萬戶)·천호(千戶)·백호(百戶) 등은 본래 거느리는 민호(民戶)의 수를 말하는 것으로, 몽고족(蒙古族) 군제(軍制)의 기본 조직이다.

때가 바로 편안하게 살면서도 위급할 때를 생각할 때입니다.

조정 신하들에게 명하여 우집의 이 방안을 논의하도록 하시고, 마음속에 미리 계획이 있는 대신에게 특별히 위임하여 연해 일대를 두루 다니며 살피게 하여 둔전 일을 전담하게 하십시오. 또한 먼저 이를 시행한 민[閩: 지금의 복건(福建)]과 절강의 연해 지역에 있는 주와 군에는 제방과 둑을 쌓아 물이 바다로 흘러가는 곳을 막는 한편, 사민(士民)들 중에 농사일을 잘 아는 사람들을 징발하여 이곳으로 오게 하여 이를 시행할 수 있는지를 서로 살피게 하여 그 이로운 점과 손해되는 점을 강구하여 이에 대한 조치 방안을 정하도록 합니다. 그러고 난 뒤에 인부를 불러 모아 토지의 적합성과 지형에 따라 강역을 나누고 경계를 정하여, 그 (토지의) 크기에 따라 관직을 수여하되, 하나같이 우집의 방안과 같이 합니다.

그렇지만 천하의 모든 일은 처음 이를 건의한 사람이 비록 주밀하게 생각했어도 이를 집행하는 사람이 반드시 힘쓰는 것이 아닙니다. 모여서 이를 논의할 때는 말하는 사람들마다 이 방법이 유일하다고 생각해도 이를 집행하는 사람이 반드시 뇌물을 받고 이를 할 수 없다고 하여 이 일은 마침내 중단됩니다. 부득이하게 될 때에 이르러서야 비로소 그 방안을 사용하지만, 이미 기회를 거의 잃게 되어 대세는 이미 기울어 할 수 없게 됩니다. 오호라! (이야말로) 어찌 후세의 영원한 귀감이 아니겠습니까?

신은 일찍이 복건과 절강 지방 사람들이 말하는 것을 듣자하니, 바다에 연해 있는 토지는 대부분 염분이 많은 거친 땅이기 때문에 반드시 강물을 끌어서 이를 깨끗이 씻어내고 난 다음에야 경작지가 될 수 있다고 합니다. 이런 까닭에 바다에 연해 있는 토지[海田]는 반드시 연안에 제방을 쌓아 짠물이 들어오는 것을 막고, 하천을 파서 담수를 끌어서 들어오게 한 후에야 토지를 경작할 수 있다고 합니다. 신은 비록 동경[東京: 지금의 요양(遼陽)] 일대의 해안가에는 비록 가 본 적이 없지만, 일찍이 넓은 장하(漳河)[50]로 나가 아래로 백하(白河: 지금의 하북성을 흐르는 강)를 거쳐 노하(潞河: 지금의 산서성을 흐르는 강)의 강가에 이르게 되었는데, 이를 보아하니 이 강이 바다로 들어가는 물이 가장 많은 곳은 직고[直沽: 지금의 산동성 천진(天津)시]만한 것이 없었지만, 이 물은 곧바로 바다로 쏟아져 들어가기 때문에 관개할 수 있는 것(물)이 많지 않았습니다.

《서경 우공》에서 말하는 강을 거슬러 흘러가게 하는 방법[逆河法][51]에 따라 이곳의 토지를 최대한 살리기 위해 강물의 흐름을 끊어서 막고 그 옆으로 장하(長河)[52] 일대를 터서 이 물을 받아서 물줄기를 나누어 흐르게 한 후에, 습지가 끝나는 곳에 긴 제방을 쌓아 이곳을 따라 여러 곳에 각기 수문을 세워 이를 열고 닫는 것을 관리하도록 합니다. 이로써 밖으로는 짠물을 막아 안쪽으로 들어올 수 없게 하는 동시에, 안으로는 담수를 흘려보내 물이 너무 많이 넘치지 않도록 하는

---

50 장하(漳河): 산서성에서 발원하여 하남성으로 흐르는 강이다.

51 역하법(逆河法): 하(夏)나라 황제(黃帝)의 손자인 곤(鯀)의 치수 방법으로 둑을 쌓아 물의 흐름을 거슬러 이를 차단하는 방법을 일컫는다. 《산해경(山海經)》에 따르면, 곤은 치수에 능하여 흙으로 둑을 쌓아 흐르는 물을 막았지만 결국 실패하자, 그는 다시 꾀를 내어 천제(天帝)의 창고에 있는 양곡을 훔쳐 이를 쌓아 물을 막고자 하였으나, 여전히 실패하였다. 결국 천제에게 양곡을 훔친 사실이 발각됨에 따라, 곤은 죽임을 당하였다. 그런데 곤의 배를 갈라 나온 우(禹)임금은 물의 흐름을 거스르지 않고 물길을 분산시킴으로써, 아버지 곤과는 달리 치수에 성공하였다. 이처럼 곤과 우임금의 치수 방법은 중국 전통적인 치수에서 대비되는 원리를 보여주고 있다.

52 장하(長河): 지금의 호북성(湖北省)상과 하남성(河南省) 일대를 흐르는 장강의 일부이다.

데, 이와 같이 하면 곧 경작지가 만들어질 것입니다.

그러므로 담수가 바다로 들어가는 모든 곳에서 이와 같은 방법에 따라 시행하면, 연해의 수천 리가 좋은 경작지가 아닌 곳이 없게 되어 비단 백성들이 여기에 의지하여 먹을 수 있을 뿐 아니라, 또한 관에서도 그 경비를 의지할 수 있게 될 것입니다. 이렇게 되면 나라는 가만히 앉아서도 풍성한 부를 누릴 수 있고, 멀고 가까운 곳에서도 모두 이것에 의지할 수 있게 됩니다. 예를 들면, 부유한 백성들은 동남지역에서 운송하는 것(양곡)은 별도의 일(해변가에서 새로 개간한 토지를 경작하는 것)을 통해 거두는 것으로 하게 되고, 또한 바닷가에서 거두는 것은 이곳의 성곽 외에서 수확하게 되니, 이것들이 나라의 이익에 어찌 아주 적다고 할 수 있겠습니까? 이로 인해 동남지역의 백성들에게는 세금을 관대하게 할 수 있고, 또한 서북 지역의 변방 정세를 튼튼하게 할 수 있으니, 이렇듯 우집의 말이 당시에는 사용되지 않다가 오늘날에야 비로소 시행할 수 있게 되었으니, 비록 우집은 이미 죽었지만 죽은 것이 아니라 하겠습니다.

臣按: 虞集此策在當時不曾行, 及其末世也, 海運不至而國用不給, 謀國者思集之言, 於是乎有海口萬戶之設, 大略宗之, 每年亦得數十萬石以助國用, 吁, 亦已晚矣. 今國家都於燕, 京師之東皆瀕大海, 煙火數千里而居民稠密, 當此全安極盛之時, 正是居安思危之日.
乞將虞集此策敕下廷臣計議, 特委有心計大臣循行沿海一帶, 專任其事. 仍令先行閩·浙濱海州郡築堤捍海去處, 起取士民之知田事者前來, 從行相視可否, 講求利害, 處置既定. 然後召募丁夫, 隨宜相勢, 分疆定畔, 因其多少授以官職, 一如虞集之策. 雖然, 天下之事, 建議者思之非不周, 而執事者行之未必力, 方集議之時, 說者固已謂一有此制, 則執事者必以賄成而不可爲, 其事遂寢. 及至於不得已之際方用其策, 然幾會已失, 事勢已去不可爲矣. 嗚呼, 豈非後世永鑑哉? 臣嘗聞閩浙人言, 大凡瀕海之地多鹹鹵, 必得河水以蕩滌之, 然後可以成田, 故爲海田者必築堤岸以闌鹹水之入疏, 溝渠以導淡水之來, 然後田可耕也. 臣於東京一帶海涯雖未及行, 而嘗泛漳御而下由白河以至潞渚, 觀其入海之水, 最大之處無如直沽, 然其直瀉入海, 灌溉不多. 請於將盡之地依《禹貢》逆河法, 截斷河流, 橫開長河一帶, 收其流而分其水, 然後於沮洳盡處築爲長堤, 隨處各爲水門以司啟閉, 外以截鹹水俾其不得入, 內以泄淡水俾其不至漫, 如此, 則田可成矣.

於凡有淡水入海所在, 皆依此法行之, 則沿海數千里無非良田, 非獨民資其食, 而官亦賴其用. 如此, 則國家坐享富盛, 遠近皆有所資. 譬則富民之家, 東南之運其別業所出也, 濱海之收其負郭所獲也, 其爲國家利益夫豈細哉? 由是而可以寬東南之民, 由是而可以壯西北之勢, 虞集之言不見用於當時, 而得行於今日, 集雖死不死矣.

원나라 지정(至正) 12년(1352)에 승상 토크토[脫脫][53]가 이르기를, "경

53 토크토[脫脫, 1314~1355]: 탁극탁(托克托), 탈탈첩목아(脫脫帖木兒)라고도 불린다. 몽골 멸아걸(蔑兒乞) 출신으로, 자는 대용(大用)이다. 그는 1341년 중서우승상(中書右丞相)에 올라 바얀의 옛 정치를 개혁하고 과거제를 통해 인재를 뽑는 등 개혁적인 조치를 취하였다. 1351년에는 한산동(韓山童)과 유복통(劉福通) 등 홍건적의 난을 진압하는 데 공로를 세웠지만, 합마(哈馬)의 모함으로 탄핵되었다.

기 부근의 수지(水地)에는 강남의 사람들을 모집하여 경작하게 하여, 한 해에 벼와 보리 100만여 섬을 거둘 수 있게 됨에 따라 번거롭게 해운을 하지 않아도 경사가 먹을 것이 풍족하겠습니다."라고 건의하자, 이를 따랐다. 이에 서쪽으로는 서산(西山)에서 남으로는 보정(保定: 지금의 하북성 보정시)·하간(河間: 지금의 하북성 하간시)·북저단[北抵檀: 지금의 북경시 밀운구(密雲區)]【북저단(北抵檀)은 오늘날 밀운현(密雲縣)이다.】·순주[順州: 지금의 북경시 순의구(順義區)]【순(順)은 오늘날 순의현(順義縣)이다.】, 동으로는 천민진(遷民鎭)[54]에 이르기까지, 관의 토지와 관련되는 것과 원래 관리하던 각처의 모든 둔전을 모두 나누고 사농사(司農司: 농정을 관리하는 원나라의 관청)에서 법제를 제정하여 이를 경작케 하는 동시에, 임금과 소와 그 장비, 농기구, 곡식 씨앗 등을 함께 사용하도록 하여 초 5백 만 정(錠)을 지급하였다. 그리고 우란하따[烏蘭哈達]와 오극손량정(烏克遜良禎)에게 명하여 함께 대사농경(大司農卿)으로 삼고, 또한 강남에서 수전을 경작할 수 있고 방죽을 수축하는 사람을 각각 1천 명을 모집하되, 농사(農師)로 삼은 이들에게는 각기 맡을 직책에 대한 공명첩을 내렸다. 이 칙첩(勅牒)은 12종류가 있었는데, 농민 100명을 모집한 자에게는 정9품을 주고, 200명은 정8품, 300명은 종7품을 주어 이들이 모집한 사람들을 관할하여 이끌도록 하는 동시에, 농부에게는 한 사람마다 초 10정을 지급함으로써, 해마다 크게 풍년이 되었다.

至正十二年, 丞相脫脫言: "京畿近水地召募江南人耕種, 歲可收粟麥百萬餘石, 不煩海運, 京師足食." 從之. 於是西自西山, 南至保定·河間,

---

[54] 천민진(遷民鎭): 지금의 하북성의 동쪽 끝과 요녕(遼寧)성이 맞닿는 산해관(山海關)이다.

北抵檀【今密雲縣】·順【今順義縣】, 東至遷民鎭, 凡係官地及原管各處屯田, 悉從分司農司立法, 佃種合用工價·牛具·農器·穀種給鈔五百萬錠. 命烏蘭哈達·烏克遜良禎並爲大司農卿, 又於江南召募能種水田及修築圍堰之人各一千名, 爲農師, 降空名添設職事. 敕牒十二道, 募農民一百名者授正九品·二百名正八品·三百名從七品, 就令管領所募之人, 所募農夫每名給鈔十錠, 由是歲乃大稔.

신은 이렇게 생각합니다. 오늘날 경기지역의 토지는 벼를 심을 밭[稻田]이 아주 많아서 관가와 민가에서는 원래부터 이를 경작하여 수확하는 자가 있었습니다. 이에 따라 이들은 실제로 자신들이 이를 경작할 수 있었기 때문에 이를 확장하여(미루어) 경작하지 않았던 토지에까지 경작하게 되었고, 이것(토지)에 모두 노력을 다하여 여기서 나오는 이익을 더욱 늘리고, 또한 이로 인해 경작하는 일을 하기 위해 사람들을 모집하여 이를 서로 권장하였습니다. 따라서 원나라 사람들의 제도를 참작하여 대략 이를 모방하여 시행하면, 나라의 경제에 적지 않은 도움이 될 것입니다.

臣按: 今京畿之地可爲稻田者甚多, 官民之家固有耕獲之者矣. 誠能因其所耕, 而推及其所未耕, 使其皆盡人力·廣地利, 而又因而爲之召募勸相. 斟酌元人之制, 而略倣以行之, 其於國計不無少助.

이상은 둔영(屯營)의 토지에 관한 것입니다.

以上屯營之田.

　　신은 이렇게 생각합니다. 삼대[三代: 하(夏)·상(商)·주(周) 세 나라의 번창한 시기] 이래로 수도를 유연(幽燕: 지금의 북경과 천진 지역)에 세운 적이 없지만, 요와 금나라 이후에 비로소 서로 이어서 이곳을 수도로 정하기 시작하여 우리 명나라에 이르렀습니다. 이에 따라 천하의 가운데 머물면서 강역을 크게 하여, 위로는 하늘의 새로운 명을 이어받아 명나라의 넓은 기틀을 세우고, 또한 (나라의) 본체는 북극성[宸極]의 존엄한 자리에 거하여 사방의 별들이 둘러싸서 우러러보니, 비로소 이곳에서 황제를 세워 다스리기 시작하였습니다. 이로써 궁궐[六宮: 황제와 그 비빈의 처소]과 황제를 호위하는 군사[百六軍: 황제를 호위하는 금군(禁軍)], 그리고 황제의 백성들[萬姓: 천자가 거느리는 백성]이 여기에 모여 살게 되었고, 그 소용되는 경비는 재물로는 셀 수 없을 정도로 많았으니 한 해의 경비가 어찌 단지 억만에만 그치겠습니까? 하물며 영토의 넓기는 한나라와 당나라 시대에는 없었던 바입니다. 변방을 따라 관문[關]을 설치하고 둔전 병사로 변방을 지키게 하는 한편, 또한 거리가 먼 곳의 경비를 끌어 가까운 곳에 공급하고, 외지에서 (둔전자립을) 거두어 내지를 풍족하게 함으로써, 적절하게 이를 조정하여 변방을 튼실하게 하였습니다. 양곡을 모아 비축하기도 어렵지만 이를 수송하는 일 또한 쉽지 않는 점이 있습니다. 더구나 백성들의 세금에도 한계가 있고 나라의 쓰임새는 무궁하기 때문에, 만약에 한 해의 경비(회계)에서 일정한 세수 이외에 별도로 이를 꾀하는 것이 없으면 어렵습니다. 그러므로 옛날부터 나라의 회계를 잘 계획하는 사람은 늘 남아도는 토지에서 충분하게 거두되, 감히 잃기 쉬운 민심을 해치지 않도록 하였습니다. 이것이 바로 둔영의 토지를 일으키게 된 까닭인 것입니다.

오늘날에는 세금을 부과하지 않는 토지가 없지만, 우리 스스로(나라에서는) 세금이 없는 토지를 찾아 이를 경작하게 함으로써 경작하지 않는 사람이 없도록 하되, 우리 자신들은 (나라에서는) 경작하지 않는 사람의 (힘을) 빌어 이들에게 경작하게 합니다. 또한 싸우지 않는 군사가 없게 하되, 나라에서 싸움이 없을 때를 틈타 이들을 활용함으로써, 안으로는 경사를 튼실하게 하고도 정해진 세수 외에도 남음이 있고, 또한 밖으로는 변방의 비축분이 늘 쓰고도 남음이 있게 됩니다.

이 때문에 신은 치국평천하의 요체 가운데 '제국용(制國用)' 편의 첫 부분에서 '공부지상(貢賦之常)'을 거론하는 한편, '둔영지전(屯營之田)'으로 마쳤습니다. 그런데 나라의 경비를 볼 때, 이것이 비롯되는(나오는) 것은 비록 한 가지 길만 있는 것이 아니지만 토지를 근본으로 삼고 있습니다. 이로써 사람의 힘(노력)을 이용하고 토지에서 나오는 이익을 다하도록 하며, 하늘의 때에 맞추어 하는 것이야말로 나라를 다스리고 천하를 고르게[治國平天下] 하는 핵심적인 방안으로서, 이것에서 벗어나지 않습니다. 그러므로 어떤 사람이 주희(朱熹)에게 물어 말하기를, "대학에서 치국평천하를 논하면서 재물의 이익을 언급하는 것은 어째서입니까?"라고 하였습니다. 이에 주희가 대답하여 말하기를, "천하가 고르지 않게 되는 것은 모두 이것 때문이다."고 하였습니다.

엎드려 바라옵건대, 황제께서는 구중궁궐에서 편안하게 쉬실 때에 천하의 큰 근본에 유념하시어, 의로써 천하의 이익을 관리하시면 천

하의 부족한 것이 모두 고르게 될 것입니다. 신은 이를 간절히 바라
옵니다.

臣按: 自三代以來未有建都於幽燕者, 遼金以來始相承爲都會, 逮於我
朝. 宅中圖大, 承上天之新命, 立向明之洪基, 體宸極之尊居, 受四方之
環拱, 始於此建極圖治焉. 六宮百六軍萬姓畢聚於斯, 所費有不貲焉者,
歲計何啻億萬. 矧又幅員之廣有漢唐所無者. 沿邊建閫, 屯兵列戍, 率
資遠以給近, 取外以足內, 調乎中以實之邊, 聚積固難, 而輸將亦有不
易焉者. 民之租賦有限, 國之用度無窮, 苟非於歲計常賦之外, 別有所
經營, 而欲其優裕豐贍難矣. 是以自古善計國者, 恒取足於有餘之地力,
而不敢傷易失之民心, 此屯營之田所由起也. 今天下無田不稅, 而吾求
無稅之地而耕之, 無農不耕, 而吾借不耕之人而役之; 無兵不戰, 而吾
乘不戰之時而用之. 內以實京師於常數之外, 外以實邊儲於常用之餘.
臣故於"治國平天下之要・制國用"之下首擧"貢賦之常", 而以"屯營之
田"終焉, 以見國用所出, 雖[55]非一途而田爲之本, 用人之力, 盡地之利,
因天之時, 治國平天下之要道不出此矣. 或人問於朱熹曰: 《大學》論
治國平天下, 而言財利, 何也?" 熹答曰: "天下所以不平者, 皆因此." 伏
惟九重淸閑燕時, 留心於天下之大本, 義以制天下之利, 天下不足平矣.
臣不勝惓惓.

---

55 雖: 저본의 난(難)은 수(雖)의 오자로 보인다.

저자 소개

구준(邱濬, 1420~1495)

중국 명(明)나라의 유학자, 정치가이다. 자는 중심(仲深), 호는 경대
(瓊臺). 구준(丘濬)으로도 쓴다. 현재의 하이난성[海南省] 출신이다. 경
제(景帝) 경태(景泰) 5년(1454) 과거에 급제하였다. 한림원(翰林院)의 서
길사(庶吉士)로 뽑혀 지리지인《환우통지(寰宇通志)》,《영종실록》편
찬에 참여하였다. 예부상서를 지냈고 이어《헌종실록》편찬에 참
여했으며 문연각 대학사(文淵閣大學士)를 역임했다.
남송 시대 성리학자 진덕수(眞德秀, 1178~1235)의《대학연의(大學衍
義)》를 보충해《대학연의보(大學衍義補)》160권을 저술하였다. 이 외
에도《세사정강(世史正綱)》,《가례의절(家禮儀節)》,《오륜전비충효기
(伍倫全備忠孝記)》,《구문장집(丘文莊集)》,《경태집(瓊台集)》 등의 저술을
남겼다.

역주자 소개

윤정분(1952~2017)

연세대학교 사학과를 졸업하고, 國立臺灣大學校 歷史學研究所에서 석
사학위를, 연세대학교 대학원 사학과에서 박사학위를 받았다.
덕성여자대학교 사학과 교수를 역임했다.
저서로《군신, 함께 정치를 논하다》,《한국 여성사 연구 70년》,《중
국근세 경세사상연구》 등이 있다.

大學衍義補